검스타트
검정고시
초졸 기출문제집

**2026
최신판**

국어·사회·수학·과학·도덕·실과

최신 5개년(2021~2025) 기출문제 All 수록!

+ 최신 기출해설 무료 강의

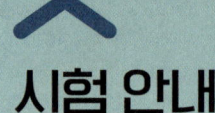

시험 안내

1 시험 일정

구분	공고 기간	접수 기간	시험일	합격자 발표
제1회	1월 말~2월 초	2월 초~중순	4월 초~중순	5월 초~중순
제2회	5월 말~6월 초	6월 초~중순	8월 초~중순	8월 하순

※ 상기 일정은 시·도 교육청 협의에 따라 변경될 수 있습니다. 반드시 해당 시험 공고문을 참조하세요.

2 시험 과목

구분	과목	문제 형식
필수 과목	국어, 사회, 수학, 과학 (4과목)	4지 택 1형
선택 과목	도덕, 체육, 음악, 미술, 실과, 영어 과목 중 2과목	필기시험

3 시험 시간표

구분	시간	과목	문항 수	문항당 배점
1교시	09:00~09:40 (40분)	국어, 사회	각 20문항	5점
2교시	10:00~10:40 (40분)	수학, 과학		
3교시	11:00~11:40 (40분)	선택 Ⅰ, 선택 Ⅱ		

※ 일반 응시자의 일부 과목 응시자는 과목당 시험시간을 20분으로 제한함
※ 유의 사항 : 1교시 응시자는 시험 당일 08:40분까지, 2~3교시 응시자는 해당 과목 시험 시간 10분 전까지 지정 시험실에 입실하여야 합니다.

4 출제 범위와 출제 수준

- 2015 개정 교육과정에서 출제
- 검정(또는 인정) 교과서를 활용하는 교과의 출제 범위 ➜ 가급적 최소 3종 이상의 교과서에서 공통으로 다루고 있는 내용으로 출제(단, 국어와 영어의 경우 교과서 외의 지문 활용 가능)
- 2013년 1회부터 문제은행식 출제 방식 도입에 따라 기출문제 포함 50% 내외 출제가 가능하며, 과목에 따라 비율이 달라질 수 있음
- 출제 수준 : 초등학교 졸업 정도의 지식과 그 응용 능력을 측정할 수 있는 수준

5 합격자 결정 및 취소

- 고시 합격 ➜ 각 과목을 100점 만점으로 하여 전 과목 평균 60점 이상(결시 과목 없이)을 취득한 자 (과락제 폐지)
- 과목 합격 ➜ 과목당 60점 이상 취득한 과목
- 합격 취소 ➜ 응시 자격에 결격이 있는 자, 제출 서류를 위조 또는 변조한 자, 부정행위자

6 응시 자격 및 제한

◆ 응시 자격
- 검정고시가 시행되는 해의 전(前)년도를 기준으로 만 11세 이상인 사람으로서 초등학교 교육과정을 이수하지 아니한 사람
- 초등학교(특수학교 포함) 재학생 중 만 11세 이상인 사람으로서, 「초·중등교육법 시행령」 제29조의 규정에 의하여 학적이 정원 외로 관리되는 사람
- 「보호소년 등의 처우에 관한 법률 시행령」 제69조 제1호에 해당하는 자

◆ 응시 자격 제한
- 초등학교(특수학교 포함) 재학 중인 사람
  ※ 응시 자격은 시험시행일까지 유지하여야 함
- 공고일 이후 (응시 자격 제한) 첫 번째 항목의 학교에 재학 중 학적이 정원 외로 관리되는 사람
- 공고일 기준으로 고시에 관하여 부정행위를 한 자로 처분일로부터 응시 자격 제한 기간이 경과하지 아니한 사람

7 제출 서류

◆ 현장 접수 시
  (가) 응시자 전원 제출 서류(공통)
- 응시원서(소정 서식) 1부
- 동일한 사진 2매(탈모 상반신, 3.5㎝×4.5㎝, 응시원서 제출 전 3개월 이내 촬영)
  - 온라인 접수 시는 전자파일 형식의 사진 1매만 필요
- 본인의 해당 최종학력증명서 1부
  (나) 과목 면제 대상자 추가 제출 서류
- 과목합격증명서 또는 성적증명서, 평생학습이력증명서 등(이상 해당자만 제출)
  (다) 장애인 시험 시간 연장 및 편의 제공 대상자 제출 서류
- 복지카드 또는 장애인등록증 사본(원본 지참), 장애인 편의 제공 신청서

◆ 온라인 접수 시
  본인의 '공동인증서'를 먼저 발급 받은 후 온라인 접수 기간에 해당하는 각 시·도 교육청의 검정고시 서비스 사이트에 접속하여 제출

  http://kged.sen.go.kr*

* 서울특별시 교육청 검정고시 서비스

이 책의 구성과 특징

1 최근 5개년 기출분석

출제 경향 분석

1 초졸 국어

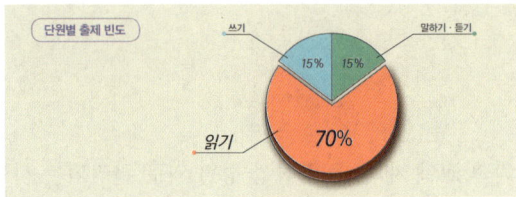

■ **최근 출제 경향**

초졸 검정고시 국어는 읽기 영역의 출제 비중이 높고, 다양한 유형의 문항이 골고루 출제되고 있습니다. 전반적으로는 지문을 통해 핵심 내용을 이해하고 적용하는 능력을 평가하는 문제들이 중심을 이룹니다.

특히 글의 중심 생각이나 요지, 문단의 전개 방식, 문맥에 어울리는 문장 찾기, 빈칸에 들어갈 적절한 표현 고르기와 같은 지문 해석형 문제가 다수 출제됩니다. 기출 유형에 익숙해지는 것과 더불어 지문의 내용을 정확히 읽고 해석하는 훈련이 중요합니다.

■ **국어, 이렇게 공부해요!**

❶ 말하기 · 듣기

　관용 표현은 자주 나오므로 표현 의미와 쓰임을 정확히 익히는 것이 중요. 정 내용을 빠짐없이 확인하세요.

❷ 읽기

　기행문, 광고, 사실과 의견 구분, 비유적 표현, 중심 문장 찾기 등 반복 습하세요. 지문을 꼼꼼히 읽고 핵심 내용을 파악하는 연습이 필요합니다.

최근 5개년 기출 경향을 면밀하게 분석하여 단원별 출제 빈도를 한눈에 알 수 있도록 그래프로 제시하였습니다.

2 기출 분석에 따른 학습 포인트

■ **최근 출제 경향**

초졸 검정고시 과학은 전통적인 기출 중심의 출제 흐름을 유지하면서도, 전 영역(물리, 화학, 생명, 지구과학)에서 고르게 문항이 출제되고 있습니다.
- 물질 – 물의 상태 변화, 산성과 염기성의 구분, 용해, 이산화 탄소의 특징 출제
- 생명 – 균류, 배설기관, 증산작용, 먹이사슬, 씨가 퍼지는 방법 출제
- 운동과 에너지 – 빠르기 비교, 무게 비교, 병렬 연결, 렌즈, 빛의 굴절 출제
- 지구와 별 – 화석, 지구 공전, 습도, 북극성, 남중고도, 태양계 출제

■ **과학, 이렇게 공부해요!**

과학은 전 영역에서 고르게 출제되므로, 특정 단원에 치우치지 않고 전 범위 개념을 균형 있게 학습하는 것이 중요합니다.

❶ 개념을 정확히 이해하기

　자석, 힘, 상태 변화, 식물과 동물의 특징, 계절 변화 등 기초 개념을 이해하세요. 단순 암기보다는 개념이 왜 그런지를 설명해 보는 연습이 효과적입니다.

❷ 관찰과 실험 중심 사고력 기르기

　실험 도구의 쓰임, 관찰 결과 해석, 간단한 그래프 읽기 등 실제 상황에서 적용할 수 있는 연습이 중요합니다.

- 최근 기출문제 분석을 바탕으로 하여 과목별 학습 포인트를 제시하였습니다.
- 검정고시 전문 선생님이 짚어주는 학습의 방향을 본격적인 학습 전에 반드시 숙지하시기 바랍니다.

3 최근 5개년 기출문제(2021~2025년)

2025 제2회 국어

01 다음 중 ㉠에 들어갈 위로하는 말로 가장 적절한 것은?

> 열심히 준비한 미술대회에서 상을 받지 못해서 속상해.
>
> ㉠

① 오늘 왜 늦었니?
② 꾸준히 준비하더니 해냈구나.
③ 준비를 많이 했는데 너무 속상하겠다.
④ 나는 어제 가족들과 해수욕장을 다녀왔어.

02 다음 설명에 해당하는 것은?

> 찬반 양쪽이 나뉜 상태에서 각각 자기 쪽의 의견을 받아들이도록 상대편을 설득하는 의사소통

① 낭독
② 면담
③ 소개
④ 토론

03 다음 중 밑줄 친 관용 표현의 의미로 가장 적절한 것은?

04 ㉠~㉣ 중 의견에 해당하는 것은?

> 우리는 울릉도에 도착해 다시 ㉠ 독도로 가는 배를 탔다. 배는 ㉡ 항구를 떠나 독도로 향했다. 독도에는 괭이갈매기뿐만 아니라 바다제비와 같은 ㉢ 텃새도 산다고 한다. ㉣ 아름답고 생명력 넘치는 독도에 관심을 가져야겠다고 생각했다.

① ㉠
② ㉡
③ ㉢
④ ㉣

05 설명하는 글에 해당하지 않는 것은?

① 박물관 관람 안내문
② 역사 유적지 설명문
③ 장난감 조립 설명서
④ 글쓴이의 마음이 드러난 시

06 다음 글의 공간적

> 우리가 다정하

---

4 친절하고 상세한 해설

2025년 제2회 정답 및 해설

국어 2025년 제2회

기출문제				
01 ③	02 ④	03 ②	04 ④	05 ④
06 ①	07 ②	08 ②	09 ①	10 ②
11 ③	12 ③	13 ②	14 ①	15 ③
16 ③	17 ③	18 ④	19 ①	20 ④

01 정답 ③
왼쪽 남자아이는 '열심히 준비한 미술대회에서 상을 받지 못해 속상하다'고 하고 있으므로 ㉠에 들어갈 위로하는 말로는 '준비를 많이 했는데 속상하겠다.'라고 말하는 것이 적절하다.

오답피하기
①은 이유를 따지는 말, ②는 칭찬(격려), ④는 자기 경험을 말하는 것으로 위로의 말로 적절하지 않다.

02 정답 ④
보기의 설명은 찬반을 나누어 자신의 의견을 상대에게 받아들이도록 의사소통하고자 하였으나, 논쟁으로 시도 나온 시점을 계기기가 근거를 들어 선득시킬 만키기 방법이므로, 따라서 ④가 적절하다.

오답피하기
① 낭독은 글을 소리 내어 읽는 활동, ② 면담은 일대일 대화, ③ 소개는 대상의 특징을 알리는 활동이다.

03 정답 ②
'발이 넓다'는 관용 표현으로 '사람을 많이 안다'는 의미이므로 ② '아는 사람이 많다'가 적절하다.

오답피하기
㉠, ㉡, ㉢은 각각 독도 방문 시의 이동 과정, 들은 이야기 등 사실을 전달하고 있다.

05 정답 ④
설명하는 글은 객관적인 정보나 사실을 알기 쉽게 설명하는 것이다. 시는 글쓴이의 감정과 생각을 표현하느 무한 자리이므로 설명부가 아니다

오답피하기
① 박물관 안내문, ② 역사 유적지 설명문, ③ 장난감 조립 설명서는 정보 전달을 목적으로 하는 설명하는 글이다.

06 정답 ①
글의 공간적 배경은 '교실로 들어왔다'라는 내용이 있으므로 교실이다.

오답피하기
② 들판은 장소이나 글에 나와 있지 않다.
③, ④는 글에 나와 있지 않으나 시간적 배경이다.

07 정답 ②
㉠ '아기 웃음은 유리 종소리야'는 'A는 B이다'의 은유법이다. 따라서 ㉠과 같은 비유적 표현법으로 가장 적절한 것은 ② '내 마음은 푸른 바다'다.

오답피하기
①, ③, ④는 두 대상을 '~처럼', '~같이'로 빗대는 표현인 직유법이다.

08 정답 ②
㉡의 낱말의 짜임은 어근 하나로 이루어져 더 이상 포

- "2021년 1회차 시험부터 2025년 2회차 시험까지" 기출문제 총 10회분을 수록하였습니다.

- 필수 4과목(국어 · 사회 · 수학 · 과학)과 선택 2과목(도덕 · 실과)로 구성되어 있습니다.

- 문제은행식 출제 방식 도입에 따라 기출문제 영역 포함 50% 내외 출제
  → 기출문제만 열심히 풀어도 사실상 합격이 가능합니다.

- 정답이 왜 정답인지, 오답이 왜 오답인지를 정확하게 알 수 있도록 명쾌한 해설을 수록하였습니다.

- 중요하거나 이해가 잘 안될 수 있는 부분은 콕콕! 더 상세한 해설을 수록하였습니다.

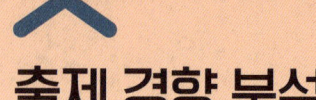

출제 경향 분석

1 초졸 국어

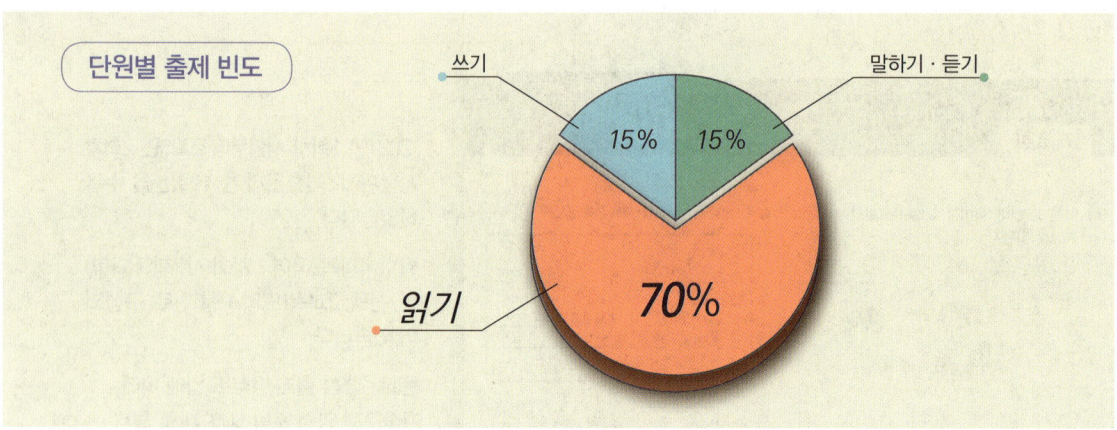

단원별 출제 빈도

쓰기 15%

말하기 · 듣기 15%

읽기 70%

■ 최근 출제 경향

초졸 검정고시 국어는 읽기 영역의 출제 비중이 높고, 다양한 유형의 문항이 골고루 출제되고 있습니다. 전반적으로는 지문을 통해 핵심 내용을 이해하고 적용하는 능력을 평가하는 문제들이 중심을 이룹니다.

특히 글의 중심 생각이나 요지, 문단의 전개 방식, 문맥에 어울리는 문장 찾기, 빈칸에 들어갈 적절한 표현 고르기와 같은 지문 해석형 문제가 다수 출제됩니다. 기출 유형에 익숙해지는 것과 더불어 지문의 내용을 정확히 읽고 해석하는 훈련이 중요합니다.

■ 국어, 이렇게 공부해요!

❶ 말하기 · 듣기

관용 표현은 자주 나오므로 표현의 의미와 쓰임을 정확히 익히는 것이 중요합니다. 기출 표현과 교육 과정 내용을 빠짐없이 확인해야 합니다.

❷ 읽기

기행문, 광고, 사실과 의견 구분, 비유적 표현, 중심 문장 찾기 등 반복 출제되는 영역을 중심으로 학습하세요. 지문을 꼼꼼히 읽고 핵심 내용을 파악하는 연습이 필요합니다.

❸ 쓰기

문장 성분의 호응, 낱말의 짜임, 낱말의 의미는 기출 비중이 높은 문법 항목입니다. 상위어·하위어, 품사, 다의어, 맞춤법 등도 함께 정리해 두면 안정적인 점수를 받을 수 있습니다.

2 초졸 사회

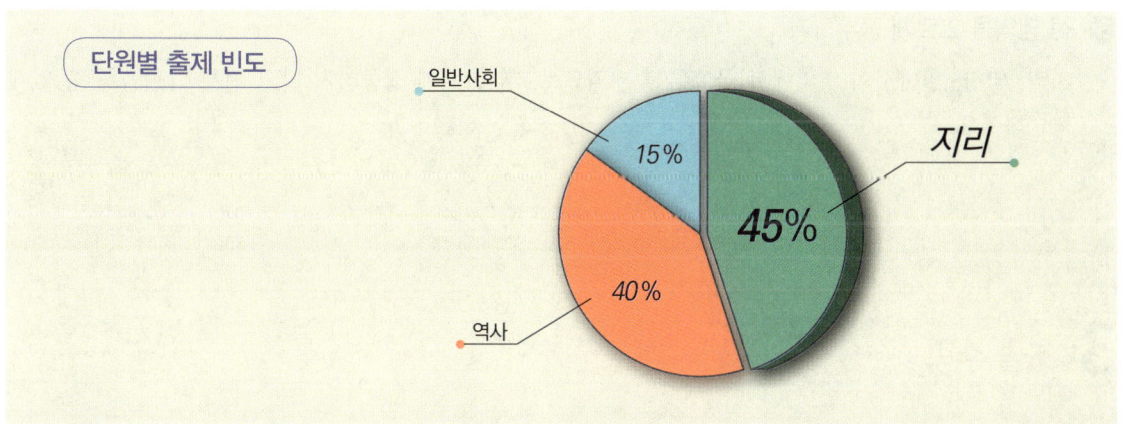

단원별 출제 빈도

일반사회 15%
지리 45%
역사 40%

■ 최근 출제 경향

초졸 검정고시 사회는 기출문제를 기반으로 한 안정적인 출제 흐름을 유지하고 있으며 지리, 역사, 일반사회 영역에서 골고루 출제되고 있습니다. 지도 활용, 지역 특색, 전통문화, 기초 법질서, 우리 생활과 관련된 사회 규칙 등 실생활과 밀접한 주제들이 중심이 되고 있습니다.

문항은 대부분 교과서 기반의 기본 개념 확인형이며, 낯선 내용이나 고난도 문항은 거의 없습니다. 전반적으로는 용어의 의미를 정확히 알고, 사례에 적용할 수 있는 수준의 이해력을 평가하는 문제들이 출제되고 있습니다.

■ 사회, 이렇게 공부해요!

① 기본서 중심으로 개념 정리

지역, 지도, 전통문화, 사회 규칙 등 자주 출제되는 주제를 중심으로 정리하세요. 용어의 뜻과 실제 예시를 함께 익히면 기억에 오래 남습니다.

② 기출문제 반복 학습

최근 3~5년간 기출문제 유형을 반복 학습하며 출제 경향과 문제 형태를 익히세요. 문제를 푼 후에는 해설을 통해 어떤 개념이 출제되었는지 다시 확인하는 것이 중요합니다.

③ 전 영역을 고르게 공부하기

지리, 역사, 일반사회 영역에서 골고루 출제되므로, 한 단원에 집중하지 말고 전체 단원을 균형 있게 학습하세요.

3 초졸 수학

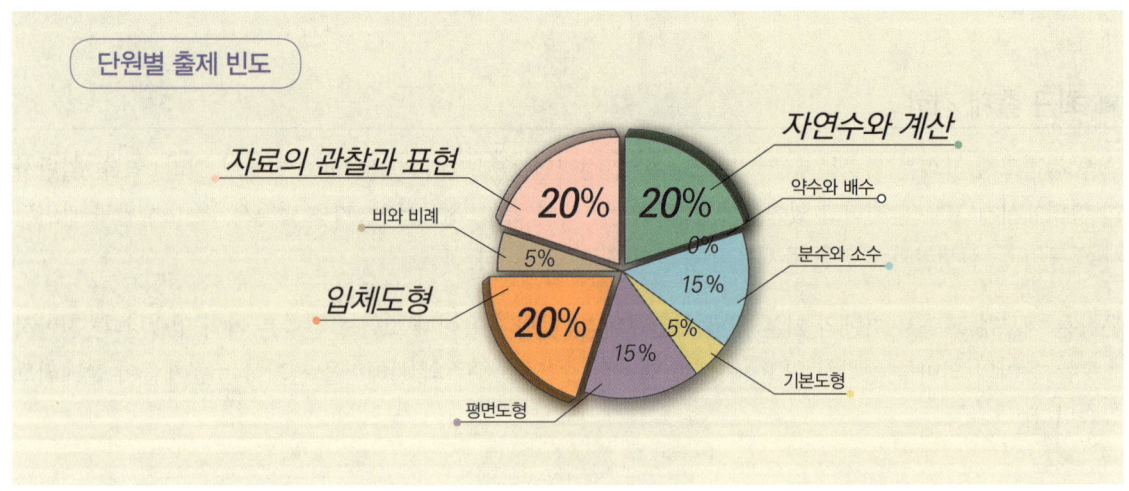

단원별 출제 빈도

자료의 관찰과 표현 20%

자연수와 계산 20%

약수와 배수 0%

비와 비례 5%

분수와 소수 15%

입체도형 20%

기본도형 5%

평면도형 15%

■ 최근 출제 경향

자연수의 사칙연산, 분수와 소수, 도형, 그래프 해석, 비와 비율 등 여러 단원에서 골고루 출제되고 있습니다. 문항 구성은 기존 기출 유형에서 크게 벗어나지 않아 전체적으로 평이한 난이도입니다.

출제된 문항들은 대부분 기본 연산 원리와 계산 방법, 도형의 명칭과 성질 같은 기초 개념 이해를 묻는 문제들로 구성되어 있었기 때문에, 전 단원을 고르게 학습한다면 무난히 좋은 결과를 얻을 수 있습니다. 기본기를 중심으로 한 균형 있는 학습 전략이 중요합니다.

■ 수학, 이렇게 공부해요!

초졸 검정고시 수학은 출제 범위가 초등 전 과정으로 매우 넓기 때문에, 전체 단원을 고르게 학습하는 것이 가장 중요합니다.

❶ 기본 개념에 집중하세요!

기초적인 사칙연산, 분수와 소수, 도형, 비와 비율 등 각 단원의 핵심 개념과 원리를 정확히 이해해야 합니다. 복잡한 문제보다 기본 공식과 계산 연습을 꾸준히 하는 것이 효과적입니다.

❷ 전 범위를 고르게 학습하세요!

특정 단원만 깊게 파기보다는, 모든 단원의 개념을 고르게 익히는 방식이 좋습니다. 기출문제를 참고해 출제 비중이 높은 영역 위주로 반복 학습하세요.

❸ 도형은 용어와 기호부터 확실히!

평면도형과 입체도형 단원은 기본 용어와 기호를 정확히 외우는 것이 먼저입니다. 도형의 이름, 특징, 각의 크기, 면의 수 등 기초 정리가 핵심입니다.

❹ 자주 출제되는 그래프 문제는 필수!

비례 배분, 띠그래프(비율 그래프) 등은 학습 난이도가 다소 있지만, 매 시험마다 출제되고 있습니다. 그래프를 읽고 해석하는 훈련을 해두세요.

출제 경향 분석

4 초졸 과학

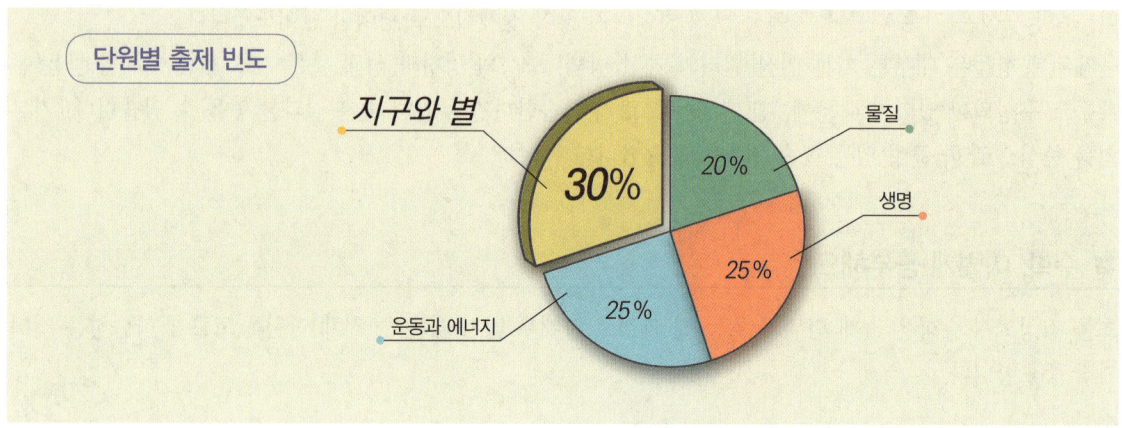

단원별 출제 빈도

지구와 별 **30%**

물질 20%

생명 25%

운동과 에너지 25%

■ 최근 출제 경향

초졸 검정고시 과학은 전통적인 기출 중심의 출제 흐름을 유지하면서도, 전 영역(물리, 화학, 생명, 지구과학)에서 고르게 문항이 출제되고 있습니다.

- 물질 – 물의 상태 변화, 산성과 염기성의 구분, 용해, 이산화 탄소의 특징 출제
- 생명 – 균류, 배설기관, 증산작용, 먹이사슬, 씨가 퍼지는 방법 출제
- 운동과 에너지 – 빠르기 비교, 무게 비교, 병렬 연결, 렌즈, 빛의 굴절 출제
- 지구와 별 – 화석, 지구 공전, 습도, 북극성, 남중고도, 태양계 출제

■ 과학, 이렇게 공부해요!

과학은 전 영역에서 고르게 출제되므로, 특정 단원에 치우치지 않고 전 범위 개념을 균형 있게 학습하는 것이 중요합니다.

❶ 개념을 정확히 이해하기

　자석, 힘, 상태 변화, 식물과 동물의 특징, 계절 변화 등 기초 개념을 이해하세요. 단순 암기보다는 개념이 왜 그런지를 설명해 보는 연습이 효과적입니다.

❷ 관찰과 실험 중심 사고력 기르기

　실험 도구의 쓰임, 관찰 결과 해석, 간단한 그래프 읽기 등 실제 상황에서 적용할 수 있는 연습이 중요합니다.

❸ 기출문제와 예상문제로 실전 연습하기

기출문제를 통해 자주 나오는 개념을 익히고, 비슷한 유형의 문제를 반복해 풀어보세요. 예상문제를 활용하여 실전 감각도 함께 키우면 좋습니다.

5 초졸 도덕

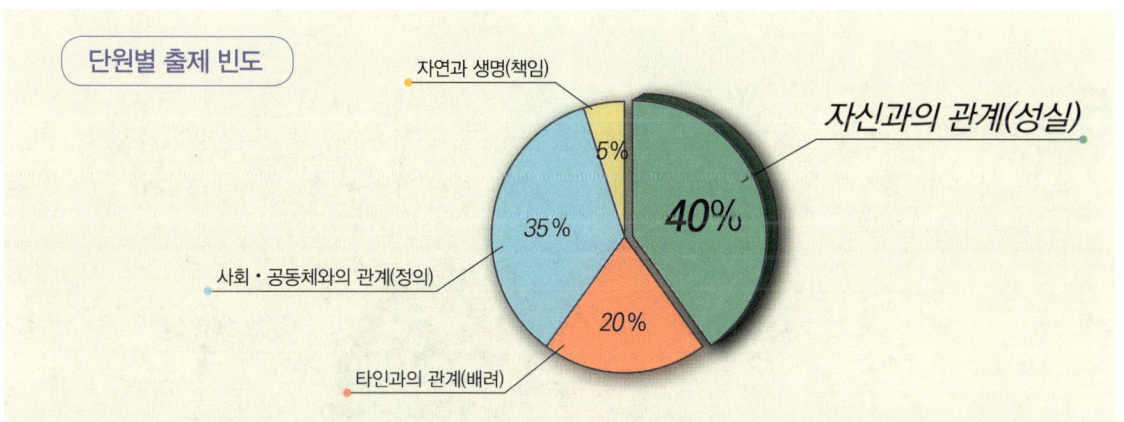

단원별 출제 빈도

- 자연과 생명(책임)
- 자신과의 관계(성실) 40%
- 5%
- 사회·공동체와의 관계(정의) 35%
- 타인과의 관계(배려) 20%

■ 최근 출제 경향

전반적으로 쉬운 수준으로 출제되고 있습니다. 대부분의 문항은 기본 개념을 묻는 이해형 문항으로 가치, 규범, 생활 예절 등의 기본 용어와 내용을 중심으로 구성되고 있으며, 지문을 읽고 상황에 맞는 도덕적 태도나 판단을 선택하는 문제 형태가 많습니다.

■ 도덕, 이렇게 공부해요!

초졸 검정고시 도덕은 기본 개념 이해와 실생활에 적용할 수 있는 도덕적 태도의 학습이 핵심입니다.

❶ 핵심 개념 정리부터!

각 단원별 가치, 규범, 예절, 태도 등 기본 용어와 내용을 정확히 익히세요. 기출에서 반복되는 상황 제시형 문항에 대비하여 다양한 예시를 함께 학습해 두면 좋습니다.

❷ 실생활 중심 사고 연습

지문을 읽고 어떤 선택이 도덕적으로 바른지 판단하는 문제들이 많기 때문에, 일상 속 도덕적 행동과 연결하여 생각하는 연습이 중요합니다.

❸ 기출문제 반복 학습

최근 3~5년간 기출문제를 풀어보며 자주 출제되는 개념과 표현 방식을 익히세요. 문제를 풀고 해설을 통해 왜 정답이 되는지 이해하는 과정이 매우 중요합니다.

6 초졸 실과

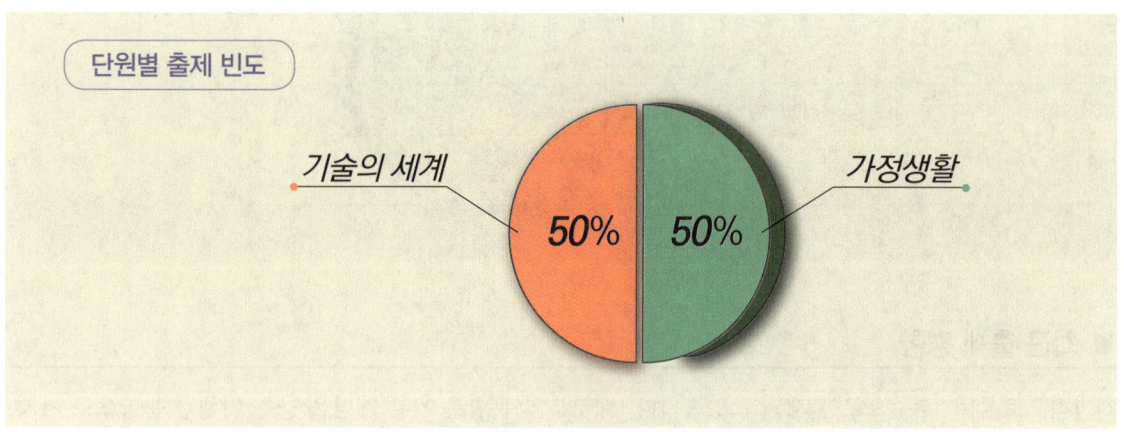

단원별 출제 빈도

기술의 세계 50%　50% 가정생활

■ 최근 출제 경향

초졸 검정고시 실과는 생활 중심의 실용 개념을 묻는 문항들로 구성되고 있으며, 전반적으로 기출 유형과 비슷한 안정적인 흐름을 유지하고 있습니다. 문항의 난이도는 어렵지 않으며, 사례와 상황 중심의 문제가 많아 기초 개념만 잘 정리되어 있다면 충분히 풀 수 있는 수준으로 출제되고 있습니다.

■ 실과, 이렇게 공부해요!

초졸 검정고시 실과는 의생활, 식생활, 주생활 등 실생활과 밀접한 내용을 중심으로 출제되므로, 생활 속 예시와 함께 개념을 익히는 학습이 가장 효과적입니다.

❶ 기본서 중심 개념 정리

가정의 역할, 건강한 식습관, 옷차림과 계절, 주거 안전 등 핵심 개념을 빠짐없이 정리하세요. 용어나 개념은 생활 속 사례와 연결해 기억하는 것이 좋습니다.

❷ 기출문제 반복 학습

최근 3~5년 기출문제를 풀며 반복되는 개념과 표현 방식을 익히세요. 문제를 풀고 틀린 문항은 해설을 통해 개념을 다시 정리해 두는 것이 중요합니다.

❸ 시각 자료 해석 연습

도표, 그림, 안내문 등 시각 자료를 해석하는 문제도 자주 출제되므로, 정보를 정확히 읽고 파악하는 훈련을 해두세요.

목차

합격예감

초졸 검정고시

2025
제2회

기출을 보면 합격이 보인다!

기출문제

- ☑ 국어
- ☑ 사회
- ☑ 수학
- ☑ 과학
- ☑ 도덕
- ☑ 실과

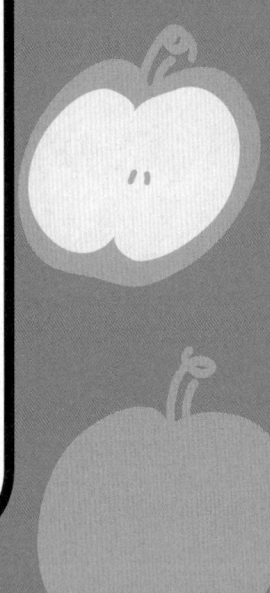

합격예감

초졸 검정고시

기출문제집

01 다음 중 ⊙에 들어갈 위로하는 말로 가장 적절한 것은?

열심히 준비한 미술 대회에서 상을 받지 못해서 속상해.

⊙

① 오늘 왜 늦었니?

② 꾸준히 준비하더니 해냈구나.

③ 준비를 많이 했는데 너무 속상하겠다.

④ 나는 어제 가족들과 해수욕장을 다녀왔어.

02 다음 설명에 해당하는 것은?

> 찬반 양쪽이 나뉜 상태에서 각각 자기 쪽의 의견을 받아들이도록 상대편을 설득하는 의사소통

① 낭독

② 면담

③ 소개

④ 토론

03 다음 중 밑줄 친 관용 표현의 의미로 가장 적절한 것은?

> 민수는 <u>발이 넓다</u>.

① 씀씀이가 크다

② 아는 사람이 많다.

③ 성격이 모나고 거칠다.

④ 음식을 가리지 않고 잘 먹는다.

04 ⊙~② 중 의견에 해당하는 것은?

> 우리는 울릉도에 도착해 다시 ⊙ 독도로 가는 배를 탔다. 배는 ⓒ 항구를 떠나 독도로 향했다. 독도에는 괭이갈매기뿐만 아니라 바다제비와 같은 ⓒ 텃새도 산다고 한다. ② 아름답고 생명력 넘치는 독도에 관심을 가져야겠다고 생각했다.

① ⊙

② ⓒ

③ ⓒ

④ ②

05 설명하는 글에 해당하지 <u>않는</u> 것은?

① 박물관 관람 안내문

② 역사 유적지 설명문

③ 장난감 조립 설명서

④ 글쓴이의 마음이 드러난 시

06 다음 글의 공간적 배경은?

> 우리가 다정하게 교실로 들어오는 걸 보고 대광이가 고개를 갸우뚱했다. 등을 꼿꼿이 펴고 자리로 걸어가는 제하는 황제처럼 당당해 보였다. 가만 보니 꽤 괜찮은 녀석 같나.

① 교실

② 들판

③ 아침

④ 저녁

[7~8] 다음 글을 보고 물음에 답하시오.

아기 웃음

이선영

ⓒ <u>아기 웃음은</u>
<u>유리 종소리야</u>

꽁 닫힌 ⓛ <u>마음</u>도
활짝 열어 버리지

들으면 기분 좋은
맑은 종소리

아기 웃음은
다 통하는 국제어야

아기 웃음은
이상한 열쇠야

웃는 얼굴은
국경도 없으니까

07 다음 중 ⓒ과 같은 비유적 표현 방법을 사용한 것으로 가장 적절한 것은?

① 꿀처럼 달콤한 수박
② 내 마음은 푸른 바다
③ 사과같이 예쁜 내 얼굴
④ 별처럼 반짝이는 눈동자

08 다음 중 낱말의 짜임이 ⓛ과 같은 것은?

① 논밭   ② 하늘
③ 산딸기   ④ 국그릇

09 다음 중 ⓒ에 들어갈 글쓴이의 주장으로 가장 적절한 것은?

우리는 ⎿ ⓒ ⏌
문화유산은 한번 훼손되면 본래의 가치 그대로 복원할 수 없다. 수천 수백 년 동안 조상의 손때가 묻어 있던 소중한 문화유산도 단 한순간의 실수로 재가 되어 버리면, 아무리 정교한 작업과 최첨단 기술로 복원한다고 해도 그 본래의 가치는 되살릴 수가 없다.

① 문화유산을 보호해야 한다.
② 역사 공부를 열심히 해야 한다.
③ 웃어른께 예의 있게 행동해야 한다.
④ 공공장소에서 질서를 잘 지켜야 한다.

10 다음 중 ⓒ의 뜻을 알아보기 위해 국어사전에서 찾아야 할 낱말은?

동생이 색종이로 꽃잎을 접는다. 누나는 색종이 끝을 ⓒ <u>묶어서</u> 꽃받침을 만든다.

① 묶고   ② 묶다
③ 묶으니   ④ 묶으면

11 이야기의 주제를 찾는 방법으로 적절하지 <u>않은</u> 것은?

① 제목을 살펴본다.
② 인물의 말이나 행동을 살펴본다.
③ 이야기를 읽은 장소를 생각해 본다.
④ 일어난 일을 순서대로 정리해 본다.

12 다음 대화에서 의사소통이 잘 이루어지지 **않은** 까닭은?

① 비속어를 사용해서

② 외국어를 사용해서

③ 줄임말을 사용해서

④ 표준어를 사용해서

13 다음 글을 읽을 때 도움이 되는 경험으로 가장 적절한 것은?

> 줄나리기하는 모습을 실제로 본 적 있나요? 줄다리기에 쓰이는 줄은 엄청나게 굵답니다. 옛날에는 어른이 줄 위에 걸터 앉으면 발이 땅에 닿지 않을 정도였다고 해요. 요즈음 영산 줄다리기에 쓰는 줄은 예전에 비하여 훨씬 가늘고 짧아졌는데도 굵기가 1.5미터, 길이가 40미터가 넘습니다.

① 글씨를 잘 써서 칭찬받았던 경험

② 운동회에서 줄나리기를 했던 경험

③ 가족과 함께 기차 여행을 했던 경험

④ 지난 주말에 친구와 자전거를 탔던 경험

14 다음 글에서 글쓴이가 전하려고 하는 마음으로 가장 적절한 것은?

> 소방관님, 안녕하세요?
> 저는 신지윤입니다. 지난주 소방관님께서 저희에게 심폐소생술을 가르쳐 주셨어요. 저도 소방관님처럼 누군가를 도울 수 있다는 사실에 매우 기쁘고 보람찬 하루였어요. 생명의 소중함을 알게 해 주신 소방관님, 감사합니다.

① 고마워하는 마음

② 답답해 하는 마음

③ 속상해 하는 마음

④ 축하해 주는 마음

15 다음 공익 광고에서 전하려는 내용으로 가장 적절한 것은?

① 약속을 지키자.

② 글씨를 잘 쓰자.

③ 환경을 보호하자.

④ 교통 신호를 잘 지키자.

16 다음 중 문장의 호응 관계가 적절한 것은?

① 나는 내일 학교에 갔다.

② 이번 일은 절대 그냥 넘어갈 것이다.

③ 동생은 수학을 별로 좋아하지 않는다.

④ 아버지께서는 결코 가족 여행을 좋아하신다.

17 다음 중 밑줄 친 부분이 ㉠과 같은 의미로 사용된 것은?

> 나는 친구와 같이 사과를 ㉠ 먹었다.

① 김이 습기를 <u>먹어</u> 눅눅해졌다.

② 우리는 나이를 한 살 더 <u>먹었다.</u>

③ 나는 편의점에서 삼각 김밥을 <u>먹었다.</u>

④ 한번 <u>먹은</u> 마음은 변하지 않도록 하자.

18 다음 글에서 사용한 설명 방법으로 가장 적절한 것은?

> 문어와 오징어는 서로 공통점이 있습니다. 둘 다 먹물 주머니와 빨판이 있으며, 몸의 색깔을 바꿀 수 있습니다.
> 반면 문어와 오징어는 차이점도 있습니다. 문어는 다리가 여덟 개이고, 오징어는 다리가 열 개입니다. 그리고 문어는 주로 바위 틈새에서 살지만 오징어는 모래톱이나 자갈 밑에 삽니다.

① 상상   ② 주장

③ 격려와 조언   ④ 비교와 대조

19 다음 중 ㉠에 해당하는 희곡의 요소는?

> 숲이 준 마법 초콜릿
>
> • 나오는 사람들 : 성민, 숲의 마음 할아버지
> • 때 : 오후
> • 곳 : 아파트 뒷동산
>
> 숲의 마음 할아버지 등장
>
> 숲의 마음 할아버지 : 짜아안 ―.
> 성민 : ㉠ <u>(할아버지를 본다. 아무것도 없다.)</u> 피이 ―.
> 숲의 마음 할아버지 : 잘 보시라.

① 지문   ② 대사

③ 무대   ④ 해설

20 다음 중 '이순신'이 중요하게 생각하는 것으로 가장 적절한 것은?

> 이순신은 부하들에게 말했습니다. "우리는 모든 것이 적다. 무기도 적고, 군사도 적고, 배도 적다. 적은 것을 갑자기 늘릴 방법은 없다. 그러나 많아 보이게 할 수는 있을 것이다."
> 이어서 이순신은 말했습니다. "죽으려 하면 살고, 살려 하면 죽는다. 오늘 우리는 이 말처럼 죽기를 각오하고 싸워야 한다."

① 건강이 가장 중요하다.

② 힘든 일은 하지 않는다.

③ 나라보다는 개인이 중요하다.

④ 어떤 상황에서도 포기하지 않는다.

01 다음 중 ㉠이 나타내는 방향은?

> 지도에서는 동서남북의
> 방향을 방위표로 나타낸다.

방위표

① 동
② 서
③ 남
④ 북

02 다음 설명에 해당하는 공공 기관은?

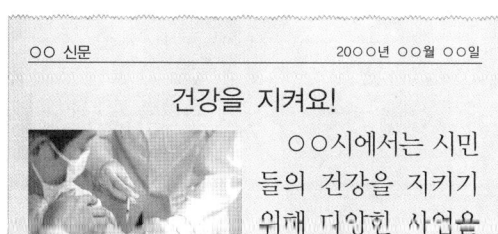

○○ 신문　　　　　　　2000년 ○○월 ○○일

건강을 지켜요!

○○시에서는 시민들의 건강을 지키기 위해 다양한 사업을 실시합니다.

감염병을 예방하기 위해 예방 접종을 실시하고 건강 관리가 필요한 주민들을 위해 건강 교실을 개최합니다. 시민들을 직접 찾아가서 건강 상태를 확인하고 아픈 곳을 치료해 주기도 합니다.

① 경찰서
② 도서관
③ 보건소
④ 우체국

03 다음 중 ㉠에 들어갈 경제 활동으로 알맞은 것은?

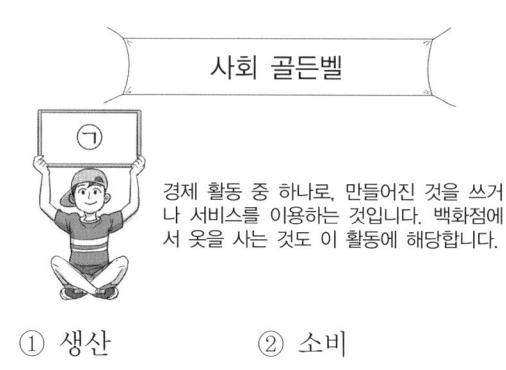

사회 골든벨

㉠

경제 활동 중 하나로, 만들어진 것을 쓰거나 서비스를 이용하는 것입니다. 백화점에서 옷을 사는 것도 이 활동에 해당합니다.

① 생산
② 소비
③ 저축
④ 희소성

04 다음 대화와 관련 있는 차별의 종류로 가장 적절한 것은?

어린 사람이 아는게 뭐가 있어?

어리다고 내 의견을 무시하다니……

① 나이
② 성별
③ 장애
④ 종교

05 다음에 해당하는 자연재해는?

① 폭염   ② 한파

③ 홍수   ④ 황사

06 다음 중 ㉠에 공통으로 들어갈 국민의 의무는?

> • 헌법 제39조 ① 모든 국민은 법률이 정하는 바에 의하여 ㉠ 를 진다.
> • ㉠ : 모든 국민은 나와 가족, 우리 모두의 안전을 위해 나라를 지킬 의무가 있다.

① 교육의 의무   ② 국방의 의무

③ 근로의 의무   ④ 납세의 의무

07 다음 문화유산의 공통점으로 알맞은 것은?

불국사   금동 미륵보살 반가 사유상

① 미국으로부터 전해졌다.

② 고조선 시기에 만들어졌다.

③ 불교문화와 관련되어 있다.

④ 정조의 명령으로 정약용이 설계했다.

08 다음에서 설명하는 인물은?

> • 고려를 건국하였다.
> • 불교를 장려하였다.
> • 호족들을 견제하면서도 좋은 관계를 유지했다.

① 견훤   ② 서희

③ 왕건   ④ 이순신

09 다음 중 6 · 25 전쟁의 결과로 알맞지 <u>않은</u> 것은?

① 동학 농민 운동이 일어났다.

② 많은 사람들이 다치고 죽었다.

③ 건물, 도로, 공장 등이 파괴되었다.

④ 부모를 잃은 아이들과 이산가족이 생겨났다.

10 다음 설명에 해당하는 인물은?

상하이 홍커우 공원에서 일본 왕의 생일을 기념하는 행사장에 폭탄을 던졌다.

① 김구   ② 윤봉길
③ 장영실   ④ 전봉준

11 다음에서 설명하는 나라는?

- 이성계가 세웠다.
- 도읍지는 한양이다.
- 대표적인 문화유산에는 훈민정음, 수원 화성, 측우기 등이 있다.

① 고려   ② 백제
③ 신라   ④ 조선

12 다음 설명에 해당하는 제도는?

억울한 일이 있을 때 대궐 밖에 설치된 북을 쳐서 임금에게 알린다.

① 과거 제도   ② 삼심 제도
③ 신분 제도   ④ 신문고 제도

13 다음 설명에 해당하는 국가 기관은?

법에 따라 재판을 한다.

① 국회   ② 기업
③ 법원   ④ 정부

14 다음 중 ㉠에 들어갈 말로 가장 적절한 것은?

금융, 관광, 의료, 문화 콘텐츠 산업 등과 같이 생활을 편리하게 하거나 사람들에게 즐거움을 주는 다양한   ㉠   이 발전하였다.

① 경공업   ② 중공업
③ 농림어업   ④ 서비스업

15 다음 대화에서 '어머니'의 선택 기준은?

① 가격   ② 성능
③ 크기   ④ 디자인

16 다음 설명에 해당하는 대륙은?

- 대륙 중 가장 작으며, 대부분의 나라가 남반구에 있다.
- 오스트레일리아, 뉴질랜드, 태평양의 수많은 섬들이 속해 있다.

① 아시아   ② 아프리카
③ 북아메리카   ④ 오세아니아

17 다음 중 ㉠에 들어갈 말로 알맞은 것은?

이집트는 대표적인 [㉠] 지역이야. 그래서 강수량이 매우 적어 사막 지형이 많이 나타나.
#사막 #강수량 #기후 #오아시스

① 건조 기후   ② 고산 기후
③ 냉대 기후   ④ 한대 기후

18 다음 중 러시아에 대한 설명으로 알맞은 것은?

① 수도는 파리이다.
② 남반구에 위치해 있다.
③ 세계에서 영토가 가장 넓다.
④ 만리장성, 자금성 등의 문화유산이 있다.

19 다음 중 ㉠에 들어갈 말로 알맞은 것은?

방정환은 모든 어린이가 꿈과 희망을 품고 행복하게 자라기를 바라는 마음으로 [㉠]을 만들었다.

① 어린이날   ② 어버이날
③ 스승의 날   ④ 장애인의 날

20 다음과 관련 있는 지구촌 문제로 가장 적절한 것은?

지속 가능한 미래를 위한 실천 사항
- 에너지 절약하기
- 일회용품 사용 줄이기
- 환경 캠페인 참여하기
- 친환경 제품 사용하기

① 성차별   ② 환경 오염
③ 문화적 차별   ④ 빈곤과 기아

2025

제2회

수학

01 다음 밑줄 친 숫자 2가 나타내는 값은?

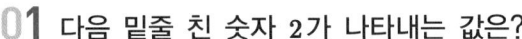

457261

① 2
② 20
③ 200
④ 2000

02 둔각삼각형인 것만을 〈보기〉에서 모두 고른 것은?

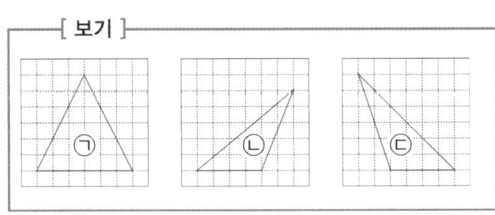

① ㉠
② ㉡
③ ㉠, ㉢
④ ㉡, ㉢

03 그림의 모양을 시계 방향으로 180°만큼 돌린 것은?

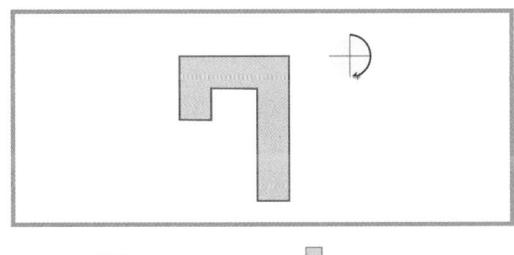

①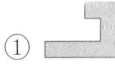
②
③
④

04 다음은 어느 반 학생들이 좋아하는 운동을 조사하여 막대그래프로 나타낸 것이다. 이 그래프에서 알 수 있는 사실로 옳은 것은?

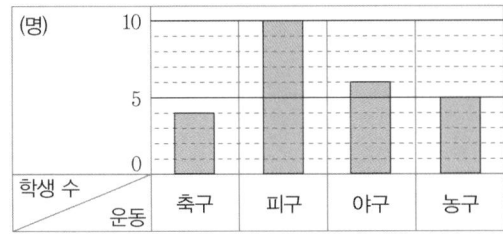

① 농구를 좋아하는 학생이 가장 적다.
② 축구를 좋아하는 학생의 수는 2명이다.
③ 야구를 좋아하는 학생의 수는 8명이다.
④ 가장 많은 학생이 좋아하는 운동은 피구이다.

05 다음 식을 계산한 값은?

$$11 + 10 \div (3 + 2) - 1$$

① 12
② 14
③ 16
④ 18

06 밀가루 $\frac{1}{3}$ kg과 쌀가루 $\frac{1}{2}$ kg이 있다. 이 밀가루와 쌀가루의 무게의 합은?

① $\frac{1}{6}$ kg
② $\frac{2}{6}$ kg
③ $\frac{4}{6}$ kg
④ $\frac{5}{6}$ kg

07 다음 중 ㉠에 알맞은 수는?

$$\frac{2}{10} > \boxed{㉠}$$

① 0.1   ② 0.3

③ 0.5   ④ 0.7

08 $\frac{3}{4} \div 3$을 계산한 값은?

① $\frac{1}{4}$ ② $\frac{2}{4}$

③ $\frac{3}{4}$ ④ $\frac{4}{4}$

09 그림은 선대칭도형이다. 다음 중 이 도형의 대칭축으로 옳은 것은?

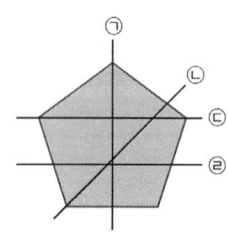

① ㉠   ② ㉡

③ ㉢   ④ ㉣

10 〈보기〉의 도형과 합동인 것은?

[보기]

① ② ③ ④

11 다음 중 육각기둥의 전개도는?

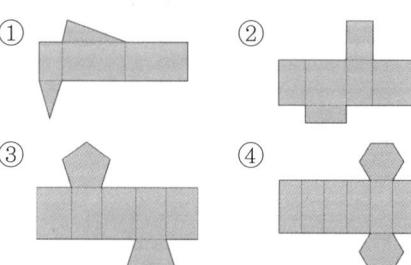

① ② ③ ④

12 그림은 6개의 쌓기나무로 만든 모양이다. 앞에서 본 모양으로 알맞은 것은?

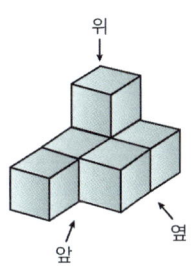

①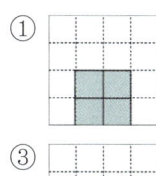

②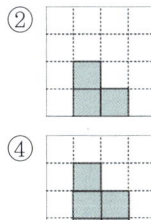

③

④

13 표는 사람의 수와 연필의 수 사이의 대응 관계를 나타낸 것이다. ㉠에 알맞은 수는?

사람의 수 (명)	1	2	3	4	5	…
연필이 수 (개)	5	10	㉠	20	25	…

① 13 ② 14
③ 15 ④ 16

14 다음 비례식에서 ㉠에 알맞은 수는?

$$2 : 5 = \boxed{㉠} : 15$$

① 3 ② 4
③ 5 ④ 6

15 다음에서 직사각형의 넓이가 가장 작은 것은?

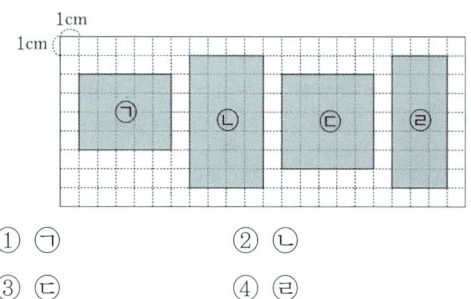

① ㉠ ② ㉡
③ ㉢ ④ ㉣

16 다음 두 동전 모형의 공통된 특징으로 알맞은 것은?

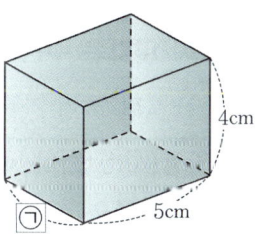

① 넓이가 같다.
② 원주가 같다.
③ 원주율이 같다.
④ 지름의 길이가 같다.

17 그림은 부피가 $80cm^3$인 직육면체이다. ㉠의 길이는?

① 4cm ② 5cm
③ 6cm ④ 7cm

18 다음은 어느 씨름 대회의 금강급 몸무게를 나타낸 것이다. 이 몸무게의 범위를 수직선에 바르게 나타낸 것은?

> 금강급 : 80kg 초과 90kg 이하

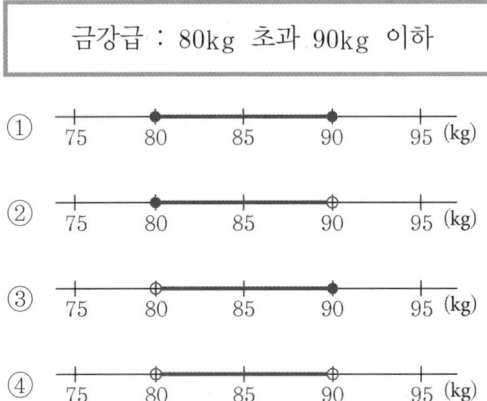

20 다음은 어느 학년 학생들이 읽고 싶어 하는 책의 종류를 조사하여 원그래프로 나타낸 것이다. 가장 읽고 싶어 하는 책의 종류는?

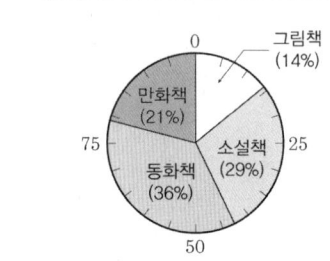

학생들이 읽고 싶어 하는 책의 종류

① 그림책   ② 동화책

③ 만화책   ④ 소설책

19 표는 학생 4명의 제기차기 기록을 나타낸 것이다. ㉠에 알맞은 수는?

〈제기차기 기록〉

학생	가영	나영	다영	라영	합계	평균
기록(개)	7	4	6	3	20	㉠

① 4   ② 5

③ 6   ④ 7

2025
제2회
과학

01 다음 중 지진 발생 시 대처 방법으로 옳지 <u>않은</u> 것은?

① 계단보다 승강기를 이용해 빠르게 대피한다.
② 간판이나 유리창 등으로부터 머리를 보호한다.
③ 공공장소에 있을 때는 침착하고 질서 있게 대피한다.
④ 무거운 물건이 넘어질 염려가 있는 곳에서 멀리 피한다.

02 다음 설명에서 ㉠에 해당하는 것은?

알루미늄 캔과 철 캔을 분리할 때는 (㉠)에 붙는 성질을 이용한다.

① 유리
② 사석
③ 종이
④ 플라스틱

03 다음 설명에 해당하는 것은?

별이 무리를 구분해 이름 붙인 것으로 오리온자리, 카시오페이아자리 등이 있다.

① 금성
② 목성
③ 별자리
④ 태양계

04 그림은 물에 소금을 녹이는 실험이다. 용액에 해당하는 것은?

소금 　 물 　 소금물

① 물
② 비커
③ 소금
④ 소금물

05 다음 설명에시 ㉠에 해당하는 것은?

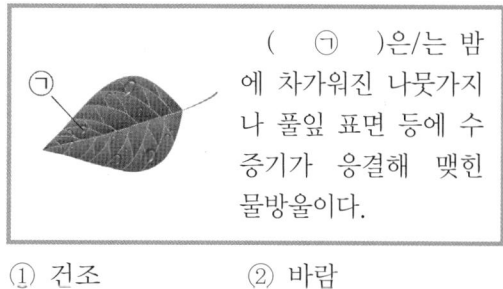

(㉠)은/는 밤에 차가워진 나뭇가지나 풀잎 표면 등에 수증기가 응결해 맺힌 물방울이다.

① 건조
② 바람
③ 육풍
④ 이슬

06 다음 설명에서 ㉠에 해당하는 색으로 가장 적절한 것은?

석회수에 페놀프탈레인 용액을 반응시켰더니 (㉠)으로 변했다.

① 녹색
② 회색
③ 검은색
④ 붉은색

07 다음 설명에 해당하는 달은?

> 음력 15일 무렵에 우리나라에서 볼 수 있다.

① 초승달　　　② 보름달

③ 하현달　　　④ 그믐달

08 다음 설명에 해당하는 기체는?

> • 금속을 녹슬게 한다.
> • 색깔과 냄새가 없다.
> • 다른 물질이 타는 것을 돕는다.

① 산소　　　② 질소

③ 헬륨　　　④ 이산화 탄소

09 우리나라 어느 지역의 월별 낮의 길이 변화를 나타낸 것이다. 낮의 길이가 가장 짧은 시기는?

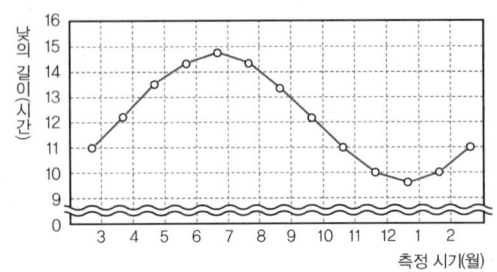

① 3~4월　　　② 6~7월

③ 9~10월　　　④ 12~1월

10 다음 설명에서 ㉠에 공통으로 들어갈 말은?

> • (㉠)은/는 물질이 산소와 빠르게 반응하여 빛과 열을 내는 현상이다.
> • (㉠)의 조건에는 산소, 탈 물질, 발화점 이상의 온도가 있다.

① 대류　　　② 소화

③ 연소　　　④ 호흡

11 다음 설명에 해당하는 식물로 가장 적절한 것은?

> • 사막처럼 물이 적고 건조한 환경에 적응한 식물이다.
> • 물을 저장하기에 알맞은 굵고 통통한 줄기가 있다.

① 검정말　　　② 메뚜기

③ 선인장　　　④ 지렁이

12 그림에서 ㉠에 해당하는 물체는?

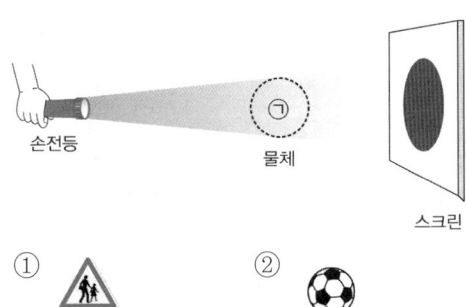

①
표지판

②
공

③
주사위

④
공책

13 다음 설명에 해당하는 열의 이동 방법은?

> 고체에서 열은 온도가 높은 곳에서 낮은 곳으로 고체 물질을 따라 이동한다.

① 순환   ② 자극

③ 전도   ④ 환경

14 그림은 균류에 해당하는 버섯이다. 균류에 대한 설명으로 옳지 <u>않은</u> 것은?

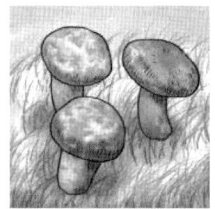

① 알로 번식한다.

② 균사로 이루어져 있다.

③ 주로 따뜻하고, 축축한 환경에서 잘 자란다.

④ 주로 죽은 생물이나 다른 생물에서 양분을 얻는다.

15 다음 중 생태계에서 살아 있지 않은 비생물 요소에 해당하는 것은?

① 뱀   ② 붕어

③ 여우   ④ 햇빛

16 그림은 ㉠~㉣ 학생이 운동장에서 50m를 달리는 데 걸린 시간을 기록한 것이다. 가장 빠르게 달린 학생은?

이름	걸린 시간
㉠	10초
㉡	15초
㉢	20초
㉣	25초

① ㉠   ② ㉡

③ ㉢   ④ ㉣

17 다음 설명에서 ㉠에 들어갈 말로 가장 적절한 것은?

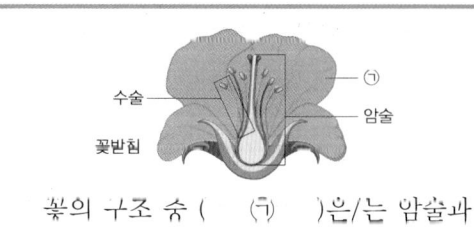

꽃의 구조 중 (㉠)은/는 암술과 수술을 보호하는 기능이 있다.

① 꽃잎   ② 뿌리

③ 열매   ④ 줄기

18 다음 설명에서 ㉠에 공통으로 들어갈 말은?

> • (㉠)은 서로 다른 물질의 경계에서 빛이 꺾여 나아가는 현상이다.
> • (㉠)(으)로 인해 물속에 있는 물체의 실제 위치와 물 밖에서 본 물체의 위치는 다르다.

① 물의 순환　　② 빛의 굴절

③ 열의 이동　　④ 증산 작용

20 다음 설명에 해당하는 것은?

> 음식물을 잘게 쪼개서 우리 몸에 흡수될 수 있도록 분해하는 기관이다.

① 혈액　　　　② 신경계

③ 소화 기관　　④ 호흡 기관

19 그림의 전기 회로에서 전구의 연결 방법은?

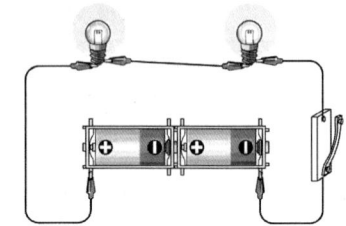

① 전자석　　　② 막대자석

③ 병렬연결　　④ 직렬연결

2025
제2회 도덕

01 다음 중 ㉠에 들어갈 내용으로 적절한 것은?

도덕 공부란?	내가 실천했던 도덕 생활
도덕 공부는 나쁜 버릇을 좋은 버릇으로 바꾸는 공부이다.	1. 나는 매일 인사를 열심히 하였다. 2. 나는 친구들과 사이좋게 놀았다. 3. 나는 (㉠)

① 친구들의 별명을 부르며 놀렸다.

② 빨아야 할 옷을 아무 데나 벗어 두었다.

③ 내 방 청소를 하기 싫어서 동생에게 시켰다.

④ 나의 잘못을 변명하지 않고 솔직하게 인정했다.

02 다음 중 일상생활에서 지켜야 할 예절로 옳지 <u>않은</u> 것은?

① 복도에서 친구와 부딪치면 사과한다.

② 동생이 상을 받으면 진심으로 칭찬해 준다.

③ 집에서 외출할 때 부모님께 인사를 느린다.

④ 식사할 때 입에 음식을 가득 넣은 채 대화한다.

03 문제를 긍정적으로 해결하는 방법을 〈보기〉에서 고른 것은?

[보기]
ㄱ. 나의 처지를 계속 불평하며 지내기
ㄴ. 목표를 잊지 않고 꾸준히 실천하기
ㄷ. 자신을 믿고 스스로 해결하려고 노력하기
ㄹ. 어차피 못 하니까 포기해야겠다고 생각하기

① ㄱ, ㄴ ② ㄱ, ㄹ
③ ㄴ, ㄷ ④ ㄷ, ㄹ

04 다음 중 남북 분단으로 인해 겪는 어려움이 <u>아닌</u> 것은?

① 가 보고 싶은 금강산에 갈 수 없다.

② 기차를 타고 유럽에도 가 볼 수 있다.

③ 분단 후 전쟁의 위협 속에 살고 있다.

④ 이산가족이 고향을 그리워해도 갈 수 없다.

05 다음 내용을 나타내는 말로 가장 적절한 것은?

> 누구나 화를 내기는 쉽다. 그러나 적절한 대상에게, 적절한 때에, 적절한 목적으로, 적절한 만큼만, 적절한 방식으로 화를 내기란 쉽지 않다.
>
> —아리스토텔레스(Aristiteles)—

① 감정 조절   ② 소비 생활
③ 재능 나눔   ④ 환경 보호

06 다음 중 ㉠에 해당하는 것은?

- (㉠)은/는 서로 얽혀 있어 풀기 힘든 것을 의미함.
- 사람들은 보통 (㉠)을/를 피하고 싶어 하지만 (㉠)을/를 잘 해결하면 전보다 좋은 결과를 얻기도 함.

① 갈등   ② 긍정
③ 배려   ④ 준법

07 다음 중 자신을 이해하고 존중하는 자세가 <u>아닌</u> 것은?

① 나를 아끼고 소중하게 여긴다.
② 나의 단점을 극복하기 위해 노력한다.
③ 나의 꿈을 이루기 위해 열심히 공부한다.
④ 항상 친구들보다 비싼 옷을 입기 위해 애쓴다.

08 다음 중 행복한 사이버 세상을 만들기 위한 피노키오의 노력으로 옳은 것은?

①

인터넷 게시판을 올바르게 이용하는 방법을 알리는 피노키오

②
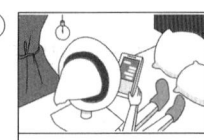
친구가 올린 게시 글에 악성 댓글을 다는 피노키오

③

허락 없이 다른 사람의 사진을 찍어 인터넷에 올리는 피노키오

④

사이버 공간에서 욕설을 하며 대화하는 피노키오

09 다음 중 ㉠에 들어갈 내용으로 적절한 것은?

> **나를 소중히 여기는 방법**
> - 스스로에게 상 주기
> - 남과 나를 비교하지 않기
> - (㉠)

① 남 탓하기
② 나의 장점 찾기
③ 모든 일에 불평하기
④ 항상 남을 미워하기

10 다음에서 카네기(Carnegie, A.)가 추구한 삶의 가치는?

> 카네기는 화가 나는 일이 있을 때마다 늘 하루가 지난 다음, 다시 생각해 보는 습관을 가지고 있었다.

① 성찰 　　　② 소외
③ 차별 　　　④ 혐오

11 다음 대화에 나타난 덕목은?

나는 어려움을 스스로 헤쳐 나갈 거야.

나는 내가 할 일을 미루지 않을 거야.

① 모방 　　　② 무시
③ 자주 　　　④ 예절

12 다음 중 친구의 인권을 존중하지 <u>않는</u> 것은?

① 친구를 괴롭히거나 때리지 않는다.
② 친구의 물건을 허락 없이 사용한다.
③ 친구를 차별하지 않고 같이 잘 논다.
④ 친구의 외모를 함부로 평가하지 않는다.

13 다음 중 ㉠, ㉡에 들어갈 말로 옳게 짝지어진 것은?

> • (㉠)(이)란 남을 속이지 않는 것일 뿐만 아니라 자신을 속이지 않는 것입니다.
> • (㉠)한/하는 사람은 사실대로 말할 수 있는 (㉡)이/가 있는 사람입니다.

　　　㉠　　　　㉡
① 배려　　　공정
② 배려　　　우정
③ 정직　　　용기
④ 정직　　　차별

14 다음 중 공정한 생활을 하기 위해 지녀야 할 태도로 적절하지 <u>않은</u> 것은?

① 다른 사람의 말을 주의 깊게 듣는다.
② 각자가 자기 몫을 정당하게 요구한다.
③ 항상 나의 권리와 이익만을 생각한다.
④ 상대방의 입장에서 생각하고 행동한다.

15 다음 중 '마음 나누기 4단계' 활동을 실천할 때 ㉠에 들어갈 내용으로 가장 적절한 것은?

상황	누군가가 복도에 물을 엎질렀다.
1단계 : 관심 기울이기	친구들이 지나가면 미끄러울 것 같다.
2단계 : 공감하기	누군가 미끄러져 넘어지면 다칠 수도 있지 않을까?
3단계 : 준비하기	친구들이 다치지 않게 물을 닦아야겠어.
4단계 : 실천하기	㉠

① 교실을 깨끗이 청소했다.

② 복도에 있는 모든 창문을 열었다.

③ 복도 벽에 전시되어 있는 게시물을 정리했다.

④ 걸레를 가지고 와서 복도에 있는 물을 닦았다.

16 그림에서 배울 수 있는 덕목은?

두레 활동 : 모내기

같이 들어
– 「같이의 가치」 –

① 교만　　　② 낭비

③ 태만　　　④ 협동

17 다음 중 통일 후 예상되는 어려움을 극복하기 위한 노력으로 적절하지 <u>않은</u> 것은?

① 서로 경계하는 마음 없애기

② 서로의 언어 표현에 대한 편견 가지기

③ 서로 다른 생활 방식을 이해하고 존중하기

④ 갈등을 평화적으로 해결하려는 마음 지니기

18 다음 중 ㉠에 들어갈 내용으로 적절하지 <u>않</u>은 것은?

> <'어려움을 겪고 있는 지구촌 이웃 돕기' 활동 계획>
> • 내가 일주일 동안 용돈을 아껴서 기부하면, 어려움을 겪는 지구촌 친구에게 (㉠)

① 아무런 도움을 줄 수 없다.

② 점심 한 끼를 사 줄 수 있다.

③ 꿈을 키우는 책 한 권을 선물할 수 있다.

④ 그림을 그리는 데 쓰는 색연필을 선물할 수 있다.

19 다음 중 ㉠에 들어갈 말로 적절한 것은?

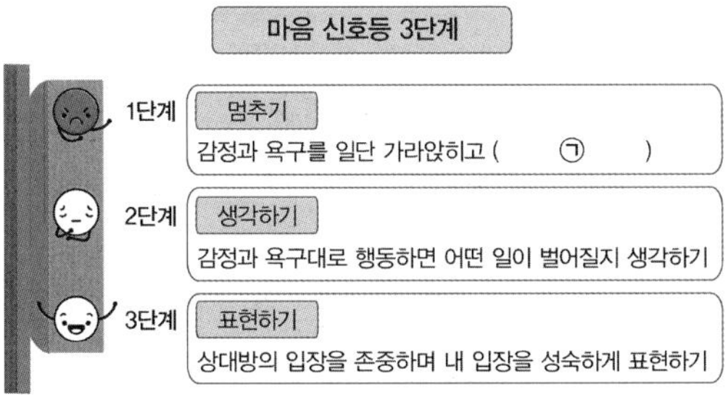

마음 신호등 3단계

1단계 멈추기
감정과 욕구를 일단 가라앉히고 (㉠)

2단계 생각하기
감정과 욕구대로 행동하면 어떤 일이 벌어질지 생각하기

3단계 표현하기
상대방의 입장을 존중하며 내 입장을 성숙하게 표현하기

① 대들기　　　② 싸움하기
③ 진정하기　　④ 욕설하기

20 다음 중 ㉠에 들어갈 수 있는 내용으로 적절하지 <u>않은</u> 것은?

지구촌 문제	
• 빈곤	• 인종 차별
• (㉠)	• 환경 파괴

① 전쟁　　　　② 굶주림
③ 기후 위기　　④ 에너지 풍족

01 다음 중 ㉠에 들어갈 말로 가장 적절한 것은?

> 아동기에는 키가 크고 몸무게가 늘어나며, 운동 능력이 발달한다. 이를 (㉠) 발달이라고 한다.

① 논리적 ② 사회적
③ 신체적 ④ 심리적

02 다음 설명에 해당하는 간식 만들기 단계는?

 설거지를 하고, 조리 기구를 정리한다.

① 계획하기 ② 상 차리기
③ 식사하기 ④ 뒷정리하기

03 다음 설명에 해당하는 옷으로 가장 적절한 것은?

> 화재로부터 신체를 보호해 주는 기능이 있다.

① 교복 ② 우비
③ 한복 ④ 소방복

04 그림과 같은 장소에서 할 수 있는 안전사고 예방 방법으로 적절한 것은?

① 전자레인지용 그릇만 사용한다.
② 바닥에 미끄럼 방지 패드를 부착한다.
③ 자전거를 탈 때는 안전모를 착용한다.
④ 칼을 사용할 때는 식품을 잡은 손가락을 구부린다.

05 다음 중 합리적인 소비를 위한 행동으로 적절하지 <u>않은</u> 것은?

① 계획을 세워 꼭 필요한 물건을 산다.
② 용돈 기입장을 써서 용돈을 관리한다.
③ 충동적으로 광고에 나온 장난감을 산다.
④ 안전하고 친환경적인 제품인지 확인하고 산다.

06 다음 설명에 해당하는 것은?

물기를 최대한 제거하고 분류하여 배출하면 사료나 퇴비로 재활용되는 쓰레기

① 의류 쓰레기
② 음식물 쓰레기
③ 폐건전지 쓰레기
④ 폐형광등 쓰레기

07 다음 설명에 해당하는 식물 관리 방법은?

• 원줄기 곁에서 돋아나는 필요하지 않은 순을 잘라 낸다.
• 원줄기가 양분을 잘 공급받을 수 있도록 해 준다.

① 물 주기
② 거름주기
③ 씨뿌리기
④ 곁순 따기

08 다음 설명에 해당하는 것은?

• 자동차의 조향 장치에 해당한다.
• 자동차이 이동 방향을 바꾸어 준다.

① 거울
② 핸들
③ 스피커
④ 프레임

09 다음 중 자전거 안전 관리 방법으로 옳지 않은 것은?

① 체인이 빠졌는지 살펴본다.
② 브레이크의 작동을 확인한다.
③ 타이어의 공기압을 확인한다.
④ 안장 높이는 무조건 높게 한다.

10 다음 중 ㉠에 공통으로 들어갈 말로 적절한 것은?

• (㉠)은/는 경제적 보상을 받으며 일정 기간 지속적으로 하는 일을 말한다.
• (㉠)의 종류에는 교사, 경찰관 등이 있다.

① 성격
② 적성
③ 직업
④ 흥미

11 배려하고 돌보는 가족이 되기 위해 필요한 노력으로 가장 적절한 것은?

① 가족 간에 예의를 지킨다.
② 가정일을 서로에게 미룬다.
③ 짜증 나는 말투로 대화한다.
④ 가족의 부족한 점을 찾아 비난한다.

12 친환경 농업의 실천 방안으로 옳은 것만을 〈보기〉에서 모두 고른 것은?

┌─[보기]─────────────────────┐
ㄱ. 가축 배설물로 퇴비를 만든다.
ㄴ. 화학 비료를 많이 사용하여 농작물을 기른다.
ㄷ. 오리, 우렁이를 이용해 잡초나 해충을 없앤다.
└──────────────────────────────┘

① ㄴ   ② ㄷ
③ ㄱ, ㄴ   ④ ㄱ, ㄷ

13 다음 중 소프트웨어가 적용된 사례와 설명이 적절하게 연결되지 <u>않은</u> 것은?

① 내비게이션 – 식물에게 물을 준다.
② 스마트 시계 – 건강 상태를 점검한다.
③ 로봇 청소기 – 스스로 방 곳곳을 청소한다.
④ 스마트 냉장고 – 냉장고 안의 음식 정보를 알려준다.

14 다음 중 ㉠에 들어갈 로봇으로 적절한 것은?

(㉠)이 있어 정밀한 수술도 잘할 수 있어.

① 반려 로봇
② 의료 로봇
③ 우주 탐사 로봇
④ 화재 진압 로봇

15 다음은 세탁 과정의 절차적 사고이다. ㉠에 가장 적절한 것은?

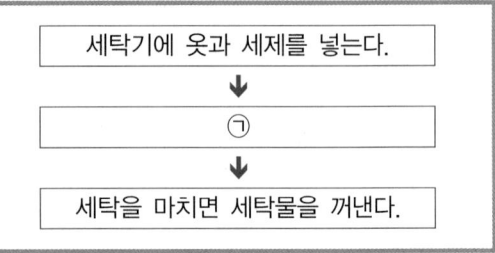

세탁기에 옷과 세제를 넣는다.
↓
㉠
↓
세탁을 마치면 세탁물을 꺼낸다.

① 세탁물을 갠다.
② 세탁기를 작동시킨다.
③ 건조대에 세탁물을 넌다.
④ 세탁기 내부를 청소한다.

16 다음 설명에 해당하는 바느질 도구는?

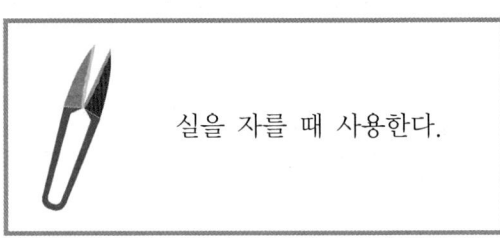

실을 자를 때 사용한다.

① 단추   ② 바늘
③ 쪽가위   ④ 바늘꽂이

17 다음 중 ㉠에 해당하는 것은?

> (㉠) : 쌀(국산) 95%, 자색 고구마 분말(국산) 3.45%, 당근 분말(국산) 0.1%, 탄산 칼슘, 비타민 C
>
> 재료의 이름, 원산지, 함량을 나타낸 것

① 보관 방법

② 제조 일자

③ 원재료명 및 함량

④ 식품 인증 표시

18 다음 중 가정 경제 관리와 가장 관련 있는 것은?

① 요리하기　　② 청소하기

③ 다림질하기　④ 가계부 쓰기

19 그림에 해당하는 발명 기법은?

씨 있는 수박　수박씨　씨 없는 수박

① 빼기 기법

② 더하기 기법

③ 반대로 하기 기법

④ 용도 바꾸기 기법

20 다음은 소리 센서에 대한 설명이다. 소리 센서와 가장 관련 있는 사람의 기관은?

> • 주변의 소리를 감지하는 센서다.
> • 소리 센서를 이용하면 박수로 강아지 로봇을 움직일 수 있다.

① 귀　　　　② 눈

③ 입　　　　④ 코

2025년 제2회 정답 및 해설

국어 2025년 제2회

기출문제

01 ③	02 ④	03 ②	04 ④	05 ④
06 ①	07 ②	08 ②	09 ①	10 ②
11 ③	12 ③	13 ②	14 ①	15 ③
16 ③	17 ③	18 ④	19 ①	20 ④

01 정답 ③

왼쪽 남자아이는 '열심히 준비한 미술대회에서 상을 받지 못해 속상하다'라고 하고 있으므로 ⊙에 들어갈 위로하는 말로는 ③ '준비를 많이 했는데 속상하겠다.'라고 말하는 것이 적절하다.

오답피하기

① 이유를 따지는 말, ② 칭찬(격려), ④ 자기 경험을 말하는 것으로 위로의 말로 적절하지 않다.

02 정답 ④

보기의 설명은 찬반을 나누어 자신의 의견을 상대에게 설득하는 의사소통이라고 하였다. '토론'은 서로 다른 의견을 제시하고 근거를 들어 설득하는 말하기 방법이므로, 따라서 ④가 적절하다.

오답피하기

① 낭독은 글을 소리 내어 읽는 활동, ② 면담은 일대일 대화, ③ 소개는 대상의 특징을 알리는 활동이다.

03 정답 ②

'발이 넓다'는 관용 표현으로 '사람을 많이 안다'는 의미이므로 ② '아는 사람이 많다'가 적절하다.

04 정답 ④

의견은 '사실과 달리 개인의 생각이나 느낌이 드러난 것'을 말한다. 따라서 '아름답고 생명력 넘치는 독도에 관심을 가져야겠다'는 개인적인 생각으로 의견에 해당하므로 ④번이 올바르다.

오답피하기

⊙·⊙·ⓒ 각각 독도 방문 시의 이동 과정, 들은 이야기 등 사실을 전달하고 있다.

05 정답 ④

설명하는 글은 객관적인 정보나 사실을 알기 쉽게 설명하는 것이다. 시는 글쓴이의 감정과 생각을 표현하는 문학 장르이므로 설명문이 아니다.

오답피하기

① 박물관 안내문, ② 역사 유적지 설명문, ③ 장난감 조립 설명서는 정보 전달을 목적으로 하는 설명하는 글이다.

06 정답 ①

글의 공간적 배경은 '교실로 들어왔다'라는 내용이 있으므로 교실이다.

오답피하기

② 들판은 장소나 글에 나와 있지 않다.
③·④ 글에 나와 있지 않으나 시간적 배경이다.

07 정답 ②

⊙ '아기 웃음은 유리 종소리야'는 'A는 B이다'의 은유법이다. 따라서 ⊙과 같은 비유적 표현법으로 가장 적절한 것은 ② '내 마음은 푸른 바다'이다.

오답피하기

①·③·④ 두 대상을 '~처럼', '~같이'로 빗대는 표현인 직유법이다.

08 정답 ②

ⓒ의 낱말의 짜임은 어근 하나로 이루어져 더 이상 쪼갤 수 없는 낱말인 단일어이다. 따라서 더 이상 쪼갤 수 없는 낱말인 단일어는 ② 하늘이다.

① '논밭'은 논+밭으로 쪼개지는 낱말이다.

③ '산딸기'는 산+딸기로 쪼개지는 낱말이다.

④ '국그릇'은 국+그릇으로 쪼개지는 낱말이다.

09 정답 ①

㉠ 아래의 글을 보면 '문화유산은 훼손되면 그대로 복원할 수 없고 소중한 문화유산은 복원한다고 해도 본래의 가치를 되살릴 수 없다'라고 이야기하고 있다. 즉, 문화유산 훼손의 위험성과 소중함을 강조하고 있으므로 '문화유산을 보호해야 한다'가 주장으로 적절하다.

② · ③ · ④ 역사 공부나 웃어른께 예의 바른 행동, 공공장소의 질서에 대한 주장이므로 보기 글의 주제에 적절하지 않다

10 정답 ②

국어사전에서 낱말을 찾을 때에는 기본형(표제어)을 찾아야 한다. 따라서 '묶어서'의 기본형은 '묶다'이다.

① · ③ · ④ 모두 '묶다'의 활용형으로 낱말의 기본형이 아니다.

11 정답 ③

이야기 주제는 인물의 말과 행동, 사건의 전개 등을 통해 파악할 수 있다. 제목은 이야기의 내용을 함축하고 있을 수 있고, 인물의 말과 행동이나 일어난 일들을 통해 이야기의 주제를 파악할 수 있으나, 독자가 읽은 장소를 떠올리는 것은 주제 파악과 관련이 없다.

12 정답 ③

다음 대화에서 의사소통이 잘 이루어지지 않은 까닭은 엄마에게 '열심히 공부했다'라는 말 대신 '열공'이라는 낱말을 썼기 때문이다. 줄임말은 듣는 사람이 이해하지 못할 수 있어 의사소통을 방해할 수 있다.

비속어, 외국어를 사용하지 않았고, 표준어 사용은 오히려 바른 의사소통에 도움이 된다.

13 정답 ②

보기의 글은 과거와 현재의 '줄다리기 줄의 굵기, 길이'에 대해 말하고 있다. 따라서 보기의 글을 읽을 때 도움이 되는 경험은 줄다리기 경험이므로 ② 운동회에서 줄다리기를 했던 경험이 적절하다.

① · ③ · ④ 글씨를 잘 써서 칭찬을 받은 경험, 가족과 기차 여행을 했던 경험, 친구와 자전거를 탔던 경험은 줄다리기 글을 읽을 때 도움이 되지 않는다.

14 정답 ①

보기의 글은 지윤이가 지난주 소방관님께 심폐소생술을 배우고 나서 감사함을 담은 편지이다. '소방관님, 감사합니다'라고 말하고 있으므로 ① 고마워하는 마음이 적절하다.

15 정답 ③

공익 광고는 사회적 가치를 전달하는 목적을 가진 것이다. '푸른 지구를 지킬 시간, 얼마 남지 않았다'는 문구에서 알 수 있듯이 환경을 보호하자는 내용을 전달하고자 한다. 따라서 ③이다.

① 약속 지키기, ② 글씨 잘 쓰기, ④ 교통 신호 지키기는 광고 문구와 다른 주제이다.

16 정답 ③

문장 성분의 호응 관계를 고려하면 '별로'는 부정표현의 서술어와 어울리므로 '별로 ~하지 않는다'는 표현이 적절하다. 따라서 ③번 '동생은 수학을 별로 좋아하지 않는다'는 옳바르다.

① '내일'은 미래를 나타내므로 서술어를 '갔다'라는 과거가 아니라 '갈 것이다'로 고쳐 써야 한다.

② '절대'는 부정표현의 서술어와 어울리므로 '넘어갈 것이다'가 아닌 '넘어가지 않을 것이다'로 고쳐 써야 한다.

④ '결코'는 부정표현의 서술어와 어울리므로 '좋아하신다'가 아닌 '좋아하지 않으신다'로 고쳐 써야 한다.

17 정답 ③

㉠ '먹었다'의 의미는 '음식을 입을 통해 배속에 들여보내다'이다. 따라서 ③번 '삼각 김밥을 먹었다'는 뜻이 이와 같은 의미로 적절하다.

① '습기를 먹다'에서 '먹다'는 '물이나 습기를 빨아들이다'의 의미이다.

② '나이를 먹다'에서 '먹다'는 '일정한 나이를 더하다'의 의미이다.

④ '마음을 먹다'에서 '먹다'는 '어떤 마음이나 감정을 품다'의 의미이다.

18 정답 ④

설명 방법은 설명하는 글에서 사용하는 것으로 보기의 글은 문어와 오징어의 공통점과 차이점을 설명하고 있다. 따라서 ④ 비교와 대조가 적절하다.

① 상상은 꾸며 쓰는 것이고, ② 주장은 자신의 의견을 제시하는 것이며, ③ 격려와 조언은 말하기의 다른 방법이다.

19 정답 ①

㉠은 희곡에서 인물의 동작, 표정 등을 설명하는 부분으로 지문에 해당한다. 따라서 ①번이다.

② 대사는 인물이 말하는 부분이다.

③ 무대는 공연 공간을 말한다.

④ 해설은 희곡의 시작 부분에서 때, 곳, 나오는 인물과 무대 장치나 배경을 자세하게 설명해 주는 부분을 말한다.

20 정답 ④

보기의 글에서 이순신 장군의 마지막 말인 "죽기를 각오하고 싸우라"에서 알 수 있듯이, 이순신이 중요하게 생각하는 것은 '어떤 상황에서도 포기하지 않는 태도'인 ④이다.

① 건강의 중요성, ② 힘든 일 피하기, ③ 나라보다 개인이 우선이라는 내용은 글 내용과 맞지 않는다.

사회 2025년 제2회

01 정답 ④

지도에 사방위 표시가 있으면 사방위 표시 위쪽은 북쪽을 나타낸다. 만약 사방위가 없다면 지도의 위쪽이 북쪽이다.

02 정답 ③

제시된 내용은 보건소에 대한 설명이다. 보건소는 감염병을 예방하기 위해 예방 접종을 실시하고 주민들의 건강 상태를 확인해준다.

오답피하기

① 경찰서는 지역의 질서를 유지해주며 시민들의 안전을 책임진다.
② 도서관은 책이나 기록물을 모아서 보관해 두고 사람들이 이용할 수 있도록 한 시설이다.
④ 우체국은 편지나 물건을 원하는 사람에게 전해주는 기관이다.

03 정답 ②

경제 활동은 생산, 소비, 분배 세 가지로 구분된다. 생산은 재화나 서비스를 새롭게 만들어 내는 활동이다. 소비는 생산된 재화나 서비스를 실제로 사용하는 것이다. 분배는 임금, 이자 등이 분배되는 것을 의미한다. 제시된 내용처럼 서비스를 이용하거나 백화점에서 옷을 사는 것은 소비에 해당한다.

오답피하기

③ 소득 중에서 절약하여 모아두는 것을 저축이라 한다.
④ 인간이 원하는 욕구는 무한하지만 물건이 모자란 상태를 희소성이라 한다.

04 정답 ①

다르다는 이유로 피해를 주는 것이 차별이다. 차별의 종류는 다양하다. 제시된 내용은 어리다고 무시당하는 상황으로 나이에 따른 차별에 해당한다.

05 정답 ①

폭염은 비정상적으로 더운 날씨가 며칠 이상 지속되는 기간을 말한다.

오답피하기

② 겨울철에 기온이 갑자기 내려가는 현상을 한파라한다.
③ 홍수는 하천의 물이 넘쳐흐르는 현상으로 여름에 주로 발생한다.
④ 황사는 봄철에 중국 대륙에서 날아오는 모래바람이다.

06 정답 ②

국민의 5대 의무는 나라를 지켜야 하는 국방의 의무, 국가 운영에 필요한 세금을 납부하는 납세의 의무, 정해진 교육을 받아야 하는 교육의 의무, 국가 경제와 자신의 생활을 유지하기 위한 근로의 의무, 깨끗한 환경을 지키기 위해 노력해야 하는 환경 보전의 의무가 있다.

07 정답 ③

불국사는 석굴암과 함께 신라의 대표적인 불교 예술이다. 금동 미륵보살 반가 사유상은 삼국 시대 유행한 불교 예술품이다. 두 문화유산은 불교문화와 관련되어 있다.

오답피하기

④ 정조의 명령으로 정약용이 설계한 것은 거중기이다.

08 정답 ③

고려를 건국한 인물은 태조 왕건이다. 왕건은 후대의 왕들에게 훈요 10조를 남기고 불교 행사의 중요성을 강조하였다. 또한 삼국을 통일하면서 지방 귀족인 호족을 견제와 포섭하기 위한 정책을 실시하였다.

① 견훤은 후백제를 건국한 인물이다.

② 서희는 거란의 1차 침입을 방어하며 강동 6주를 획득하였다.

④ 임진왜란에서 이순신 장군의 활약으로 조선을 지킬 수 있었다.

09 정답 ①

1950년 6·25 전쟁은 북한의 남침으로 시작되었으며 1953년에 휴전이 성립되었다. 3년의 전쟁으로 수많은 사람이 죽거나 다쳤다. 또한 전쟁으로 인해 이산가족이 생겨나 현재까지도 고통이 이어지고 있다.

① 동학 농민 운동은 1894년에 일어난 사건이다.

10 정답 ②

윤봉길 의사는 1932년 한인 애국단에 입단을 하고 홍커우 공원에서 일본 왕의 생일을 기념하는 행사장에 폭탄을 던졌다.

① 김구는 독립운동가이며 일제 강점기에 대한민국 임시 정부의 지도자였다.

③ 장영실은 조선 시대의 과학자이다.

④ 전봉준은 동학 농민 운동의 지도자이다.

11 정답 ④

이성계는 위화도 회군으로 정치와 군사를 장악하고 과전법을 통해 경제력을 장악하였다. 조선 건국을 반대하는 사람들을 제거하고 조선을 건국하였다. 이후 수도를 한양으로 정하였다. 훈민정음과 측우기는 조선 세종, 수원 화성은 조선 정조 시기에 만들어졌다.

12 정답 ④

신문고는 조선 태종 시기에 설치되었다. 억울한 일이 있으면 북을 쳐서 알리는 기능을 하였다.

① 과거 제도는 국가에서 일하는 사람을 선발하는 제도이다.

② 삼심 제도는 재판을 3번 받을 수 있는 제도이다.

③ 신분 제도는 태어날 때 그 출신에 따라 계급을 나누는 제도이다.

13 정답 ③

법원은 법을 해석하고 법에 따라 재판을 하는 기관이다.

① 국회는 국민을 대표하는 국가 기관으로 법을 만든다.

② 기업은 상품을 생산하고 판매하며 이익을 추구한다.

④ 정부는 법을 시행하는 국가 기관이다.

14 정답 ④

금융, 관광, 의료, 문화 콘텐츠 등을 서비스업이라 한다.

① 경공업은 가벼운 상품을 생산하는 산업으로 옷, 신발 등을 생산한다.

② 중공업은 무거운 상품을 생산하는 산업으로 자동차, 선박 등을 생산한다.

③ 농림어업은 농업, 임업(산에서 나무를 기르는 일), 어업을 의미한다.

15 정답 ①

물건을 구매할 때 선택의 기준은 사람들마다 다양하다. 제시된 어머니의 선택 기준은 가격이다.

16 정답 ④

오세아니아는 남반구에 위치하며 오스트레일리아, 뉴질랜드 등이 속해 있다.

① 아시아는 한국, 중국, 일본, 인도, 인도네시아, 베트남 등의 국가가 속해 있다.

② 아프리카는 이집트, 수단, 에티오피아 등의 국가들이 속해 있다.

③ 북아메리카는 미국, 캐나다, 멕시코가 속해 있다.

17 정답 ①

이집트는 아프리카에 속해 있다. 강수량이 매우 적은 건조 기후 지역이다.

오답피하기

② 고산 기후는 적도의 고도가 높은 지역에 나타나는 기후이다.

③ 냉대 기후는 여름과 겨울의 기온차가 큰 기후이다.

④ 한대 기후는 짧은 여름이 있지만 긴 겨울 동안 얼음으로 덮여 있다.

18 정답 ③

러시아는 세계에서 영토가 가장 넓다. 러시아, 캐나다, 미국, 중국 순으로 영토가 넓다.

오답피하기

① 프랑스의 수도가 파리이다.

② 러시아는 북반구에 위치해 있다.

④ 중국의 문화유산이다.

19 정답 ①

방정환 선생님이 만든 날은 5 · 5일 어린이 날이다.

오답피하기

② 어버이날은 어버이의 은혜에 감사하기 위해 만든 날이다.

③ 5월 15일 스승의 날은 선생님에 대한 감사의 마음을 전달하기 위해 만든 날이다.

④ 4월 20일 장애인의 날은 장애인에 대한 이해와 복지 증진을 위해 만든 날이다.

20 정답 ②

에너지 절약하기, 일회용품 사용 줄이기, 환경 캠페인 참여하기, 친환경 제품 사용하기 등은 환경 오염 문제를 해결하기 위한 노력이다.

수학 2025년 제2회

기출문제

01 ③	02 ④	03 ②	04 ④	05 ①
06 ④	07 ①	08 ①	09 ①	10 ②
11 ④	12 ②	13 ③	14 ④	15 ①
16 ③	17 ①	18 ③	19 ②	20 ②

01 정답 ③

$457\underline{2}61$에서 밑줄 친 숫자 2는 오른쪽에서 셋째 자리에 있으며, 이 자리의 자릿값은 100이므로 숫자 2가 나타내는 값은 200이다.

따라서 정답은 ③이다.

오답피하기

문제에서 밑줄 친 숫자 2가 나타내는 값을 물었으므로, 자릿값을 생각하여 읽어야 한다.

02 정답 ④

둔각삼각형은 한 각이 90°보다 큰 삼각형이다. 보기의 삼각형을 살펴보면,

㉠ : 세 각이 모두 90°보다 작으므로 예각삼각형

㉡ : 한 각이 90°보다 크므로 둔각삼각형

㉢ : 한 각이 90°보다 크므로 둔각삼각형

그러므로 둔각삼각형인 것은 ㉡, ㉢이다.

따라서 정답은 ④이다.

> **▌참고**
> 삼각형은 각의 크기에 따라 다음과 같이 나눌 수 있다
> ❶ 예각삼각형 : 세 각이 모두 90°보다 작은 삼각형
> ❷ 직각삼각형 : 한 각이 90°인 삼각형
> ❸ 둔각삼각형 : 한 각이 90°보다 큰 삼각형

03 정답 ②

그림의 모양을 시계 방향으로 180°만큼 돌리면 그림의 위 아래가 서로 바뀌고, 왼쪽과 오른쪽도 서로 바뀌게 된다. 따라서 정답은 ②이다.

오답피하기

① 그림의 모양을 시계 방향으로 90°만큼 돌린 것이다.

③ 그림의 모양을 시계 방향으로 270°만큼 돌린 것이다.

④ 그림의 모양을 시계 방향으로 360°만큼 돌린 것이다.

그림을 360°만큼 돌리면 원래의 모양과 같아진다.

04 정답 ④

주어진 막대그래프의 세로 눈금 한 칸의 크기는 1(명)을 뜻하므로 각 운동을 좋아하는 학생의 수를 구하면,

축구 4명, 피구 10명, 야구 6명, 농구 5명이다.

이때, 가장 많은 학생이 좋아하는 운동은 피구이고, 가장 적은 학생이 좋아하는 운동은 축구이므로, 정답은 ④이다.

05 정답 ①

자연수의 혼합계산은 괄호를 가장 먼저 계산하고, 그 다음 곱셈과 나눗셈을 계산한 후 덧셈과 뺄셈 순으로 계산하여야 한다.

계산 순서를 번호로 나타내어 순서대로 계산하면 다음과 같다.

$$11 + 10 \div (3 + 2) - 1$$
$$= 11 + 10 \div 5 - 1$$
$$= 11 + 2 - 1$$
$$= 13 - 1$$
$$= 12$$

그러므로 식을 계산한 값은 12이다.

따라서 정답은 ①이다.

> **참고**
> 자연수의 혼합계산 순서
> • 괄호 안 계산 → 나눗셈, 곱셈 → 덧셈, 뺄셈
> * 같은 단계의 혼합계산만 존재한다면 앞에서부터 순서대로 풀어준다.

06 정답 ④

밀가루와 쌀가루의 무게의 합은 $\frac{1}{3} + \frac{1}{2}$이다.

이때, 분모가 다른 두 분수의 덧셈은 분모의 최소공배수로 분모를 같게 하여 계산해야 한다.

3과 2의 최소공배수는 6이므로 6으로 두 분수를 통분하여 더하면,

$$\frac{1}{3} + \frac{1}{2} = \frac{1 \times 2}{3 \times 2} + \frac{1 \times 3}{2 \times 3} = \frac{2}{6} + \frac{3}{6} = \frac{2 + 3}{6} = \frac{5}{6}$$

(kg)

따라서 정답은 ④이다.

> **참고 통분**
> 통분은 분수의 분모와 분자에 0이 아닌 같은 수를 곱하거나 나누어서 분모를 같게 해주는 것을 말한다.

07 정답 ①

분수와 소수의 크기 비교는 분수를 소수로 바꾸어 비교하거나 소수를 분수로 바꾸어 비교한다.

$\frac{2}{10}$를 소수로 나타내면 0.2이고,

$\frac{2}{10} > \boxed{\ \ ⓐ\ \ }$ 을 만족하는 ⓐ의 수는 0.2보다 작은 수이므로, 보기에서 알맞은 수는 0.1이다.

따라서 정답은 ①이다.

08 정답 ①

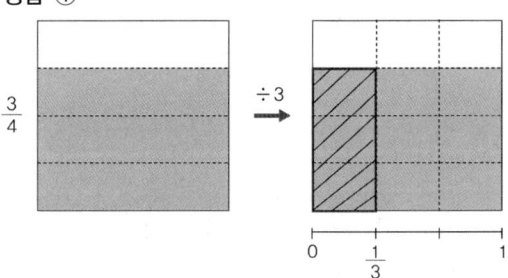

$\frac{3}{4} \div 3$은 $\frac{3}{4}$를 똑같이 3으로 나눈 것 중의 하나이다.

이것은 $\frac{3}{4}$의 $\frac{1}{3}$이므로 $\frac{3}{4} \times \frac{1}{3} = \frac{3}{12} = \frac{1}{4}$이다.

따라서 정답은 ①이다.

09 정답 ①

한 직선을 따라 접어서 완전히 겹치는 도형을 선대칭도형이라 한다.

이때, 그 직선을 대칭축이라 하고, 선대칭도형은 대칭축을 중심으로 반으로 겹쳐진다.

그림에서 ㉠을 따라 접으면 왼쪽과 오른쪽의 모양이 같기 때문에 서로 겹쳐지므로, ㉠이 이 도형의 대칭축임을 알 수 있다.

따라서 정답은 ①이다.

10 정답 ②

모양과 크기가 같아서 포개었을 때 완전히 겹치는 두 도형을 합동이라 한다.

이때, 한 도형을 뒤집거나 돌려서 다른 도형과 겹치게 할 수 있으면 두 도형은 합동이다.

보기의 도형을 90° 돌리면 ②의 도형과 안전히 겹쳐지므로 합동인 도형온 ②이다.

따라서 정답은 ②이다.

> **오답피하기**

위치가 다르거나 뒤집혀 있어도 모양과 크기가 같으면 합동임을 생각하여 해결하도록 한다.

11 정답 ④

육각기둥의 전개도는 육각형인 밑면이 2개이고 옆면은 직사각형 6개로 이루어져 있디.

보기에서 위의 조건을 만족하는 전개도는 ④뿐이다.

따라서 정답은 ④이다.

> **오답피하기**

① 삼각기둥의 전개도이고, ② 사각기둥, ③ 오각기둥의 선개노이나.

12 정답 ②

그림의 쌓기나무를 앞에서 보면, 아래 그림에 색칠된 면들이 보이게 된다.

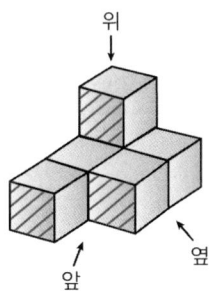

그러므로 앞에서 본 모양은 왼쪽에 두개의 면과 오른쪽에 한 개의 면이므로 ② 보기와 같다.

따라서 정답은 ②이다.

13 정답 ③

표의 대응관계를 살펴보녀,

$1 \times 5 = 5$

$2 \times 5 = 10$

$4 \times 5 = 20$

$5 \times 5 = 25$이므로

사람 수와 연필의 수 사이의 관계는 사람 수 $\times 5 =$ 연필의 수임을 알 수 있다.

그러므로 $3 \times 5 = ㉠$이므로, $㉠ = 15$이다.

따라서 정답은 ③이다.

14 정답 ④

$2 : 5$에서 2를 전항, 5를 후항이라 하며, 전항과 후항에 0이 아닌 같은 수를 곱하거나 나누어도 비율은 같다.

그러므로 $5 \times 3 = 15$임을 이용하여 전항과 후항에 3을 곱하면, $2 : 5 = 2 \times 3 : 5 \times 3 = 6 : 15$이므로, ㉠에 알맞은 수는 6이다.

따라서 정답은 ④이다.

[다른 풀이]

비례식에서 내항의 곱과 외항의 곱이 같으므로,

$5 \times ㉠ = 2 \times 15$이다.

$5 \times ㉠ = 30$ ➡ $㉠ = 30 \div 5 = 6$

따라서 정답은 ④이다.

15 정답 ①

사각형의 넓이는 가로×세로이므로,

㉠의 넓이는 $5 \times 4 = 20\,\mathrm{cm}^2$,

㉡의 넓이는 $4 \times 7 = 28\,\mathrm{cm}^2$,

㉢의 넓이는 $5 \times 5 = 25\,\mathrm{cm}^2$,

㉣의 넓이는 $3 \times 7 = 21\,\mathrm{cm}^2$

이다.

그러므로 가장 넓이가 작은 직사각형은 ㉠이다.

따라서 정답은 ①이다.

16 정답 ③

두 동전 모형은 모두 원이며, 크기가 서로 다르다.
크기가 다른 두 원의 넓이는 서로 다르다.
또한 원주란 원의 둘레로, 원의 크기가 다르면, 원주
또한 다르다.
원주율이란 원의 둘레를 지름의 길이로 나눈 값으로,
모든 원은 크기에 관계없이 원주율이 같다. 그러므로
두 동전 모형의 공통된 특징은 원주율이 같다는 것이다.
따라서 정답은 ③이다.

17 정답 ①

직육면체의 부피는 가로×세로×높이를 이용해서 구
한다.
그림에 주어진 직육면체의 부피는 $80\,\mathrm{cm}^3$이므로,
㉠$\times 5 \times 4 = 80$ ➡ ㉠$\times 20 = 80$ ➡ ㉠$= 80 \div 20$
➡ ㉠$= 4$
그러므로 ㉠은 4cm 임을 알 수 있다.
따라서 정답은 ①이다.

18 정답 ③

초과는 기준이 되는 어떤 수보다 더 큰 수를 나타내며
기준이 되는 어떤 수를 포함하지 않는다. 또한 이하는
기준이 되는 어떤 수보다 작거나 같은 수를 나타내며
기준이 되는 어떤 수를 포함한다.

그러므로 80kg 초과 90kg 이하는 80보다 크고, 90
보다 작거나 같은 수이므로, 수직선에 나타내면 ③과
같다.

따라서 정답은 ③이다.

> **▌참고**
>
> 이상, 이하와 같이 해당 숫자까지 포함하는 범위를 나
> 타낼 때에는 꽉 찬 동그라미를 사용하여 나타내고, 초
> 과, 미만과 같이 해당 숫자를 포함하지 않는 범위를 나
> 타낼 때에는 속이 빈 동그라미를 사용하여 수직선에
> 나타낸다.

19 정답 ②

학생 4명의 제기차기 기록의 평균은 (4명의 총합)
÷4로 계산할 수 있다.
그러므로 평균$= (7 + 4 + 6 + 3) \div 4 = 20 \div 4 = 5$
이다.
따라서 정답은 ②이다.

20 정답 ②

원그래프를 살펴보면 만화책을 좋아하는 학생은 전체
의 21%, 동화책을 좋아하는 학생은 전체의 36%,
소설책을 좋아하는 학생은 전체의 29%, 그림책을
좋아하는 학생은 전체의 14%임을 알 수 있다.
이때, 가장 읽고 싶어 하는 책의 종류는 백분율이 가
장 큰 동화책이다.
따라서 정답은 ②이다.

과학 2025년 제2회

01 정답 ①

지진 발생 시 승강기로 이동하는 경우 승강기에 갇히는 경우가 있으므로 계단을 이용하여 대피한다.

오답피하기

[지신 발생 시 대처 방법]

- 교실 안에 있을 때 책상 아래로 들어간다.
- 운동장이나 공원 등 넓은 공간으로 대피한다.
- 건물 밖에 있는 경우 건물로부터 멀리 대피한다.
- 전기와 가스를 차단한다.
- 승강기 대신 계단을 이용한다.

02 정답 ②

자석에 붙는 것과 붙지 않는 것이 혼합된 경우 금속이 자석에 붙는 성질을 이용하여 혼합물을 분리한다. 알루미늄 캔은 자석에 붙지 않고 철 캔은 자석에 붙는다.

03 정답 ③

별자리는 밤하늘의 별을 쉽게 찾기 위해서 동물이나 인물 등의 이름을 붙여 놓은 것으로, 북쪽 하늘의 별자리로 북두칠성, 카시오페이아 등이 있다.

04 정답 ④

용해는 소금이 물에 녹는 것처럼 어떤 물질이 다른 물질에 녹아 골고루 섞이는 현상을 말한다.

이때 소금과 같이 녹는 물질을 용질, 물과 같이 녹이는 물질을 용매라고 하고, 용해 과정에서 얻어진 소금물과 같은 혼합물을 용액이라고 한다.

05 정답 ④

이슬은 공기 중의 수증기가 차가워진 나뭇가지나 풀잎 표면 등에 응결하여 나타나는 현상이다.

06 정답 ④

페놀프탈레인은 용액의 성질에 따라 색이 변하는 지시약으로, 석회수 같은 염기성 물질을 만났을 때 붉은색으로 변한다.

07 정답 ②

보름달은 음력 15일 경에 볼 수 있는 달로 모양이 둥글게 보인다.

오답피하기

달은 음력 2~3일 무렵에는 초승달, 음력 7~8일 무렵에는 상현달, 음력 15일 무렵에는 보름달, 음력 22~23일 무렵에는 하현달, 음력 27~28일 무렵에는 그믐달을 순서대로 볼 수 있다.

08 정답 ①

산소는 철, 구리와 같은 금속을 녹슬게 하고, 스스로 타지 않지만 다른 물질들을 잘 타게 도와준다. 색깔과 냄새가 없고 묽은 과산화 수소수와 이산화 망가니즈가 만나면 빠르게 산소가 발생한다.

09 정답 ①

여름은 남중 고도가 높아 낮의 길이가 가장 길고 기온이 높은 반면, 겨울은 남중 고도가 낮아 낮의 길이가 가장 짧고 기온이 낮다. 그래프에서 12~1월의 낮의 길이는 9~10시간 사이로 가장 짧다.

10 정답 ③

연소는 탈 물질이 공기 중의 산소와 빠르게 반응하여 열과 빛을 내며 타는 현상을 말하고, 연소가 일어날 조건은 탈 물질 제공, 산소 공급, 발화점 이상의 온도이다.

11 정답 ③

사막과 같이 건조한 곳에 사는 식물은 물을 저장하기에 알맞은 굵고 통통한 줄기가 있고 물의 증발을 막기 위해 뾰족한 잎을 가진다(**예** 선인장, 바오바브나무, 용설란).

12 정답 ②

그림자는 빛이 직진할 때 물체의 뒷부분에는 빛이 통과할 수 없어서 어두운 부분이 생기는 것으로 그림자의 형태를 통해 물체의 모양을 알 수 있다. 그림자가 둥근 형태를 지니고 있으므로 ㉠의 모양은 둥근 형태로 생각할 수 있다.

13 정답 ③

고체에서 열이 이동할 때 온도가 높은 곳에서 낮은 곳으로 열이 차례차례 전달되는데, 이를 전도라고 한다.

14 정답 ①

균류는 축축하고 그늘진 곳, 나무 밑동과 같이 양분이 있는 곳에 서식하는데 버섯과 곰팡이가 해당한다. 버섯은 광합성을 못하여 죽은 생물이나 다른 생물에서 양분을 얻는다. 포자로 번식하고 균사로 이루어져 있다. 따뜻하거나 축축한 곳에서 잘 자란다.

15 정답 ④

어떤 장소에서 살아가는 환경을 구성하는 생물적 환경 요인과 이를 둘러싼 비생물적 환경 요인이 상호작용하는 것을 생태계라고 한다. 햇빛은 비생물 요소에 해당하고, 뱀, 붕어, 여우는 생물적 요소 중 소비자에 속한다.

16 정답 ①

일정한 거리를 이동한 물체의 빠르기는 물체가 이동하는 데 걸린 시간으로 비교한다. 같은 50m를 이동하는 데 ㉠이 걸린 시간이 가장 짧기 때문에 ㉠이 가장 빠르게 달린 학생이다.

17 정답 ①

꽃은 기본적으로 암술, 수술, 꽃잎, 꽃받침으로 구성된다. 암술은 꽃가루받이를 거쳐 씨를 만들고, 수술은 꽃가루를 만든다. 꽃잎은 암술과 수술을 보호하고, 꽃받침은 꽃잎을 보호한다.

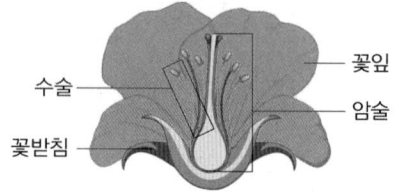

18 정답 ②

빛의 굴절은 빛이 한 물질에서 나아가다가 다른 물질을 만날 때 물질의 경계면에서 빛의 진행 방향이 꺾이는 현상으로, 빛의 굴절에 의해 물속의 빨대가 꺾여 보이거나 물속의 물체가 떠보이거나 깊이가 얕아보인다.

19 정답 ④

직렬연결은 도선이 나뉘지 않고 한 줄을 이용하여 나란히 연결하는 방식으로, 전기 회로에서 전구와 전지 모두 직렬로 연결되어 있다.

20 정답 ③

소화는 음식물을 잘게 쪼개어 우리 몸에 흡수될 수 있는 영양소 형태로 분해하는 과정으로 이에 관여하는 기관을 모아 소화 기관이라고 부른다. 입, 식도, 위, 작은창자, 큰창자, 항문이 소화 기관에 해당한다.

도덕 2025년 제2회

기출문제

01 ④	02 ④	03 ③	04 ②	05 ①
06 ①	07 ④	08 ①	09 ②	10 ①
11 ③	12 ②	13 ③	14 ③	15 ④
16 ④	17 ②	18 ①	19 ③	20 ④

01 정답 ④

문제에서는 어떤 상황에 대한 좋은 행동을 고르는 것으로 친구를 놀리거나(①), 옷을 아무 데나 두거나(②), 내 할 일을 동생에게 미루는 것(③)은 모두 좋은 모습이 아니다. 하지만 내 잘못을 변명하지 않고 솔직하게 인정하는 것(④)은 정말 용기 있고 책임감 있는 모습이다. 우리도 잘못했을 때는 핑계 대지 않고 "제가 잘못했어요" 하고 솔직하게 말하는 연습이 필요하다.

02 정답 ④

밥 먹을 때 입안 가득 음식을 넣고 말하면 보기도 안 좋고, 위생에도 좋지 않다. 꼭꼭 씹어 삼키고 난 후에 이야기하는 것이 바른 식사 예절이다.

오답피하기

① 친구와 부딪치면 "미안해" 하고 사과하는 것은 당연한 예절이다.
② 동생이 잘하면 "정말 잘했어!" 하고 칭찬해 주는 것은 예쁜 마음이다.
③ 밖에 나갈 때 "다녀오겠습니다!" 하고 부모님께 인사드리는 것도 아주 중요한 예절이다.

03 정답 ③

ㄴ. 우리가 세운 목표를 꾸준히 노력해서 이루는 것은 정말 멋진 모습이다.
ㄷ. '나는 할 수 있어!' 하고 자신을 믿고 스스로 해결하려고 노력하는 것도 아주 중요하다.
ㄴ과 ㄷ처럼 긍정적인 마음으로 꾸준히 노력하고 자신을 믿는 것이 문제를 해결하는 가장 좋은 방법이다.

오답피하기

ㄱ. 불평만 하고 아무것도 안 하면 문제가 해결되지 않는다.
ㄹ. 포기해 버리면 아무것도 할 수 없다.

04 정답 ②

기차를 타고 유럽에 못 가는 것은 남북 분단의 직접적인 어려움이라고 보기는 어렵다.

오답피하기

① 북한에 있는 아름다운 금강산에 마음대로 갈 수 없는 것이 힘들다.
③ 우리나라가 남북으로 나뉘면서 전쟁이 일어날지도 모른다는 걱정을 하면서 살고 있다.
④ 가족들이 북한과 남한에 헤어져 살면서 서로 보고 싶어도 만날 수 없는 '이산가족'들의 아픔도 있다.

05 정답 ①

아리스토텔레스의 감정 조절 방법은 중용과 균형을 추구하는 데 초점을 맞추고 있다.

06 정답 ①

서로 의견이 달라서 마음이 불편하고 풀기 힘든 상황을 '갈등'이라고 한다. 친구와 싸우거나, 부모님과 의견이 다를 때처럼, 사람들은 갈등이 생기면 피하고 싶어 하지만, 오히려 대화를 통해 잘 해결하면 더 사이가 좋아지거나, 더 좋은 방법을 찾을 수 있다. 문제에 나온 설명처럼 '얽혀 있어 풀기 힘들지만 잘 해결하면 더 좋은 결과를 얻는 것'은 갈등의 특징이다.

07 정답 ④

친구들보다 비싼 옷을 입는 것에만 신경 쓰는 것은 진정으로 자신을 소중히 여기는 것이 아니다. 겉모습보다는 내 마음과 능력을 키우는 것이 더 중요하다.

오답피하기

① 나 자신을 아끼고 소중히 생각하는 것은 아주 중요하다.

② 내가 부족한 점(단점)을 알았으면, 고치려고 노력하는 것이 나를 발전시키는 길이다.

③ 꿈을 이루기 위해 열심히 공부하는 것도 나를 위한 소중한 노력이다.

08 정답 ①

〈행복한 사이버 세상을 만들기 위한 노력〉

• 욕설이나 비방하지 않기 : 다른 친구에게 나쁜 말이나 거짓말을 하지 않는 것이 중요하다.

• 개인 정보 지키기 : 내 이름, 전화번호, 사는 곳 등을 아무에게나 알려주지 않아야 한다.

• 저작권 지키기 : 다른 사람이 만든 자료(노래, 그림, 글)를 함부로 가져가거나 사용하지 않아야 한다.

• 올바른 정보만 공유하기 : 사실이 아닌 거짓 정보(가짜 뉴스)를 퍼뜨리지 않는 것이 중요하다. 피노키오가 거짓말을 하면 코가 길어지는 것처럼, 사이버 공간에서도 정직하고 올바르게 행동하는 것이 중요하다.

09 정답 ②

나의 장점을 찾고 인정하는 것은 나를 더 사랑하고 자신감을 갖게 하는 아주 중요한 태도이다. 내가 어떤 것을 잘하고, 어떤 좋은 점을 가지고 있는지 아는 것이 중요하다.

오답피하기

① 남 탓을 하는 것은 문제를 해결하는 데 도움이 되지 않는다.

③ 모든 일에 불평만 하는 것은 나 자신도 힘들게 만들고, 주변 사람들도 힘들게 한다.

④ 항상 남을 미워하는 것은 우리 마음속에 나쁜 감정만 쌓이게 한다.

10 정답 ①

카네기는 화가 나더라도 바로 행동하지 않고, 하루가 지난 후에 다시 '생각해 보는' 습관을 가졌다. 이렇게 자신의 마음과 행동을 되돌아보고, 무엇이 옳았고 그른지 깊이 생각하는 것을 '성찰'이라고 한다. 성찰은 우리가 더 지혜롭고 바른 선택을 하는 데 큰 도움이 된다. '소외', '차별', '혐오'는 모두 부정적인 단어들이다.

11 정답 ③

'자주'는 다른 사람의 도움 없이 스스로 일을 해내거나, 스스로 결정해서 살아가는 태도를 말한다. 어린 동생이 스스로 옷을 입으려고 하거나, 숙제를 혼자 힘으로 해내는 모습에서 '자주'의 덕목을 찾아볼 수 있다.

12 정답 ②

친구의 물건을 허락 없이 가져가거나 사용하는 것은 친구의 물건을 소중히 여기지 않는 것이고, 친구의 소유권을 침해하는 행동이므로 인권 존중이 아니다. 남의 물건은 꼭 허락을 맡고 사용해야 한다.

오답피하기

① 친구를 괴롭히거나 때리지 않는 것은 당연한 인권 존중이다.

③ 친구의 피부색이나 생긴 모습, 집안 환경 등으로 차별하지 않고 같이 노는 것도 인권 존중이다.

④ 친구의 외모에 대해 함부로 "못생겼다", "뚱뚱하다" 같은 말을 하지 않는 것도 인권을 존중하는 모습이다.

13 정답 ③

남을 속이지 않고 자신에게도 솔직한 것을 '정직(正直)'이라고 한다. 정직한 사람은 때로는 사실을 말하기 힘들 때도 있지만, 그럼에도 불구하고 사실을 말할 수 있는 '용기(勇氣)'가 있는 사람이다. 예를 들어, 친구가 잘못한 것을 봤을 때 선생님께 사실대로 말하는 것은 정직한 행동이고, 그러기 위해서는 용기가 필요하다.

14 정답 ③

내 권리와 이익만 생각하는 것은 아주 이기적인 태도이다.

오답피하기

① 다른 사람의 말을 잘 들어주는 것은 서로를 이해하고 공정하게 판단하는 데 도움이 된다.

② 내 몫을 바르게 요구하는 것은 당연한 권리이다.

④ 상대방의 입장에서 생각해 보는 것은 나 혼자만 생각하지 않고, 다른 사람의 마음도 헤아려 보는 좋은 태도이다.

15 정답 ④

① 교실 청소, ② 창문 열기, ③ 게시물 정리 모두 공동체를 위한 좋은 행동이지만, ④번처럼 복도에 있는 물을 닦는 행동은 혹시 미끄러져 다칠 수도 있는 다른 친구들을 위해 위험한 상황을 먼저 알아차리고 행동한 것이므로 더욱 적극적으로 '다른 사람을 배려하고 돕는' 마음 나누기 활동으로 볼 수 있다.

16 정답 ④

'협동'은 여러 사람이 힘을 합쳐 하나의 목표를 이루는 것을 말한다. 예를 들어, 운동회에서 줄다리기를 하거나, 반에서 큰 프로젝트를 할 때 친구들과 같이 힘을 모으는 것이 이에 해당한다.

17 정답 ②

북한 사람들의 말(언어 표현)에 대해 '쟤네는 왜 저렇게 말해?' 하고 편견을 갖는 것은 서로 가까워지는 데 방해가 된다. 서로를 이상하게 보지 않고 있는 그대로 받아들이는 것이 중요하다.

오답피하기

① 서로 불신하고 경계하는 마음을 없애고 믿는 마음을 가져야 한다.
③ 생활 방식이 다르더라도 '아, 저렇게 생각할 수도 있구나!' 하고 이해하고 존중해야 한다.
④ 싸움이 생기더라도 '우리 평화롭게 이야기해서 해결하자' 하고 노력해야 한다.

18 정답 ①

내 용돈이 비록 적더라도, 그걸 모으면 ② 점심 한 끼, ③ 책 한 권, ④ 색연필 같은 작은 것이라도 어려운 친구들에게 큰 힘과 희망이 될 수 있다.
하지만 ①번처럼 '아무런 도움을 줄 수 없다'고 생각하는 것은 옳지 않다. '티끌 모아 태산'이라는 말처럼, 작은 마음들이 모이면 아주 큰 도움이 될 수 있다.

19 정답 ③

① 대들기, ② 싸움하기, ④ 욕설하기는 모두 친구나 다른 사람과의 관계를 망치거나 문제를 더 크게 만드는 좋지 않은 행동들이다. 하지만 ③ '진정하기'는 화가 나거나 당황스러운 일이 생겼을 때, 감정을 조절하고 마음을 가라앉히는 것을 의미한다. 침착하게 생각하고 행동하면 실수를 줄이고 문제를 더 잘 해결할 수 있다.

20 정답 ④

'에너지 풍족'은 에너지가 충분하다는 좋은 상황이므로, 지구촌 문제로 볼 수 없다.

오답피하기

① '전쟁'도 많은 사람을 힘들게 하는 지구촌 문제 중 하나이다.
② '굶주림'은 가난한 나라에서 많은 사람들이 겪는 큰 문제이다.
③ '기후 위기'는 지구 온난화 등으로 인해 지구가 아파하는 문제이다.

실과 2025년 제2회

기출문제

01 ③	02 ④	03 ④	04 ②	05 ③
06 ②	07 ④	08 ②	09 ④	10 ③
11 ①	12 ④	13 ①	14 ②	15 ②
16 ③	17 ③	18 ④	19 ①	20 ①

01 정답 ③

신체적 발달은 성장과 성숙 과정을 통해 키, 체중, 근육과 뼈 등의 신체적 변화가 일어나는 것을 말한다.

오답피하기

① 논리적 발달은 생각하는 힘이 커져서 왜 그런지 이유를 알게 되는 것이다.

② 사회적 발달은 친구들과 어울리며 규칙을 배우고 함께 지내는 힘을 키우는 것이다.

④ 심리적 발달은 마음이 자라면서 성격과 자기 생각이 뚜렷해지는 것이다.

02 정답 ④

간식 만들기는 '계획하기 → 상 차리기 → 식사하기 → 뒷정리하기'의 과정을 거친다. 설거지를 하고 조리 기구를 정리하는 과정은 뒷정리하기이다.

03 정답 ④

소방복은 화재로부터 신체를 보호해 주는 기능을 한다.

오답피하기

① 교복은 직업을 표현해 주는 기능을 한다.

② 우비는 비를 막아 몸과 옷을 젖지 않게 보호하는 기능을 한다.

③ 한복은 예절을 갖추고 정체성을 표현하는 기능이 있다.

04 정답 ②

제시된 그림은 화장실에서의 미끄럼 사고를 보여준다. 미끄럼 사고를 예방하기 위해서는 미끄럼 패드를 부착해야 한다.

05 정답 ③

계획 없이 물건을 구입하는 것은 낭비와 후회로 이어질 수 있는 비합리적 소비이다.

오답피하기

① 필요한 것만 사서 낭비를 줄이는 합리적 소비이다.

② 지출을 기록해 돈을 계획적으로 사용하는 습관은 합리적 소비를 위한 습관이다.

④ 자신과 환경을 보호하는 책임 있는 소비이다.

06 정답 ②

음식물 쓰레기는 사료나 퇴비로 재활용이 가능하다.

오답피하기

① 의류 쓰레기는 솜과 천을 재활용할 수 있다.

③ 폐건전지 쓰레기는 금속 성분을 재활용할 수 있다.

④ 폐형광등 쓰레기는 유리, 형광물질 등을 분리하여 재활용할 수 있다.

07 정답 ④

원줄기의 성장을 돕기 위해 불필요한 작은 가지나 싹을 제거하는 관리 방법이다.

오답피하기

① 물 주는 것은 식물이 자라기 위해 필요한 수분을 공급하는 활동이다.

② 거름주기는 땅에 영양분을 보충해 식물이 건강하게 성장하도록 돕는 것이다.

③ 씨뿌리기는 새로운 식물을 기르기 위해 씨앗을 심는 과정이다.

08 정답 ②

핸들은 자동차의 진행 방향을 조절하는 조향 장치이다.

오답피하기

① 거울은 운전 중 뒤와 옆을 확인해 안전하게 주행하도록 돕는다.

③ 스피커는 음악이나 안내 음성을 들려주는 기능을 한다.

④ 프레임은 자동차의 뼈대 역할을 하며 차체를 지지해준다.

09 정답 ④
자전거 안장은 자신의 체형에 맞게 조절해야 하며, 무조건 높게 하면 안전사고나 불편을 초래할 수 있다.
오답피하기
① 체인 확인은 주행 사고 예방에 도움을 준다.
② 브레이크 점검은 안전한 제동 확보에 도움을 준다.
③ 타이어의 공기압은 주행 안정성과 타이어 수명 유지에 도움을 준다.

10 정답 ③
직업이란 경제적 보상을 받으며 자신의 적성과 능력에 따라 지속적으로 수행하는 일을 말한다.
오답피하기
① 성격은 사람의 평소 행동이나 생각이다.
② 적성은 잘하고 재미있게 할 수 있는 재능이다.
④ 흥미는 관심이 가고 재미있는 마음이다.

11 정답 ①
배려하고 돌보는 가족이 되기 위해 필요한 노력으로 가장 적절한 것은 가족 간에 예의를 지키는 것이다.

12 정답 ④
ㄱ. 화학 비료 대신 자연 재료를 이용하면 땅을 건강하게 사용할 수 있다.
ㄷ. 오리, 우렁이를 이용해 잡초나 해충을 없애면 친환경 농업이 가능하다.

13 정답 ①
내비게이션은 위치 정보를 이용해 현재 위치와 경로를 실시간으로 보여주고 안내한다. 운전자가 길을 헤매지 않고 편리하게 이동하도록 돕는다.

14 정답 ②
의료 로봇은 수술이나 재활 치료를 도와 환자의 건강을 지키는 역할을 한다.
오답피하기
① 반려 로봇은 사람과 함께 생활하며 놀이, 감정 교류를 도와준다.

③ 우주 탐사 로봇은 사람이 가기 어려운 우주 공간에서 탐사와 연구 활동을 한다.
④ 화재 진압 로봇은 불이 난 곳에 들어가 화재를 끄고 인명을 구조한다.

15 정답 ②
세탁 과정은 세탁기에 옷과 세제를 넣고 세탁기를 작동시킨다. 이후 세탁을 마치면 세탁물을 꺼낸다. 건조대에 세탁물을 말리고 건조가 끝나면 세탁물을 갠다.

16 정답 ③
쪽가위는 실이나 천 조각을 간편하게 자르는 도구이다.
오답피하기
① 단추는 옷을 여미거나 장식하는 역할을 한다.
② 바늘은 실을 꿰어 옷이나 천을 꿰매는 도구이다.
④ 바늘꽂이는 바늘을 꽂아 두어 안전하게 보관하는 도구이다.

17 정답 ③
① 보관 방법은 음식이 상하지 않도록 어떻게 두어야 하는지 안내하는 내용이다.
② 제조 일자는 그 음식이 언제 만들어졌는지 알려주는 날짜이다.
④ 식품 인증 표시는 안전하고 믿을 수 있는 음식을 국가나 기관이 확인해 준 표시이다.

18 정답 ④
가계부 쓰기는 집에서 쓰고 버는 돈을 기록해 관리하는 일이다. 가계부가 경제 관리와 가장 관련되어 있다.
오답피하기
① 요리하기는 재료를 사용해 음식을 만드는 일이다.
② 청소하기는 집 안팎을 깨끗하게 정리하고 치우는 일이다.
③ 다림질하기는 다리미로 옷의 주름을 펴는 일이다.

19 정답 ①

씨 없는 수박은 빼기 기법을 사용한 대표적인 예이다. 빼기 기법은 물건에서 불필요한 부분을 없애서 새롭게 활용하는 방법이다.

오답피하기

② 더하기 기법은 두 가지 이상의 기능이나 물건을 합쳐서 새로운 것을 만드는 방법이다.

③ 반대로 하기 기법은 모양이나 사용 방법을 거꾸로 바꿔서 새롭게 만드는 방법이다.

④ 용도 바꾸기 기법은 원래의 쓰임새와 다른 새로운 용도로 활용하는 방법이다.

20 정답 ①

주변의 소리를 감지하는 센서는 사람의 귀와 관련된 기관이다. 소리 센서를 이용하면 박수로 강아지 로봇을 움직일 수 있다.

합격예감

초졸 검정고시

2025
제1회

기출을 보면 합격이 보인다!

기출문제

 국어
 사회
 수학
 과학
 도덕
 실과

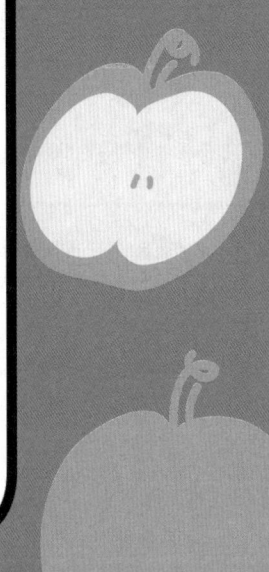

합격예감

초졸 검정고시

기출문제집

2025 제1회 국어

01 다음 중 ㉠에 들어갈 사과의 말로 가장 적절한 것은?

30분이나 지났어.
왜 이렇게 늦었니?
㉠

① 너도 약속에 늦은 적 있잖아.
② 일부러 늦게 온 건 아니잖아.
③ 따지는 거야? 늦을 수도 있지.
④ 정말 미안해! 내가 늦잠을 잤어.

02 다음 중 ㉠과 같은 의미로 사용된 것은?

> 나는 친구와 함께 그네를 ㉠ 타고 놀았다.

① 여름 땡볕에 얼굴이 타서 따가웠다.
② 선우는 놀이터에서 미끄럼틀을 탔다.
③ 연서는 글짓기대회에서 최우수상을 탔다.
④ 어머니께서 나에게 미숫가루를 타서 주셨다.

03 다음 글을 읽을 때 도움이 되는 지식으로 알맞은 것은?

> 조선의 냉장고 '석빙고'
>
> 석빙고의 천장은 반원형으로 기둥 다섯 개에 장대석이 걸쳐 있고, 장대석을 걸친 곳에는 밖으로 통하는 공기 구멍이 세 개 있다. 이 구멍은 아래쪽이 넓고 위쪽은 좁은 사각형 모양이어서 바깥에서 바람이 불 때 석빙고 안의 공기가 잘 빠져 나온다.

① 책에서 읽은 미래 교통수단
② 미술 체험에서 알게 된 염색법
③ 보건소에서 익힌 손 씻기 방법
④ 수업 시간에 배운 기체 이동 원리

04 다음 중 이야기를 읽고 사건의 흐름을 파악하는 방법으로 알맞지 않은 것은?

① 책을 읽은 장소를 떠올린다.
② 일이 일어난 차례를 살핀다.
③ 이야기에 나타난 인물과 배경을 살핀다.
④ 이야기에서 일어난 중요한 일을 찾는다.

05 다음 상황에 어울리는 관용 표현으로 가장 적절한 것은?

> 중요한 일을 함께 의논해서 결정해야 하는 상황

① 눈에 띄다.　　② 손이 작다.
③ 입맛대로 하다.　④ 머리를 맞대다.

06 다음 중 마음을 나누는 글을 쓸 때 고려할 점이 <u>아닌</u> 것은?

① 나누려는 마음이 드러나게 쓴다.
② 읽을 사람과의 관계를 고려한다.
③ 전하려는 내용을 미흡하게 쓴다.
④ 글을 쓰는 상황과 목적을 생각한다.

07 다음 중 (　　) 안에 들어갈 말로 가장 알맞은 것은?

> 주장하는 글을 읽을 때는 글쓴이의 주장을 뒷받침 하는 (　　)이/가 알맞은지 생각하며 읽습니다.

① 근거　　　② 변형
③ 분류　　　④ 취미

08 다음 기행문에서 감상이 나타난 부분은?

> 우리 가족은 ㉠ 불국사에 다녀왔다. 불국사로 들어가는 길은 숲이 잘 가꾸어져 있고 바닥이 평탄하였다. 절에 들어가니 ㉡ 다보탑과 석가탑이 있었다. 다보탑과 석가탑은 탑에 대하여 아무것도 모르는 내가 보아도 ㉢ 매우 아름답게 느껴졌다. 다보탑은 동쪽에 있었고, ㉣ 석가탑은 서쪽에 있었다.

① ㉠　　　　　　② ㉡
③ ㉢　　　　　　④ ㉣

09 다음 공익 광고에서 전하려는 내용으로 가장 적절한 것은?

딱! 먹을만큼만
남기지 말고

① 질서를 잘 지키자.
② 바른 말을 사용하자.
③ 예의 바르게 행동하자.
④ 음식물 쓰레기를 줄이자.

10 다음 중 회의할 때 지켜야 할 규칙으로 알맞지 <u>않은</u> 것은?

① 다른 사람의 의견을 존중해야 한다.

② 사회자에게 발언권을 얻고 말해야 한다.

③ 회의 주제에 맞는 의견을 제시해야 한다.

④ 다른 사람이 말할 때마다 끼어들어야 한다.

11 다음 ㉠~㉣ 중 사실에 해당하는 것은?

> 나라마다 전통적인 기와은 특색이 있어, 중국 집의 지붕 선은 ㉠ 가운데가 직선이야. 그런데 한옥의 지붕선은 전체가 곡선이어서 ㉡ 좀 더 부드러워 보여. 그리고 ㉢ 산뜻한 느낌을 줘. 한옥의 지붕 선이 곡선을 이루는 데에는 자연환경이 ㉣ 큰 영향을 끼친 게 아닐까!

① ㉠   ② ㉡

③ ㉢   ④ ㉣

[12~13] 다음 글을 보고 물음에 답하시오.

> 봄비
>
> 심후섭
>
> 해님만큼이나
> 큰 은혜로
> 내리는 교향악
>
> 이 세상
> 모든 것이 다
> 악기가 된다.
>
> ㉠ 달빛 내리던 지붕은
> 두둑 두드둑
> 큰북이 되고
>
> 아기 손 씻던
> 세숫대야 바닥은
>
> 도당도당 도당당
> 작은북이 된다.

12 윗글에서 대상과 비유하는 표현이 바르게 연결되지 <u>않은</u> 것은?

① 봄비 - 교향악

② 지붕 - 큰북

③ 해님 - 아기 손

④ 세숫대야 바닥 - 작은북

13 다음 중 ㉠과 낱말의 짜임이 <u>다른</u> 것은?

① 강물   ② 바다

③ 미역국   ④ 밥그릇

14 다음 글에 대한 설명으로 알맞은 것은?

> 버들잎 편지
>
> 주평
>
> • 때 : 이른 봄
> • 곳 : 서울 영이의 집
> • 나오는 사람들 : 영이, 할아버지, 복순
>   막이 열리면 복순이 콧노래를 부르며 방을 청소하고 있다. 조금 뒤, 창가로 가서 밖을 향하여 소리친다.
>
> 복순 : 할아버지!
> 할아버지 : (소리만) 오냐.
> 복순 : 다 됐어요?

① 대상을 설명하는 설명문이다.
② 연극을 공연하려고 쓴 극본이다.
③ 여행을 다녀와서 쓴 기행문이다.
④ 자신의 의견을 주장하는 논설문이다.

15 다음에서 글쓴이의 마음이 드러난 부분이 아닌 것은?

> 친구들아, 안녕?
> 나 연우야. 오늘 운동회에서 ㉠ 달리기를 했잖아.
> 운동회 날이 되면 나는 ㉡ 기쁘면서도 두려웠어. 달리기 경기를 하는 게 늘 걱정이 되었거든. 달리기를 할 때면 나는 ㉢ 넘어질까 봐 무서웠어. 잔뜩 긴장해서 달리다가 오늘도 그만 넘어지고 말았지. 그런데 그때 너희가 달리다가 돌아와서 나를 일으켜 주어 ㉣ 정말 고마웠어.

① ㉠   ② ㉡
③ ㉢   ④ ㉣

16 다음 중 문장의 호응 관계가 바른 것은?

① 나는 내일 가족여행을 갔다.
② 엄마는 전혀 칭찬을 해 주신다.
③ 동생은 독서를 별로 좋아하지 않는다.
④ 거짓말 하는 것은 결코 바른 행동이다.

17 다음 글에서 말하고자 하는 것으로 가장 적절한 것은?

> 훈민가
>
> 정철
>
> 어버이 살아 계실 때 섬기기를 다 하여라
> 지나간 후면 애달프다 어이하리
> 평생에 다시 못 할 일이 이뿐인가 하노라

① 정직하게 살자.
② 질서를 지키자.
③ 부모님께 효도하자.
④ 고운 말을 사용하자.

[18~19] 다음 그림을 보고 물음에 답하시오.

18 뉴스의 타당성을 판단하는 방법이 <u>아닌</u> 것은?

① 실제 사실에 바탕을 두고 있는지 살피기
② 뉴스를 보여 주는 텔레비전의 품질 살피기
③ 뉴스의 관점과 보도 내용이 서로 관련 있는지 살피기
④ 활용한 자료들이 뉴스의 관점을 뒷받침 하는지 살피기

19 뉴스에서 통계 자료를 보여 주는 까닭이 <u>아닌</u> 것은?

⑴ 사람들의 이해를 돕기 위해서
② 뉴스 내용의 객관성을 높여 주기 위해서
③ 뉴스 내용의 신뢰성을 높여 주기 위해서
④ 핵심 내용을 부족하게 보여 주기 위해서

20 다음 글의 제목으로 가장 적절한 것은?

> 우리는 책을 통해 다양한 지식을 얻을 수 있다. 책을 읽으면 간접적으로 여러 가지 경험을 할 수 있고, 이를 통해 많은 것을 알 수 있다. 또 책을 읽으면 다른 사람들의 생각과 주장을 알 수 있어 생각이 깊어진다. 책을 많이 읽으면 상식이 풍부해지고 어휘력이 높아진다.

① 책을 많이 읽자.
② 책을 잘 정리하자.
③ 책을 깨끗이 보자.
④ 책을 나누어 주자.

2025

제1회

사회

01 다음에서 설명하는 것은?

- 지도에서 사용하는 기호임.
- 과실나무를 심은 밭을 표현함.
- 동그란 열매 모양을 본 따 만듦.

① 공항 ② 병원
③ 과수원 ④ 우체국

02 ㉠에 들어갈 기관으로 알맞은 것은?

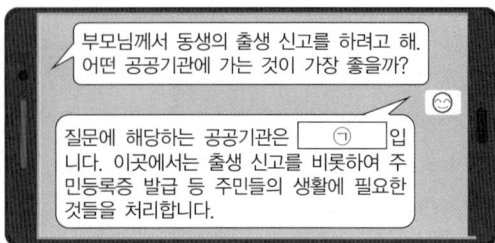

부모님께서 동생의 출생 신고를 하려고 해. 어떤 공공기관에 가는 것이 가장 좋을까?

질문에 해당하는 공공기관은 ㉠ 입니다. 이곳에서는 출생 신고를 비롯하여 주민등록증 발급 등 주민들의 생활에 필요한 것들을 처리합니다.

① 경찰서 ② 도서관
③ 소방서 ④ 행정복지센터

03 다음에서 설명하는 지역은?

- 바다를 이용하여 생산 활동을 한다.
- 어업에 도움을 주는 시설들이 많다.

① 농촌 ② 어촌
③ 산지촌 ④ 탄광촌

04 우리나라 경제 성장 과정에서 나타난 문제점이 **아닌** 것은?

① 수도권과 비수도권의 지역 격차가 커졌다.
② 사람들 간에 소득 차이로 빈부 격차가 커졌다.
③ 자연의 무분별한 개발로 환경 문제가 심각해졌다.
④ 농업 생산량 증가로 농촌 인구 집중 현상이 일어났다.

05 ㉠과 관련된 사회 현상으로 가장 적절한 것은?

㉠ 문제를 해결하기 위해 정부에서는 노인 일자리와 아이를 돌볼 수 있는 시설을 늘리는 등 다양한 정책 마련에 힘쓰고 있습니다.

① 세계화 ② 정보화
③ 약물 오남용 ④ 저출산·고령화

06 다음에서 설명하는 지형은?

- 삼림 자원을 얻을 수 있다.
- 우리나라 북쪽과 동쪽에 대체로 많다.
- 스키장이나 휴양 시설을 만들기도 한다.

① 갯벌 ② 산지
③ 평야 ④ 해안

07 ㉠에 들어갈 정답으로 알맞은 것은?

사회 퀴즈 대회

고구려의 문화를 계승한 나라로 '해동성국'이라고 불렸다.

① 발해 　　② 백제
③ 신라 　　④ 조선

08 ㉠에 공통으로 들어갈 문화유산으로 알맞은 것은?

나의 경주 체험 학습 보고서

가족들과 경주에 있는 ㉠ 에 갔다. ㉠ 은/는 신라 시대 천체의 움직임을 관측했던 곳이라고 한다.

① 광화문 　　② 첨성대
③ 해인사 　　④ 남한산성

09 ㉠에 공통으로 들어갈 내용으로 알맞은 것은?

• 고려 사람들은 세계 최초로 ㉠ 을/를 만들었다.
• 청주 흥덕사에서 만든 『직지심체요절』은 세계에서 가장 오래된 ㉠ 인쇄본이다.

① 농사직설 　　② 동의보감
③ 금속 활자 　　④ 한글 소설

10 다음에서 설명하는 인물은?

• 율곡 이이의 어머니이다.
• 5만 원권 지폐에 그려져 있다.
• 그림과 글씨 등에 뛰어난 재능을 보였다.

① 유관순 　　② 선덕 여왕
③ 신사임당 　　④ 명성 황후

11 다음 책에 들어갈 내용으로 알맞지 않은 것은?

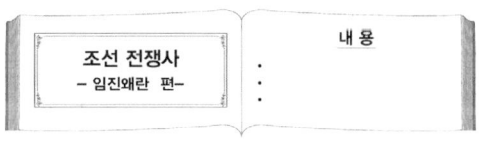

| 조선 전쟁사 - 임진왜란 편- | 내용 : : : |

① 주요한 전투로 행주 대첩이 있다.
② 백성들이 일본에 포로로 끌려갔다.
③ 김유신이 황산벌에서 백제군을 무찔렀다.
④ 이순신이 이끄는 수군이 일본 수군을 무찔렀다.

12 다음에서 설명하는 문화유산은?

> • 조선 후기 실학자 김정호가 제작했다.
> • 우리나라의 산, 강, 길 등을 자세히 표시한 지도이다.

① 석굴암　　　　② 측우기
③ 목민심서　　　④ 대동여지도

13 수원 화성에 대한 설명으로 알맞지 <u>않은</u> 것은?

① 이성계가 설계하였다.
② 정조 시기에 건설하였다.
③ 유네스코 세계 문화유산이다.
④ 거중기를 동원하여 노동력을 절약하였다.

14 다음에서 설명하는 인물은?

> • 일제의 침략이 거세어지자 의병 부대를 조직하여 활동하였다.
> • 하얼빈역에서 이토 히로부미에게 총을 쐈다.

① 신채호　　　　② 안중근
③ 이승만　　　　④ 이완용

15 다음에서 설명하는 제도는?

> • 하나의 사건에 대해 급이 다른 법원에서 세 번까지 재판을 받을 수 있음.
> • 공정한 재판이 이루어지도록 하여 국민의 기본권을 보장하기 위함.

① 국정 감사　　　② 삼심 제도
③ 주민 자치　　　④ 국민 신문고

16 ㉠에 들어갈 지역으로 알맞은 것은?

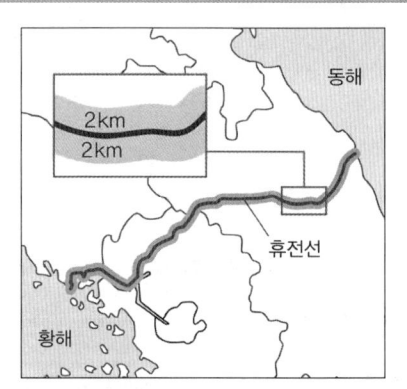

생태계의 보고, ㉠

　휴전선을 중심으로 남쪽과 북쪽으로 각각 2km까지 가리키는 이곳은 사람들의 발길이 오랫동안 닿지 않아 생태계가 잘 보존되어 그 가치를 인정받고 있다.

① 순천만　　　　② 해운대
③ 비무장 지대　　④ 새만금 간척지

17 다음에서 설명하는 나라는?

> '다섯 고개' 문제를 내겠습니다.
> [첫째 고개] 유럽에 위치한 국가입니다.
> [둘째 고개] 수도는 파리입니다.
> … 중략 …
> [다섯째 고개] 에펠탑, 베르사유 궁전 등
> 이 유명합니다.

① 독일　　　　② 브라질

③ 프랑스　　　④ 아르헨티나

18 냉대 기후와 관련된 설명으로 알맞은 것은?

① 겨울은 몹시 춥고 여름이 짧다.

② 열대작물을 대규모로 재배한다.

③ 일 년 내내 기온이 높고 비가 많이 내린다.

④ 주로 적도 주변의 저위도 지역에 나타난다.

19 나라와 특징이 바르게 연결된 것은?

	나라	특징
①	미국	아시아 대륙에 위치함.
②	일본	베를린이 수도임.
③	중국	세계에서 가장 인구가 적은 나라임.
④	사우디아라비아	원유 생산 국가임.

20 ㉠에 공통으로 들어갈 섬으로 알맞은 것은?

> • ㉠ 는 우리나라 영토의 동쪽 끝에 있음.
> • ㉠ 는 동도, 서도 등 바위섬들로 이루어짐.
> • 「 ㉠ 는 우리땅」이라는 노래가 있음.

① 독도　　　　② 진도

③ 거제도　　　④ 제주도

01 밑줄 친 숫자 6이 나타내는 값이 가장 큰 것은?

① 50<u>6</u>240
② <u>6</u>24320
③ 7531<u>6</u>0
④ 984<u>6</u>10

02 다음은 일정한 규칙에 따라 수를 배열한 것이다. ㉠에 알맞은 수는?

| 1550 | 1560 | ㉠ | 1580 |

① 1562
② 1566
③ 1570
④ 1574

03 다음은 학생들이 좋아하는 계절을 조사하여 나타낸 막대그래프이다. 학생들이 가장 많이 좋아하는 계절은?

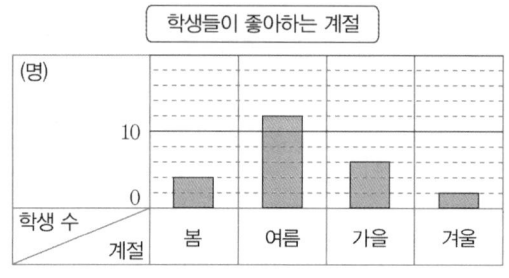

학생들이 좋아하는 계절

① 봄
② 여름
③ 가을
④ 겨울

04 다음 식에서 가장 먼저 계산해야 할 것은?

$$24 + 12 \div (3 - 2) \times 4$$

① $24 + 12$
② $12 \div 3$
③ $3 - 2$
④ 2×4

05 쌓기나무 3개로 만든 다음 모양에 쌓기나무 1개를 더 붙여서 만들 때, 나올 수 <u>없는</u> 모양은?

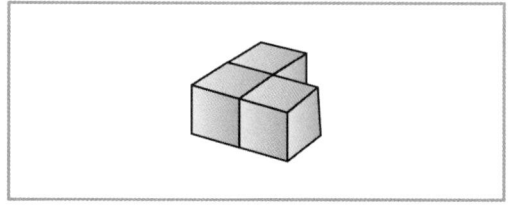

①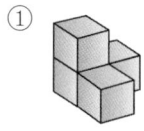
②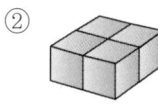
③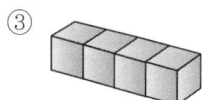
④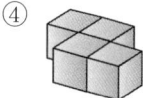

06 설탕 $\frac{1}{4}$kg과 소금 $\frac{1}{5}$kg이 있다. 이 설탕과 소금의 무게의 합은?

① $\frac{1}{20}$kg
② $\frac{3}{20}$kg
③ $\frac{7}{20}$kg
④ $\frac{9}{20}$kg

07 막대 **3.6m**를 똑같이 **3**도막으로 나누었다. ㉠에 알맞은 수는?

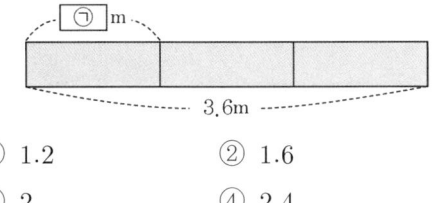

① 1.2　　　　② 1.6

③ 2　　　　　④ 2.4

08 다음은 수의 범위를 수직선에 나타낸 것이다. 바르게 읽은 것은?

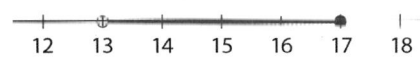

① 13 초과 17 미만인 수

② 13 초과 17 이하인 수

③ 13 이상 17 미만인 수

④ 13 이상 17 이하인 수

09 다음은 간격이 일정한 모눈종이에 그린 선대칭도형이다. 이 도형의 대칭축의 개수는?

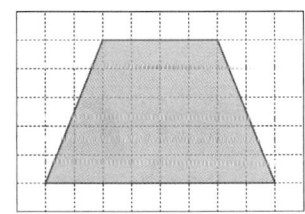

① 1개　　　　② 2개

③ 3개　　　　④ 4개

10 다음 입체도형의 색칠된 부분은 사각뿔의 밑면이다. 이 밑면과 만나는 면의 개수는?

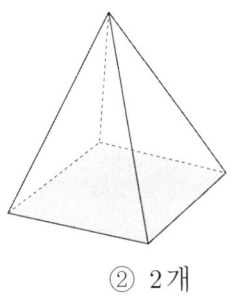

① 1개　　　　② 2개

③ 3개　　　　④ 4개

11 다음과 같이 전개도를 접어서 원기둥을 만들 때, ㉠에 알맞은 수는?

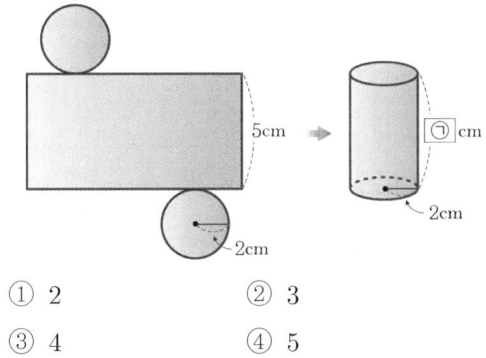

① 2　　　　　② 3

③ 4　　　　　④ 5

12 그림은 사각형의 네 각의 크기의 합을 구하는 과정이다. 이 사각형의 네 각의 크기의 합은?

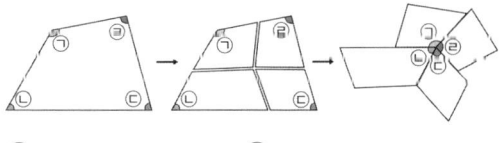

① 90°　　　　② 180°

③ 270°　　　　④ 360°

13 $\frac{3}{5} \div 4$를 계산하는 과정이다. ㉠에 알맞은 수는?

$$\frac{3}{5} \div 4 = \frac{3}{5} \times \boxed{㉠} = \frac{3}{20}$$

① $\frac{1}{6}$ ② $\frac{1}{5}$

③ $\frac{1}{4}$ ④ $\frac{1}{3}$

14 다음은 한 변의 길이가 3cm인 정사각형이다. 이 정사각형의 넓이는?

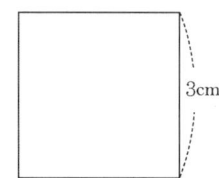

3cm

① 9cm^2 ② 16cm^2

③ 25cm^2 ④ 36cm^2

15 원 (나)의 원주는 원 (가)의 원주의 2배이다. ㉠에 알맞은 수는?

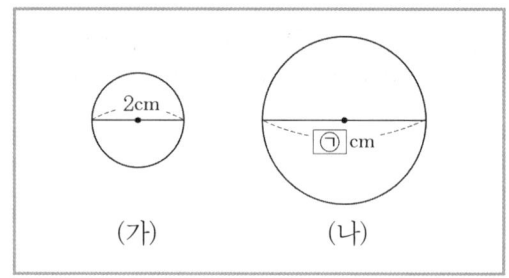

2cm

㉠cm

(가)   (나)

① 3   ② 4

③ 5   ④ 6

16 다음은 부피가 50cm^3인 직육면체이다. 색칠된 밑면의 넓이가 10cm^2일 때, 이 직육면체의 높이는?

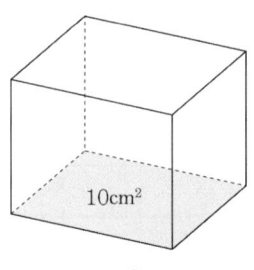

10cm^2

① 2cm   ② 3cm

③ 4cm   ④ 5cm

17 표는 문어의 수와 문어 다리의 수와의 관계를 □와 △로 나타낸 것이다. 올바른 관계식은?

□ (문어의 수)	1	2	3	4	…
△ (문어 다리의 수)	8	16	24	32	…

① $\square + 8 = \triangle$ ② $\square - 8 = \triangle$

③ $\square \times 8 = \triangle$ ④ $\square \div 8 = \triangle$

18 형과 동생이 사과 9개를 2 : 1로 비례배분하는 과정이다. ㉠에 공통으로 들어갈 알맞은 수는?

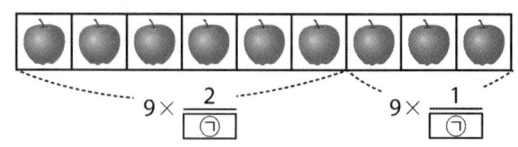

$9 \times \dfrac{2}{\boxed{㉠}}$ $9 \times \dfrac{1}{\boxed{㉠}}$

① 2   ② 3

③ 4   ④ 5

19 표는 어느 학생의 전통 활쏘기 대회의 점수를 기록한 것이다. 이 학생의 평균 점수는?

횟수	1회	2회	3회	4회
점수(점)	8	10	6	8

① 5점
② 6점
③ 7점
④ 8점

20 다음은 학생들이 좋아하는 과일을 조사한 띠그래프이다. 사과를 좋아하는 학생의 수가 60명일 때, 포도를 좋아하는 학생의 수는?

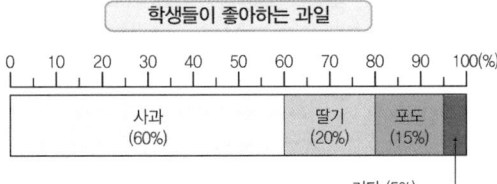

① 15명
② 25명
③ 35명
④ 45명

01 그림은 볼록 렌즈를 이용하여 글자를 크게 볼 수 있는 도구이다. 이 도구의 이름은?

① 돋보기　　　　② 고무마개
③ 나무집게　　　④ 평면거울

02 다음 설명에 해당하는 생물은?

| 포자 | • 포자로 번식한다.
• 따뜻하고 축축한 환경에서 잘 자란다. |

① 버섯　　　　② 장미
③ 선인장　　　④ 부레옥잠

03 다음 중 액체인 물이 고체인 얼음으로 변한 것은?

① 안개　　　　② 연기
③ 이슬　　　　④ 고드름

04 그림은 학생 (가)~(라)가 출발선에서 동시에 출발하여 같은 시간 동안 이동한 거리를 나타낸 것이다. 가장 빠르게 이동한 학생은?

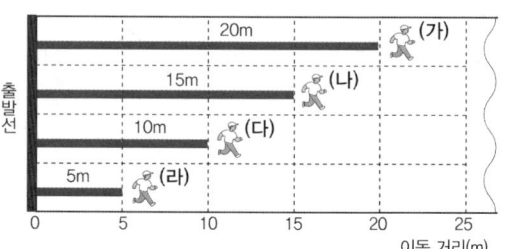

① (가)　　　　② (나)
③ (다)　　　　④ (라)

05 다음 대화에서 설명하는 기체는?

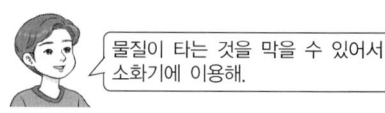

물질이 타는 것을 막을 수 있어서 소화기에 이용해.

석회수를 뿌옇게 만드는 기체야.

① 산소　　　　② 수소
③ 헬륨　　　　④ 이산화 탄소

06 다음은 같은 저울을 사용하여 여러 채소의 무게를 측정한 것이다. 가장 무거운 것은?

① 마늘   ② 오이

③ 양배추   ④ 호박

07 그림에 해당하는 화석은?

옛날에 살았던 물고기의 몸체가
지층 속에 남아 있다.

① 조개 화석   ② 공룡알 화석

③ 물고기 화석   ④ 잠자리 화석

08 다음 중 습도가 우리 생활에 미치는 영향으로 옳지 <u>않은</u> 것은?

① 습도가 낮으면 빨래가 잘 마르지 않는다.

② 습도가 낮으면 피부가 쉽게 건조해진다.

③ 습도가 높으면 곰팡이가 자라기 쉽다.

④ 습도가 높으면 음식물이 쉽게 상한다.

09 그림은 우리 몸의 일부를 나타낸 것이다. 혈액에 있는 노폐물을 걸러 내어 오줌을 만드는 기관은?

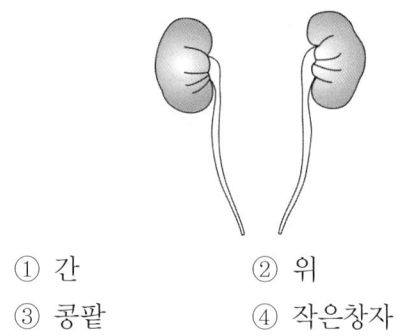

① 간   ② 위

③ 콩팥   ④ 작은창자

10 다음 설명에 해당하는 것은?

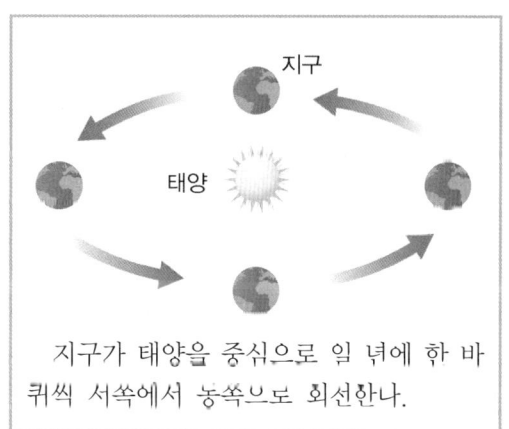

지구

태양

지구가 태양을 중심으로 일 년에 한 바퀴씩 서쪽에서 동쪽으로 회전한다.

① 달의 자전   ② 지구의 공전

③ 지구의 자전   ④ 태양의 공전

11 그림의 전기 회로에서 전구의 연결 방법은?

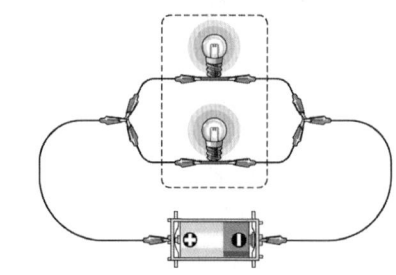

① 전자석　　　　② 병렬연결

③ 직렬연결　　　　④ 영구 자석

12 다음 설명에서 ㉠에 해당하는 것은?

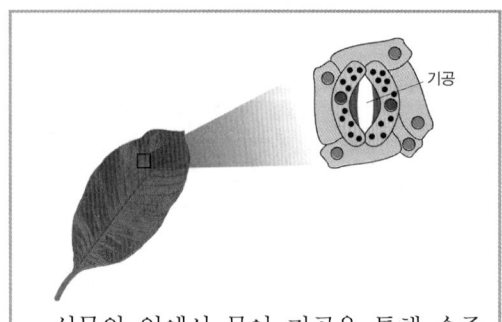

식물의 잎에서 물이 기공을 통해 수증기 상태로 빠져 나가는 것을 (㉠)이라고 한다.

① 번식 작용　　　② 저장 작용

③ 증산 작용　　　④ 지지 작용

13 그림은 공기 중에서 직진하던 빛이 물의 경계를 통과할 때 꺾여 나아가는 모습이다. 이 현상을 나타내는 말은?

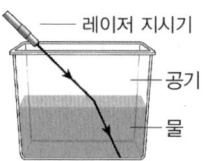

① 굴절　　　　② 속력

③ 정지　　　　④ 증발

14 다음 설명에 해당하는 것은?

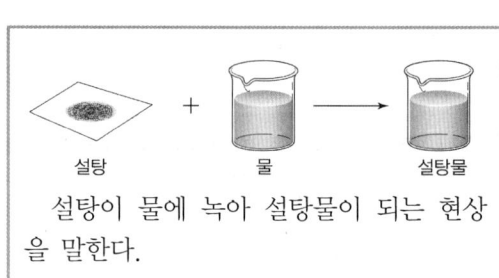

설탕이 물에 녹아 설탕물이 되는 현상을 말한다.

① 용매　　　　② 용질

③ 용품　　　　④ 용해

15 그림의 ㉠에 해당하는 것은?

- 일년 내내 북쪽 하늘에서 볼 수 있는 별이다.
- 밤하늘에서 북두칠성을 이용하여 찾을 수 있다.

① 혜성　　　　② 명왕성
③ 북극성　　　　④ 소행성

16 그림과 같이 열매껍질이 터지면서 씨앗이 퍼지는 생물은?

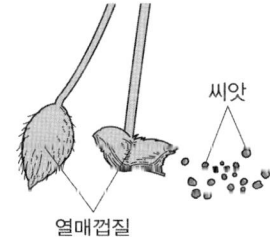

① 세균　　　　② 해캄
③ 봉선화　　　　④ 호랑이

17 다음은 페놀프탈레인 용액으로 용액을 분류하는 실험 중 일부이다. 실험 결과로 색이 붉게 변한 용액은?

활동하기

1. 시험관 네 개에 같은 양의 식초, 레몬즙, 묽은 염산, 빨랫비누 물을 각각 넣는다.
2. 스포이트로 페놀프탈레인 용액을 두세 방울씩 떨어뜨린다.
3. 색이 변한 용액을 관찰한다.

① 식초　　　　② 레몬즙
③ 묽은 염산　　　　④ 빨랫비누 물

18 그림은 우리나라의 계절에 따른 태양의 남중 고도를 나타낸 것이다. 다음 설명에 해당하는 우리나라의 계절은?

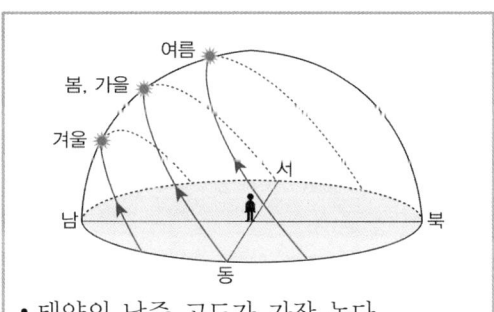

- 태양이 남중 고도가 가장 높다.
- 낮의 길이가 가장 길고, 기온이 높다.

① 봄　　　　② 여름
③ 가을　　　　④ 겨울

19 그림의 먹이 사슬에서 ㉠에 해당하는 생물은?

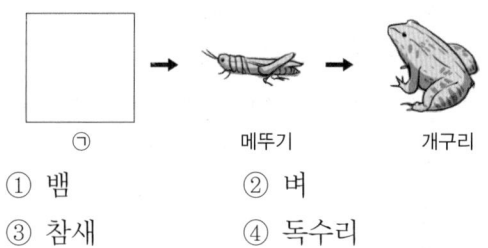

① 뱀

② 벼

③ 참새

④ 독수리

20 다음 설명에 해당하는 것은?

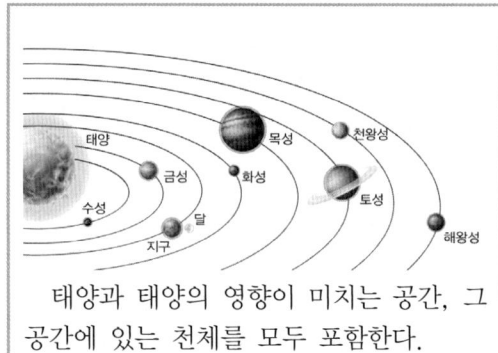

태양과 태양의 영향이 미치는 공간, 그 공간에 있는 천체를 모두 포함한다.

① 위성

② 행성

③ 별자리

④ 태양계

01 다음 중 학교에서 지켜야 할 예절로 옳지 <u>않은</u> 것은?

① 급식실에서 차례를 지킨다.
② 선생님을 만나면 인사를 한다.
③ 도서관에서 큰 소리로 이야기한다.
④ 복도에서 친구와 부딪히면 사과한다.

02 다음 조상들의 두레 활동에서 배울 수 있는 덕목은?

〈모내기〉   〈벼 베기〉   〈타작하기〉

① 교만   ② 낭비
③ 무시   ④ 협동

03 다음 중 도덕 공부를 위한 바람직한 방법이 <u>아닌</u> 것은?

① 나의 이익만을 생각하는 힘 기르기
② 스스로 깨우치면서 아는 힘 기르기
③ 자신을 돌아보며 마음의 힘 기르기
④ 직접 실천하며 행동하는 힘 기르기

04 다음 중 정직한 행동으로 옳은 것은?

① 부모님께 거짓말하기
② 친구 과제 몰래 베끼기
③ 길에서 주운 돈 내가 갖기
④ 내가 한 실수 사실대로 말하기

05 다음 상황에 맞는 감정과 욕구를 조절하는 태도로 가장 적절한 것은?

① 다른 친구들에게 험담을 해야겠어.
② 나도 그 친구에게 똑같이 해야겠어.
③ 화를 멈추고 다시 생각해 봐야겠어.
④ 왜 그랬는지 따지면서 화를 내야겠어.

06 다음 중 자주적인 생활 태도로 옳은 것은?

① 어려움을 스스로 헤쳐 나간다.
② 내가 해야 할 일을 항상 미룬다.
③ 남이 하는 것을 무조건 따라한다.
④ 항상 남이 시켜야 마지못해 한다.

07 ㉠에 들어갈 내용으로 적절한 것은?

> **나를 소중히 여기는 방법**
> • 스스로에게 상 주기
> • 반성하는 마음 지니기
> • (㉠   )

① 남 탓만 하기
② 나의 장점 찾기
③ 모든 일에 불평하기
④ 항상 남을 미워하기

08 다음 중 행복한 사이버 세상을 만들기 위한 노력에 해당하는 것은?

① 친구들에게 네티켓을 알린다.
② 욕설을 사용하여 친구들을 비방한다.
③ 친구가 올린 게시글에 악성 댓글을 단다.
④ 친구의 사진을 몰래 찍어 인터넷에 올린다.

09 다음 중 도덕적 성찰 방법으로 적절하지 <u>않</u>은 것은?

① 일기 쓰기
② 친구 따돌리기
③ 격언 따라 쓰기
④ 좌우명 실천하기

10 ㉠에 들어갈 말로 가장 적절한 것은?

> 만약 운동 경기 중에 심판이 한 쪽 편만 든다면 어떻게 될까?

① 모두가 경기 결과에 만족할 거야.
② 심판의 판정을 신뢰하지 않게 될 거야.
③ 경기를 보는 모든 사람들이 좋아할 거야.
④ 모든 선수들이 즐겁게 경기를 할 수 있을 거야.

11 다음 중 아름다운 사람이 되기 위한 방법이 <u>아닌</u> 것은?

① 어려운 친구 도와주기
② 쓰레기 함부로 버리기
③ 책 읽고 깊이 생각하기
④ 고운 말 쓰며 다른 사람 존중하기

12 다음 '지구촌 이웃을 도우려는 마음가짐' 상자에 담기에 적절한 것은?

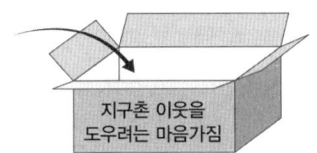

① 증오　　　　② 편견
③ 인류애　　　④ 혐오감

13 통일 후 예상되는 어려움을 극복하기 위한 노력을 〈보기〉에서 고른 것은?

[보기]
ㄱ. 남북한 경제적 격차 키우기
ㄴ. 서로의 언어 표현에 대한 편견 가지기
ㄷ. 서로 다른 생활 방식을 이해하고 존중하기
ㄹ. 갈등을 평화적으로 해결하려는 마음 지니기

① ㄱ, ㄴ　　　② ㄱ, ㄹ
③ ㄴ, ㄷ　　　④ ㄷ, ㄹ

14 다음에서 노벨(Nobel, A.)이 추구한 삶의 가치는?

　자신의 발명품이 많은 사람의 목숨을 빼앗아 간 현실을 돌아보며 죄책감을 느끼고, 인류를 위해 할 수 있는 일이 무엇인지 생각했다.

① 비난　　　　② 성찰
③ 소외　　　　④ 차별

15 다음 중 저작물의 올바른 사용 방법이 <u>아닌</u> 것은?

① 음원료를 지불하고 음악을 들었어.

② 검색한 자료를 이용할 때 출처를 밝혔어.

③ 새로 나온 온라인 게임 정품을 구입했어.

④ 불법으로 받은 파일을 인터넷 공유 게시판에 올렸어.

16 다음 중 나눔과 봉사를 실천하기 위한 방법이 <u>아닌</u> 것은?

① 학급 도서 정리하기
② 동전 모아 어려운 이웃돕기
③ 봉사 활동의 대가로 돈을 요구하기
④ 내가 가진 재능을 친구들과 나누기

17 다음 중 문제를 긍정적으로 해결하는 방법으로 가장 적절한 것은?

① 나의 처지를 계속 불평하며 지낸다.
② 자신을 믿고 스스로 해결하려고 노력한다.
③ 어차피 못하니까 포기해야겠다고 생각한다.
④ 항상 다른 사람에게 해결해 달라고 부탁한다.

18 ㉠에 들어갈 공감하는 말로 가장 적절한 것은?

친구와 함께 집에 가기로 약속했는데 친구가 그냥 가버렸어.

㉠

① 그게 뭐 어때서?

② 나랑 상관없는 일이잖아.

③ 친구가 너를 무시하는 거야.

④ 친구가 그냥 가버려서 속상하겠구나.

20 다음 대화와 관련된 지구촌 문제에 해당하는 것은?

온실 가스를 배출하는 것이 문제의 원인 중의 하나야.

이 문제를 해결하기 위해서는 일회용품 사용을 줄여야겠어.

① 전쟁   ② 굶주림

③ 인종 차별   ④ 환경 파괴

19 다음 중 학급 인권 규칙의 내용으로 적절하지 <u>않은</u> 것은?

① 욕설이나 별명으로 친구를 놀린다.

② 친구의 외모를 함부로 평가하지 않는다.

③ 친구들끼리 서로 괴롭히거나 때리지 않는다.

④ 남자 또는 여자라는 이유로 차별하지 않는다.

01 서로를 배려하는 식사 예절로 적절한 것을 〈보기〉에서 고른 것은?

[보기]
ㄱ. 식탁 주변을 뛰어다니기
ㄴ. 음식을 만든 분께 감사하며 먹기
ㄷ. 음식이 입에서 튀어나오지 않게 조심하기
ㄹ. 음악을 크게 틀어놓고 큰 소리로 말하며 먹기

① ㄱ, ㄷ
② ㄱ, ㄹ
③ ㄴ, ㄷ
④ ㄴ, ㄹ

02 다음 설명에 해당하는 옷의 기능으로 가장 적절한 것은?

추운 날씨에 목도리, 장갑을 착용한다.

① 신분을 나타낸다.
② 직업을 나타낸다.
③ 체온을 유지한다.
④ 피부를 청결하게 유지한다.

03 다음 중 옷 보관 방법으로 적절하지 <u>않은</u> 것은?

① 모자는 모양이 변하지 않도록 보관한다.
② 더러워진 옷을 세탁하지 않고 그대로 보관한다.
③ 방충제를 넣어서 옷이 상하지 않도록 보관한다.
④ 자주 입는 옷은 손이 닿기 쉬운 곳에 보관한다.

04 다음 설명에 해당하는 동물 돌보기 방법은?

정기적으로 예방 접종을 한다.

① 산책하기
② 먹이 주기
③ 배변 훈련
④ 질병 관리

05 다음 중 ㉠에 들어갈 말로 옳은 것은?

사람의 두뇌와 같이 로봇은 (㉠)을/를 통해 정보를 확인하고 동작을 명령한다.

① 건전지
② 케이블
③ 구동 장치
④ 제어 장치

06 다음 중 생활 속 발명 기법과 적용된 사례의 연결이 적절하지 <u>않은</u> 것은?

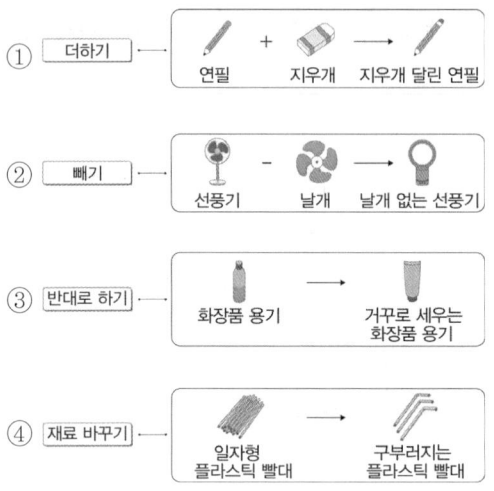

07 다음의 도구를 활용하여 만들 수 있는 생활 소품으로 적절하지 <u>않은</u> 것은?

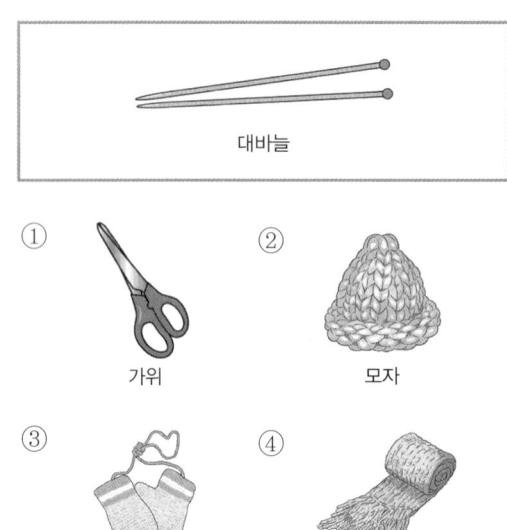

08 개인 정보를 보호하는 방법으로 적절한 것을 〈보기〉에서 고른 것은?

┌─[보기]─────────────────────
ㄱ. 아이디와 비밀번호를 친구에게 알려 준다.
ㄴ. 출처가 분명하지 않은 자료는 내려받지 않는다.
ㄷ. 검증되지 않은 사이트에 개인 정보를 올리지 않는다.
ㄹ. 한번 만든 비밀번호는 시간이 지나도 바꾸지 않는다.
└──────────────────────────────

① ㄱ, ㄴ ② ㄱ, ㄹ
③ ㄴ, ㄷ ④ ㄷ, ㄹ

09 다음에서 설명하는 자전거의 구성 요소는?

┌──────────────────────────────
공기압이 적당한지 살펴보고, 부족하면 적절한 양의 공기를 넣는다.
└──────────────────────────────

① 체인 ② 핸들
③ 타이어 ④ 브레이크 패드

10 다음 중 동식물 자원을 활용한 사례가 <u>아닌</u> 것은?

① 유리병을 모아 재활용한다.
② 식물을 활용하여 공기를 정화한다.
③ 동식물을 통해 다양한 먹거리를 얻는다.
④ 식물원을 통해 자연 학습의 기회를 얻는다.

11 다음 중 ㉠에 들어갈 말로 가장 적절한 것은?

 아이를 입양하여 구성된 가족을 (㉠) 가족이라고 한다.

① 1인　　　　② 입양
③ 혈연　　　　④ 무자녀

12 다음 아동기의 발달 특징에 해당하는 것은?

• 남녀의 신체 차이가 나타난다.
• 키가 커지고 몸무게가 늘어난다.

① 사회적 발달　　② 신체적 발달
③ 인지적 발달　　④ 정서적 발달

13 다음 중 안전사고 예방 방법으로 가장 적절한 것은?

① 가스 사용 후 밸브 잠그기
② 젖은 손으로 전기 제품 플러그 뽑기
③ 계단 손잡이를 이용하여 미끄럼 타기
④ 횡단보도를 건너며 휴대 전화로 메시지 보내기

14 다음 중 ㉠에 공통으로 들어갈 말로 가장 적절한 것은?

• (㉠) 기입장에 반드시 적어야 하는 사항에는 날짜, 내용, 수입, 지출, 잔액 등이 있다.
• (㉠)을/를 계획성 있게 사용한다.

① 가격　　　　② 낭비
③ 습관　　　　④ 용돈

15 다음 중 ㉠에 들어갈 말로 알맞은 것은?

식품의 영양소에 따라 기능이 비슷한 것끼리 묶어 놓은 것을 식품군이라고 한다. 과일류 식품군에는 (㉠)가 포함된다.

① 두부　　　　② 딸기
③ 치즈　　　　④ 고등어

16 다음 설명에 해당하는 것은?

• 주로 식량으로 이용하기 위해 가꾸는 작물이다.
• 벼, 밀, 옥수수, 감자 등이 대표적이다.

① 공예 작물　　② 식용 작물
③ 약용 작물　　④ 원예 작물

17 다음 중 ㉠에 공통으로 들어갈 말로 가장 적절한 것은?

> • 하드웨어 작동을 위한 명령을 내리는 데 (㉠)가 필요하다.
> • (㉠)는 프로그램이라고도 한다.

① 마우스   ② 모니터

③ 스피커   ④ 소프트웨어

18 다음 설명에 해당하는 말로 가장 적절한 것은?

정부나 공인 기관에서 안전하고 위생적으로 생산된 식품에 부여하는 표시

① 원재료명   ② 보관 방법

③ 유통 기한   ④ 식품 인증 표시

19 다음 중 ㉠과 ㉡에 해당하는 직업이 옳게 짝지어진 것은?

 ㉠ 사람들이 입는 옷을 디자인해요.

 ㉡ 자동차를 검사하고 정비해요.

	㉠	㉡
①	사회 복지사	자동차 정비사
②	사회 복지사	항공기 조종사
③	패션 디자이너	자동차 정비사
④	패션 디자이너	항공기 조종사

20 다음 설명에 해당하는 로봇을 만드는 데 필요한 센서로 가장 적합한 것은?

큰 소리가 나면 꼬리를 흔드는 로봇 강아지

① 빛 센서   ② 소리 센서

③ 기울기 센서   ④ 적외선 센서

2025년 제1회 정답 및 해설

국어 2025년 제1회

기출문제

01 ④	02 ②	03 ④	04 ①	05 ④
06 ③	07 ①	08 ③	09 ④	10 ④
11 ①	12 ③	13 ②	14 ②	15 ①
16 ③	17 ③	18 ②	19 ④	20 ①

01 정답 ④

왼쪽 여자아이가 30분이나 지났고 왜 이렇게 늦었냐고 이야기하고 있다. 늦은 것에 대한 사과와 늦은 이유를 말해주는 것이 적절하므로 ④가 알맞다.

02 정답 ②

㉠은 '그네를 타다'이므로 여기서 '타다'는 '탈 것에 몸을 얹다'의 의미이다. 따라서 같은 의미는 '미끄럼틀을 타다'의 ②이다.

오답피하기

① '햇볕을 오래 쬐어 피부가 검게 변하다'의 의미이다.
③ '몫으로 주는 돈이나 물건을 받다'의 의미이다.
④ '다량의 액체에 소량의 가루를 넣어 섞다'의 의미이다.

03 정답 ④

제시된 글은 조선의 냉장고 석빙고의 천장과 장대석의 공기 구멍에 대해 설명하고 있다. 네번째 줄에서 장대석의 구멍은 아래쪽이 넓고 위쪽이 좁아 바깥에서 바람이 불 때 석빙고 안의 공기가 잘 빠져나온다고 하였으므로 ④ 기체 이동 원리가 이 글을 읽을 때 도움이 되는 지식이다.

04 정답 ①

이야기를 듣고 사건의 흐름을 파악하려면 이야기에 나타나는 인물과 배경을 살피고, 이야기에서 일어난 중요한 일을 찾고, 일이 일어난 차례를 살펴야 한다. 그러나 내가 책을 읽은 장소를 떠올리는 것은 이야기 사건의 흐름 파악과는 거리가 있으므로 ①은 적절하지 않다.

05 정답 ④

'어떤 일을 의논하거나 결정하기 위하여 서로 마주 대하다'의 의미를 가진 관용 표현은 '머리를 맞대다'이다. 따라서 ④가 적절하다.

오답피하기

① '눈에 띄다'는 '눈에 보이다', '남보다 훨씬 두드러지다'의 의미이다.
② '손이 작다'는 '물건을 구비하거나 음식을 할 때 소량으로 하다'의 의미이다.
③ '입맛대로 하다'는 '저 좋은 대로, 마음대로 하다'의 의미이다.

06 정답 ③

마음을 나누는 글을 쓸 때는 글을 쓰는 상황과 목적을 생각하고, 읽을 사람과의 관계를 고려하며, 나누려는 마음이 드러나게 써야 한다. 또한 전하려는 내용을 잘 드러나게 써야 하므로 ③이 올바르지 않다.

07 정답 ①

주장하는 글을 읽을 때에는 글쓴이의 주장을 뒷받침하는 '근거'가 알맞은지 생각하며 읽어야 한다. 따라서 ①이 알맞다.

08 정답 ③

㉢은 '매우 아름답게 느껴졌다'라고 여행하며 든 생각이나 느낌을 나타내고 있으므로 기행문에서 '감상'에 해당한다. 따라서 ③이 적절하다.

① ㉠은 '불국사'라는 여행의 과정이나 일정을 나타내고 있으므로, 기행문에서 '여정'에 해당한다.

② ㉡은 '다보탑과 석가탑이 있었다'라고 여행하며 보거나 들은 것을 나타내고 있으므로, 기행문에서 '견문'에 해당한다.

④ ㉣은 '석가탑은 서쪽에 있었다'라고 여행하며 보거나 들은 것을 나타내고 있으므로, 기행문에서 '견문'에 해당한다.

09 정답 ④

제시된 공익 광고에서 식판 그림과 함께 '딱! 먹을 만큼만 남기지 말고'라는 문구가 있으므로 음식물 쓰레기에 대한 내용을 전달하려는 것임을 알 수 있다. 따라서 ④ '음식물 쓰레기를 줄이자'가 이 광고에서 전달하려는 내용이다.

10 정답 ④

회의를 할 때에는 다른 사람의 의견을 존중하고, 발언 시 사회자에게 발언권을 얻고 말해야 하며, 회의 주제에 맞는 의견을 제시해야 한다. 그리고 다른 사람이 말할 때에는 끼어들지 않고 다른 사람의 말이 끝날 때까지 잘 들어야 한다. 따라서 ④는 적절하지 않다.

11 정답 ①

사실은 있는 그대로 드러나는 '직접 겪었던 것이나 실제로 있었던 것을 표현한 문장'이므로 '중국 집의 지붕선은 가운데가 직선'이라는 ㉠은 사실이다. ㉡의 '부드러워 보인다', ㉢의 '산뜻한 느낌', ㉣의 '큰 영향을 끼친 게 아닐까'는 자신만의 생각과 판단 느낌을 표현한 '의견'에 해당한다. 따라서 사실은 ①이다.

12 정답 ③

제시된 시의 1연에서는 '봄비'를 '해님'만큼의 '교향악'에 2연에서는 '이 세상 모든 것'을 '악기'에 빗대고 있다. 3연에서는 '지붕'을 '큰북'에, 4연과 5연에서는 '세수대야 바닥'을 '작은북'에 빗대고 있다. 따라서 대상과 비유하는 표현이 알맞지 않은 것은 ③으로 해님은 봄비를 비유한 표현이다.

13 정답 ②

㉠ '달빛'의 짜임은 달+빛으로 쪼갤 수 있는 복합어로 어근과 어근이 더해진 합성어이다. ① '강물'은 강+물로, ③ '미역국'은 미역+국으로, ④ '밥그릇'은 밥+그릇으로 모두 쪼갤 수 있으며 어근과 어근이 더해진 합성어이다. 그러나 '바다'는 쪼갤 수 없는 낱말로 어근 하나인 단일어이다. 따라서 짜임이 다른 하나는 ②이다.

14 정답 ②

제시된 글은 인물과 대사, 지시문(지문), 해설로 이루어져 있으므로 연극 공연을 위한 극본에 해당한다. 따라서 ②가 적절하다.

15 정답 ①

제시된 글에서 연우의 마음이 드러난 부분은 ㉡ '기쁘면서도 두려운', ㉢ '넘어질까봐 무서웠던', ㉣ '고마웠던'이다. 그러나 ㉠은 '달리기를 했다'는 사실이자 경험이므로 ①이 적절하지 않다.

16 정답 ③

문장 성분의 호응 관계를 고려하여 '별로'는 부정표현의 서술어와 어울리므로 '별로 ~하지 않는다'는 표현이 적절하다. 따라서 정답은 ③이다.

① '내일'은 미래를 나타내므로 서술어를 '갔다'라는 과거가 아니라 '갈 것이다'로 고쳐써야 한다.

② '전혀'는 부정표현의 서술어와 어울리므로 '주신다'가 아닌 '주지 않으신다'로 고쳐 써야 한다.

④ '결코'는 부정표현의 서술어와 어울리므로 '행동이다'가 아닌 '행동이 아니다'로 고쳐 써야 한다.

17 정답 ③

훈민가는 지나간 후면 애달프고 다시 못하므로 '어버이께 살아계실 때 효도하자'라는 주제를 전달하고 있다. 따라서 제시된 글에서 말하고자 하는 바는 ③이다.

18 정답 ②

타당성은 '글쓴이의 주장과 근거가 논리적으로 제시되고 있는지 따져보는 것'이다. 따라서 뉴스의 타당성을 판단하는 방법에는 실제 사실에 바탕을 두고 있는지, 뉴스의 관점과 보도내용이 관련이 있는지, 활용한 자료가 뉴스의 관점을 뒷받침하는지 등이 있다. 그러나 뉴스를 보여주는 텔레비전의 품질은 뉴스의 타당성 판단과 관련이 없다. 따라서 ②가 정답이다.

19 정답 ④

뉴스에서 통계 자료를 보여주는 이유는 보는 이들의 이해를 돕고, 뉴스의 객관성과 신뢰성을 높이고, 또한 핵심 내용을 잘 전달하고 뒷받침하기 위해서이다. 따라서 '핵심 내용을 부족하게 보여 주기 위해서'라는 ④가 적절하지 않다.

20 정답 ①

제시된 글에서는 책을 통해 다양한 지식을 얻을 수 있고 간접적으로 여러 가지 경험을 할 수 있다고 설명한다. 또한 책으로 많은 것을 알 수 있으며, 다른 사람의 생각과 주장을 알 수 있어 생각이 깊어지고 상식이 풍부해지고 어휘력이 높아진다는 '책 읽기의 장점'을 이야기하고 있다. 따라서 글의 제목으로 ① '책을 많이 읽자'가 적절하다.

사회 2025년 제1회

기출문제

01 ③	02 ④	03 ②	04 ④	05 ④
06 ②	07 ①	08 ②	09 ③	10 ③
11 ③	12 ④	13 ①	14 ②	15 ②
16 ③	17 ③	18 ①	19 ④	20 ①

01 정답 ③

기호는 땅 위에 있는 것들을 실제 모습보다 간단하게 바꾸어 그린 것이다. 과실나무를 심은 밭을 표현한 것은 과수원에 해당한다.

과수원	논	학교	시청	우체국	공장
○	⊥⊥	⊥	◎	✕	☼

02 정답 ④

행정복지센터는 출생 신고, 주민등록증 발급, 주소 변경 등의 업무를 담당한다.

오답피하기

① 경찰서는 범죄를 예방하고 국민의 안전과 편의를 제공한다.
② 도서관은 책과 여러 자료를 모아 두고 볼 수 있도록 해준다.
③ 소방서는 회재를 진압하거나 예방한다.

03 정답 ②

바다를 이용하여 생산 활동을 하며, 어업에 도움을 주는 시설이 많은 지역은 어촌이다.

오답피하기

① 주민의 대부분이 농업을 하는 마을을 농촌이라 한다.
③ 산지에 이루어진 마을을 산지촌이라 한다.
④ 탄광에서 일하는 노동자들이 모여 사는 마을이 탄광촌이다

04 정답 ④

정부 주도로 급격하게 경제가 성장한 우리나라는 지역 불평등, 소득 불평등, 환경 오염 등의 문제가 나타났다.

④ 경제 성장에 따라 농업보다 공업의 생산량이 늘어났고, 농촌의 인구가 감소하고 도시의 인구는 증가하였다.

05 정답 ④

노인 일자리와 아이를 돌볼 수 있는 시설을 늘리고 다양한 정책을 마련하는 것은 저출산·고령화 문제의 해결 방안이다.

> 오답피하기

① 세계화란 지구촌 여러 나라 사람들이 서로 가깝게 연결되어 긴밀한 영향을 주고받는 것을 말한다.

② 정보화는 지식과 정보가 사회의 중요한 정보가 되는 현상이다.

06 정답 ②

삼림 자원을 얻을 수 있으며, 스키장이나 휴양 시설을 설치할 수 있는 지형은 산지이다.

> 오답피하기

① 바닷물이 빠져나가면 물 밖으로 드러나는 평평한 땅이 갯벌이다.

③ 땅이 높아졌다 낮아졌다 하는 기복이 없는 평평한 땅이 평야이다.

④ 해안은 바다와 맞닿아 있는 육지의 한 부분이다.

07 정답 ①

고구려 장군 출신 대조영이 고구려를 계승한 발해를 건국하였다. 발해는 선왕 대에 고구려의 옛 영토를 대부분 회복하여 당나라로부터 '해동성국'이라 불렸다.

08 정답 ②

첨성대는 신라 선덕 여왕 때 만들어진 천문대이다.

> 오답피하기

① 광화문은 경복궁의 정문이다.

③ 합천 해인사에 팔만대장경이 있다.

④ 남한산성은 조선 시대의 산성이다.

09 정답 ③

고려시대 만들어진 「직지심체요절」은 세계에서 가장 오래된 금속 활자본이다.

> 오답피하기

① 「농사직설」은 조선 세종 때 발행된 농사책이다.

② 「동의보감」은 조선 광해군 때 허준이 만든 의학책이다.

④ 한글 소설은 한글로 쓴 꾸며낸 이야기이다.

10 정답 ③

신사임당은 조선 중기의 여성 예술가이자 율곡 이이의 어머니이다.

> 오답피하기

① 유관순은 천안의 아우내 만세 운동을 주도한 여성 독립운동가이다.

② 선덕 여왕은 신라의 우리나라 최초의 여성 왕이다.

④ 명성 황후는 조선 고종의 왕비이다.

11 정답 ③

임진왜란은 조선 선조 때 일본이 조선을 침략하면서 일어난 전쟁이다. 주요한 전투로 권율 장군의 행주 대첩, 이순신 장군의 한산도 대첩과 명량 대첩이 있다.

> 오답피하기

③ 김유신이 황산벌에서 백제군을 무찌른 전쟁은 황산벌 전투이다.

12 정답 ④

「대동여지도」는 조선 후기 실학자 김정호가 제작한 한반도 지도이다.

① 석굴암은 신라 시대의 대표적인 건축물이다.

② 측우기는 세종 때 강수량을 측정하기 위해 제작되었다.

③ 「목민심서」는 실학자 정약용이 저술한 책이다.

13 정답 ①

수원 화성은 조선 정조 시기에 정약용이 만든 거중기를 동원하여 건설하였으며, 유네스코 세계 문화유산에 등재되어 있다.

14 정답 ②

안중근 의사는 일제 강점기의 독립운동가이며 항일 의병장이다. 1909년 10월 26일 이토 히로부미를 하얼빈역에서 암살하였다.

① 신채호는 독립운동가이며 역사학자이다.

③ 이승만은 대한민국 초대 대통령이다.

④ 이완용은 을사오적에 포함된 친일파이다.

15 정답 ②

삼심 제도는 한 사건에 대하여 세 번까지 재판을 받을 수 있는 제도이다. 각 단계를 순서에 따라 1심, 2심, 3심이라 부르며, 서로 다른 법원에서 재판을 받을 수 있어 심급 제도라고도 한다.

① 국정 감사는 국회가 국정을 전체적으로 살펴보는 것이다.

③ 주민 자치는 주민이 스스로 다스리는 것이다.

④ 국민 신문고는 정부에 대한 민원을 청구할 수 있는 제도이다.

16 정답 ③

비무장 지대는 휴전선을 중심으로 남북으로 각각 2km까지로 지정된 완충지대이다.

① 순천만은 전라남도 순천시에 있다.

② 해운대는 부산에 있는 해변이다.

④ 새만금 간척지는 갯벌을 육지로 만든 지역이다.

17 정답 ③

프랑스는 북서유럽에 있으며 수도는 파리이다. 프랑스의 대표적인 건축물로 에펠탑, 베르사유 궁전 등이 있다.

18 정답 ①

냉대 기후는 겨울이 길고 여름이 짧다. 침엽수림으로 이루어진 숲이 있고, 나무를 이용한 통나무집을 만든다.

②·③·④ 열대 기후에 대한 설명이다.

19 정답 ④

사우디아라비아는 서남아시아에 있는 세계에서 석유 수출이 1위인 원유 생산 국가이다.

① 미국은 북아메리카 대륙에 있다.

② 일본의 수도는 도쿄이다.

20 정답 ①

독도는 우리나라 영토의 가장 동쪽에 있고, 동도와 서도로 이루어져 있다.

④ 제주도는 우리나라에서 가장 크며 인구가 많은 섬으로, 유네스코 세계 자연유산으로 등재되어 있다.

수학 2025년 제1회

기출문제				
01 ②	02 ③	03 ②	04 ③	05 ③
06 ④	07 ①	08 ②	09 ①	10 ④
11 ④	12 ④	13 ③	14 ①	15 ②
16 ④	17 ③	18 ②	19 ④	20 ①

01 정답 ②

① 506240에서 숫자 6은 천의 자리의 숫자이므로, 6000을 나타낸다.

② 624320에서 숫자 6은 십만의 자리의 숫자이므로, 600000을 나타낸다.

③ 753160에서 숫자 6은 십의 자리의 숫자이므로, 60을 나타낸다.

④ 984610에서 숫자 6은 백의 자리의 숫자이므로, 600을 나타낸다.

따라서 정답은 ②이다.

오답피하기

문제에서 밑줄 친 숫자 6이 나타내는 값을 물었으므로, 자릿값을 생각하며 읽어야 한다.

02 정답 ③

1550부터 10씩 뛰어 세기를 했으므로, 앞의 수에 계속하여 10을 더해주면 된다. 1560에 10을 더하면 1570이므로 빈칸 ㉠에 알맞은 수는 1570이다.

따라서 정답은 ③이다.

오답피하기

몇씩 뛰어 세기를 하는지 꼼꼼히 인지한 후 문제를 풀어야 한다.

03 정답 ②

주어진 막대그래프의 세로 눈금 한 칸의 크기는 2(명)를 뜻한다. 각 계절을 좋아하는 학생의 수를 구하면, 봄 4명, 여름 12명, 가을 6명, 겨울 2명이다. 학생들이 가장 많이 좋아하는 계절은 여름이므로 정답은 ②이다.

04 정답 ③

자연수의 혼합계산은 괄호를 가장 먼저 계산하고, 그 다음 곱셈과 나눗셈을 계산한 후 덧셈과 뺄셈 순으로 계산하여야 한다.

계산 순서를 번호로 나타내어 순서대로 계산하면 다음과 같다.

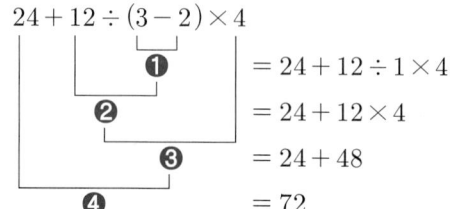

그러므로 가장 먼저 계산해야 하는 것은 괄호 안의 $3-2$이다.

따라서 정답은 ③이다.

> **┃참고 자연수의 혼합계산 순서**
> • 괄호 안 계산 → 나눗셈, 곱셈 → 덧셈, 뺄셈
> *같은 단계의 혼합계산만 존재한다면 앞에서부터 순서대로 풀어준다.

05 정답 ③

① 그림과 같이 쌓기나무 1개를 추가하면 ①의 모양을 만들 수 있다.

② 그림과 같이 쌓기나무 1개를 추가하면 보기 ②의 모양을 만들 수 있다.

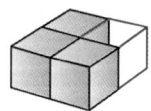

③ 쌓기나무 1개를 추가해도 ③의 모양을 만들 수 없다.

④ 그림과 같이 쌓기나무 1개를 추가하면 ④의 모양을 만들 수 있다.

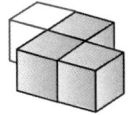

06 정답 ④

설탕과 소금의 무게의 합은 $\frac{1}{4}+\frac{1}{5}(\text{kg})$이다.

4와 5의 최소공배수는 20이므로 20으로 두 분수를 통분하여 더하면,

$$\frac{1}{4}+\frac{1}{5}=\frac{1\times5}{4\times5}+\frac{1\times4}{5\times4}$$
$$=\frac{5}{20}+\frac{4}{20}$$
$$=\frac{5+4}{20}$$
$$=\frac{9}{20}(\text{kg})$$

따라서 정답은 ④이다.

> **┃참고**
> 통분은 분수의 분모와 분자에 0이 아닌 같은 수를 곱하거나 나누어서 분모를 같게 해주는 것을 말한다.

07 정답 ①

막대 3.6m를 똑같이 3도막으로 나누었으므로, 한 도막의 길이는 3.6÷3과 같다.

$$3.6÷3=\frac{36}{10}÷3$$
$$=\frac{36÷3}{10}$$
$$=\frac{12}{10}=1.2(\text{m})$$

따라서 정답은 ①이다.

[다른 풀이]

막대 3.6m를 똑같이 3도막으로 나누었으므로, 한 도막의 길이는 3.6÷3과 같다.

3.6÷3=36÷30과 같으므로,

$$3.6÷3=36÷30$$
$$=\frac{36}{30}=\frac{12}{10}=1.2(\text{m})$$

따라서 정답은 ①이다.

> **┃참고 소수의 나눗셈**
> 소수의 나눗셈은 나누는 수와 나누어지는 수를 똑같이 10배 또는 100배하여 자연수의 나눗셈으로 바꾸어 계산할 수 있다.

08 정답 ②

초과는 기준이 되는 어떤 수보다 더 큰 수를 나타내며 기준이 되는 어떤 수를 포함하지 않는다. 또한 이하는 기준이 되는 어떤 수보다 작거나 같은 수를 나타내며 기준이 되는 어떤 수를 포함한다.

그러므로 수직선에 나타낸 수는 13보다 크고 17보다 작거나 같은 수이므로, 13 초과 17 이하로 나타낼 수 있다.

따라서 정답은 ②이다.

> **┃참고**
> 이상, 이하와 같이 해당 숫자까지 포함하는 범위를 나타낼 때에는 꽉 찬 동그라미를 사용하여 나타내고, 초과, 미만과 같이 해당 숫자를 포함하지 않는 범위를 나타낼 때에는 속이 빈 동그라미를 사용하여 수직선에 나타낸다.

09 정답 ①

한 직선을 따라 접어서 완전히 겹치는 도형을 선대칭도형이라 한다.

이때, 그 직선을 대칭축이라 하고 선대칭도형은 대칭축을 중심으로 바로 겹쳐지므로, 도형의 대칭축을 그리면 다음과 같다.

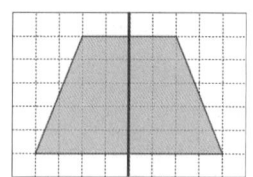

대칭축의 개수는 1개다.
따라서 정답은 ①이다.

10 정답 ④

사각뿔의 밑면과 만나는 면은 밑면의 4개의 변을 각각 공유하는 4개의 옆면이다. 그러므로 밑면과 만나는 면의 개수는 4개이다.
따라서 정답은 ④이다.

11 정답 ④

원기둥의 전개도에서 옆면의 가로는 밑면의 원의 둘레와 같고, 옆면의 세로의 길이는 높이와 같다. 그러므로 직사각형의 세로의 길이는 원기둥의 높이와 같다.
$\therefore \bigcirc = 5$
따라서 정답은 ④이다.

12 정답 ④

사각형의 네 각을 그림과 같이 잘라서 네 꼭짓점이 한 점에 모이도록 맞추면 바닥을 모두 채운다. 맞추어진 곳의 각도는 원을 한 바퀴 돈 것과 같은 $360°$이므로, 사각형의 네 각의 크기의 합은 $360°$이다.
따라서 정답은 ④이다.

13 정답 ③

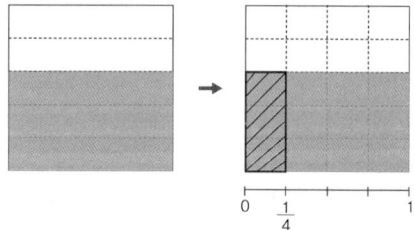

$\frac{3}{5} \div 4$는 $\frac{3}{5}$을 똑같이 4로 나눈 것 중의 하나이다.

이것은 $\frac{3}{5}$의 $\frac{1}{4}$이므로 $\frac{3}{5} \times \frac{1}{4} = \frac{3}{20}$이다.

그러므로 ㉠에 알맞은 수는 $\frac{1}{4}$이다.
따라서 정답은 ③이다.

14 정답 ①

정사각형의 넓이는 가로×세로이므로,
넓이$= 3 \times 3 = 9 (\text{cm}^2)$
따라서 정답은 ①이다.

> **▮참고**
>
> 다음 그림과 같이 모눈 한 칸(1cm^2)을 단위 넓이로 하여 한 변의 길이가 3cm인 정사각형의 넓이를 구해보면, 단위넓이가 9개 들어가므로 넓이는 9cm^2임을 알 수 있다.
>
>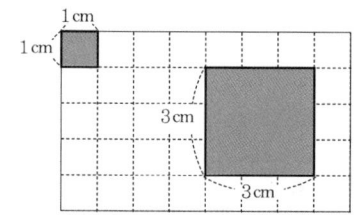

15 정답 ②

원주란 원의 둘레로 지름×원주율이다. 따라서 원주가 2배이면, 원의 지름 또한 2배이다.
원 (가)의 지름이 2cm이므로, 원 (나)의 지름은 4cm이다.
따라서 정답은 ②이다.

16 정답 ④

직육면체의 부피는 가로×세로×높이 또는 밑넓이×높이를 이용해서 구한다. 그림에서 주어진 직육면체의 밑넓이는 10cm^2이고, 부피는 50cm^3이므로,
$10 \times 높이 = 50$
$\therefore$ 높이가 5cm임을 알 수 있다.
따라서 정답은 ④이다.

17 정답 ③

표의 대응관계를 살펴보면,

$1 \times 8 = 8$

$2 \times 8 = 16$

$3 \times 8 = 24$

$4 \times 8 = 32$이므로

문어의 수와 문어 다리의 수의 관계는

(문어의 수)$\times 8 = $ (문어 다리의 수)임을 알 수 있다.

그러므로 문어의 수 □ 와 문어다리의 수 △ 의 관계식은

□ $\times 8 = △$ 이다.

따라서 정답은 ③이다.

18 정답 ②

비례배분이란 전체를 주어진 비로 배분하는 것을 말한다. 비례배분을 할 때에는 주어진 비의 전항과 후항의 합을 분모로 하는 분수의 비로 고쳐서 계산하면 편리하다.

사과 9개를 2 : 1로 비례배분 하려면, 전항과 후항의 합인 $2 + 1 = 3$을 분모로 하여 계산한다.

형의 사과 $= 9 \times \dfrac{2}{1+2} = 9 \times \dfrac{2}{3} = 6\,(개)$

동생의 사과 $= 9 \times \dfrac{1}{1+2} = 9 \times \dfrac{1}{3} = 3\,(개)$

그러므로 ㉠에 알맞은 수는 3이다.

따라서 정답은 ②이다.

▌참고

■를 가 : 나 = ★ : ●로 비례배분하는 방법

가 $= ■ \times \dfrac{★}{★ + ●}$ 나 $= ■ \times \dfrac{●}{★ + ●}$

---

19 정답 ④

학생이 4회 동안 기록한 점수의 평균 점수는

(4회의 점수의 총합)$\div 4$로 계산할 수 있다.

$$평균 = (8 + 10 + 6 + 8) \div 4$$
$$= 32 \div 4 = 8\,(섬)$$

따라서 정답은 ④이다.

20 정답 ①

띠그래프를 보면 사과를 좋아하는 학생은 전체의 60%, 포도를 좋아하는 학생은 전체의 15%임을 알 수 있다.

이때, 사과를 좋아하는 학생의 수가 60명이므로,

전체의 60%$=$ 60명이다.

그러므로 전체의 1%는 1명임을 알 수 있다.

포도를 좋아하는 학생 수는 전체의 15%이므로,

15명이다.

따라서 정답은 ①이다.

[다른 풀이]

전체 학생 수의 60%가 사과를 좋아하는 학생 수인 60명이므로,

전체 학생 수$\times \dfrac{60}{100} = 60$

전체 학생 수는 100명이다.

이때, 포도를 좋아하는 학생은 전체의 15%이므로,

$100 \times \dfrac{15}{100} = 15\,(명)$

따라서 정답은 ①이다.

과학 2025년 제1회

기출문제

01 ①	02 ①	03 ④	04 ①	05 ④
06 ④	07 ③	08 ①	09 ③	10 ②
11 ②	12 ③	13 ①	14 ④	15 ③
16 ③	17 ④	18 ②	19 ②	20 ④

01 정답 ①
볼록 렌즈는 가운데 부분이 가장자리 부분보다 두꺼운 모양의 렌즈로, 가까이 있는 물체는 크고 똑바로 보이지만 멀리 있는 물체는 작고 거꾸로 보인다. 돋보기, 루페, 망원경 등에 이용된다.

02 정답 ①
균류에 속하는 버섯은 광합성을 못 하고 포자로 번식한다. 균사로 이루어져 있으며, 따뜻하거나 축축한 곳에서 잘 자란다.

03 정답 ④
액체 상태인 물이 고체인 얼음으로 변한 것은 눈, 서리, 냉장고 속에 생긴 성에, 고드름 등이 해당한다.
• 액체 상태의 물 : 물, 물을 끓일 때 나오는 하얀색 김, 안개, 이슬
• 기체 상태의 물 : 수증기(색깔과 냄새가 없어 눈으로 볼 수 없음)

04 정답 ①
물체의 빠르기를 비교하는 방법은 두 가지이다.
• 일정한 시간에 이동 : 이동한 거리가 길수록 빠르다.
• 일정한 거리를 이동 : 시간이 적게 걸릴수록 빠르다.
문제에서는 일정한 시간에 이동한 거리를 나타냈으므로 이동 거리가 가장 긴 (가) 학생이 가장 빠르다.

05 정답 ④
이산화 탄소는 석회수를 뿌옇게 만드는 기체로 색과 냄새가 없는 것이 특징이다. 또한, 물질이 타는 것을 막아 소화기에 이용된다.

06 정답 ④
저울에 물체를 올려놓았을 때 숫자가 큰 물체의 무게가 무겁다.

07 정답 ③
화석은 옛날에 살았던 동식물의 몸체나 흔적이 암석이나 지층 속에 남아 있는 것을 말한다. 물고기의 몸체가 남아있는 것은 물고기 화석이다.

08 정답 ①
습도는 공기 중에 수증기가 포함된 정도로, 빨래는 습도가 낮을 때 잘 마른다.

09 정답 ③
콩팥은 등허리 쪽에 쌍으로 존재하는 배설 기관으로 혈액 속 노폐물을 걸러 오줌을 만든다.

오답피하기

간, 위, 작은창자는 모두 음식물을 잘게 쪼개어 우리 몸에 흡수될 수 있는 영양소 형태로 분해하는 소화에 관여하는 소화 기관이다.

10 정답 ②
지구의 공전은 지구가 태양을 중심으로 1년에 한 바퀴씩 서쪽에서 동쪽으로 회전하는 운동을 말한다. 지구의 공전으로 계절이 생기며, 계절에 따라 보이는 별자리의 종류가 다르다.

11 정답 ②
전구의 병렬연결이란 전기 회로에서 전선을 둘로 나누어 각각에 전구를 연결하는 방법이다.

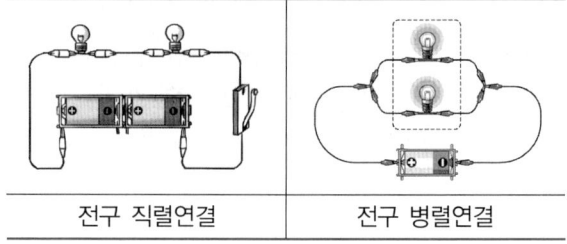

전구 직렬연결	전구 병렬연결

12 정답 ③

증산 작용은 뿌리에서 흡수한 물의 일부가 잎의 표면에 있는 기공을 통해 식물 밖으로 빠져나가는 것이다.

13 정답 ①

빛의 굴절은 빛이 한 물질에서 나아가다가 다른 물질을 만날 때 물질의 경계면에서 방향을 바꾸어 빛이 꺾이는 현상을 말한다.

14 정답 ④

용해는 설탕이 물에 녹는 것처럼 어떤 물질이 다른 물질에 녹아 골고루 섞이는 현상을 말한다. 이때 설탕과 같이 녹는 물질을 용질, 물과 같이 녹이는 물질을 용매라고 한다.

15 정답 ③

북극성은 일 년 내내 북쪽 하늘에서 볼 수 있는 별자리로 북두칠성이나 카시오페이아를 이용해 찾을 수 있다.

▌참고 북극성 찾기

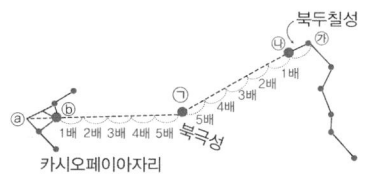

- 카시오페이아 방향으로 북두칠성의 ㉮ − ㉯ 거리의 5배가 되는 곳에 위치한다.
- 북두칠성 방향으로 카시오페이아의 ⓐ − ⓑ 거리의 5배가 되는 곳에 위치한다.

16 정답 ③

봉선화는 열매껍질이 터지면서 씨앗이 퍼지는 식물이다. 식물에 따라 씨가 퍼지는 방법은 다양하다.

씨가 퍼지는 방법	식물의 예
갈고리 모양의 가시가 있어 동물의 털이나 사람의 옷에 붙어서 퍼진다.	우엉, 도꼬마리, 도깨비바늘
씨에 날개나 솜털 등이 달려 있어 바람에 날려서 퍼진다.	민들레, 버드나무, 단풍나무
동물에게 먹혀서 퍼진다.	포도, 참외, 사과나무, 머루
씨가 물에 실려서 퍼진다.	야자나무, 연꽃

17 정답 ④

페놀프탈레인은 용액의 성질에 따라 색이 변하는 지시약으로 빨랫비누 물과 같은 염기성 물질을 만났을 때 붉은색으로 변한다.

구분		특징
산성	식초, 레몬즙, 사이다, 묽은 염산	• 푸른색 리트머스 종이 : 붉은색 • 페놀프탈레인 용액 : 무색 • 붉은 양배추 지시약 : 붉은색
염기성	유리 세정제, 빨랫비누 물, 석회수, 묽은 수산화 나트륨 용액	• 붉은색 리트머스 종이 : 푸른색 • 페놀프탈레인 용액 : 붉은색 • 붉은 양배추 지시약 : 푸른색이나 노란색

18 정답 ②

여름은 태양의 남중 고도가 높아 낮의 길이가 가장 길고 기온이 높다. 겨울은 남중 고도가 낮아 낮의 길이가 가장 짧고, 기온이 낮다.

19 정답 ②

먹이 사슬은 생물 사이의 먹고 먹히는 관계가 사슬처럼 연결된 것을 말한다. 1차 소비자인 메뚜기에게 먹히는 것은 생산자로 벼가 해당한다.

20 정답 ④

태양계는 태양의 영향이 미치는 공간과 그 공간에 있는 모든 천체를 이른다. 태양을 비롯하여 행성, 위성, 소행성, 혜성 등이 포함된다.

도덕 2025년 제1회

기출문제

01 ③	02 ④	03 ①	04 ④	05 ③
06 ①	07 ②	08 ①	09 ②	10 ②
11 ②	12 ③	13 ④	14 ②	15 ④
16 ③	17 ②	18 ④	19 ①	20 ④

01 정답 ③

모두가 함께 사용하는 공공장소에서 큰 소리로 떠들거나 이야기하는 것은 예절에 어긋나는 행동이다.

02 정답 ④

협동은 서로 마음과 힘을 하나로 합하는 것으로 우리 조상들의 두레 활동을 통해 배울 수 있는 덕목이다.

03 정답 ①

우리는 도덕적인 삶을 살기 위한 힘을 기르기 위해 도덕을 공부한다. 나의 이익만을 생각하는 것은 도덕적인 삶을 위한 태도라고 볼 수 없다.

04 정답 ④

정직은 거짓이나 꾸밈없이 바른 것이다. 거짓말을 하거나 주인이 있는 물건을 함부로 가지는 것, 친구의 숙제를 몰래 베끼는 것은 정직하지 못한 행동이다.

05 정답 ③

감정과 욕구가 마음속에서 일어날 때 이를 어떻게 생각하고 어떤 판단과 선택을 하느냐는 매우 중요하다. 나의 삶을 바람직하게 이끌어 가기 위해 부정적인 감정과 욕구를 극복할 수 있어야 한다.

06 정답 ①

자주적인 생활을 실천하기 위해서는 적극적인 생활 태도, 노력, 열정, 도덕적인 마음, 실천 의지 등이 필요하다.

07 정답 ②

긍정적인 생활을 하기 위해서는 자신을 소중히 여기고 자신의 발전을 위해 노력할 수 있어야 한다.
①·③·④ 나를 소중히 여기는 방법과 거리가 멀다.

08 정답 ①

사이버 공간에서는 상대방의 입장에서 생각하고 마음을 헤아릴 줄 아는 배려가 필요하다. 또한, 글을 쓰거나 댓글을 달 때는 내가 전달하는 정보와 이야기에 책임을 지는 마음으로 써야 한다.

09 정답 ②

도덕적 성찰 방법에는 성찰 일기 쓰기, 속담 또는 격언 활용하기, 성찰 모음집 만들기, 좌우명 실천하기 등이 있다.

10 정답 ②

만약 운동 경기 중에 심판이 공정하지 못한 판정을 한다면 사람들은 심판의 판정을 신뢰하지 못하게 될 것이다.

11 정답 ②

아름다운 사람이 되기 위해서는 도덕적인 삶을 살기 위한 노력이 필요하다. 쓰레기를 함부로 버리는 행동은 아름다운 사람의 행동이라고 볼 수 없다.

12 정답 ③

지구촌 이웃을 도우려는 마음가짐에는 인류애, 함께 한다는 마음, 평화를 사랑하고 협력하여 문제를 해결하고자 하는 마음이 필요하다.

13 정답 ④

통일 이후 남북한 주민 사이의 갈등을 해결하기 위해 다양성을 인정하고 서로 존중하고 배려하는 노력이 필요하다. 따라서 ㄱ, ㄴ은 거리가 멀다.

14 정답 ②

노벨은 자신의 삶을 도덕적으로 바라보고 바람직한 삶을 살기 위해 성찰하는 자세를 가졌다.

15 정답 ④

저작물을 창작한 저작자의 권리를 보호하기 위해 그가 창작한 저작물을 사용할 때는 정당한 대가를 지불해야 한다.

16 정답 ③

봉사는 함께한다는 마음으로 대가를 바라지 말고 자발적으로 해야 한다. 또한, 시간과 노력을 들여 지속적으로 해야 한다.

17 정답 ②

문제를 긍정적으로 해결하기 위해서는 긍정적인 마음과 자세를 바탕으로 자신을 믿고 스스로 해결하려고 노력해야 한다.

18 정답 ④

공감은 다른 사람의 감정을 함께 느끼는 것으로 다른 사람의 고통과 행복에 공감하면서 입장을 이해할 수 있게 한다.

19 정답 ①

자신의 인권을 인정받으며 다른 사람에게 존중받아야 하고, 마찬가지로 다른 사람을 존중해야 한다. ①은 인권 규칙과 거리가 멀다.

20 정답 ④

인간이 자연을 필요에 따라 무분별하게 이용하고 개발한 결과 생태계가 파괴되는 환경 파괴 문제가 나타나게 되었다.

실과 2025년 제1회

기출문제

01 ③	02 ③	03 ②	04 ④	05 ④
06 ④	07 ①	08 ③	09 ③	10 ①
11 ②	12 ②	13 ①	14 ④	15 ②
16 ②	17 ④	18 ④	19 ③	20 ②

01 정답 ③

올바른 식사 예절로 '어른이 먼저 숟가락 든 다음에 식사를 시작한다. 음식을 씹을 때에는 입을 다물고, 소리를 내며 먹지 않는다. 음식을 뒤적거리거나 좋아하는 반찬만 골라서 먹지 않는다. 숟가락과 젓가락을 함께 들지 말고 그릇에 걸쳐놓지 않는다. 식사 전에는 반드시 손을 씻고 자세를 단정히 한다. 식사 중에 재채기가 나올 때에는 고개를 돌려 입을 가려서 한다. 다른 사람이 식사에 방해가 되지 않도록 조용히 음식을 먹는다. 음식을 깨끗이 먹고 남기지 않는다.' 등이 있다. 따라서 ㄴ, ㄷ이 배려하는 식사 예절로 적절하다.

02 정답 ③

옷의 기능
- 체온 유지 기능 : 모자, 목도리, 장갑, 속옷
- 피부 청결 기능 : 속옷
- 신체 보호 기능 : 소방복, 우주복, 헬멧
- 능률 향상 기능 : 운동복, 작업복
- 예의 표현 기능 : 정장, 한복, 넥타이
- 개성 표현 기능 : 모자, 장신구
- 직업 표현 기능 : 경찰복, 군복, 교복

03 정답 ②

옷 보관 방법으로 '구겨지기 쉬운 옷은 옷걸이에 걸어 둔다. 구김이 잘 가지 않는 옷은 반듯하게 개어 보관한다. 자주 입는 옷은 손이 쉽게 닿는 곳에 둔다. 속옷이나 양말 등은 잘 개어서 서랍에 보관한다. 오랫동안 보관할 옷은 깨끗하게 세탁하여 잘 말린 후 보관함에 넣는다.' 등이 있다.

04 정답 ④

동물 돌보기 방법 중 질병 관리는 예방 접종을 하고, 정기적으로 기생충 약 등을 먹이는 것이다. 또한 병에 걸리면 즉시 동물 병원에 데리고 가야 한다.

오답피하기

② 먹이 주기는 새끼 때에는 하루에 3~4회 먹이를 주고, 성장하면서 양을 늘리고 횟수를 줄인다.
③ 배변 훈련 중 하나는 배변판 등으로 애완견의 생활환경을 꾸며 주는 것이다.

05 정답 ④

제어 장치는 로봇을 통제하는 장치이다.

오답피하기

③ 기계를 움직이는 장치이다.

06 정답 ④

일자형 플라스틱 빨대를 구부러지는 플라스틱 빨대로 변경하는 것은 모양 바꾸기 기법에 해당한다.

오답피하기

① 더하기 기법은 물건이나 기능을 더하여 새로운 물건을 만드는 발명 기법이다.
② 빼기 기법은 물건의 구성이나 기능 중 일부를 없앰으로써 사용하기 편리한 물건을 만드는 발명 기법이다.
③ 반대로 하기 기법은 이미 발명된 제품의 모양이나 크기, 방향, 성질 등을 반대로 하는 발명 기법이다.

07 정답 ①

두 개의 대바늘을 사용하여 모자, 장갑, 목도리, 옷 등을 만든다.

오답피하기

① 가위는 천, 실 등을 자를 때 사용한다.

08 정답 ③

개인 정보를 보호하는 방법으로 '아이디와 비밀번호는 자신만 알고 있어야 한다. 출처가 분명하지 않은 자료는 내려받지 않는다. 검증되지 않은 사이트에 개인 정보를 올리지 않는다. 비빌번호는 주기적으로 변경한다.' 등이 있다.

09 정답 ③

자전거의 구성 요소 중 공기압이 적당한지 살펴보고, 부족하면 적절한 양의 공기를 넣는 것은 타이어이다.

오답피하기

① 체인을 통해 바퀴에 동력을 전달한다.
② 핸들은 방향을 조정하는 조향 장치이다.
④ 브레이크 패드는 자전거 속도를 줄이거나 멈추는 제동 장치이다.

10 정답 ①

유리병은 동식물 자원에 해당하지 않는다. 유리병류를 배출할 때는 뚜껑을 분리하고 내용물을 비운 다음 색깔별로 모아 배출한다.

11 정답 ②

가족은 결혼, 혈연, 입양 등으로 맺어진 공동체이다. 입양 가족은 입양을 통하여 이루어진 가족이다.

오답피하기

① 1인 가족은 결혼하지 않았거나, 이혼, 배우자의 사망 등으로 홀로 된 가족이다.

12 정답 ②

아동기에는 남자와 여자의 신체적 발달 차이가 크게 난다. 키가 커지고 몸무게가 늘어나는 것은 신체적 발달에 해당한다.

오답피하기

① 사회적 발달에서는 친구와의 관계가 형성되고 소통 능력이 발달한다.
③ 인지적 발달에서는 추상적 능력이 발달한다.

13 정답 ①

가스 사용 후에는 밸브를 잠가야 한다.

오답피하기

② 젖은 손으로 전기 제품의 플러그를 만지면 안 된다.

③ 계단을 이용할 때는 계단 손잡이를 잡아야 한다.

④ 횡단보도를 이용할 때는 휴대 전화를 사용하지 않아야 한다.

14 정답 ④

용돈 기입장 작성 요령은 다음과 같다. 날짜별로, 차례로 작성한다. 들어온 돈은 수입 칸에, 나간 돈은 지출 칸에 기록한다. 이번 달에 남은 돈은 다음 달로 넘긴다. 들어오고 나간 내용을 내용 칸에 적는다. 이번 달에 지출한 금액과 다음 달로 넘기는 금액의 합은 이번 달의 수입 금액과 같아야 한다.

15 정답 ②

딸기와 같은 과일류는 제철에 나는 것으로, 상처가 없고 색과 향이 좋은 것을 선택한다.

오답피하기

④ 고등어와 같은 생선은 눈알이 맑고 아가미가 붉은 색이며 비늘이 빠지지 않고 깨끗한 것을 선택한다.

16 정답 ②

식용 작물은 식량으로 쓰기 위해 주로 논과 밭에서 키우는 작물이다. 벼, 밀, 옥수수, 감자 등이 대표적이다.

오답피하기

③ 약용 작물은 식물 중에 약효를 지닌 것이다.

④ 원예 작물의 종류에는 채소류, 과수류, 화훼류 등이 있다.

17 정답 ④

컴퓨터를 통제하거나 컴퓨터에 명령을 내려서 작업을 수행하게 하는 프로그램을 소프트웨어라 한다. 하드웨어가 신체의 역할을 한다면, 소프트웨어는 두뇌와 같은 역할을 한다.

오답피하기

① 마우스는 컴퓨터와 사용자를 연결해 주는 장치이다.

② 모니터는 컴퓨터에서 처리한 결과물을 보여주는 장치이다.

③ 스피커는 전기신호를 소리로 변환해 주는 장치이다.

18 정답 ④

정부나 공인 기관에서 안전하고 위생적으로 생산된 식품에 부여하는 표시를 식품 인증 표시라 한다.

오답피하기

① · ③ 원재료명, 유통 기한은 식품 표시 제도로 확인 가능하다.

19 정답 ③

㉠ 사람들이 입는 옷을 디자인하는 직업은 패션 디자이너이다.

㉡ 자동차를 검사하고 정비하는 직업은 자동차 정비사이다.

20 정답 ②

소리에 로봇이 반응하는 것은 소리 센서의 기능이다.

오답피하기

① 빛 센서는 빛의 변화를 감지해 주는 센서이다.

③ 기울기 센서는 기울어진 정도를 감지해 주는 센서이다.

④ 적외선 센서는 적외선을 이용해 온도, 압력 등을 감지하는 센서이다.

합격예감

초졸 검정고시

2024
제 2 회

기출을 보면 합격이 보인다!

기출문제

- ✓ 국어
- ✓ 사회
- ✓ 수학
- ✓ 과학
- ✓ 도덕
- ✓ 실과

합격예감ㄱ
ㄴ

초졸 검정고시

기출문제집

2024
제2회
국어

01 다음 대화에서 재원이가 고쳐야 할 점으로 알맞은 것은?

① 책을 읽으면서 이야기를 들은 것
② 외국어를 지나치게 많이 사용한 것
③ 나와 다른 의견을 존중하지 않은 것
④ 친구의 말을 귀 기울여 듣지 않은 것

02 밑줄 친 부분의 의미로 가장 적절한 것은?

> 기다리던 올림픽이 드디어 <u>막을 열었다.</u>

① 행사를 시작하다.
② 사이가 벌어지다.
③ 아는 사람이 많다.
④ 기뻐하고 만족하다.

[3~4] 다음 글을 읽고 물음에 답하시오.

> 민성이는 여름 방학이 되어 가족들과 함께 해수욕장으로 휴가를 떠났다. 가족들과 신나게 물놀이를 하고 나왔는데 민성이가 가져온 가방이 보이지 않았다.

03 윗글 다음에 이어질 내용으로 가장 적절한 것은?

① 가족들이 함께 민성이의 가방을 찾았다.
② 가족들이 여행을 위해 공항으로 출발하였다.
③ 민성이가 물놀이를 위해 준비 운동을 하였다.
④ 소방대원들이 출동하여 산불이 번지는 것을 막았다.

04 윗글의 공간적 배경으로 알맞은 것은?

① 일요일   ② 해수욕장
③ 여름 방학   ④ 할머니 댁

05 다음 상황에서 활용 가능한 매체 자료는?

> 우리 동네 음식점을 조사하여 소개하는 글을 쓰려는 상황

① 직업 선호도 그래프
② 우리 동네 음식점 지도
③ 우리 반 학예회 동영상
④ 우리 학교의 옛날 사진

06 자료의 적절성을 판단하는 방법으로 알맞은 것은?

① 인터넷 자료는 모두 신뢰한다.
② 자료의 출처는 확인하지 않는다.
③ 글의 내용과 관련 있는지 살펴본다.
④ 전문가보다는 친구의 의견을 더 믿는다.

07 다음 낱말들을 모두 포함하는 것은?

> 떡볶이, 만두, 비빔밥, 갈비탕

① 동물　　　　　② 운동
③ 음식　　　　　④ 학용품

08 ㉠~㉣ 중 사실만 나타낸 문장은?

> ㉠ 상설 전시실 바로 위에는 '한글 놀이터'와 '한글 배움터'가 있었다. ㉡ 체험과 놀이를 하면서 한글을 이해하도록 만들어졌다는 점이 흥미로웠다. ㉢ 박물관을 관람하면서 책과 화면으로만 봤던 한글 유물을 직접 볼 수 있어서 신기했다. ㉣ 이번 관람으로 국어 시간에 배웠던 한글을 더 생생하게 배우는 소중한 기회를 얻어서 무척 뿌듯했다.

① ㉠　　　　　② ㉡
③ ㉢　　　　　④ ㉣

09 다음 글을 요약한 내용으로 가장 적절한 것은?

> 동물들이 소리를 내는 방식은 다양하다. 개나 닭은 사람처럼 성대를 울려 소리를 낸다. 귀뚜라미는 날개를 비벼 소리를 낸다. 방울뱀은 꼬리를 흔들어 소리를 낸다. 이처럼 동물들은 저마다의 방식으로 소리를 낸다.

① 사람들은 다양한 반려 동물을 기른다.
② 동물들이 소리를 내는 방식은 다양하다.
③ 동물들은 서로 다른 모양의 집을 짓는다.
④ 물고기는 몸속에 있는 부레로 소리를 낸다.

10 다음 중 친구와 대화할 때의 태도로 가장 바람직한 것은?

① 친구의 표정을 살피지 않는다.
② 친구가 처한 상황을 고려하여 말한다.
③ 어떤 상황에서도 커다란 목소리로 말한다.
④ 할 말이 있으면 친구가 말하는 중에 끼어든다.

11 다음과 같은 글에 대한 설명으로 가장 적절한 것은?

> 나는 제주도에 도착해 택시를 타고 맨 처음 성산 일출봉으로 향했다. 멀리 보이는 성산 일출봉은 가파른 절벽이 바다와 맞닿아 있었다. 일출봉의 서쪽으로는 돌기둥이 보였다. 택시 기사님의 실감 나는 설명이 곁들여지니 성산 일출봉이 더욱 신비롭게 느껴졌다.

① 상상한 것을 표현한 글
② 운율을 살려 짧게 쓴 글
③ 여행하면서 체험한 것을 쓴 글
④ 글을 읽고 자신의 생각이나 느낌을 쓴 글

[12~13] 다음 글을 읽고 물음에 답하시오.

우리는 ⟨ ㉠ ⟩ 첫째, 숲이 없으면 홍수와 산사태가 발생하기 쉽다. 둘째, 숲이 파괴되면 동물들은 삶의 터전을 잃게 된다. 셋째, ⟨ ㉡ ⟩

12 ㉠에 들어갈 말로 알맞은 것은?

① 숲을 보호해야 한다.
② 고운 말을 써야 한다.
③ 관광지를 개발해야 한다.
④ 교통 규칙을 지켜야 한다.

13 ㉡에 들어갈 근거로 알맞은 것은?

① 독서는 공부에 도움을 준다.
② 달리기는 건강에 도움이 된다.
③ 숲은 공기를 깨끗하게 해 준다.
④ 음식을 골고루 먹으면 건강해진다.

14 다음 광고에서 전하려는 내용으로 알맞은 것은?

먹는 데 10분
소화시키는 데 100년?

일회용 용기,
썩는 데는 **100년** 이상 걸립니다.
일회용품 사용을 줄이는 것이
환경을 살리는 길입니다.

① 마스크를 잘 쓰자.
② 손을 깨끗하게 씻자.
③ 음식을 남기지 말자.
④ 일회용품 사용을 줄이자.

15 다음 시에서 '뻥튀기가 날리는 모습'을 표현한 것으로 알맞지 <u>않은</u> 것은?

뻥튀기

고일

"뻥이요, 뻥!"

봄날 꽃잎이 흩날리는 것처럼 아름답게 보였습니다.
아니야, 아니야, 나비가 날아갑니다.
아니야, 아니야, 함박눈이 내리는 거야.

맞아요, 맞아요, 폭죽입니다.

하얀 연기 고소하고요.

가을날 메밀꽃 냄새가 납니다.
아니야, 아니야, 새우 냄새가 납니다.
아니야, 아니야, 멍멍이 냄새가 납니다.

맞아요, 맞아요, 옥수수 냄새입니다.

① 나비가 날아가는 모습
② 낙엽이 떨어지는 모습
③ 함박눈이 내리는 모습
④ 봄날 꽃잎이 흩날리는 모습

16 ㉠~㉣ 중 문장 성분의 호응 관계가 바르지 <u>않은</u> 것은?

> ㉠ <u>나는 어제 가족들과 함께 놀이터에 갔다</u>. 나는 동생과 공놀이를 했다. 내가 장난으로 던진 공이 동생 쪽으로 날아갔다. ㉡ <u>동생이 공에 맞았다</u>. 하마터면 동생이 크게 다칠 뻔했다. ㉢ <u>아버지께서 나를 꾸짖으셨다</u>. 앞으로는 ㉣ <u>절대 위험하게 놀아야겠다</u>.

① ㉠   ② ㉡

③ ㉢   ④ ㉣

17 밑줄 친 낱말 중 의미가 <u>다른</u> 것은?

① 수건을 반으로 <u>접어</u> 정리했다.

② 읽던 페이지를 <u>접고</u> 책을 덮었다.

③ 신문을 <u>접어</u> 책상 위에 올려 두었다.

④ 이겨야겠다는 마음을 <u>접고</u> 최선을 다했다.

18 다음 대화에서 의사소통이 잘 이루어지지 <u>않은</u> 까닭은?

아빠, 이번 생선은 뭐예요?

생선이라니?

생일 선물요.

아. 그래?

① 높임말을 사용해서

② 비속어를 사용해서

③ 외국어를 사용해서

④ 줄임말을 사용해서

19 다음 글에서 '마타이'가 가장 중요하게 생각한 것은?

> 황폐해진 케냐의 마을 풍경을 보고 깜짝 놀란 마타이는 나무 심기 운동을 벌였다. 나무 심기에만 열중하는 마타이에게 주위 사람들이 나무 심기를 그만두라고 했다. 하지만 마타이는 나무를 심고 키우는 것이 환경을 보호하는 가장 좋은 방법이라고 생각했다. 그래서 마타이는 노년에도 나무 심기 운동에 앞장섰다.

① 돈   ② 건강

③ 환경   ④ 자존심

20 ㉠~㉣ 중 해설에 해당하지 <u>않는</u> 것은?

> **토끼의 재판**
> • ㉠ 때 : 옛날 옛적, 호랑이 담배 피우던 때
> • 곳 : 산속
> • ㉡ 등장인물 : 호랑이, 사냥꾼 1, 사냥꾼 2, 나그네
>   ㉢ <u>막이 열리면 산속 외딴길에 나무가 한 그루 서 있다. 커다란 호랑이를 넣은 궤짝이 놓여 있고, 나무 밑에서 사냥꾼들이 땀을 씻으며 이야기를 하고 있다.</u>
>
> 사냥꾼 1 : ㉣ <u>여보게, 목이 마른데 근처에 샘이 없을까?</u>
> 사냥꾼 2 : 나도 목이 마른데 같이 찾아볼까?

① ㉠   ② ㉡

③ ㉢   ④ ㉣

2024 제2회 사회

01 다음에서 땅의 높이가 가장 높은 곳은?

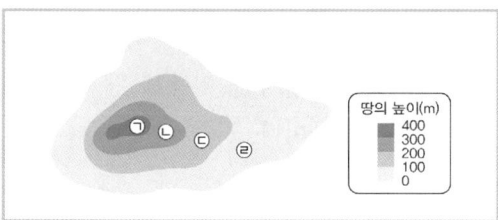

① ㉠
② ㉡
③ ㉢
④ ㉣

02 다음에서 설명하는 공공 기관은?

책을 빌려주고 공부할 수 있는 장소를 제공해요.

① 도서관
② 보건소
③ 소방서
④ 시·도청

03 다음 대화와 관련 있는 사회 문제는?

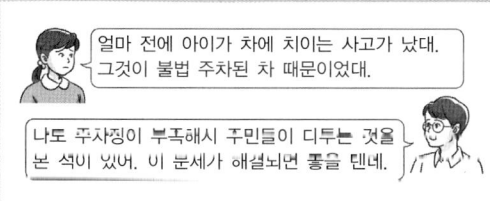

얼마 전에 아이가 차에 치이는 사고가 났대. 그것이 불법 주차된 차 때문이었대.

나도 주차장이 부족해서 주민들이 다투는 것을 본 적이 있어. 이 문제가 해결되면 좋을 텐데.

① 주차 문제
② 환경 문제
③ 주택 부족 문제
④ 층간 소음 문제

04 다음에서 설명하는 것은?

- 지식과 정보가 사회의 중요한 자원이 되는 현상이다.
- 휴대 전화나 인터넷 등을 이용하여 언제 어디서나 쉽고 빠르게 정보를 얻고, 다른 사람들과 소통할 수 있다.

① 고령화
② 다문화
③ 저출산
④ 정보화

05 다음에서 설명하는 지형은?

- 바다와 맞닿은 육지 부분이다.
- 갯벌이 나타나거나 모래사장이 있는 곳도 있다.

① 논
② 산지
③ 하천
④ 해안

06 ㉠에 들어갈 자연재해의 종류는?

자연재해 보고서	
종류	㉠
정의	비가 많이 내리면서 하천이 흘러넘쳐 도로나 건물 등이 잠기는 재해
발생 시기	주로 비가 많이 오는 여름철
원인	집중 호우나 지속되는 비로 인해 발생

① 가뭄
② 한파
③ 홍수
④ 황사

07 다음 대화에서 설명하는 의무는?

환경을 지키는 활동에 참여해요.

모든 국민, 기업, 국가는 환경을 보전하려고 노력해야 해요.

① 국방의 의무　② 근로의 의무
③ 납세의 의무　④ 환경 보전의 의무

08 다음에서 설명하는 나라는?

> • 온조가 한강 유역에 세운 나라다.
> • 근초고왕 때 고구려를 공격하여 북쪽으로 영토를 넓혔다.

① 가야　　② 백제
③ 신라　　④ 조선

09 ㉠에 들어갈 문화유산은?

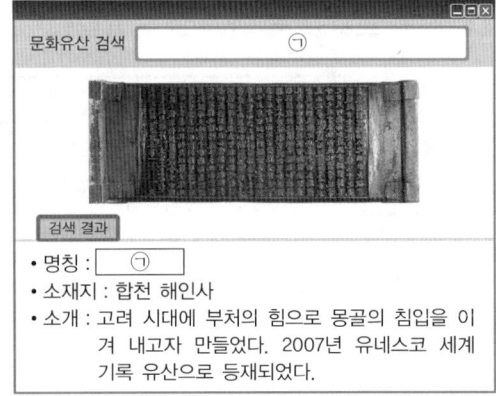

문화유산 검색　㉠

검색 결과

• 명칭 : ㉠
• 소재지 : 합천 해인사
• 소개 : 고려 시대에 부처의 힘으로 몽골의 침입을 이겨 내고자 만들었다. 2007년 유네스코 세계 기록 유산으로 등재되었다.

① 난중일기　　② 훈민정음
③ 팔만대장경판　④ 황룡사 구층 목탑

10 측우기에 대한 설명으로 옳은 것은?

① 비의 양을 측정하는 기구이다.
② 해와 달, 별을 관측하는 기구이다.
③ 스스로 종을 울려 시각을 알려 주는 기구이다.
④ 해의 그림자를 이용해 시각을 알려 주는 기구이다.

11 다음에서 설명하는 조선 후기 서민 문화는?

> • 대체로 작가가 알려지지 않은 그림이다.
> • 장수, 성공 등 서민들의 소망을 담았다.

① 민화　　② 탈놀이
③ 판소리　④ 한글 소설

12 다음에서 설명하는 인물은?

> • 평민 출신 의병장이다.
> • 뛰어난 전술로 '태백산 호랑이'라고 불렸다.
> • 경상도와 강원도 일대에서 일본군을 무찔렀다.

① 김정호　　② 신돌석
③ 유관순　　④ 명성 황후

13 다음에서 설명하는 사건은?

> • 배경 : 전두환을 중심으로 일부 군인들이 정변을 일으켜 권력을 장악했다.
> • 과정 : 광주에서 대규모 민주화 시위가 일어났다.
> • 결과 : 계엄군에 의하여 강제 진압되었으나 우리나라 민주화 운동의 밑바탕이 되었다.

① 갑오개혁　　　② 병자호란
③ 3 · 1 운동　　④ 5 · 18 민주화 운동

14 다음에서 설명하는 기관은?

> • 법률이 헌법에 어긋나지 않는지 판단하고 결정한다.
> • 국가 기관이 국민의 기본권을 침해했는지 판단한다.

① 국회　　　　② 경찰서
③ 행정부　　　④ 헌법 재판소

15 빈부 격차 해결을 위한 노력으로 가장 적절한 것은?

① 기업에서 친환경 제품을 생산하도록 지원한다.
② 저소득층을 위한 다양한 제도와 정책을 마련한다.
③ 태양광 에너지 같은 신재생 에너지 사용을 권장한다.
④ 일회용품 사용을 줄이는 등 환경 보호 캠페인을 한다.

16 ㉠에 들어갈 나라는?

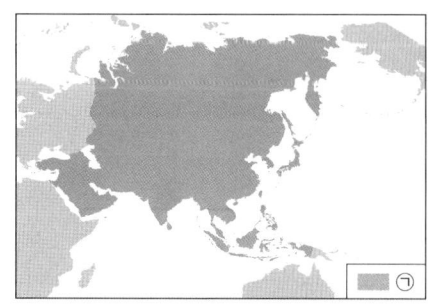

〈우리나라의 나라별 수출액 비율〉

기타 34.3 / 중국 34.9 / 수출액 (단위 : %) / 미국 14.9 / 인도 2.4 / 일본 4.7 / 베트남 8.8
(한국 무역 협회, 2022)

그래프에서 우리나라의 나라별 수출액 비율은 중국, ㉠ , 베트남 순으로 높다.

① 네팔　　　　② 독일
③ 미국　　　　④ 헝가리

17 ㉠ 대륙에 위치하지 않는 나라는?

① 몽골　　　　② 페루
③ 베트남　　　④ 대한민국

18 ㉠에 해당하는 기후로 가장 적절한 것은?

> 주제 : ㉠ 의 특징
> • 얼음과 눈으로 덮인 곳이 많다.
> • 주로 남극과 북극 주변의 고위도 지역에 나타난다.
> • 기온이 계속 영하인 곳도 있고, 기온이 올라가면서 이끼가 자라는 곳도 있다.

① 건조 기후　　② 열대 기후
③ 온대 기후　　④ 한대 기후

19 다음 편지에서 설명하는 나라는?

> □□에게
>
> □□야. 나는 가족과 함께 해외여행 중이야. 어제부터 베이징에 머물고 있는데 여기가 이 나라의 수도라고 해. 오늘은 자금성에 다녀왔어. 내일은 상하이에 가서 대한민국 임시 정부 청사를 방문할 예정이야. 사진 많이 보내 줄게. 그럼 안녕.
>
> 2024년 ○월 ○일
>
> △△가

① 인도   ② 일본

③ 중국   ④ 러시아

20 ㉠에 공통으로 들어갈 말은?

> • ___㉠___ 은/는 지구촌의 여러 문제를 해결하기 위해 개인이나 민간단체 등이 모여 활동하는 기구이다.
> • ___㉠___ (으)로는 그린피스, 해비탯 등이 있고, 이들은 공공의 이익을 위해 활동한다.

① 비정부 기구

② 국제 노동 기구

③ 국제 원자력 기구

④ 한국 국제 협력단

01 밑줄 친 숫자 3이 나타내는 값은?

| 57<u>3</u>20 |

① 3
② 30
③ 300
④ 3000

02 그림의 모양을 시계 방향으로 90°만큼 돌린 것은?

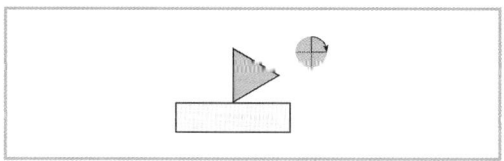

①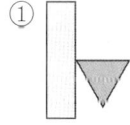
②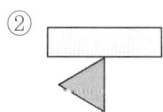
③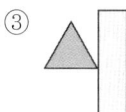
④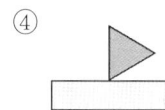

03 그래프는 필통 안에 들어 있는 학용품의 수를 나타낸 것이다. 이에 대한 설명으로 옳지 <u>않은</u> 것은?

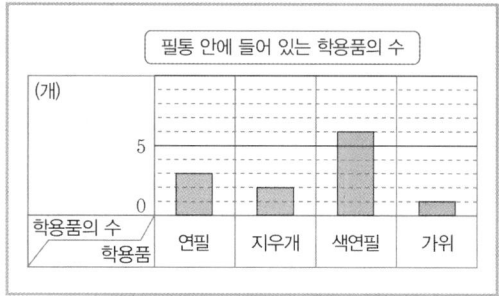

① 연필은 3개이다.
② 지우개는 2개이다.
③ 지우개와 가위의 개수는 같다.
④ 색연필의 개수는 지우개의 개수보다 많다.

04 두 소수의 크기를 비교한 것으로 옳지 <u>않은</u> 것은?

① 1.2 > 0.6
② 1.2 > 1.1
③ 0.98 > 0.9
④ 1.58 > 1.85

05 다음 식에서 가장 먼저 계산해야 하는 것은?

| $7 + (18 - 9) \div 3 - 2$ |

① 7 + 18
② 18 - 9
③ 9 ÷ 3
④ 3 - 2

06 표의 대응 관계를 식으로 알맞게 나타낸 것은?

□	1	2	3	4	5	⋯
△	3	4	5	6	7	⋯

① $□+2=△$ 　② $□+3=△$

③ $□+4=△$ 　④ $□+5=△$

07 다음은 $\frac{4}{5}-\frac{3}{7}$ 을 계산하는 과정이다. □에 공통으로 들어갈 수는?

$$\frac{4}{5}-\frac{3}{7}=\frac{4\times7}{5\times7}-\frac{3\times□}{7\times□}=\frac{28}{35}-\frac{15}{35}$$
$$=\frac{13}{35}$$

① 2 　　② 3

③ 4 　　④ 5

08 다음 중 직사각형의 넓이가 <u>다른</u> 것은?

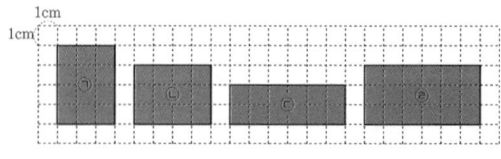

① ㉠ 　　② ㉡

③ ㉢ 　　④ ㉣

09 678을 반올림하여 십의 자리까지 나타낸 수는?

① 600 　② 670

③ 680 　④ 700

10 다음 선대칭도형의 대칭축으로 알맞은 것은?

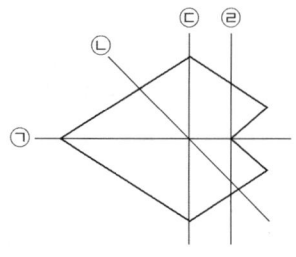

① ㉠ 　　　② ㉡

③ ㉢ 　　　④ ㉣

11 직육면체에 대한 설명으로 옳지 <u>않은</u> 것은?

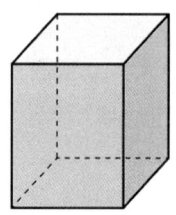

① 면의 수는 6개이다.

② 꼭짓점의 수는 8개이다.

③ 모서리의 수는 11개이다.

④ 마주 보는 면은 모두 3쌍이다.

12 회전판의 화살을 돌렸을 때, 화살이 색칠한 부분에 멈출 가능성은?

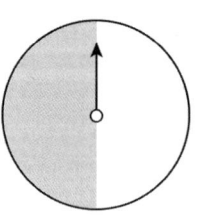

① 불가능하다 　② ~아닐 것 같다

③ 반반이다 　　④ 확실하다

13 다음은 9개의 쌓기나무로 만든 모양이다. 이 모양을 위에서 보았을 때, 쌓기나무 개수를 바르게 나타낸 것은?

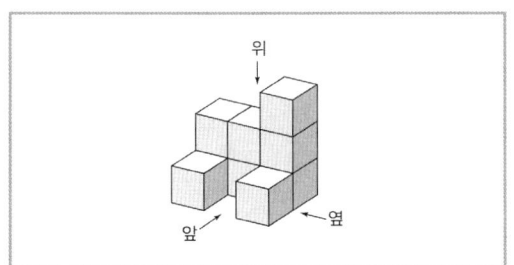

①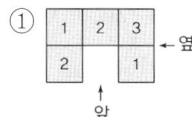

②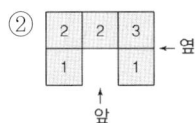

③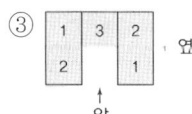

④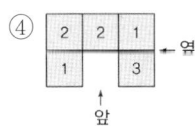

14 다음 식에서 ㉠에 알맞은 수는?

$$4.5 \div 3 = ㉠$$

① 1.5   ② 2.5

③ 3.5   ④ 4.5

15 다음 직육면체의 부피를 구하는 식으로 옳은 것은?

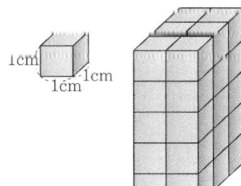

① $2 \times 3 \times 4 (cm^3)$

② $2 \times 3 \times 5 (cm^3)$

③ $3 \times 4 \times 5 (cm^3)$

④ $3 \times 4 \times 6 (cm^3)$

16 다음은 $\frac{6}{7} \div \frac{2}{7}$ 의 계산 과정을 설명한 것이다. □에 공통으로 들어갈 수는?

$\frac{6}{7}$ 은 $\frac{1}{7}$ 이 6개이고, $\frac{2}{7}$ 는 $\frac{1}{7}$ 이 2개이다.

$6 \div 2 = $ □ 이므로 $\frac{6}{7} \div \frac{2}{7} = $ □ 이다.

① 1   ② 2

③ 3   ④ 4

17 다음 비를 바르게 읽은 것은?

$$2 : 3$$

① 3 대 2

② 2와 3의 비

③ 3의 2에 대한 비

④ 2에 대한 3의 비

18 용돈 1000원을 누나와 동생이 3 : 7로 나누어 가질 때, 두 사람이 각각 가지게 되는 금액은?

	누나의 용돈	동생의 용돈
①	200 원	800 원
②	300 원	700 원
③	400 원	600 원
④	500 원	500 원

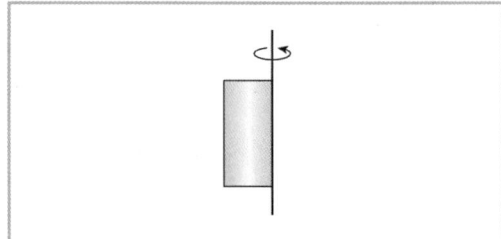

19 원에 대한 설명으로 옳은 것만을 〈보기〉에서 모두 고른 것은?

┌─[보기]─────────────────────┐
│ ㄱ. 원의 둘레를 원주라고 한다.
│ ㄴ. 원의 크기에 따라 원주율이 다르다.
│ ㄷ. 원의 지름에 대한 원주의 비율을 원
│   주율이라고 한다.
└──────────────────────────────┘

① ㄱ ② ㄴ

③ ㄱ, ㄴ ④ ㄱ, ㄷ

20 그림과 같이 한 직선을 중심으로 직사각형을 한 바퀴 돌려 만들 수 있는 입체도형은?

①
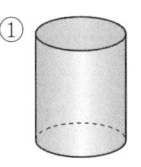

②
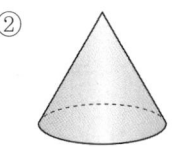

③
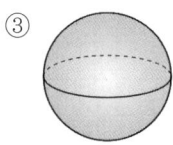

④
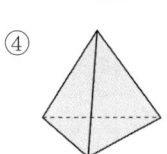

2024 과학

제2회

01 다음 설명에 해당하는 것은?

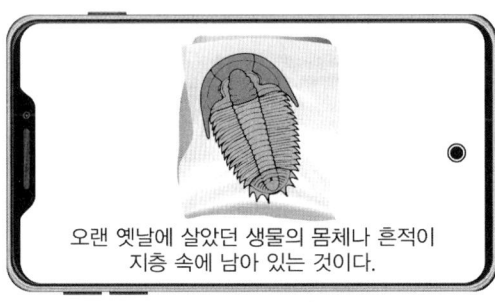

오랜 옛날에 살았던 생물의 몸체나 흔적이 지층 속에 남아 있는 것이다.

① 공기　　　　② 용암
③ 화석　　　　④ 화산재

02 다음 중 가장 가벼운 것은? (단, 같은 저울을 사용한다.)

① 귤 150g
② 사과 500g
③ 메론 1500g
④ 수박 2500g

03 다음 중 스크린에 비친 물체의 그림자에 해당하는 것은?

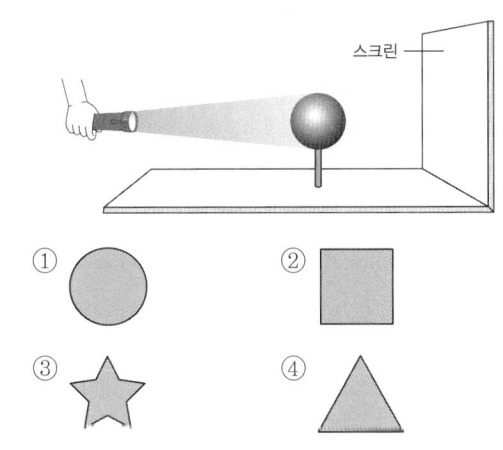

스크린

① (원)　　　　② (사각형)
③ (별)　　　　④ (삼각형)

04 그림에서 생수병에 들어 있는 물의 변화를 통해 알 수 있는 것은?

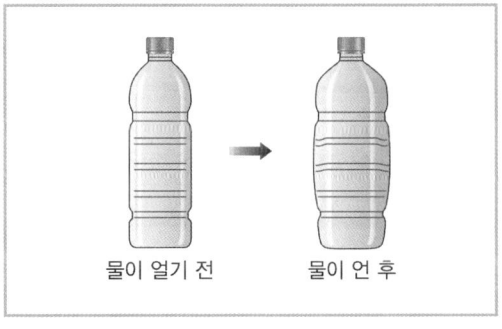

물이 얼기 전　　　물이 언 후

① 물이 얼면 무게가 늘어난다.
② 물이 얼면 무게가 줄어든다.
③ 물이 얼면 부피가 늘어난다.
④ 물이 얼면 부피가 줄어든다.

05 그림에서 열이 가장 빨리 전달되는 막대는? (단, 막대의 두께와 길이는 같다.)

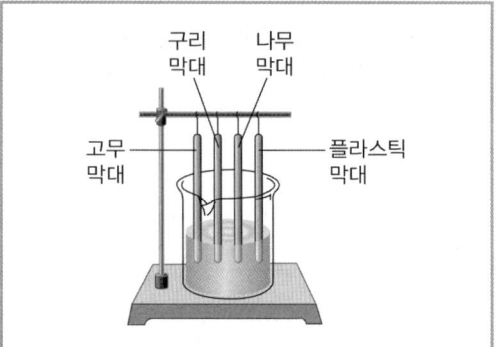

뜨거운 물이 담긴 비커에 고무 막대, 구리 막대, 나무 막대, 플라스틱 막대를 동시에 넣는다.

① 고무 막대　　② 구리 막대
③ 나무 막대　　④ 플라스틱 막대

06 다음 설명에 해당하는 것은?

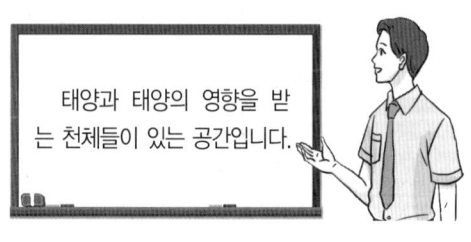

태양과 태양의 영향을 받는 천체들이 있는 공간입니다.

① 생태계　　② 온도계
③ 태양계　　④ 풍속계

07 다음은 방울토마토를 띄워 설탕물의 진하기를 비교한 실험이다. 설탕물의 진하기가 가장 진한 것은? (단, 설탕의 양을 제외한 다른 조건은 모두 같다.)

①　②

③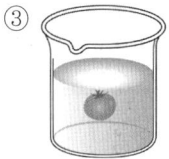　④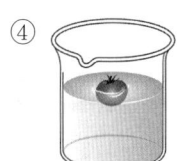

08 다음 설명에 해당하는 원생생물은?

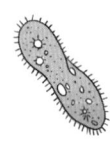 짚신 모양이며, 물이 고인 곳이나 물살이 느린 하천에 산다.

① 파리　　② 다람쥐
③ 짚신벌레　　④ 장수풍뎅이

09 다음 중 양분을 얻는 방법이 나머지와 다른 생물은?

① 곰　　② 사자
③ 소나무　　④ 호랑이

10 다음 중 ㉠에 들어갈 말은?

(㉠) 차이로 인해 공기가 이동하는 것을 바람이라고 한다.

① 기압
② 냄새
③ 색깔
④ 세균

11 그림에서 운동한 물체에 해당하는 것은?

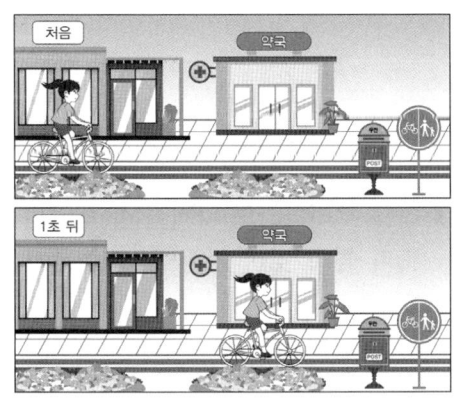

① 우체통
② 자전거
③ 표지판
④ 약국 건물

12 다음 설명에 해당하는 것은?

• 공기를 차단하여 불을 끈다.
• 초기 화재 진압 단계에서 주로 사용한다.

① 소화기
② 전열기
③ 점화기
④ 충전기

13 다음 대화에서 설명하고 있는 용액은?

이 용액은 붉은색 리트머스 종이를 푸른색으로 변하게 해.

페놀프탈레인 용액의 색깔을 붉은색으로 변하게 해.

① 식초
② 레몬즙
③ 사이다
④ 빨랫비누 물

14 나음 중 이산화 탄소의 성질에 해당하는 것은?

① 색깔이 있다.
② 고소한 냄새가 난다.
③ 다른 물질을 잘 타게 돕는다.
④ 석회수를 뿌옇게 변화시킨다.

15 다음 중 ㉠에 공통으로 들어갈 말은?

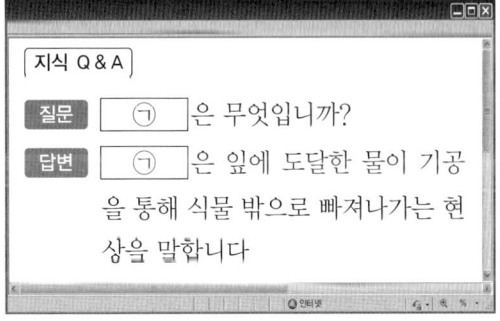

지식 Q & A

질문 ㉠ 은 무엇입니까?

답변 ㉠ 은 잎에 도달한 물이 기공을 통해 식물 밖으로 빠져나가는 현상을 말합니다

① 운반 작용
② 증산 작용
③ 침식 작용
④ 퇴적 작용

16 그림에서 학생들이 보고 있는 달은?

달이 둥글고 환하네.

① 그믐달　　　② 보름달
③ 상현달　　　④ 하현달

17 다음 중 전구에 불이 켜지도록 연결한 것은?

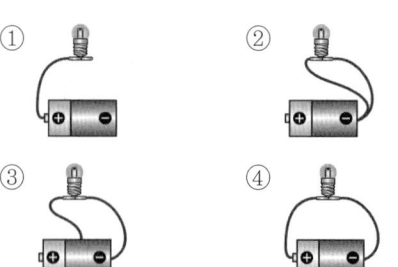

18 다음 중 볼록 렌즈 역할을 할 수 있는 것은?

① 헝겊
② 종이컵
③ 나무 책상
④ 물이 담긴 투명한 둥근 어항

19 다음 설명에 해당하는 기관은?

- 숨을 들이마실 때 산소를 받아들인다.
- 몸 안에서 생긴 이산화 탄소를 몸 밖으로 내보낸다.

① 간　　　　② 폐
③ 콩팥　　　④ 큰창자

20 다음 우리나라의 사계절 중 태양의 남중 고도가 높아 낮이 가장 긴 계절은?

① 봄　　　　② 여름
③ 가을　　　④ 겨울

2024
제2회
도덕

01 다음 사례를 통해 알 수 있는 남북한의 노력은?

- 남북 공동 만화 영화 제작
- 평창 올림픽 남북한 선수 공동 입장

① 무력
② 억압
③ 편견
④ 협력

02 다음 그림과 관련 있는 덕목으로 가장 적절한 것은?

모내기   벼 베기

① 거짓
② 위법
③ 조롱
④ 협동

03 사이버 예절로 옳은 것을 〈보기〉에서 고른 것은?

[보기]
ㄱ. 상대방이 올린 글에 선플 달기
ㄴ. 상대방을 존중하는 언어 사용하기
ㄷ. 상대에 대한 근거 없는 소문 퍼뜨리기
ㄹ. 상대를 기분 나쁘게 놀리고 욕실 사용하기

① ㄱ, ㄴ
② ㄱ, ㄹ
③ ㄴ, ㄷ
④ ㄷ, ㄹ

04 다음 상황에서 한국 학생이 지녀야 할 자세로 가장 적절한 것은?

어떻게 처음 만난 사람과 껴안으며 인사하지?

〈외국인 학생〉   〈한국 학생〉

① 낯선 문화는 무시한다.
② 우리나라 인사법을 강요한다.
③ 다른 문화를 이해하고 존중한다.
④ 어색한 표정으로 뒤돌아서 외면한다.

05 ㉠에 공통으로 들어갈 말로 가장 적절한 것은?

(㉠)(이)란 자신의 삶에서 스스로 주인이 되는 것입니다. 그래서 (㉠)적인 사람은 스스로 판단하고 결정하며 자율적으로 실천합니다.

① 수동
② 자주
③ 포용
④ 폭력

06 ㉠에 들어갈 말로 가장 적절한 것은?

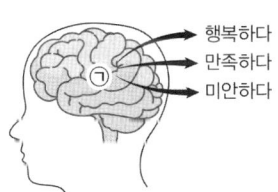

행복하다
만족하다
미안하다

① 감정
② 무지
③ 오감
④ 에너지

07 다음 중 자신에게 하는 긍정적인 말로 적절하지 <u>않은</u> 것은?

① 나는 스스로를 존중한다.

② 나는 가진 것에 감사한다.

③ 나는 잘하는 것이 전혀 없다.

④ 나는 항상 어려움을 극복한다.

08 다음 대화에 나타난 덕목은?

① 불평   ② 예절

③ 절약   ④ 참견

09 층간 소음 갈등을 해결하기 위한 자세로 적절하지 <u>않은</u> 것은?

① 위협적인 말로 대화하기

② 상대방을 배려하며 대화하기

③ 상대방을 공감하며 대화하기

④ 상대방의 말을 경청하며 대화하기

10 친구의 인권을 존중하는 태도로 옳은 것을 〈보기〉에서 고른 것은?

┌─[보기]─────────────┐
ㄱ. 친구를 때리고 협박하기

ㄴ. 친구끼리 차별하지 않고 같이 놀기

ㄷ. 친구의 외모를 가지고 놀리지 않기

ㄹ. 친구의 돈을 빼앗고 집단으로 따돌리기
└──────────────────┘

① ㄱ, ㄷ   ② ㄱ, ㄹ

③ ㄴ, ㄷ   ④ ㄴ, ㄹ

11 ㉠에 들어갈 공감하는 말로 가장 적절한 것은?

친구랑 모둠 과제를 하기로 했는데, 친구가 오지 않아서 혼자 다 했어.

㉠

① 그게 뭐 어때서?

② 아주 잘됐다. 축하해.

③ 정말 힘들고 속상했겠구나.

④ 혼자서 다 하다니, 너는 정말 욕심쟁이구나.

12 ㉠에 들어갈 말로 가장 적절한 것은?

> 나의 ㉠ 실천 계획
> • 나만의 좌우명 만들어 보기
> • 하루를 돌아보고 반성 일기 쓰기
> • 도덕적 지혜가 담긴 위인들의 가르침 찾기

① 비난   ② 성찰
③ 차별   ④ 포기

13 다음과 관련 있는 내용으로 적절한 것은?

> • 다른 사람에게 거짓말하지 않기
> • 길에서 주운 돈을 주인에게 찾아 주기

① 교만   ② 부패
③ 정직   ④ 청결

14 학교에서 실천할 수 있는 나눔과 봉사로 적절하지 않은 것은?

① 화단에 쓰레기 버리기
② 후배에게 학교생활 안내하기
③ 내가 가진 재능을 친구와 나누기
④ 학교 폭력 예방 홍보 활동 참여하기

15 ㉠에 들어갈 내용으로 가장 적절한 것은?

① 개인 정보를 마음대로 공유하자!
② 음악 파일을 불법으로 내려받지 말자!
③ 학급 누리집에 친구가 올린 과제를 베끼자!
④ 친구의 아이디와 비밀번호를 허락 없이 사용하자!

16 ㉠에 들어갈 내용으로 가장 적절한 것은?

① 나의 단점을 찾아 보완하기
② 부모님이 하라는 일만 하기
③ 어려운 일은 무조건 포기하기
④ 내 숙제를 동생에게 대신 시키기

17 평화 통일 이후에 기대되는 한국의 모습으로 가장 적절한 것은?

① 우수한 전통문화가 사라진다.
② 우리나라의 국토가 작아진다.
③ 우리말 대신 다른 언어를 사용한다.
④ 아시아와 유럽 대륙을 육로로 이동할 수 있다.

18 다양한 지구촌 문제를 해결하려는 자세로 적절하지 <u>않은</u> 것은?

① 인종 차별을 하지 않기
② 국제 구호 단체에 기부하기
③ 나와 다른 종교를 존중하기
④ 환경 문제에 관심을 가지지 않기

19 다음 중 공정한 생활로 가장 적절한 것은?

① 공연장에 새치기하며 입장한다.
② 학급 회의 시간에 골고루 발표 기회를 준다.
③ 체육 시간에 심판이 무조건 여학생 편만 든다.
④ 피구 경기에서 나와 친한 친구에게만 공을 준다.

20 ㉠에 들어갈 내용으로 가장 적절한 것은?

> 20○○년 ○○월 ○○일(○요일) 날씨 : ☀
>
> 오늘의 반성
>
> 나는 철수가 싫어하는 행동을 지속적으로 하였다. 그래서 철수에게 진심을 담아 사과하고 싶다.
> "철수야, 미안해. 앞으로 내가 (㉠)."

① 너를 괴롭히는 친구를 때려 줄게
② 다른 친구의 용돈을 빼앗아 너에게 줄게
③ 학급 누리집에 너의 단점을 계속 퍼뜨릴게
④ 네가 싫어하는 행동은 하지 않도록 약속할게

2024

제2회

실과

01 그림에 해당하는 가족 형태는?

저는 다른 가족 구성원 없이 혼자 살고 있어요.

① 1인 가족　　② 조손 가족

③ 확대 가족　　④ 한 부모 가족

02 다음 중 여성에게만 나타나는 성적 발달은?

① 몽정을 경험한다.

② 어깨가 넓어진다.

③ 월경이 시작된다.

④ 목소리가 굵어진다.

03 그림에 해당하는 감각은?

샐러드 색깔이 알록달록 예쁘네.

① 시각　　② 청각

③ 촉각　　④ 후각

04 다음 중 옷의 기능으로 적절하지 않은 것은?

① 신체를 보호해 준다.

② 청결을 유지해 준다.

③ 체온을 조절해 준다.

④ 영양소를 공급해 준다.

05 다음은 방울토마토 가꾸기 과정이다. 순서 대로 바르게 배열한 것은?

ㄱ. 방울토마토 모종을 심는다.

ㄴ. 방울토마토가 익으면 수확한다.

ㄷ. 심은 모종에 주기적으로 물을 준다.

① ㄱ－ㄴ－ㄷ　　② ㄱ－ㄷ－ㄴ

③ ㄷ－ㄱ－ㄴ　　④ ㄷ－ㄴ－ㄱ

06 다음 설명에 해당하는 옷 관리 방법은?

손상된 옷을 손질한다.

① 보관하기　　② 분류하기

③ 세탁하기　　④ 수선하기

07 ㉠에 공통으로 들어갈 말로 알맞은 것은?

> • (㉠)은/는 자유롭게 쓸 수 있는 돈이다.
> • (㉠) 기입장을 작성하여 자신의 소비 습관을 파악한다.

① 용돈
② 전기
③ 청소
④ 환경

08 다음 설명에 해당하는 자원은?

> • 다양하고 풍부한 먹을거리를 제공한다.
> • 곡식, 과일, 채소, 고기 등이 있다.

① 시간 자원
② 식량 자원
③ 인적 자원
④ 지식 자원

09 ㉠에 공통으로 들어갈 말로 알맞은 것은?

> • (㉠)은/는 사람이나 물건 등을 원하는 장소까지 이동시켜 주는 일이다.
> • (㉠) 수단의 기본 요소에는 구동, 조향, 제동 장치가 있다.

① 건강
② 수송
③ 안전
④ 정비

10 다음 설명에 해당하는 동물 기르기 방법은?

> 주기적으로 목욕을 시킨다.

① 분양받기
② 먹이 주기
③ 산책 시키기
④ 청결 유지하기

11 그림에서 안전 점검이 필요한 자전거의 구성 요소는?

자전거에 어떤 문제가 있어?

자전거가 멈추지 않아.

① 안장
② 반사경
③ 프레임
④ 브레이크

12 다음 행동으로 예방할 수 있는 것은?

> 길을 건널 때에는 횡단보도를 이용하고, 휴대 전화를 사용하지 않는다.

① 식중독
② 전염병
③ 교통사고
④ 약물 중독

13 그림에 해당하는 옷 만들기 과정은?

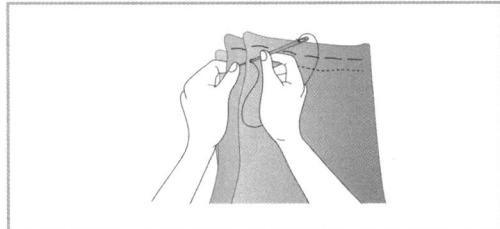

① 본뜨기　　　② 치수 재기

③ 마름질하기　④ 바느질하기

14 다음의 썰기 방법을 적용한 것으로 적절한 것은?

- 통썰기 또는 통째썰기라고 한다.
- 호박, 무 같은 둥근 채소를 가로로 놓고 둥근 모양대로 써는 방법이다.

① 　　②

③ 　　④

15 그림의 기능을 가진 전자 제품은?

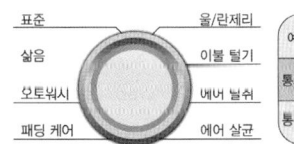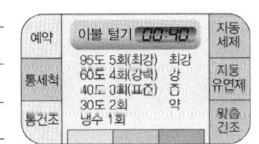

① 선풍기　　　② 세탁기

③ 전기밥솥　　④ 전자레인지

16 다음 설명에 해당하는 발명 기법은?

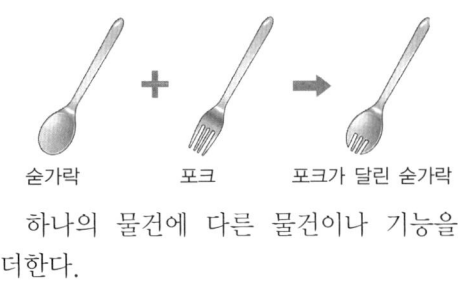

하나의 물건에 다른 물건이나 기능을 더한다.

① 빼기　　　　② 더하기

③ 반대로 하기　④ 재료 바꾸기

17 다음 설명에 해당하는 것으로 가장 적절한 것은?

글, 그림, 사진, 음악 등 지적 활동으로 만들어진 창작물 중 사회적·경제적 가치가 있는 것이다.

① 식습관　　　② 정보 윤리

③ 지식 재산　　④ 사이버 중독

18 다음 설명에 해당하는 로봇은?

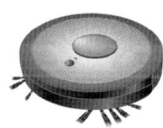

집 안의 너러운 곳을 청소해 준다.

① 교육 로봇　　② 수술 로봇

③ 애완 로봇　　④ 청소 로봇

19 ㉠에 공통으로 들어갈 말로 알맞은 것은?

- (㉠)은/는 로봇에서 인체의 감각 기관과 같은 역할을 한다.
- 대표적인 종류로 빛 (㉠), 소리 (㉠) 등이 있다.

① 바퀴　　　② 센서
③ 체인　　　④ 페달

20 다음 설명에 해당하는 직업은?

자동차를 검사하고 정비한다.

① 의사
② 사회 복지사
③ 자동차 정비사
④ 항공기 정비사

2024년 제2회 정답 및 해설

국어 2024년 제2회

기출문제

01 ④	02 ①	03 ①	04 ②	05 ②
06 ③	07 ③	08 ①	09 ②	10 ②
11 ③	12 ①	13 ③	14 ④	15 ②
16 ④	17 ④	18 ④	19 ③	20 ④

01 정답 ④

재원이는 민지의 말에 '딴생각하느라 잘 못 들었어'라고 말하고 있다. 따라서 재원이가 대화에서 고쳐야 할 점은 ④로 친구의 말을 귀 기울여 들어야 한다.

02 정답 ①

밑줄 친 '막을 열었다'는 '무대의 공연이나 어떤 행사를 시작하다'의 의미이므로 ①이 적절하다.

오답피하기
② '사이가 벌어지다'는 '다른 사람과의 관계가 멀어지거나 서먹서먹해지다'이다.

03 정답 ①

주어진 글의 내용을 정리하면 민성이는 가족과 함께 해수욕장으로 휴가를 떠났고 물놀이를 한 뒤 가져온 가방이 보이지 않고 있다. 가방이 보이지 않는 문제 상황이 발생했으므로 이 내용 뒤에 이어질 내용은 가방과 관련된 ①이 적절하다.

오답피하기
② 가족들은 이미 여행을 왔다.
③ 민성이는 가족들과 물놀이를 했다.
④ 주어진 글과 관련 없다.

04 정답 ②

주어진 글에서 '해수욕장'이라는 공간적 배경이 나왔으므로 답은 ②이다.

오답피하기
① 일요일은 시간적 배경이다.
③ 여름 방학은 시간적 배경이다.
④ 할머니 댁은 윗글에 나와있지 않다.

05 정답 ②

'우리 동네 음식점을 조사해서 소개하는 글쓰기'이므로 활용할 매체 자료는 우리 동네 음식점과 관련되어 있어야 한다. 따라서 ② 우리 동네 음식점 지도이다.

06 정답 ③

자료의 적절성을 판단하는 방법으로는 글의 내용과 관련이 있어야 하므로 ③이 적절하다.

오답피하기
① 인터넷 자료를 모두 신뢰하면 안 된다.
② 자료의 출처는 확인하여야 한다.
④ 전문가의 의견을 존중하는 것이 좋다.

07 정답 ③

'떡볶이, 만두, 비빔밥, 갈비탕'은 모두 음식의 종류이므로 답은 ③ 음식이다.

08 정답 ①

㉠은 상설 전시실 바로 위에 한글 놀이터와 배움터가 있다는 사실만을 이야기 하고 있으므로 ①이 적절하다.

오답피하기
② ㉡은 '흥미로웠다'라고 표현했으므로 의견이나 생각이다.
③ ㉢은 '신기했다'라고 표현했으므로 의견이나 생각이다.
④ ㉣은 '뿌듯했다'라고 표현했으므로 의견이나 생각이다.

09 정답 ②

'동물들이 소리를 내는 방식이 다양하다'는 첫 문장에서 알 수 있듯이 개와 닭, 귀뚜라미, 방울뱀을 예로 들어 동물들이 소리를 내는 방식이 다양함을 설명하고 있다.

10 정답 ②

친구와 대화할 때의 태도로 가장 바람직한 것은 친구가 처한 상황을 고려하여 말하는 ②이다.

오답피하기

① 친구의 표정을 살펴야 한다.

③ 상황에 맞게 목소리 크기를 조절해야 한다.

④ 할 말이 있더라도 친구의 말이 끝난 뒤 이야기 해야 한다.

11 정답 ③

글은 제주도에 도착해 택시를 타고 성산 일출봉에 가는 경험과 느낌을 쓴 글이다. 따라서 적절한 것은 ③ 여행하면서 체험한 것을 쓴 글이다.

오답피하기

① 상상한 것을 표현한 글은 소설이다.

② 운율을 살려 짧게 쓴 글은 시이다.

④ 글을 읽고 자신의 생각이나 느낌을 쓴 글은 독서 감상문이다.

12 정답 ①

글은 숲이 없거나 파괴되면 일어나는 문제 상황에 대해 이야기하고 있으므로 ㉠에 들어갈 말로 알맞은 것은 ① '숲을 보호해야 한다'이다.

13 정답 ③

글은 숲이 없으면 생기는 홍수, 산사태와 숲이 파괴될 때의 문제 등 근거를 들어 숲을 보호해야 하는 이유를 이야기하고 있으므로 ㉡에 들어갈 근거는 숲과 관련된 ③이 적절하다.

14 정답 ④

광고 포스터에서 '일회용품 사용을 줄이는 것이 환경

을 살리는 길이다'라는 문구를 보여주고 있으므로 답은 일회용품과 관련된 ④이다.

15 정답 ②

다음 시에서 뻥튀기가 날리는 모습을 '봄날 꽃잎'과 '나비', '함박눈', '폭죽' 등에 빗대어 표현하고 있으므로 알맞지 않은 것은 ② 낙엽이 떨어지는 모습이다.

16 정답 ④

문장 성분의 호응 관계를 고려하여 '절대'는 부정표현의 서술어와 어울리므로 '절대 ~하지 않겠다'로 표현해야 적절하다. 따라서 ㉣을 '절대 위험하게 놀지 말아야겠다'로 고쳐써야 한다.

17 정답 ④

④ '접다'는 '일이나 주장을 내세우지 않고 거두다'의 의미이므로, ①·②·③의 '천이나 종이를 휘거나 꺾다의 의미'와 다르다.

18 정답 ④

대화에서 의사소통이 잘 이루어지지 않은 이유는 딸이 아버지에게 '생일 선물'을 '생선'으로 줄여서 이야기했기 때문이다. 따라서 ④ '줄임말을 사용해서'이다.

19 정답 ③

글의 내용에 따르면 마타이는 황폐해진 케냐의 마을 풍경을 보고 나무 심기 운동을 펼친다. 마타이는 나무를 심고 키우는 것이 '환경을 보호하는 가장 좋은 방법'이라고 생각했다고 나와 있다. 따라서 마타이가 가장 중요하게 생각하는 것은 ③ 환경이다.

20 정답 ④

희곡은 연극을 하기 위해 쓴 대본으로 희곡은 대사, 해설, 지문으로 이루어진다.

이 중 해설은 희곡에서 때, 곳, 나오는 인물, 무대와 무대 바뀜을 설명하는 부분이다.

따라서 ㉠·㉡·㉢은 해설이나, ㉣은 대사이다.

사회 2024년 제2회

기출문제

01 ①	02 ①	03 ①	04 ④	05 ④
06 ③	07 ④	08 ②	09 ③	10 ①
11 ①	12 ②	13 ④	14 ④	15 ②
16 ③	17 ②	18 ④	19 ③	20 ①

01 정답 ①

등고선은 지도에서 높이가 같은 곳을 선으로 이어 땅의 높낮이를 나타낸 것이다. 높이가 높아질수록 색깔이 진해진다.

02 정답 ①

도서관은 공공 기관으로 책과 자료를 모아 두고 사람들이 보거나 빌릴 수 있도록 한 시설이다.

오답피하기

② 보건소는 질병의 예방, 진료 등 국민의 건강을 지키기 위해 설치한 공공 의료 기관이다.

③ 소방서는 화재 예방·진압 등의 소방업무를 수행하는 공공 기관이다.

④ 시·도청은 시와 도의 행정을 맡아 처리하는 기관이다.

03 정답 ①

아파트 층간 소음 문제, 쓰레기 문제, 하천 오염 문제, 주차 문제 등이 도시에 인구가 급격하게 증가하면서 나타나는 사회 문제이다.

제시된 내용은 불법 주차로 나타나는 사회 문제에 대해 대화하고 있다.

04 정답 ④

정보화 사회는 사람들이 서로 소통하면서 가치 있는 정보를 찾아 공유하며, 이를 활용하여 새로운 정보를 만드는 사회이다. 다양한 정보를 사람들이 함께 나누고 공유하는 과정을 통하여 더 정확한 정보를 만들 수 있다.

05 정답 ④

해안은 바다와 맞닿은 육지이며 갯벌이 나타나거나 모래사장이 있는 곳도 있다.

오답피하기

① 논은 물을 채우고 작물을 재배하는 농지이다.

② 산지는 고도가 높은 산이 많은 지대이다.

③ 하천은 강과 냇물이 땅 위를 흐르는 물이다.

06 정답 ③

홍수는 주로 여름철에 발생하며 비가 많이 내리면서 도로나 건물 등이 물에 잠기는 기후 재해이다.

오답피하기

① 가뭄은 장기간 물 부족으로 나타나는 기상 재해이다.

② 한파는 차가운 공기가 기온의 하강을 일으키는 현상이다.

④ 황사는 작은 모래나 먼지가 바람을 타고 날아가 떨어지는 현상이다.

07 정답 ④

국가와 국민은 환경을 잘 가꾸며 보호하기 위하여 노력할 환경 보전의 의무가 있다.

오답피하기

② 국가는 근로자의 고용과 적정 임금의 보장을 위하여 노력해야 하고, 국민은 근로의 의무가 있다.

③ 국민은 나라의 살림을 튼튼히 하기 위하여 세금을 내야 할 납세의 의무가 있다.

08 정답 ②

백제는 온조가 한강 유역에 세운 나라이며 4세기 근초고왕은 고구려를 공격하고 남쪽으로는 마한 세력을 정복하여 영토를 남해안까지 넓혔다.

오답피하기

① 가야는 김수로가 낙동강 유역에서 건국하였다.

③ 신라는 박혁거세가 경상북도를 중심으로 세운 나라이다.

④ 조선은 이성계가 고려를 멸망시키고 건국한 나라이다.

09 정답 ③

팔만대장경판은 부처님의 힘으로 몽골의 침략을 물리쳐 나라의 어려움을 극복하기 위해 만들었다.

오답피하기

① 난중일기는 국보로 이순신 장군이 임진왜란 때 직접 쓴 일기이다.
② 훈민정음은 세종이 창제한 문자이다.
④ 황룡사 구층 목탑은 신라의 목탑으로 선덕 여왕 때 건설되었다.

10 정답 ①

측우기는 조선 세종 때 강우량을 측정하기 위해 제작된 기구이다.

오답피하기

② 해와 달, 별을 관측하는 기구는 혼천의이다.
③ 스스로 종을 울려 시각을 알려 주는 기구는 자격루(물시계)이다.
④ 해의 그림자를 이용해 시각을 알려 주는 기구는 앙부일구(해시계)이다.

11 정답 ①

조선 후기 서민 문화 중 민화는 서민들 사이에 유행한 실용적인 그림으로 다루는 소재도 다양하고 그리는 방법도 일정한 형식이 없었다.

오답피하기

② 탈놀이는 지배층인 양반의 위선을 폭로하거나 승려에 대한 풍자, 서민의 어려움 등을 표현하였다.
③ 판소리는 춘향가, 심청가, 흥부가, 수궁가, 적벽가 등이 있다.
④ 한글 소설은 「홍길동전」(허균이 쓴 최초의 한글 소설), 「춘향전」, 「심청전」, 「흥부전」 등이 있다.

12 정답 ②

신돌석은 대한 제국 말기의 평민 출신 의병장으로 '태백산 호랑이'라고 불렸다.

오답피하기

① 김정호는 조선 후기 산맥, 하천, 포구, 도로망 등을 정밀하게 표시한 대동여지도를 완성하였다.

③ 유관순은 1919년 3·1 운동을 주도하였다.
④ 명성 황후는 고종의 왕비이다.

13 정답 ④

전두환을 중심으로 일부 군인들이 정변을 일으키자 광주에서 민주화 시위가 일어나 계엄군에 의해 많은 시민이 죽거나 다친 사건이 5·18 민주화 운동이다.

오답피하기

① 갑오개혁은 동학 농민 운동과 청·일 전쟁 이후 조선이 근대 국가로 발돋움하기 위하여 실시한 개혁이다.
② 병자호란은 청나라가 침입하여 벌여진 전쟁이다.
③ 3·1 운동은 일제 강점기의 최대 규모의 민족 운동이다.

14 정답 ④

헌법 재판소는 법률이 헌법에 어긋나는지 아닌지를 판단하는 기관이다.

오답피하기

① 국회는 국민의 대표로 법을 만드는 기관이다.
② 경찰서는 국가의 치안 업무를 담당한다.
③ 행정부는 한 나라의 행정을 맡아보는 국가 기관이다.

15 정답 ②

빈부 격차를 해결하기 위한 방안으로는 경제적으로 어려움을 겪는 사람들을 도와주기 위한 일자리 지원, 생계비 지원, 양육비 및 학비 지원, 바우처(복지 이용권) 제도 등이 있다.

16 정답 ③

제시된 자료를 통해 수출액 비율 1위는 중국(34.9), 2위 미국(14.9), 3위 베트남(8.8)이다.

17 정답 ②

제시된 지도의 대륙은 아시아이다. 페루는 남아메리카에 속해있는 나라이다.

18 정답 ④

한대 기후는 일 년 내내 매우 추우며, 짧은 여름에도 눈과 얼음이 완전히 녹지 않아 농사짓기가 어렵다.

오답피하기

① 건조 기후는 비가 거의 오지 않으며 하루 동안의 기온 변화가 크고 사막과 초원 지대가 많다.

② 열대 기후는 일 년 내내 무덥고 비가 많이 내리며 지구 생물의 반 이상이 열대 기후 지역에 살고 있다.

③ 온대 기후는 사계절의 변화가 뚜렷하고, 기후가 온화하여 농사를 짓고 사람이 살기에 적합하다.

19 정답 ③

중국의 수도는 베이징이다. 일제 강점기 시기 중국 상하이에 대한민국 임시 정부 청사가 설립되었다.

20 정답 ①

비정부 기구는 지구촌에 갈등과 문제가 발생하였을 때 이를 해결하기 위하여 국가가 아닌 민간단체들이 중심이 되어 만들어진 조직으로, 지역, 국가, 종교에 상관없이 조직된 자발적인 시민 단체이다. 해비타트, 굿네이버스, 국제 앰네스티, 푸른 아시아, 국경 없는 의사회, 그린피스 등이 있다.

오답피하기

③ 국제 원자력 기구는 원자력의 평화적 이용을 위한 연구와 국제적인 공동관리를 위하여 설립된 국제 기구이다.

수학 2024년 제2회

기출문제

01 ③	02 ①	03 ③	04 ④	05 ②
06 ①	07 ④	08 ④	09 ③	10 ①
11 ③	12 ③	13 ②	14 ①	15 ②
16 ③	17 ②	18 ②	19 ④	20 ①

01 정답 ③

57320에서 숫자 3은 백의 자리의 숫자이므로, 300을 나타낸다.

오답피하기

문제에서 밑줄 친 숫자 3이 나타내는 값을 물었으므로, 자릿값을 생각하여 읽어야 한다.

숫자만 읽어 ①을 고르는 일이 없도록 해야 한다.

02 정답 ①

그림의 모양을 시계 방향으로 90°만큼 돌리면 그림의 위쪽 부분이 오른쪽으로 이동하게 되어 ①의 모양이 된다.

오답피하기

② 그림의 모양을 시계 방향으로 180°만큼 돌린 것이다.

③ 그림의 모양을 시계 방향으로 270°만큼 돌린 것이다.

④ 그림의 모양을 시계 방향으로 360°만큼 돌린 것이다. 그림을 360°만큼 돌리면 원래의 모양과 같아진다.

03 정답 ③

주어진 막대그래프의 세로 눈금 한 칸의 크기는 1(개)를 뜻하므로

필통 안에 들어 있는 학용품의 수를 구하면,

연필은 3개, 지우개는 2개, 색연필은 6개, 가위는 1개이다.

이때, 지우개와 가위의 개수는 같지 않으므로, 정답은 ③이다.

04 정답 ④

소수의 크기를 비교할 때에는 자연수 부분의 수를 가장 먼저 비교하고,

같을 경우 그 다음 자리인 소수 첫째 자리를 비교, 또 같을 경우 소수 둘째 자리를 비교하는 방법으로 큰 수를 찾는다.

① 1.2와 0.6은 자연수 부분의 숫자가 각각 1과 0이므로 1.2가 더 큰 수이다.

② 1.2와 1.1은 자연수 부분의 숫자가 1로 같으므로 소수 첫째 자리의 숫자를 비교하면, 각각 2와 1로 2가 더 크므로, 1.2가 더 큰 수이다.

③ 0.98과 0.9는 자연수 부분의 숫자가 0으로 같고, 소수 첫째 자리의 숫자도 9로 같다.

이때, 0.98은 소수 둘째 자리의 숫자가 8이고, 0.9는 없으므로, 0.98이 더 큰 수이다.

④ 1.58과 1.85는 자연수 부분의 숫자가 1로 같으므로 소수 첫째 자리의 숫자를 비교하면, 5와 8로 8이 더 크므로, 1.85가 더 큰 수이다.

05 정답 ②

자연수의 혼합계산은 괄호를 가장 먼저 계산하고, 그 다음 곱셈과 나눗셈을 계산한 후 덧셈과 뺄셈 순으로 계산하여야 한다.

계산 순서를 번호로 나타내어 순서대로 계산하면 다음과 같다.

$$7 + (18 - 9) \div 3 - 2$$
$$= 7 + 9 \div 3 - 2$$
$$= 7 + 3 - 2$$
$$= 10 - 2$$
$$= 8$$

그러므로 가장 먼저 계산해야 하는 것은 괄호 안의 $18 - 9$이다.

▌참고

자연수의 혼합계산 순서

• 괄호 안 계산 → 나눗셈, 곱셈 → 덧셈, 뺄셈

* 같은 단계의 혼합계산만 존재한다면 앞에서부터 순서대로 풀어준다.

---

06 정답 ①

표의 대응관계를 살펴보면,

윗줄의 수에 2를 더한 수가 아랫줄의 수임을 알 수 있다.

그러므로 □와 △의 관계는 □ + 2 = △ 이다.

07 정답 ④

분모가 다른 분수의 덧셈을 하기 위해서는 분모를 통일시켜주는 통분의 과정을 거쳐야 한다. 통분은 분수의 분모와 분자에 같은 수를 곱하거나 나누어서 분모를 두 분수의 최소공배수로 같게 해주는 것을 말한다.

5와 7의 최소공배수는 35이므로, 통분하기 위해, 첫 번째 분수인 $\frac{4}{5}$에는 분모와 분자에 각각 7을 곱한 것을 알 수 있다. 그러므로 두 번째 분수인 $\frac{3}{7}$에는 분모와 분자에 각각 5를 곱하면 된다.

따라서 빈칸에 알맞은 수는 5이다.

08 정답 ④

주어진 직사각형을 이루고 있는 작은 정사각형의 개수를 세어보면,

㉠의 가로는 작은 정사각형 3개, 세로는 작은 정사각형 4개로 이루어져 있으므로,

$3 \times 4 = 12$의 총 12개이다.

이때, 작은 정사각형 하나의 넓이는 1cm^2이므로 ㉠의 넓이는

$3 \times 4 = 12(\text{cm}^2)$가 된다.

같은 방법으로 ㉡, ㉢, ㉣의 넓이를 구하면,

㉡의 넓이는 $4 \times 3 = 12(\text{cm}^2)$

㉢의 넓이는 $6 \times 2 = 12(\text{cm}^2)$

㉣의 넓이는 $6 \times 3 = 18(\text{cm}^2)$

09 정답 ③

678을 반올림하여 십의 자리까지 나타내려면, 일의 자리에서 반올림해야 한다.

이때, 일의 자리의 숫자가 5 미만이면 0으로 생각하여 버리고, 5 이상이면 10으로 생각하여 올린다.

678의 일의 자리의 숫자가 8이므로, 반올림하여 십의 자리의 숫자는 8이 되고, 일의 자리의 숫자는 0이 되어, 680이 된다.

10 정답 ①
한 직선을 따라 접어서 완전히 겹치는 도형을 선대칭도형이라 한다.
이때, 그 직선을 대칭축이라 하고, 선대칭도형은 대칭축을 중심으로 반으로 겹쳐지므로,
대칭축은 ㉠임을 알 수 있다.

11 정답 ③
① 면은 평면도형으로 둘러싸인 부분으로 6개이다.
② 꼭짓점은 모서리와 모서리가 만나는 점으로 8개이다.
③ 모서리는 면과 면이 만나는 선분으로 12개이다.
④ 마주 보는 면은 모두 3쌍이다.

12 정답 ③
회전판의 색칠한 부분은 절반이므로,
화살이 색칠한 부분에 멈출 가능성은 반이다.

13 정답 ②
쌓기나무를 위에서 본 모양을 아래 그림과 같이 층의 수를 세어서 적어보면 다음과 같다.

오답피하기

한번에 세기 어렵다면 문제의 그림에 다음과 같이 수를 적어보며 셀 수 있다.

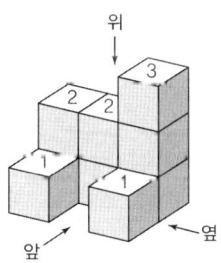

14 정답 ①
4.5를 분수로 바꾸어 계산하면,
$$4.5 \div 3 = \frac{45}{10} \div 3 = \frac{45 \div 3}{10} = \frac{15}{10} = 1.5$$ 이다.

[다른 풀이]
세로셈을 이용하여 소수의 나눗셈을 직접 계산할 수도 있다.

$$3\,\overline{)\,4.5\,} = 1.5$$

15 정답 ②
직육면체의 부피는 가로×세로×높이를 이용해서 구하며, 그림에 주어진 직육면체의 가로는 2 cm, 세로는 3 cm, 높이는 5 cm이므로 공식을 이용하여 부피를 구하면,
$2 \times 3 \times 5 \ (\text{cm}^3)$임을 알 수 있다.

16 정답 ③
분모가 같은 분수의 나눗셈은 문제에서 주어진 설명과 같이 자연수의 나눗셈을 이용하여 계산할 수 있다. 분모가 같으므로 몫을 구하려면 분자끼리만 계산을 해도 된다.
문제의 설명은 $\frac{6}{7} \div \frac{2}{7}$를 $6 \div 2$를 이용하여 계산하는 방법에 대한 것이니,
$6 \div 2 = 3$이므로 빈칸에 알맞은 수는 3이다.

17 정답 ②
어떤 두 수를 비교할 때, 비의 기호 ' : '를 이용하며, 주어진 2 : 3을 읽는 방법은
1) 2 대 3
2) 2와 3의 비
3) 3에 대한 2의 비
4) 2의 3에 대한 비

와 같이 다양한 방법이 있다.

오답피하기

2 : 3에서 앞의 수를 비교하는 양, 뒤의 수를 기준량
이라 하며, 따라서 기준이 되는 뒤의 수에 ~에 대한
이라는 표현을 써서 2의 3에 대한 비 또는 3에 대한
2의 비라 읽는다.

18 정답 ②

비례배분이란 전체를 주어진 비로 배분하는 것을 말
한다.

비례배분을 할 때에는 주어진 비의 전항과 후항의 합을
분모로 하는 분수의 비로 고쳐서 계산하면 편리하다.
용돈 1000원을 3 : 7로 나누어 가진다고 하였으므로,
전항과 후항의 합을 분모로 하면, 3 + 7이다.

그러므로 누나의 용돈 $= 1000 \times \dfrac{3}{3+7}$

$= 1000 \times \dfrac{3}{10} = 300$,

동생의 용돈 $= 1000 \times \dfrac{7}{3+7}$

$= 1000 \times \dfrac{7}{10} = 700$이다.

┃**참고**

■를 가 : 나 $=$ ★ : ●로 비례배분하는 방법

가 $= ■ \times \dfrac{★}{★+●}$ 나 $= ■ \times \dfrac{●}{★+●}$

---

19 정답 ④

ㄱ. 원주란 원의 둘레를 말한다. 그러므로 맞는 설명
   이다.

ㄴ. 원주율이란 원의 지름의 길이에 대한 원주의 비
   율이며, 원의 크기에 관계없이 원주율은 모두 동
   일하다. 그러므로 틀린 설명이다.

ㄷ. ㄴ의 설명과 같이 맞는 설명이다.

그러므로 옳은 설명은 ㄱ, ㄷ이다.

20 정답 ①

한 변을 기준으로 직사각형 모양의 종이를 한 바퀴 돌
리면 원기둥이 만들어 진다.

이때 돌리기 전이 직사각형의 가로의 길이는 원기둥
의 밑면의 반지름과 같고, 직사각형의 세로의 길이는
원기둥의 높이와 같다.

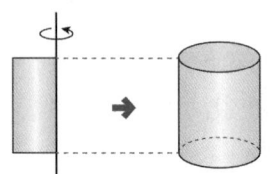

오답피하기

②

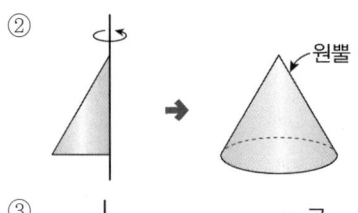

③

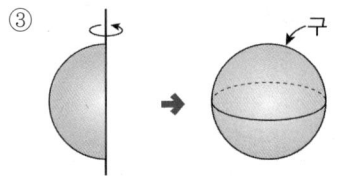

④ 도형은 삼각뿔이며 삼각뿔은 회전으로 생기는 입
   체가 아니다.

과학 2024년 제2회

기출문제

01 ③	02 ①	03 ①	04 ③	05 ②
06 ③	07 ④	08 ③	09 ③	10 ①
11 ②	12 ①	13 ④	14 ④	15 ②
16 ②	17 ④	18 ④	19 ②	20 ②

01 정답 ③

화석은 옛날에 살았던 동·식물의 몸체나 흔적이 암석이나 지층 속에 남아있는 것이다. 화석을 통해 옛날 생물의 모양과 진화 과정 및 동·식물이 살았던 장소와 그 환경을 알 수 있다.

02 정답 ①

같은 저울로 물체의 무게를 측정하였을 때 숫자기 가장 작은 물체의 무게가 가장 가볍다.

03 정답 ①

그림자는 빛이 직진할 때 물체의 뒷부분에는 빛이 통과할 수 없어서 생긴 어두운 부분이다. 물체의 모양에 따라 그림자의 모습이 달라진다. 둥근 물체는 둥근 형태의 그림자가 형성된다.

04 정답 ③

물이 얼 때 무게는 변화 없고, 부피는 증가한다. 부피 증가로 인해 추운 겨울날 수도관이 터지거나 냉동실에 넣어둔 유리병이 깨지는 현상이 나타난다.

05 정답 ②

고체에서 열의 이동 방법을 전도라고 하고 전도는 금속이 빠르다. 따라서 고무 막대, 나무 막대, 플라스틱 막대보다 금속인 구리 막대의 열이 빨리 전달된다.

06 정답 ③

태양, 태양 주위를 돌고 있는 여덟 개의 행성, 위성, 소행성, 혜성 등이 있는 공간을 태양계라고 한다.

07 정답 ④

방울토마토를 서로 다른 설탕물의 진하기에 넣었을 때 방울토마토가 위로 떠오를수록 더 진한 용액이다.

08 정답 ③

유속이 느린 하천과 개울에 서식하는 짚신벌레는 회색에 긴 타원 모양으로 크기가 매우 작아 맨눈으로 보이지 않고, 광합성을 하지 못하여 다른 생물을 먹고 살아간다.

09 정답 ③

생산자는 햇빛을 이용하여 양분을 스스로 만드는 식물로 소나무가 이에 해당한다.
곰, 사자, 호랑이는 양분을 스스로 만들지 못하고 다른 생물을 먹이로 하여 살아가는 소비자이다.

10 정답 ①

기압의 차이에 의해 공기가 흐르는 것을 바람이라고 한다. 바람은 고기압에서 저기압으로 분다.

11 정답 ②

물체가 운동하면 시간이 지남에 따라 위치가 변한다.
1초 후 위치가 변한 것은 자전거뿐이므로 자전거만 운동하였다.

12 정답 ①

연소에 필요한 조건을 없애 줌으로써 불을 끄는 것으로 초기 화재 진압 단계에 소화기를 주로 사용한다.
소화기에서 분사되는 물질을 통해 공기(산소)가 차단되어 불을 끌 수 있다.

13 정답 ④

붉은색 리트머스 종이를 푸르게 변화시키고, 페놀프탈레인 용액을 붉은색으로 바꾸는 것은 염기의 특성이나. 빨랫비누 물은 염기, 식초·레몬즙·사이다는 산이다.

14 정답 ④

이산화 탄소는 색과 냄새가 없고, 물질이 타는 것을 막는다. 또한 석회수에 통과시키면 석회수가 뿌옇게 흐려진다.

15 정답 ②

증산 작용은 식물의 잎(기공)에서 물이 수증기가 되어 빠져나가는 현상이다. 증산 작용으로 뿌리에서 흡수한 물을 식물 꼭대기까지 올릴 수 있고 식물의 온도를 조절한다.

16 정답 ②

달은 지구 주위를 한 달에 한 바퀴 공전한다. 달이 공전하기 때문에 여러 날 관찰한 달의 모양이 달라진다. 음력 15일경 보이는 둥근 형태의 달을 보름달이라고 한다.

17 정답 ④

전지의 (+)극과 (−)극이 전구와 모두 연결된 경우 전구에 불이 들어온다.

18 정답 ④

볼록 렌즈는 가운데 부분이 가장자리 부분보다 두꺼운 모양의 렌즈로 유리 막대, 물방울, 물이 들어 있는 볼록한 모양의 어항 등이 볼록 렌즈의 역할을 한다.

19 정답 ②

사람이 호흡할 때 기체는 '코 → 기관 → 기관지 → 폐' 순서로 이동하며 이 기관들을 호흡 기관이라고 한다. 호흡 기관 중 폐에서 산소를 받아들이고 이산화 탄소를 몸 밖으로 내보낸다.

20 정답 ②

여름의 남중 고도가 높아 낮의 길이가 가장 길고 기온이 높다. 겨울은 남중 고도가 가장 낮아 낮의 길이가 가장 짧고 기온이 낮다.

도덕 2024년 제2회

기출문제

01 ④	02 ④	03 ①	04 ③	05 ②
06 ①	07 ③	08 ②	09 ①	10 ③
11 ③	12 ②	13 ③	14 ①	15 ②
16 ①	17 ④	18 ④	19 ②	20 ④

01 정답 ④

남북 공동 만화 영화 제작과 평창 올림픽 남북한 선수 공동 입장은 남북이 함께 노력해야 이룰 수 있는 성과이기 때문에 협력이 필요하다.

오답피하기

① 무력 : 군사상의 힘

② 억압 : 자기의 뜻대로 자유로이 행동하지 못하도록 억지로 억누름

③ 편견 : 공정하지 못하고 한쪽으로 치우친 생각

02 정답 ④

모내기와 벼 베기에는 많은 노동력이 필요하므로 우리 조상의 협동 사례라고 할 수 있다.

오답피하기

① 거짓 : 사실과 어긋난 것 또는 사실이 아닌 것을 사실처럼 꾸민 것

② 위법 : 법률이나 명령 따위를 어김.

③ 조롱 : 비웃거나 깔보면서 놀림.

03 정답 ①

사이버 예절이 중요한 이유는 인터넷에 거짓된 정보가 퍼지면 잘못된 정보로 인하여 피해를 보거나 틀린 내용으로 인하여 곤란해지는 상황이 생길 수 있기 때문이다. 정보가 매우 빠르게 퍼지며 수습이 힘들어서 더욱 조심하여야 한다.

04 정답 ③

서로 다른 문화와 어울려 살기 위해서는 다른 문화를 이해하고 인정하며 존중하고 배려해야 한다.

05 정답 ②
자주란 남의 보호나 간섭을 받지 아니하고 자기 일을 스스로 처리하는 것을 의미한다.

오답피하기
① **수동** : 스스로 움직이지 않고 다른 것의 작용을 받아 움직임.
③ **포용** : 남을 너그럽게 감싸 주거나 받아들임.
④ **폭력** : 남을 거칠고 사납게 제압할 때에 쓰는, 주먹이나 발 또는 몽둥이 따위의 수단이나 힘

06 정답 ①
감정은 우리가 살아가며 어떤 대상이나 일에 대해 느끼는 기분이나 마음의 움직임이다. 감정의 종류에는 희(기쁨, 행복함), 노(화남), 애(슬픔, 외로움), 락(즐거움, 신남) 등이 있다.

07 정답 ③
우리는 자신을 사랑하고 존중하며 자신을 가치 있는 존재로 여기는 마음이 필요하다. 자신의 재능과 장점은 더 키우고 단점을 고치려고 노력해야 한다.

08 정답 ②
예절이란 사람들이 서로 존중하며 더불어 살아가는 데 필요한 마음가짐과 몸가짐을 표현하는 것이다.

오답피하기
① **불평** : 마음에 들지 아니하여 못마땅하게 여김. 또는 못마땅한 것을 말이나 행동으로 드러냄.
③ **절약** : 함부로 쓰지 아니하고 꼭 필요한 데에만 써서 아낌.
④ **참견** : 사기와 별로 관계없는 일이나 밀 따위에 끼어들어 쓸데없이 아는 체하거나 이래라저래라함.

09 정답 ①
갈등을 평화적으로 해결하기 위해서는 공감, 손숭, 노넉석 대화 방법 등이 있나.

10 정답 ③
인권은 인간의 존엄성을 유지하며 인간답게 살 기본적 권리로 친구의 인권을 존중하고 인권을 보장하기 위해 함께 노력해야 한다.

11 정답 ③
공감은 다른 사람의 입장에서 상황을 바라보는 것으로 상대방의 아픔, 슬픔, 기쁨 등의 감정을 그대로 느끼는 것이다. 상대방의 기쁨과 슬픔을 공감할 때 그 사람에게 진정한 격려와 위로가 된다.

12 정답 ②
성찰(반성)은 자기 자신이 과거에 한 생각, 말, 행동에 대하여 잘못한 점, 모자람은 없었는지를 돌이켜 생각해보는 일을 의미한다.

오답피하기
① **비난** : 남이 잘못이나 결점을 책잡아서 나쁘게 말함.
③ **차별** : 둘 이상의 대상을 각각 등급이나 수준 따위의 차이를 두어서 구별함.
④ **포기** : 하려던 일을 도중에 그만두어 버림.

13 정답 ③
정직이란 거짓이나 꾸밈이 없는 바르고 곧은 마음이다.

오답피하기
① **교만** : 잘난 체하며 뽐내고 건방짐.
② **부패** : 정치, 사상, 의식 따위가 타락함.
④ **청결** : 맑고 깨끗함.

14 정답 ①
나눔과 봉사는 자빌직인 의도에서 시회니 디른 시람을 위하여 힘을 다해 애쓰는 것이다.

15 정답 ②
사이버 공간에서는 타인에 대한 배려와 사생활을 보호하고 책임 있는 행동을 해야 힌다.
② 음악 파일을 불법으로 내려받는 행동은 타인의 지적 재산권을 침해하여 창작자의 인격을 훼손하고 창작 동기를 저하시킨다.

16 정답 ①

자주적인 생활을 실천하기 위해서는 적극적인 생활 태도, 노력, 열정, 도덕적인 마음, 실천 의지 등이 필요하다.

17 정답 ④

평화 통일 이후 우리는 우수한 전통문화를 서로 교류하며 지켜나갈 수 있고, 시베리아 철도를 이용하여 유럽 여행을 할 수 있다.

18 정답 ④

지구촌 문제는 한 사람이나 한 나라의 힘으로는 해결할 수 없기에 우리 모두 관심을 갖고 함께 해결해야 한다.

19 정답 ②

공정한 생활은 각자의 존재를 인정하며 차별 없이 대하고 다른 사람을 차별하지 않도록 적극적으로 노력하는 생활이다.

20 정답 ④

반성은 자신의 잘못을 깨달아 그것을 개선해 나가는 과정으로 이어질 수도 있고, 자신의 장점을 발견하여 그것을 더욱 발전시키려는 노력으로 이어질 수도 있다.

실과 2024년 제2회

기출문제				
01 ①	02 ③	03 ①	04 ④	05 ②
06 ④	07 ①	08 ②	09 ②	10 ④
11 ④	12 ③	13 ④	14 ①	15 ②
16 ②	17 ③	18 ④	19 ②	20 ③

01 정답 ①

결혼을 하지 않았거나, 이혼, 배우자의 사망 등으로 홀로 된 가족을 1인 가족이라 한다.

오답피하기

② 조손 가족은 조부모와 손자(손녀)만으로 이루어진 가족이다.

③ 확대 가족은 부부가 그들의 자녀 및 부모 등과 함께 사는 가족이다.

④ 한 부모 가족은 이혼, 별거, 사망 등 여러 가지 사유로 부모님 중 한쪽과 그 자녀로 이루어진 가족이다.

02 정답 ③

월경은 여성의 성세포인 난자가 남성의 성세포인 정자를 만나지 않을 경우 자궁 안쪽 벽이 떨어져 질 밖으로 나오는 현상이다.

오답피하기

①, ②, ④는 남성에게 나타나는 성적 발달이다.

03 정답 ①

시각은 눈으로 보고 느끼는 감각이다.

오답피하기

② 청각은 소리를 느끼는 감각을 말한다.

③ 촉각은 피부에 닿아서 느껴지는 감각이다.

④ 후각은 냄새를 맡는 감각이다.

04 정답 ④

옷의 기능으로 체온 유지(모자, 목도리, 장갑, 속옷 등), 피부 청결(속옷 등), 신체 보호(소방복, 우주복, 헬멧 등), 능률 향상(운동복, 작업복 등)이 있다.

05 정답 ②

방울토마토를 가꾸는 과정은 유기 비료를 섞은 배양토를 화분의 1/2 정도 되도록 담는다. → 방울토마토 모종을 화분 가운데에 심는다. → 배양토를 화분의 4/5 정도가 되도록 채우고 뿌리 주변을 눌러 준다. → 물을 충분히 주고, 방울토마토가 자라면서 쓰러지지 않도록 지지대를 세워 준다. → 방울토마토가 익으면 수확한다.

06 정답 ④

수선은 터진 바느질 선 수선하기, 바짓단 또는 스커트 단 수선하기, 단추 달기 등의 손상된 옷을 손질하는 것이다.

07 정답 ①

용돈은 자유롭게 쓸 수 있는 돈으로, 용돈 기입장을 작성하면 용돈 관리를 통해 용돈의 낭비를 막을 수 있고 건전한 소비 습관을 기를 수 있다.

08 정답 ②

식량은 곡식, 과일, 채소, 고기 등 사람이 먹는 것을 말한다.

> **오답피하기**

③ 사람의 특성이나 능력과 관련된 지식, 기술, 창의력, 판단력, 의사소통 능력, 시간 등을 인적 자원이라 한다.

09 정답 ②

차, 선박, 항공기 등으로 사람이나 물건을 실어 나르는 것을 수송이라 한다.

> **오답피하기**

④ 기계나 설비가 제대로 작동하도록 보살피고 손질하는 것을 정비라 한다.

10 정답 ④

애완견을 돌볼 때 빠진 털이나 오물은 즉시 치워 주고, 주기적으로 목욕을 시켜 청결을 유지한다.

11 정답 ④

자전거는 사람의 힘으로 바퀴를 회전시켜 움직이는 이동 수단이다. 브레이크는 운동하고 있는 기계의 속도를 감속하거나 정지시키는 장치이다.

> **오답피하기**

① 안장은 자전거 주행시 앉을 수 있는 의자이다.

② 반사경은 불빛에 반사되어 자전거가 잘 보이도록 해 준다.

③ 프레임은 자전거 손잡이, 바퀴 등 자전거를 이루는 틀이다.

12 정답 ③

길을 건널 때에는 횡단보도를 이용하고, 휴대 전화를 사용하지 않는 것은 교통사고 예방법이다.

> **오답피하기**

① 식중독은 식품 섭취로 인해 생기는 급성 질환이다.

② 전염병은 병원체가 다른 생물체에 옮아 집단적으로 유행하는 병이다.

④ 약물 중독은 약을 잘못 써서 일어나는 현상이다.

13 정답 ④

제시된 그림은 옷 만들기 과정에서 바느질하는 모습이다. 바느질로 생활용품 만드는 순서는 '구상하기 → 치수재기 → 재료 준비 → 마름질하기 → 바느질하기 → 정리하기'순이다.

14 정답 ①

통썰기는 둥근 채소를 가로로 놓고 둥근 모양대로 써는 방법이다. 어슷썰기는 긴 채소를 가로로 놓고 비스듬히 써는 방법이며, 채썰기는 통썰기나 어슷썰기한 채소를 가늘고 길쭉하게 써는 방법이다.

15 정답 ②

세탁기는 선동기에 연결된 통이 회전하면서 세탁을 하는 용품이다.

> **오답피하기**

① 선풍기는 전동기에 연결된 선풍기 날개가 회전하면서 바람을 일으키는 용품이다.

③ 전기밥솥은 전기를 이용하여 밥을 짓도록 만든 솥이다.

④ 전자레인지는 고주파 전기장 안에서 분자가 진동하여 발열하는 현상을 이용한다.

16 정답 ②

발명 기법 중 더하기는 물건이나 기능을 더하여 새로운 물건을 만드는 발명 기법이다.

오답피하기

① 빼기는 물건의 구성이나 기능 중 일부를 없앰으로써 사용하기 편리한 물건을 만드는 발명 기법이다.

③ 반대로 하기는 이미 발명된 제품의 모양이나 크기, 방향, 성질 등을 반대로 생각하는 발명 기법이다.

④ 재료 바꾸기는 물건의 재료를 바꾸어 새로운 물건으로 만드는 발명 기법이다.

17 정답 ③

지식 재산은 지적 활동으로 인하여 발생하는 모든 재산을 의미한다. 저작권 보호는 저작물을 생산하는 사람이 경제적으로 피해를 입지 않도록 보호하는 것을 의미한다.

오답피하기

② 정보 윤리는 정보의 창작, 이용 등에서 윤리적 기준을 제시한다.

④ 사이버 중독은 지나치게 컴퓨터에 접속하여 일상 생활에 심각한 문제를 일으키는 상태이다.

18 정답 ④

집 안의 더러운 곳을 청소해 주는 로봇은 청소 로봇이다.

오답피하기

② 수술 로봇은 정밀하고 정확하게 수술을 하는 로봇이다.

③ 애완 로봇은 심리 치료나 애완용으로 사용한다.

19 정답 ②

센서 또는 감지기는 어떤 물체의 움직임, 온도, 소리, 빛 등을 감지하여 측정하는 장치이다.

오답피하기

① 바퀴는 돌리거나 굴리려고 둥글게 만든 물건이다.

③ 체인은 쇠로 만든 고리를 여러 개 죽 이어서 만든 줄이다.

④ 페달은 발로 밟거나 눌러서 기계류를 작동시키는 부품이다.

20 정답 ③

자동차 정비사는 자동차와 관련된 직업으로 자동차가 안전하게 운행될 수 있도록 도와 사고를 예방할 수 있게 한다.

오답피하기

① 의사는 병을 고치는 것을 직업으로 하는 사람이다.

② 사회 복지사는 사회 복지에 관한 전문 지식과 기술을 가진 사람이다.

④ 항공기 정비사는 항공기가 제대로 작동하도록 기계나 설비를 손질하는 일을 한다.

합격예감

초졸 검정고시

2024
제1회

기출을 보면 합격이 보인다!

기출문제

- ✓ 국어
- ✓ 사회
- ✓ 수학
- ✓ 과학
- ✓ 도덕
- ✓ 실과

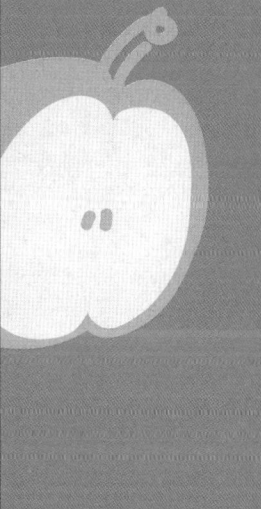

합격_ㄱ예감^ㄱ

초졸 검정고시

기출문제집

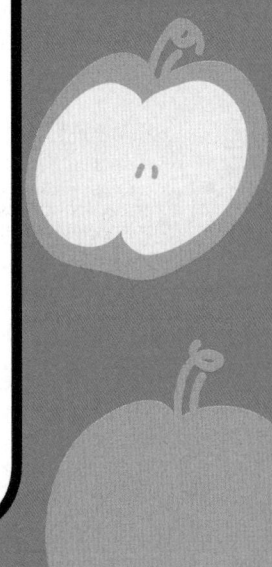

01 수지에게 해 줄 수 있는 공감하는 말로 가장 적절한 것은?

> 지난번 글짓기 대회에서 내가 쓴 글이 뽑히지 않아 속상했어.
> 며칠 동안 열심히 준비했는데…….

수지

① 지금 바쁘니까 나중에 얘기하자.

② 나는 어제 그림 대회에서 상을 받았어.

③ 열심히 썼는데 뽑히지 않아 아쉬웠겠다.

④ 그러니까 평소에 더 열심히 준비했어야지.

02 다음 중 낱말의 짜임이 <u>다른</u> 것은?

① 겨울　　　　② 덧신

③ 모래　　　　④ 바위

03 책을 읽는 태도로 적절하지 <u>않은</u> 것은?

① 자신의 경험과 지식을 떠올리며 읽는다.

② 궁금한 점이 있으면 스스로 질문하며 읽는다.

③ 책의 내용은 무조건 옳다고 생각하며 읽는다.

④ 글에 나타난 주제가 무엇인지 생각하며 읽는다.

[4~5] 다음 글을 읽고 물음에 답하시오.

> 아침 일찍, ㉠아빠께서 공원에 가자며 나를 깨우셨다. ㉡아빠께서는 물통을 들고 걸어가셨다. ㉢나는 아빠를 따라 맨손 체조를 했다. ㉣아빠와 함께 아침 운동을 하니 기분이 참 상쾌했다.

04 윗글에 나타난 시간적 배경으로 알맞은 것은?

① 공원　　　　② 우리 집

③ 아침 일찍　　④ 여름 방학

05 ㉠~㉣ 중 글쓴이의 느낌이 드러난 것은?

① ㉠　　　　② ㉡

③ ㉢　　　　④ ㉣

06 토론할 때 지켜야 할 태도로 적절하지 <u>않은</u> 것은?

① 토론 주제와 관련된 이야기를 한다.

② 상대편의 주장을 주의 깊게 끝까지 듣는다.

③ 자신의 주장을 구체적이고 분명하게 말한다.

④ 상대편을 설득하기 위해 부정확한 자료도 사용한다.

[7~8] 다음 글을 읽고 물음에 답하시오.

풀잎과 바람

정완영

나는 풀잎이 좋아, ㉠ 풀잎 같은 친구 좋아
바람하고 엉켰다가 풀 줄 아는 풀잎처럼
헤질* 때 또 만나자고 손 흔드는 친구 좋아.

나는 바람이 좋아, 바람 같은 친구 좋아
㉡ 풀잎하고 헤졌다가 되찾아 온 바람처럼
만나면 얼싸안는 바람, 바람 같은 친구 좋아.

---

* 헤지다 : '헤어지다'의 준말

---

07 ㉠과 같은 비유적 표현 방법을 사용한 것은?

① 방긋 웃는 장미꽃
② 사과처럼 예쁜 얼굴
③ 밤하늘에 빛나는 별
④ 졸졸 흐르는 시냇물

08 ㉡에 해당하는 인물로 가장 적절한 것은?

① 동생에게 축구를 가르쳐 준 친구
② 주운 돈을 경찰서에 가져다준 친구
③ 전학 갔다가 나를 다시 만나러 온 친구
④ 무거운 짐을 들고 가시는 할머니를 도와드린 친구

09 ㉠~㉢ 중 글쓴이의 의견을 나타낸 문장은?

㉠ 지난 방학 때 나는 가족과 함께 독도를 다녀왔다. ㉡ 독도는 화산섬이라서 식물이 잘 자라기 힘든 곳이다. ㉢ 이런 환경에서도 괭이밥, 쇠비름 같은 풀이 잘 자란다고 한다. ㉣ 우리는 독도의 자연 생태계를 보전하려고 노력해야 한다.

① ㉠   ② ㉡
③ ㉢   ④ ㉣

10 ㉠에 들어갈 말로 가장 적절한 것은?

• 주장 : (㉠   )
• 근거 :
  – 거친 말은 상대방의 기분을 상하게 한다.
  – 줄임말을 쓰면 상대방이 잘 이해하지 못할 수 있다.
  – 상황에 맞게 높임말을 사용하면 예의를 지킬 수 있다.

① 마스크를 착용하자.
② 교통 규칙을 지키자.
③ 공기 정화 식물을 기르자.
④ 올바른 언어 습관을 기르자.

11 다음 글에 나타난 글쓴이의 의견을 실천하기 위한 방법으로 적절하지 <u>않은</u> 것은?

> 어린이 보행 중 교통사고는 심각한 사회 문제가 되었다. 어린이 보행 안전은 더 이상 남에게 미룰 수도 없고, 남이 대신해 줄 수도 없다. 우리 모두 노력해 어린이 보행 중 교통사고가 일어나지 않도록 하자.

① 보행 중 핸드폰 사용을 권장해야 한다.
② 다양한 보행 안전시설을 설치해야 한다.
③ 어린이에게 교통안전 교육을 실시해야 한다.
④ 어린이 보호 구역에서 안전 속도를 지켜야 한다.

12 다음의 밑줄 친 낱말과 같은 의미로 사용된 것은?

> 어머니께서 맛있는 <u>배</u>를 사 오셨다.

① 나는 <u>배</u>가 많이 아팠다.
② 나는 동생과 함께 <u>배</u>를 먹었다.
③ 나는 <u>배</u>를 타고 제주도에 갔다.
④ 나는 동생보다 연필이 두 <u>배</u> 많다.

13 문장 성분의 호응 관계가 올바르지 <u>않은</u> 것은?

① 누나가 술래에게 집혔다.
② 내일 동생은 동화책을 읽었다.
③ 어머니께서 떡볶이를 해 주셨다.
④ 나는 축구를 별로 좋아하지 않는다.

14 다음 글에서 대상을 설명하기 위해 사용한 방법으로 가장 적절한 것은?

> 세계 여러 도시에는 유명한 탑이 있습니다. 예를 들어 이탈리아 토스카나주에는 피사의 사탑이 있고, 프랑스 파리에는 에펠 탑이 있습니다. 그리고 중국 상하이에는 동방명주 탑이 있습니다.

① 나열하여 설명하기
② 대조하여 설명하기
③ 분석하여 설명하기
④ 상상하여 설명하기

15 다음의 밑줄 친 문장에 어울리는 속담으로 가장 적절한 것은?

> • 민수 : 어제 자전거를 타다가 넘어져서 다쳤어.
> • 수빈 : 많이 다쳤어? <u>자전거를 정말 잘 타는 사람도 넘어질 수가 있어.</u> 그러니 항상 조심해.

① 원숭이도 나무에서 떨어진다.
② 사공이 많으면 배가 산으로 간다.
③ 낮말은 새가 듣고 밤말은 쥐가 듣는다.
④ 콩 심은 데 콩 나고 팥 심은 데 팥 난다.

16 토의할 때 의견을 조정하면 좋은 점으로 적절하지 <u>않은</u> 것은?

① 토의를 원활하게 진행할 수 있다.

② 내 의견만 끝까지 주장할 수 있다.

③ 문제를 합리적으로 해결할 수 있다.

④ 토의에 참여하는 사람들의 갈등을 줄일 수 있다.

17 다음의 짜임에 해당하는 문장으로 적절한 것은?

> 무엇이 어떠하다.

① 감은 과일이다.

② 나는 학생이다.

③ 하늘이 파랗다.

④ 친구가 노래를 부른다.

18 '고양이 기르기'라는 제목으로 글을 쓰려고 할 때 자료를 찾는 방법으로 적절하지 <u>않은</u> 것은?

① 고양이의 종류를 식물도감에서 찾는다.

② 고양이의 특성을 백과사전에서 조사한다.

③ 고양이와 놀아 주는 방법을 동영상으로 살펴본다.

④ 고양이의 집을 꾸미는 사례를 인터넷에서 검색한다.

[19~20] 다음 글을 읽고 물음에 답하시오.

> 배낭을 멘 노인
>
> • ㉠ 때 : 어느 가을날
> • 곳 : 어느 한적한 마을
> • ㉡ 나오는 사람 : 노인, 식당 주인
>
> 　노인이 식당 구석진 자리에 앉는다. 배낭을 벗지 않은 채 엉거주춤 위태롭게 앉는다.
>
> (중략)
>
> 식당 주인 : ㉢ (배낭을 벗겨 주려고 배낭을 들면서) 무거운데, 이거는 벗어 놓고 드세요.
> 노인 : (놀란 듯이 황급히 배낭끈을 잡아 쥐면서) ㉣ <u>놔둬요.</u>

19 위와 같은 글에 대한 설명으로 가장 적절한 것은?

① 운율을 살려 쓴 글

② 근거를 내세워 주장하는 글

③ 대상의 특징을 설명하는 글

④ 무대에서 공연하기 위해 쓴 글

20 ㉠~㉣ 중 다음 설명에 해당하는 것은?

> 지문 : 인물의 동작, 표정, 심리, 말투 따위를 지시하거나 서술함.

① ㉠　　　　　② ㉡

③ ㉢　　　　　④ ㉣

2024
제1회
사회

01 다음에서 설명하는 공공 기관은?

- 편지와 물건을 배달한다.
- 은행처럼 돈을 맡아 주기도 한다.

① 경찰서　　② 교육청
③ 소방서　　④ 우체국

02 다음에서 설명하는 것은?

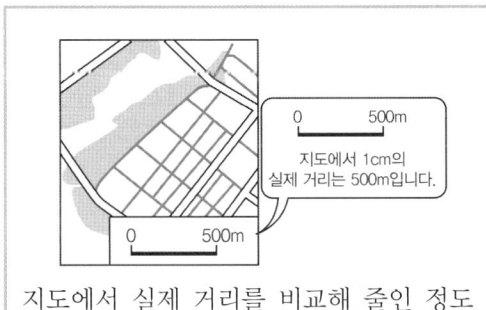

0　　　500m
지도에서 1cm의 실제 거리는 500m입니다.

0　　　500m

지도에서 실제 거리를 비교해 줄인 정도

① 축척　　② 등고선
③ 방위표　　④ 해안선

03 다음 대화와 관련 있는 지역 문제는?

우리 아파트 근처 하천에서 계속 이상한 냄새가 나요.

근처 공장에서 흘러온 폐수가 하천을 오염시켜서 그렇단다.

① 소음 문제　　② 주차 문제
③ 교통 혼잡 문제　　④ 환경 오염 문제

04 다음에서 설명하는 경제 활동으로 가장 적절한 것은?

- 벼농사를 짓는다.
- 공장에서 과자를 만든다.

① 무역　　② 생산
③ 소비　　④ 저축

05 ㉠에 공통으로 들어갈 자연재해는?

동해

　필리핀 앞바다에서 발생한 7호 ㉠ 이/가 한반도로 접근하고 있습니다. 이번 7호 ㉡ 은/는 강한 바람과 많은 비를 동반하여 심한 피해가 예상되므로 대비가 필요합니다.

① 가뭄　　② 태풍
③ 폭설　　④ 황사

06 민주 선거의 원칙과 가장 거리가 <u>먼</u> 것은?

① 자신이 직접 투표해야 한다.

② 누구에게 투표했는지 다른 사람이 알 수 없다.

③ 일정 나이가 되면 국민 누구나 투표할 수 있다.

④ 나이가 많으면 투표할 수 있는 표의 수가 많다.

07 다음에서 설명하는 기본권은?

헌법 제26조 제1항 모든 국민은 법률이 정하는 바에 의하여 국가 기관에 문서로 청원할 권리를 가진다.

국민이 국가에 어떤 일을 해 달라고 요구할 수 있는 권리

① 자유권　　　　② 참정권

③ 청구권　　　　④ 평등권

08 다음 설명에 해당하는 법은?

어린이 보호 구역에서는 시속 30km 이내로 운행해야 합니다.

① 도로 교통법　　② 식품 위생법

③ 소비자 기본법　④ 폐기물 관리법

09 다음에서 설명하는 나라는?

• 주몽이 세운 나라이다.
• 광개토 대왕은 요동과 한강 지역까지 진출하였다.
• 장수왕은 아버지 광개토 대왕의 업적을 기념하기 위해 큰 비석을 세웠다.

① 가야　　　　　② 백제

③ 신라　　　　　④ 고구려

10 다음에서 설명하는 문화유산은?

• 고려 시대를 대표하는 예술품이다.
• 상감 기법이 활용되면서 독창적으로 발전하였다.
• 당시 귀족들의 화려한 문화를 엿볼 수 있다.

① 측우기　　　　② 고려청자

③ 훈민정음　　　④ 대동여지도

11 다음과 관련된 인물은?

왜군을 물리쳐라. 거북선은 돌격하라. '학익진'을 펼쳐라.

① 서희   ② 이순신
③ 정몽주   ④ 신사임당

12 ㉠에 들어갈 조선의 왕은?

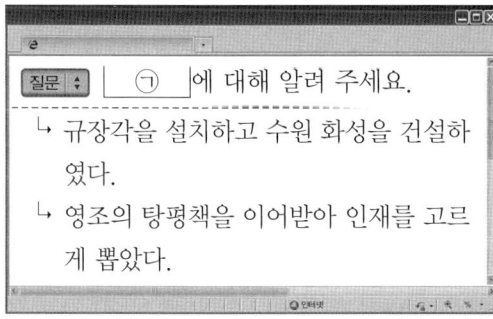

질문 ▾ | ㉠ |에 대해 알려 주세요.
↳ 규장각을 설치하고 수원 화성을 건설하였다.
↳ 영조의 탕평책을 이어받아 인재를 고르게 뽑았다.

① 견훤   ② 왕건
③ 정조   ④ 대조영

13 다음에서 설명하는 사건은?

탐구 주제 : 갑신년(1884년)에 일어난 개혁의 바람

· 김옥균 등은 근대적인 국가를 만들고자 하였다.
· 우정총국의 개국 축하 행사를 틈타 정변을 일으켰다.
· 청 군대가 개입을 하면서 3일 만에 실패로 끝났다.

① 갑신정변   ② 임진왜란
③ 위화도 회군   ④ 청산리 대첩

14 다음에서 설명하는 것은?

· 외국에 대해 우리나라를 대표한다.
· 행정부의 최고 책임자로서 국가의 중요한 일을 결정한다.

① 대통령   ② 국방부 장관
③ 법무부 장관   ④ 환경부 장관

15 다른 나라와의 경제 교류 사례에 해당하지 않는 것은?

① 외국에서 가구를 수입한다.
② 외국으로 우리나라의 전자 제품을 수출한다.
③ 국내에서 생산된 제철 과일을 맛있게 먹는다.
④ 외국인들이 우리나라에 찾아와 일자리를 구한다.

16 ㉠에 공통으로 들어갈 말은?

· | ㉠ |은/는 가정 살림을 같이하는 생활 공동체를 말한다.
· | ㉠ |은/는 생산 활동에 참여한 대가로 소득을 얻는 경제 주체이다.

① 가계   ② 국회
③ 법원   ④ 시장

17 다음에서 설명하는 대륙은?

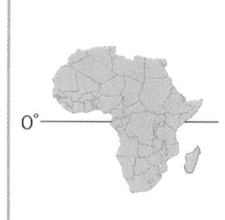

- 북반구와 남반구에 걸쳐 있다.
- 사하라 사막, 나일 강 등이 있다.
- 이집트, 케냐 등의 나라가 있다.

① 유럽
② 아프리카
③ 북아메리카
④ 오세아니아

18 온대 기후와 관련된 설명으로 가장 거리가 먼 것은?

① 주로 중위도 지역에 나타난다.
② 사계절의 변화가 비교적 뚜렷하다.
③ 주로 극지방에서 나타나며 평균 기온이 매우 낮다.
④ 기후가 온화하여 인구가 많고 여러 산업이 발달했다.

19 다음에서 설명하는 국제기구는?

아동의 질병 예방, 교육, 보호 등 아동 복지와 권리 향상을 위한 다양한 활동을 한다.

① 세계 무역 기구
② 국제 원자력 기구
③ 국제 올림픽 위원회
④ 국제 연합 아동 기금

20 문화적 편견과 차별을 해결하기 위한 노력으로 가장 거리가 <u>먼</u> 것은?

① 다양성을 존중하는 교육을 한다.
② 편견과 차별을 해결하기 위한 캠페인을 진행한다.
③ 다른 나라 사람들에게 우리나라 문화만을 따르게 한다.
④ 지구촌의 다양한 문화를 체험할 수 있는 기회를 제공한다.

2024
제1회 수학

01 다음 중 가장 큰 수는?

① 204717   ② 258501

③ 264011   ④ 280476

02 다음 마름모에서 □안에 알맞은 수는?

120°

60°

① 40   ② 60

③ 80   ④ 100

03 삼각형의 세 각의 크기의 합을 알아보는 과정이다. ㉠에 알맞은 각도는?

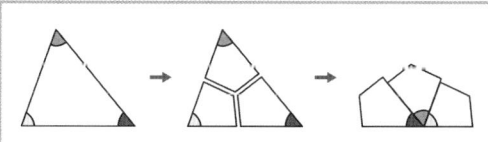

삼각형을 잘라서 세 꼭짓점이 한 점에 모이도록 이어 붙였더니 삼각형의 세 각의 크기의 합이 ㉠ 가 되네.

① 90°   ② 180°

③ 270°   ④ 360°

04 다음 삼각형 안의 수 배열에는 일정한 규칙이 있다. ㉠에 알맞은 수는?

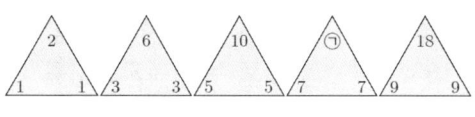

① 12   ② 14

③ 18   ④ 22

05 다음 식의 계산 결과는?

$$25 - 5 \times 3$$

① 10   ② 20

③ 30   ④ 40

06 $\frac{2}{3} + \frac{1}{4}$ 을 계산하는 과정이다. □에 알맞은 수는?

$$\frac{2}{3} + \frac{1}{4} = \frac{2 \times 4}{3 \times \square} + \frac{1 \times 3}{4 \times 3} = \frac{8}{12} + \frac{3}{12}$$
$$= \frac{11}{12}$$

① 4   ② 5

③ 8   ④ 9

07 $\frac{6}{24}$ 과 크기가 같은 분수를 만드는 방법으로 옳은 것은?

① 분모와 분자에 각각 2를 더한다.
② 분모와 분자에서 각각 2를 뺀다.
③ 분모와 분자에 각각 2를 곱한다.
④ 분자는 그대로 두고 분모만 4로 나눈다.

08 $\frac{8}{9} \div 4$ 의 몫을 구하려고 할 때, ㉠에 알맞은 수는?

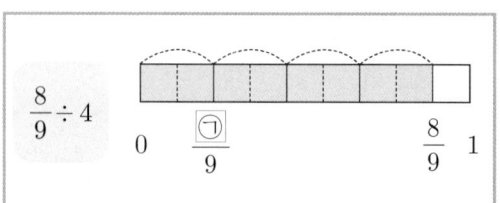

① 1　　　　② 2
③ 3　　　　④ 4

09 □ 안에 공통으로 들어갈 수는?

$$0.3 \times 0.2 = \frac{3}{\square} \times \frac{2}{\square} = \frac{6}{100} = 0.06$$

① 10　　　　② 100
③ 1000　　　④ 10000

10 다음 점대칭도형에서 변 ㄱㄴ의 대응변과 그 길이가 알맞게 짝지어진 것은?

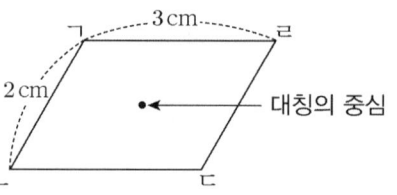

	대응변	길이
①	변 ㄱㄹ	2 cm
②	변 ㄱㄹ	3 cm
③	변 ㄷㄹ	2 cm
④	변 ㄷㄹ	3 cm

11 다음은 직육면체에 대한 설명이다. ㉠에 알맞은 수는?

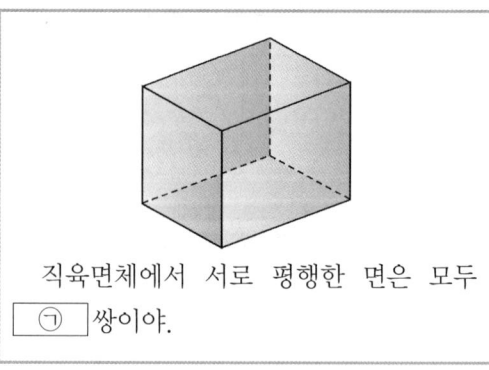

직육면체에서 서로 평행한 면은 모두 ㉠ 쌍이야.

① 1　　　　② 2
③ 3　　　　④ 4

12 다음 원기둥의 전개도에서 □ 안에 알맞은 수는?

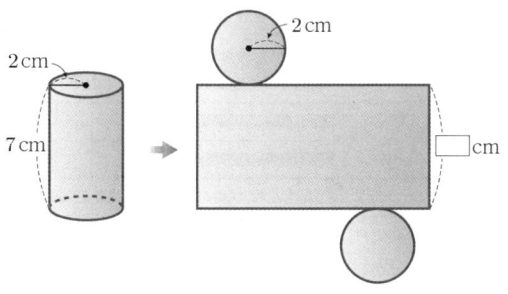

① 2   ② 5

③ 7   ④ 9

13 그림과 똑같이 쌓을 때, 필요한 쌓기나무의 개수는?

① 7개   ② 8개

③ 9개   ④ 10개

14 그림의 지하 도로를 통과할 수 <u>없는</u> 높이는?

① 1.9 m   ② 2.2 m

③ 2.5 m   ④ 3.5 m

15 다음 정다각형은 모두 한 변의 길이가 3 cm 이다. 둘레가 가장 짧은 것은?

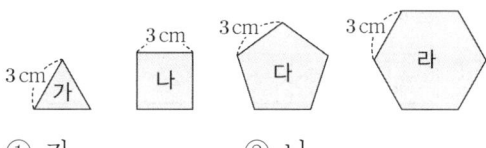

① 가   ② 나

③ 다   ④ 라

16 다음 원의 넓이는? (원주율 : 3)

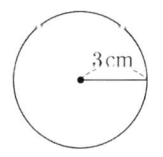

① $5 \, cm^2$ ② $10 \, cm^2$

③ $15 \, cm^2$ ④ $27 \, cm^2$

17 다음 직육면체의 부피를 구하는 과정이다. ㉠에 알맞은 식은?

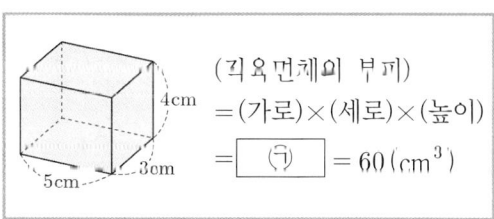

① $2 \times 3 \times 4$ ② $3 \times 3 \times 4$

③ $4 \times 3 \times 4$ ④ $5 \times 3 \times 4$

18 슬기와 연수가 빵 10개를 3 : 2로 나누어 가지려고 할 때, □ 안에 공통으로 들어갈 알맞은 식은?

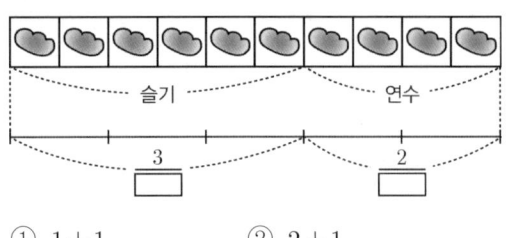

① $1+1$ ② $2+1$

③ $2+2$ ④ $3+2$

19 표는 은서네 모둠 학생 4명이 한 달 동안 대출한 도서 수를 나타낸 것이다. 한 달 동안 은서네 모둠 학생 4명이 대출한 도서 수의 평균을 구하는 식으로 알맞은 것은?

〈대출한 도서 수〉

이름	은서	수일	지혜	도영
도서 수(권)	6	4	6	8

① $6+4+6+8$

② $6\times4\times6\times8$

③ $(6+4+6+8)\div4$

④ $(6\times4\times6\times8)\div5$

20 다음은 학생들이 좋아하는 간식을 조사하여 막대그래프로 나타낸 것이다. 그래프에서 알 수 있는 사실로 옳은 것은?

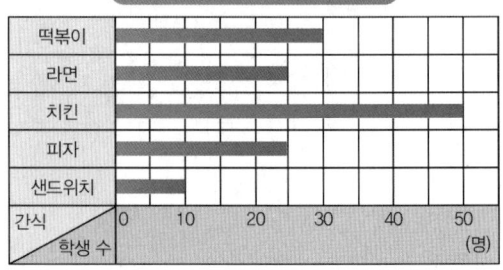

① 라면을 좋아하는 학생의 수는 30명이다.

② 학생들이 가장 좋아하는 간식은 치킨이다.

③ 피자를 좋아하는 학생은 떡볶이를 좋아하는 학생보다 많다.

④ 떡볶이를 좋아하는 학생의 수는 샌드위치를 좋아하는 학생의 수의 2배이다.

2024

제1회

과학

01 양팔저울로 물체의 무게를 비교하는 실험이다. 가장 무거운 물체는?

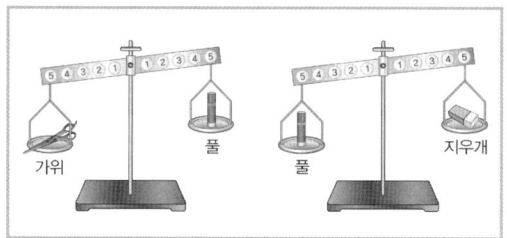

① 풀
② 가위
③ 지우개
④ 무게가 모두 같다.

02 공기 중의 수증기가 응결되는 현상을 관찰하는 실험이다. ㉠에 가장 적절한 것은?

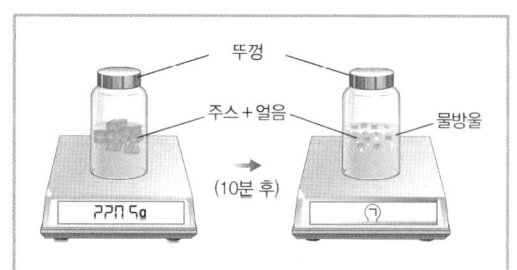

① 210.5g
② 215.7g
③ 220.2g
④ 221.2g

03 표는 지시약으로 용액의 성질을 알아보는 실험의 결과이다. 다음 중 염기성 용액은?

용액 지시약	식초	레몬즙	빨랫비누 물	묽은 염산
푸른색 리트머스 종이	붉은색	붉은색	변화 없음	붉은색
붉은색 리트머스 종이	변화 없음	변화 없음	푸른색	변화 없음

① 식초
② 레몬즙
③ 빨랫비누 물
④ 묽은 염산

04 그림의 대화에 해당하는 현상은?

① 단열
② 전도
③ 소화
④ 연소

05 그림은 투명한 플라스틱 원통에 물을 넣은 후 자갈, 모래, 진흙을 차례대로 넣어 만든 지층 모형이다. 이것이 실제 지층이라면 가장 먼저 만들어진 층은?

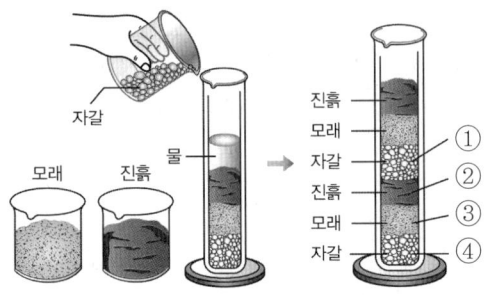

06 물 100g에 소금 10g을 완전히 녹이는 실험이다. 이 실험과 관련된 설명으로 옳지 <u>않</u>은 것은?

① 소금물은 용액이다.
② 소금물의 무게는 100g이 된다.
③ 소금은 물속에 골고루 섞여 있다.
④ 소금은 매우 작게 변하여 보이지 않는다.

07 다음 설명에 해당하는 식물은?

• 연못이나 호수에 산다.
• 물에 젖지 않는 잎 표면의 특징을 모방하여 방수 제품을 만들 수 있다.

① 연꽃
② 민들레
③ 선인장
④ 사과나무

08 균류와 세균을 우리 생활에 이용한 예가 <u>아</u>닌 것은?

① 곰팡이를 이용한 질병 치료
② 세균을 이용한 오염 물질 분해
③ 곰팡이를 이용한 친환경 생물 농약
④ 단풍나무 열매를 모방한 선풍기 날개

09 그림에 해당하는 별자리는?

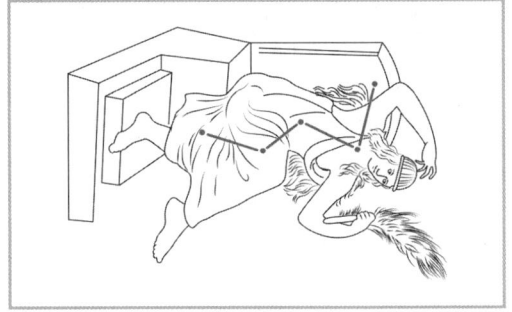

① 북두칠성
② 사자자리
③ 작은곰자리
④ 카시오페이아자리

10 다음 현상이 나타나는 까닭은?

• 낮과 밤이 하루에 한 번씩 번갈아 나타난다.
• 하루 동안 태양이 동쪽 하늘에서 남쪽 하늘을 지나 서쪽 하늘로 움직이는 것처럼 보인다.

① 지구의 자전
② 지구의 공전
③ 지구의 크기
④ 태양의 남중 고도

11 3시간 동안 여러 교통수단이 이동한 거리를 나타낸 것이다. 가장 빠른 교통수단은?

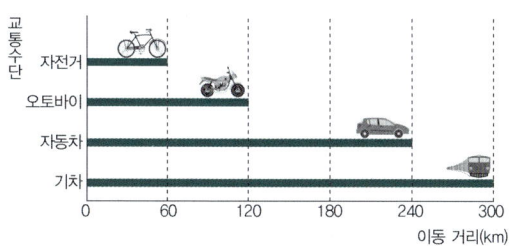

① 기차
② 자동차
③ 자전거
④ 오토바이

12 다음 설명에 해당하는 공기 덩어리의 성질은?

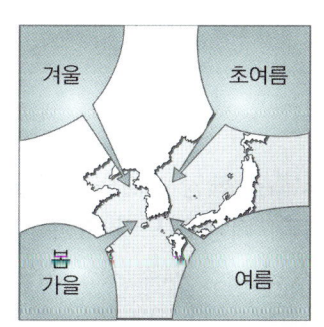

• 우리나라 남동쪽 바다에 위치한다.
• 우리나라 여름 날씨에 주로 영향을 준다.

① 차갑고 습하다.
② 차갑고 건조하다.
③ 따뜻하고 습하다.
④ 따뜻하고 건조하다.

13 빛을 굴절시켜 한 곳에 모을 수 있는 실험 기구는?

① 거울
② 볼록 렌즈
③ 보안경
④ 평면 유리

14 그림은 산소의 성질을 알아보는 실험이다. 이 실험에서 알 수 있는 것은?

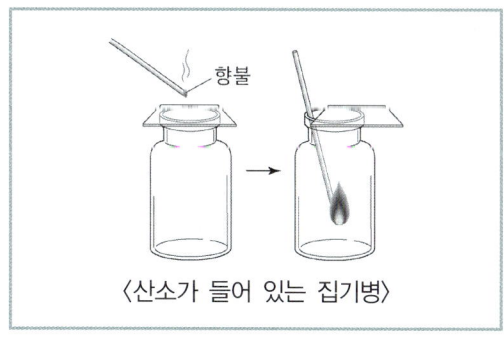

〈산소가 들어 있는 집기병〉

① 산소는 색깔이 있다.
② 산소는 공간을 차지하지 않는다.
③ 집기병에 향불을 넣으면 불꽃이 더 커진다.
④ 산소는 불을 끄는 성질이 있다.

15 연소의 조건이 <u>아닌</u> 것은?

① 모래
② 산소
③ 탈 물질
④ 발화점 이상의 온도

16 전기 회로에서 전구에 불을 켤 때 필요하지 않은 것은?

① 전구   ② 전선

③ 전지   ④ 나침반

17 사람의 소화 기관에서 음식물이 이동하는 순서이다. ㉠에 들어갈 기관의 이름은?

입 → 식도 → (㉠) → 작은창자 → 큰 창자 → 항문

① 위   ② 방광

③ 혈관   ④ 기관지

18 식물이 잎에서 빛, 이산화 탄소와 물을 이용하여 스스로 양분을 만드는 과정은?

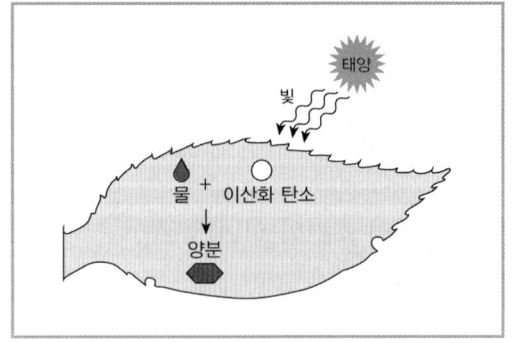

① 증산   ② 흡수

③ 광합성   ④ 꽃가루받이

19 다음 설명에 해당하는 것은?

- 기름 유출로 인한 해양 오염
- 쓰레기 매립으로 인한 토양 오염
- 자동차의 매연으로 인한 대기 오염

① 자연재해   ② 먹이 사슬

③ 환경 오염   ④ 생태계 평형

20 하루 동안 태양 고도와 기온을 측정한 그래프이다. 태양 고도가 가장 높은 때와 기온이 가장 높은 때의 시간 차이는?

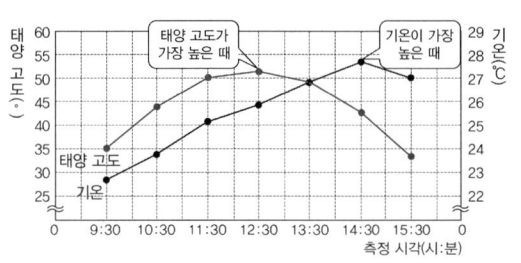

① 1시간   ② 2시간

③ 3시간   ④ 4시간

01 ㉠에 공통으로 들어갈 말로 적절한 것은?

(㉠)(이)란 사람이 살아가는 다양한 생활 방식을 말합니다. 우리와 다른 (㉠)을/를 가진 사람을 이해하고 존중하는 것은 아름다운 일입니다.

① 갈등 　　　② 문화
③ 욕심 　　　④ 선입견

02 다음 내용과 가장 관련 있는 덕목은?

나는 남을 속이지 않고, 나 자신도 속이지 않는다.

① 정직 　　　② 무지
③ 검소 　　　④ 자만

03 다음 중 협동을 해야 하는 상황으로 가장 적절한 것은?

① 혼자 숙제할 때
② 혼자 달리기 연습할 때
③ 나만의 고민을 일기장에 쓸 때
④ 친구들과 함께 교실을 청소할 때

04 ㉠에 들어갈 내용으로 적절한 것은?

나는 예절 바른 사람이 될 거야!

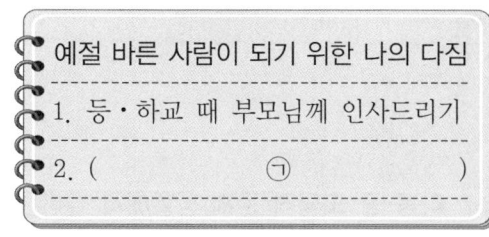

예절 바른 사람이 되기 위한 나의 다짐
1. 등·하교 때 부모님께 인사드리기
2. (　　　㉠　　　)

① 복도에서 뛰어다니기
② 친구에게 거친 말 하기
③ 선생님께 높임말 사용하기
④ 공공장소에서 큰 소리로 떠들기

05 다음 중 사이버 공간의 특징으로 적절하지 않은 것은?

① 다양한 정보가 있다.
② 인터넷으로 연결된 가상 공간이다.
③ 온라인 중독의 위험성이 존재한다.
④ 직접 만나야만 의사소통을 할 수 있다.

06 ㉠에 들어갈 말로 가장 적절한 것은?

> ○○초등학교 (㉠) 선언문
>
> • 내 권리가 소중한 만큼 친구의 권리도 소중하다.
> • 우리 모두는 자유롭고, 존엄하며, 평등하다.

① 인권　　　　② 청렴
③ 금연　　　　④ 절약

07 다음 중 도덕적 문제 상황에서 올바른 선택을 하기 위한 방법으로 적절하지 <u>않은</u> 것은?

① 결과 예상해 보기
② 양심에 비추어 보기
③ 나의 손해만 집중적으로 따져 보기
④ 주변 사람들의 입장에서 생각해 보기

08 다음에서 전달하고자 하는 가치로 적절한 것은?

> 무엇을 어떻게 해야 할지
> 스스로 생각하고 판단해요.

① 모방　　　　② 자주
③ 질투　　　　④ 차별

09 다음 중 학교에서 할 수 있는 봉사 활동으로 적절한 것은?

① 체육관 운동 기구 부수기
② 교통안전 캠페인 활동하기
③ 친구 물건 함부로 사용하기
④ 운동장에 쓰레기 몰래 버리기

10 ㉠에 들어갈 긍정적인 말로 가장 적절한 것은?

> 다음 주 음악 시간에 리코더 연주를 해야 하는데 자신이 없어.
>
> ㉠

① 그냥 포기해.
② 그것도 못하니?
③ 해도 안 될 것 같은데?
④ 꾸준히 연습하면 할 수 있어.

11 다음 중 저작물을 올바르게 사용하지 <u>않은</u> 사람은?

> 은수: 영상 다 만들었니? 나는 자료를 넣으면서 출처를 적었어.
> 민지: 나는 노래를 만든 사람에게 허락을 받고 노래를 사용했어.
> 진혁: 나도 그 노래 알아! 자주 듣고 싶어서 샀어.
> 영현: 그래? 나는 불법으로 내려받아서 쓰고 있어.

① 은수　　　　② 민지
③ 진혁　　　　④ 영현

12 다음 중 가족의 인권을 존중하는 방법으로 적절한 것은?

① 가장 어린 동생의 말은 듣지 않는다.
② 누나의 방은 항상 노크 없이 들어간다.
③ 가족회의를 통해서 중요한 일을 결정한다.
④ 부모의 생각대로 자녀에게 공부를 강요한다.

13 다음과 관련 있는 것으로 적절한 것은?

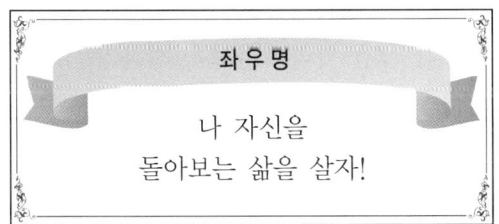

좌 우 명

나 자신을
돌아보는 삶을 살자!

① 성찰　　　　② 차별
③ 타율　　　　④ 통일

14 갈등을 평화롭게 해결하는 방법으로 옳은 것을 〈보기〉에서 고른 것은?

[보기]
ㄱ. 상대방을 존중하기
ㄴ. 상대방을 비난하기
ㄷ. 상대방의 마음에 공감하기
ㄹ. 상대방의 허락 없이 대화 도중 끼어들기

① ㄱ, ㄴ　　　　② ㄱ, ㄷ
③ ㄴ, ㄷ　　　　④ ㄴ, ㄹ

15 다음 중 남북한이 평화 통일을 위해서 노력해야 할 점으로 적절하지 <u>않은</u> 것은?

① 경제 협력을 위한 제도를 만든다.
② 무기를 개발하여 서로를 위협한다.
③ 달라진 언어문화 차이를 이해하고 인정한다.
④ 예술 단체가 교류할 수 있는 기구를 운영한다.

16 다음에서 전달하고자 하는 내용으로 가장 적절한 것은?

"차이는 있어도 차별은 없다."

① 공정한 세상을 만들자.
② 부패한 세상을 만들자.
③ 경쟁하는 세상을 만들자.
④ 불성실한 세상을 만들자.

17 도덕적 삶의 아름다움을 실천하는 방법으로 적절하지 <u>않은</u> 것은?

① 친구 배려하기
② 재능 기부하기
③ 다른 사람 무시하기
④ 바르고 고운 말 쓰기

18 다음에 해당하는 지구촌 문제로 가장 적절한 것은?

〈녹고 있는 빙하〉

〈높아지는 해수면〉

① 층간 소음　　② 교통 체증

③ 빈부 격차　　④ 지구 온난화

19 두 사람이 실천한 삶의 태도로 적절한 것은?

- 형편이 어려운 학생들을 무료로 가르치는 교사
- 어르신들의 머리카락을 무료로 잘라 주는 이발사

① 언어 파괴　　② 종교 갈등

③ 나눔과 봉사　　④ 생태계 오염

20 ㉠에 들어갈 내용으로 가장 적절한 것은?

〈마음 신호등 3단계〉

빨강	1단계	멈추기	㉠
노랑	2단계	생각하기	감정과 욕구대로 행동하면 어떤 일이 벌어질지 생각하기
초록	3단계	표현하기	상대방의 입장을 존중하며 내 입장을 성숙하게 표현하기

① 상대 약 올리기

② 상대 탓으로 돌리기

③ 화나는 대로 행동하기

④ 감정 가라앉히고 진정하기

2024
제1회
실과

01 다음 중 아동기 신체적 발달을 위한 노력으로 가장 적절한 것은?

① 좋은 책을 꾸준히 읽는다.
② 깊이 생각하는 습관을 기른다.
③ 다른 사람의 입장을 생각한다.
④ 골고루 먹고 규칙적으로 운동한다.

02 다음 중 식량 자원에 해당하는 것은?

① 튤립
② 백일홍
③ 옥수수
④ 산세비에리아

03 다음 중 해상 수송 수단이 <u>아닌</u> 것은?

①

자전거

②

잠수함

③

이선

④

여객선

04 다음 설명에 해당하는 것은?

종이, 플라스틱, 유리, 금속 등 다시 사용 가능한 쓰레기를 이르는 말

① 음식물 쓰레기
② 재활용 쓰레기
③ 폐기용 쓰레기
④ 폐형광등 쓰레기

05 다음 중 전기 안전사고를 예방하는 방법으로 적절하지 <u>않은</u> 것은?

① 사용하지 않는 콘센트는 덮개로 막는다.
② 젖은 손으로 전기 제품을 만지지 않는다.
③ 가전제품 사용 후에는 플러그를 빼 놓는다.
④ 한 콘센트에 지나치게 많은 가전제품을 연결한다.

06 다음 중 밥을 이용한 한 그릇 음식은?

① 냉면
② 미역국
③ 비빔밥
④ 배추김치

07 다음 설명에 해당하는 직업은?

- 환자에게 주사를 놓아 준다.
- 병원에서 환자를 돌보는 일을 한다.

① 약사 ② 간호사

③ 소방관 ④ 아나운서

08 다음 중 환경을 고려하여 옷을 관리하는 방법으로 적절하지 <u>않은</u> 것은?

① 옷을 깨끗하게 입고 꼭 필요한 옷만 산다.

② 유행이 지난 옷은 바로 버리고 새 옷을 산다.

③ 옷이 상하지 않게 종류와 용도에 따라 보관한다.

④ 입지 않는 옷은 필요한 사람에게 주거나 재활용한다.

09 다음 설명에 해당하는 것은?

인터넷, 온라인 게임 등을 지나치게 이용하여 일상 생활에 문제를 겪는 상태

① 개인 정보 ② 정보 윤리

③ 사이버 중독 ④ 지식 재산 보호

10 그림에 해당하는 발명 기법은?

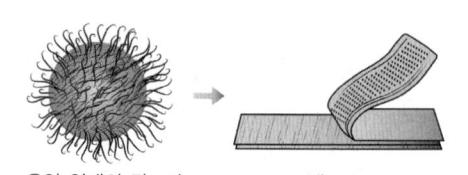

우엉 열매의 갈고리 → 벨크로

자연물을 관찰하고 특징을 적용하여 새로운 물건을 만드는 기법

① 빼기 ② 더하기

③ 반대로 하기 ④ 자연물 본뜨기

11 ㉠에 들어갈 자전거의 구성 요소는?

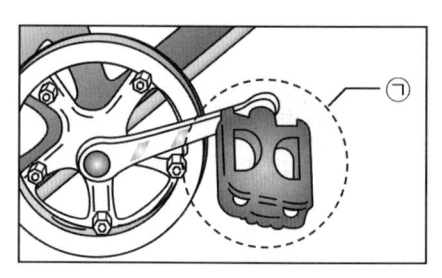

(㉠)을/를 밟으면 체인이 돌아가고 자전거가 움직인다.

① 페달 ② 경음기

③ 전조등 ④ 브레이크

12 서로 배려하고 돌보는 가족이 되기 위한 노력으로 적절하지 <u>않은</u> 것은?

① 갈등이 발생하면 대화로 해결한다.
② 건강한 생활을 위해 보살피고 도와준다.
③ 도움이 필요할 때는 함께 해결하고 도와준다.
④ 나의 입장만 생각하고 가족의 의견은 무시한다.

13 다음 설명에 해당하는 것은?

> 사람의 피부처럼 물체가 접촉했는지 감지하는 센서

① 빛 센서
② 색깔 센서
③ 접촉 센서
④ 이미지 센서

14 다음 중 가정일의 종류와 하는 일이 가장 적절하게 연결된 것은?

⑴ 식생활 – 상 차리기
② 식생활 – 빨래하기
③ 의생활 – 설거지하기
④ 의생활 – 은행 업무 보기

15 그림을 보고 학생 A에게 해 줄 수 있는 말로 적절하지 <u>않은</u> 것은?

① 선생님과 면담을 해 보자.
② 남이 시키는 대로만 해 보자.
③ 꿈과 관련된 서적을 찾아보자.
④ 커리어넷 진로심리검사를 해 보자.

16 다음 설명에 해당하는 바느질 도구는?

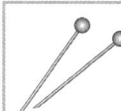

> • 옷감을 고정할 때 사용한다.
> • 바늘꽂이에 꽂아 보관한다.

① 실
② 가위
③ 줄자
④ 시침 핀

17 〈보기〉 중 용돈 기입장에서 수입에 해당하는 것은?

─[보기]─
ㄱ. 부모님께서 주신 용돈
ㄴ. 할머니께서 주신 세뱃돈
ㄷ. 간식을 구입하는 데 쓴 돈
ㄹ. 공책을 구입하는 데 쓴 돈

① ㄱ, ㄴ
② ㄱ, ㄷ
③ ㄴ, ㄹ
④ ㄷ, ㄹ

18 다음 소프트웨어의 기능을 가진 것은?

> 도로의 교통 상황 정보를 파악하여 자동으로 운행할 수 있는 기능

① 나룻배　　　② 손수레
③ 스케이트　　④ 자율 주행 자동차

19 그림의 식품에 포함된 주된 영양소와 그 설명이 가장 적절하게 연결된 것은?

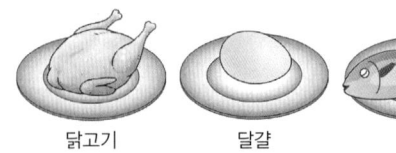

닭고기　　　달걀　　　생선

① 비타민 – 뼈를 구성한다.
② 단백질 – 근육을 구성한다.
③ 탄수화물 – 몸의 기능을 조절한다.
④ 무기질 – 활동에 필요한 에너지를 만든다.

20 ㉠에 공통으로 들어갈 말로 알맞은 것은?

> • (㉠)은 화학 비료와 농약을 적게 사용하여 안전한 먹거리를 생산하는 방법이다.
> • (㉠)은 물, 토양 등의 오염을 줄여 환경을 보전한다.

① 동물 자원　　② 원예 작물
③ 친환경 농업　④ 어린이 기호 식품

2024년 제1회 정답 및 해설

국어 2024년 제1회

기출문제

01 ③	02 ②	03 ③	04 ③	05 ④
06 ④	07 ②	08 ③	09 ④	10 ④
11 ①	12 ②	13 ②	14 ①	15 ①
16 ②	17 ③	18 ①	19 ④	20 ③

01 정답 ③

수지는 글짓기 대회에서 자신이 쓴 글이 뽑히지 않아 속상했다고 말하고 있으므로 속상하고 아쉬운 마음에 공감하는 대화가 적절하다.

02 정답 ②

①·③·④ 어근 1개로 이루어진 단일어이다.
②는 접사와 어근으로 이루어진 파생어(복합어)이다.

03 정답 ③

책을 읽을 때에는 자신의 경험과 지식, 질문, 주제를 생각하며 읽는 것은 좋지만, 책의 내용이 무조건 옳다고 생각하며 읽으면 안 된다.

04 정답 ③

③ 주어진 글에서 '아침 일찍'이라는 시간적 배경이 나와 있다.

오답피하기

① 공원은 공간적 배경이다.
② 우리집은 공간적 배경이다.
④ 나와있지 않다.

05 정답 ④

글쓴이의 느낌이 드러난 부분은 '기분이 상쾌했다'인 ④이다.
①·②·③은 느낌이 아닌 아버지와 나의 행동이다.

06 정답 ④

토론은 찬성과 반대를 나누어 근거를 들어 주장하는 것이므로 상대편을 설득하기 위해 부정확한 자료가 아닌 정확한 자료를 사용해야 하므로 ④가 옳지 않다.

07 정답 ②

'풀잎 같은 친구'는 '-같이, -처럼, -인양, -인 듯'을 사용해 직접 비유하는 방법인 '직유법'이 사용되었다. 따라서 같은 직유법이 쓰인 것은 ②이다.

오답피하기

① '방긋 웃는 장미꽃'은 사람이 아닌 것(장미꽃)을 사람처럼 표현(웃는)한 '의인법'이 쓰였다.
③ '밤하늘에 빛나는 별'은 표현법이 없다.
④ '졸졸 흐르는 시냇물'에는 소리를 나타내는 의성어 '졸졸'이 쓰였다.

08 정답 ③

'풀잎하고 헤졌다가 되찾아 온 바람'은 '화자와 헤어졌다가 다시 만나러 온 친구'라는 의미로, 해당되는 인물은 ③ '전학 갔다가 나를 다시 만나러 온 친구'가 옳다.

09 정답 ④

글쓴이의 의견에 해당하는 문장은 주관적인 생각이 들어있는 ④ '우리는 독도의 자연 생태계를 보전하려고 노력해야 한다.'이다.

오답피하기

①·②·③은 독도를 다녀온 일, 알고 있는 정보, 들은 사실이므로 의견에 해당하지 않는다.

10 정답 ④

근거로 제시된 내용이 거친 말, 줄임말의 안 좋은 점과 상황에 맞는 높임말 사용에 대한 것이므로 해당되는 주장은 '말'에 해당하는 ④ '올바른 언어 습관을 기르자.'이다.

11 정답 ①

'어린이 보행 중 교통사고가 심각한 사회 문제이므로 우리 모두 노력해 어린이 보행 중 교통사고가 일어나지 않도록 하자'라고 하고 있다. 따라서 글쓴이의 의견을 실천하기 위한 방법 중 적절하지 않은 것은 ① '보행 중 핸드폰 사용을 권장(권유 장려)하자'이다.

12 정답 ②

제시된 글의 '배'는 먹는 과일이다. 따라서 '과일'에 해당하는 것은 ②이다.

> **오답피하기**

① '배'는 신체 일부분을 의미한다.
③ '배'는 운송 수단을 의미한다.
④ '배'는 두 번 합한, 거듭된의 뜻이다.

13 정답 ②

'내일'은 미래시제(미래의 일)이므로 '내일 동생은 동화책을 읽었다'에서 '읽었다'는 과거시제(과거의 일)이므로 '읽을 것이다'와 같이 미래시제로 바꾸어 주어야 한다.

14 정답 ①

보기에는 세계 여러 도시에 있는 유명한 탑을 예를 들어 이야기하고 있다. 피사의 사탑, 에펠 탑, 동방명주 탑 등 유명한 탑의 예를 열거(나열)하고 있으므로 답은 ①이다.

> **오답피하기**

② 대조는 반대되는 의미나 성질의 것이 나와 있어야 한다.
③ 분석은 구성요소가 설명되어 있어야 한다.
④ 상상은 사실이 아닌 꾸며낸 내용이 있어야 한다.

15 정답 ①

'자전거를 정말 잘 타는 사람도 넘어질 수가 있어'는 아무리 잘하는 사람이라도 종종 실수할 때가 있다는 의미의 ① 속담과 의미가 어울린다.

> **오답피하기**

② '여러 사람이 자기 주장만 하면 일이 제대로 되기 어렵다.'는 뜻이다.

③ '말은 새어나가기 쉬우므로 늘 말조심하라.'는 뜻이다.
④ '모든 일은 원인에 따라 결과가 생긴다.'라는 뜻이다.

16 정답 ②

토의는 공동의 문제해결을 위한 협력적 의사소통과정이므로 토의 시 의견을 조정하면 원만하게 진행되며, 문제의 합리적 해결과 갈등을 줄여줄 수 있다.

17 정답 ③

'무엇이 어떠하다'에서 '어떠하다'는 '형용사'에 해당한다. 따라서 형용사는 ③ '하늘이 파랗다'의 '파랗다'이다.

> **오답피하기**

① '감은 과일이다'에서 '과일이다'는 '무엇이다'에 해당하는 '명사+서술격조사'이다.
② '나는 학생이다'에서 '학생이다'는 '무엇이다'에 해당하는 '명사+서술격조사'이다.
④ '친구가 노래를 부른다'에서 '부른다'는 '어떠하다'에 해당하는 '동사'이다.

18 정답 ①

① '식물도감'은 식물의 종류를 정리해 놓은 책이므로, 고양이의 종류를 찾기에 적합하지 않기 때문이다.

19 정답 ④

'배낭을 멘 노인'은 대사, 해설, 지문으로 이루어진 연극의 대본인 희곡이다. 따라서 ④ 무대에서 공연하기 위해 쓴 글이다.

> **오답피하기**

① 운율을 살려 쓴 글은 '시'이다.
② 근거를 내세워 주장하는 글은 '논설문'이다.
③ 대상의 특징을 설명하는 글은 '설명문'이다.

20 정답 ③

인물의 동작, 표정, 심리 등을 지시하는 말은 ③ '배낭을 벗겨 주려고 배낭을 들면서'이다.

사회 2024년 제1회

기출문제

01 ④	02 ①	03 ④	04 ②	05 ②
06 ④	07 ③	08 ①	09 ④	10 ②
11 ②	12 ③	13 ①	14 ①	15 ③
16 ①	17 ②	18 ③	19 ④	20 ③

01 정답 ④

우체국은 편지와 택배를 배달하는 일과 은행에서 하는 돈을 맡아주는 일도 함께 한다. 친절하고 신속함을 표현하기 위해 제비를 상징으로 사용하고 있다.

오답피하기

① 경찰서는 우리가 사는 지역을 보호해주는 역할을 한다.
② 교육청은 학교 교육을 도와주는 일을 한다.
③ 소방서는 불이 났을 때 불을 꺼주는 일, 재난 발생 시 구조 업무도 담당한다.

02 정답 ①

실제 땅의 모습을 일정한 비율로 줄여 지도에 나타낼 때 비율을 축척이라 한다.

오답피하기

② 등고선은 해발 고도가 같은 지점을 연결한 선이다.
③ 방위표는 동서남북을 알려주는 것이다.
④ 해안선은 육지와 바다가 만나는 선이다.

03 정답 ④

아파트 근처 공장에서 흘러온 폐수로 인해 이상한 냄새가 나는 것은 환경 오염 문제에 해당한다.

오답피하기

① 시끄러워 불편함을 느끼는 것이 소음 문제이다.
② 차를 세워둘 공간이 부족하면 주차 문제가 발생한다.
③ 차 많은 도시 지역은 교통이 혼잡하여 교통 사고 등의 문제가 발생한다.

04 정답 ②

경제 활동이란 생산, 분배, 소비의 3가지 활동을 말한다. 생산이란 사람이 사는 데 필요한 여러 물건을 만들어 내거나 농사를 짓는 것을 말한다. 일을 하고 임금을 받고, 돈을 빌려주고 이자를 받는 것을 분배라 한다. 필요한 물건을 사기 위해 돈을 쓰는 것을 소비라 한다.

오답피하기

① 나라와 나라 사이에 물건을 사고파는 일을 무역이라 한다.
④ 미래의 소비를 위해 현재 돈을 쓰지 않는 것을 저축이라 한다.

05 정답 ②

태풍은 여름철 필리핀 동쪽 바다에서 발생하여 우리나라에 영향을 준다. 많은 비와 강한 바람으로 사람들에게 큰 피해를 주기도 한다.

오답피하기

① 가뭄은 오랫동안 비가 내리지 않는 날씨이다.
③ 폭설은 한꺼번에 많은 눈이 내리는 것이다.
④ 황사는 중국의 사막 지역에서 우리나라까지 불어오는 모래바람이다.

06 정답 ④

민주 선거의 원칙으로 보통 선거, 평등 선거, 직접 선거, 비밀 선거가 있다.
평등 선거는 모든 사람들이 평등하게 한 표를 투표하고 표의 가치가 같아야 한다는 원칙이다.

오답피하기

① 직접 선거
② 비밀 선거
③ 보통 선거

07 정답 ③

청구권은 국민이 국가에 어떠한 행위를 요구하거나 기본권이 침해되었을 때 국가에 도움을 구할 수 있는 권리이다.

오답피하기

① 자유권은 국가에 의하여 자유를 제한받지 않을 권리이다.

② 참정권은 국민이 정치에 참여할 수 있는 권리이다.

④ 평등권은 법 앞에서는 누구나 평등하다는 원칙이다.

08 정답 ①

제시된 그림은 어린이 보호 구역에서의 자동차 운행 속도를 나타낸다. 이법은 도로 교통에 관하여 필요한 것을 제정한 「도로 교통법」이다.

오답피하기

② 「식품 위생법」은 식품에 의한 위험을 예방하기 위한 법이다.

③ 「소비자 기본법」은 소비자의 권리와 책임을 규정한 법이다.

④ 「폐기물 관리법」은 폐기물의 처리에 관한 법이다. 폐기물이란 사람의 생활에 필요 없게 된 물질을 말한다.

09 정답 ④

고구려는 주몽이 압록강 주변에서 세운 나라로 광개토 대왕과 장수왕 때 가장 세력이 강하였다. 장수왕은 아버지의 업적을 기념하기 위해 광개토 대왕릉비를 만들었고, 한강을 점령한 자신의 업적을 기념하기 위해 충주 고구려비를 세웠다.

10 정답 ②

고려청자는 고려시대에 만들어진 도자기로 세계적으로 아름다움을 인정받고 있다. 고려청자는 상감 기법으로 만들어 지는데 도자기에 홈을 파고 거기에 다른 흙을 넣어 구우면 흙의 종류가 달라 다른 색으로 나오게 된다.

오답피하기

① 측우기는 조선 세종 때 비의 양을 측정하기 위해 만들어졌다.

③ 조선시대 세종대왕이 훈민정음이라는 이름으로 한글을 만들었다.

④ 대동여지도는 조선 후기 김정호가 만든 우리나라 지도이다.

11 정답 ②

임진왜란은 1592년에 왜군의 침략으로 일어난 전쟁이다. 이순신 장군은 전투선을 가로로 넓게 줄을 지어 이동하는 모습이 학의 날개 형태를 닮은 학익진 진법을 이용하여 임진왜란을 승리로 이끌었다.

오답피하기

① 거란이 고려를 침략하자 서희는 대화를 통해 강동 6주를 얻었다.

③ 정몽주는 고려의 관리로 조선 건국을 반대하였다.

④ 신사임당은 조선시대 화가이자, 율곡 이이의 어머니이다.

12 정답 ③

정조는 탕평책을 실시하고 인재를 고르게 뽑았다. 규장각을 설치하고 정약용의 거중기를 사용해 수원 화성을 건축하였다. 또한 상업 발달을 위해 백성이 자유롭게 장사할 수 있도록 하였다.

오답피하기

① 견훤은 후백제를 세운 왕이다.

② 왕건은 고려를 세운 왕이다.

④ 대조영은 발해를 세운 왕이다.

13 정답 ①

갑신정변은 급진적인 성격을 가진 김옥균, 박영효, 홍영식, 서광범 등의 개화파 중심으로 일으킨 정치적 변화이다. 우정국 개국 축하 행사를 틈타 정변을 일으켰지만 3일만에 청나라 군의 개입으로 실패하게 된다.

오답피하기

③ 위화도 회군은 요동 정벌을 위해 출동한 이성계 군대가 위화도라는 섬에서 군대를 돌린 사건이다.

④ 청산리 대첩은 김좌진, 홍범도 장군의 부대가 일본군과 싸워 크게 승리한 전투이다.

14 정답 ①

대통령은 선거를 통해 선출된다. 행정부의 최고 책임자이며 우리나라의 대표이다.

② 국방부 장관은 대통령의 명령을 받아 국방에 관한 사무를 담당한다.

③ 법무부 장관은 법무에 관한 일을 하는 법무부의 대표이다.

④ 환경부 장관은 환경을 담당하는 환경부의 대표이다.

15 정답 ③

국내에서 생산된 제철 과일을 맛있게 먹는 것은 다른 나라와의 경제 교류 사례로 볼 수 없다.

16 정답 ①

가계는 소비 활동의 주체로 가정 살림을 같이하는 생활 공동체를 말한다.

② 국회는 국민이 대표로 구성되어 법을 만드는 기관이다.

③ 법원은 다툼이 있을 때 법을 기준으로 판단하는 기관이다.

④ 시장은 여러 가지 상품을 사고파는 일정한 장소이다.

17 정답 ②

이집트, 케냐 등의 나라와 사하라 사막, 나일강은 아프리카에 위치해 있다.

③ 북아메리카에는 미국, 캐나다, 멕시코가 있다.

④ 오세아니아는 뉴질랜드, 오스트레일리아 등의 국가가 있다.

18 정답 ③

온대 기후는 중위도에 나타나며 사계절의 변화가 뚜렷하고 기후가 온화하여 많은 사람들이 거주한다.

③ 극지역은 일 년 내내 기온이 낮으며 한대 기후가 나타난다.

19 정답 ④

유니세프는 유엔의 기관으로 전쟁 피해 아동과 청소년들을 돕기 위해 설립된 기구이다.

① 세계 무역 기구는 국가 간의 무역에서 갈등이 발생할 경우 해결하는 역할을 수행한다.

② 국제 원자력 기구는 원자력의 평화적 이용을 위해 설립된 기구이다.

③ 국제 올림픽 위원회는 올림픽 대회를 주최하는 조직이다.

20 정답 ③

다른 나라 사람들에게 우리나라 문화만을 따르게 하는 것은 문화적 편견과 차별이 심해지는 영향을 준다. 문화적 차별을 없애기 위해서는 다양성을 존중하는 교육이 필요하다.

수학 2024년 제1회

기출문제				
01 ④	02 ②	03 ②	04 ②	05 ①
06 ①	07 ③	08 ②	09 ①	10 ③
11 ③	12 ③	13 ①	14 ④	15 ①
16 ④	17 ④	18 ④	19 ③	20 ②

01 정답 ④

보기의 수는 모두 6자리의 수로 자리 수가 같다.

따라서 높은자리(왼쪽)의 숫자가 클수록 큰 수이고, 그 숫자가 같다면 그 다음 숫자들을 차례로 비교하여 가장 큰 수를 구한다.

보기의 수는 십만자리의 숫자가 2로 모두 같으므로, 다음 자리인 만자리의 숫자가 가장 큰 280476이 가장 큰 수임을 알 수 있다.

> **┃참고**
> 수의 크기를 비교하는 방법
> • 자리 수를 비교한다.
> • 자리 수가 같다면, 높은자리(왼쪽)의 숫자가 크면 크다.
> • 그 숫자가 같다면, 그 다음 숫자들을 비교한다.

02 정답 ②

마름모는 네 변의 길이가 같은 사각형이다.

또한 마주보는 두 쌍의 변이 서로 평행하므로 평행사변형이다.

따라서 마름모의 마주보는 두 각의 크기가 서로 같다. 이때 ☐°와 마주보는 각은 60°이므로, ☐ = 60 임을 알 수 있다.

03 정답 ②

삼각형을 잘라서 세 꼭짓점이 한 점에 모이도록 이어 붙이면,

그림과 같이 이어붙인 세 각이 직선 위에 꼭 맞추어지므로 세 각의 크기의 합은 180°이다.

04 정답 ②

삼각형의 윗 부분의 수를 나열하면,

2, 6, 10, ㉠, 18이고, 이 수들의 규칙은 계속하여 4씩 커진다.

그러므로 ㉠에 알맞은 수는 10 + 4 = 14임을 알 수 있다.

[다른 풀이]

각 삼각형의 아래 두 숫자의 합이 위의 수와 같다.

$1 + 1 = 2$

$3 + 3 = 6$

$5 + 5 = 10$

$7 + 7 = (14)$

$9 + 9 = 18$

05 정답 ①

자연수의 혼합계산은 괄호를 가장 먼저 계산하고, 그 다음 곱셈과 나눗셈을 계산한 후, 덧셈과 뺄셈 순으로 계산하여야 한다.

문제에는 괄호가 없으므로 곱셈을 가장 먼저 계산한 후 앞에서부터 계산하면 된다.

계산 순서를 번호로 나타내어 순서대로 계산하면 다음과 같다.

$$25 - 5 \times 3 = 10$$

❶ 15

❷ 10

> **┃참고**
> 자연수의 혼합 계산 순서
> • 괄호 안 계산 → 나눗셈, 곱셈 → 덧셈, 뺄셈
> * 같은 단계의 혼합 계산만 존재한다면 앞에서부터 순서대로 풀어 준다.

06 정답 ①

분모가 다른 분수의 덧셈을 하기 위해서는 분모를 통일시켜주는 통분의 과정을 거쳐야 한다. 통분은 분수의 분모와 분자에 같은 수를 곱하거나 나누어서 분모

를 두 분수의 최소공배수로 같게 해주는 것을 말한다.

주어진 식의 두 번째 부분을 통해 $\frac{2}{3}$의 분자에 4를 곱한 것을 알 수 있다. 이때 분모에도 분자에 곱한 것과 같은 수를 곱하여 크기가 같은 분수로 통분해야 하므로, 빈칸에 알맞은 수는 4이다.

07 정답 ③

크기가 같은 분수는 분모와 분자에 0이 아닌 같은 수를 곱하거나 나누어 만들 수 있다. 그러므로 ③의 분모와 분자에 각각 2를 곱하면 크기가 같은 분수를 만들 수 있다.

오답피하기

① 분모와 분자에 각각 2를 더해보면,

$\frac{6+2}{24+2} = \frac{8}{26}$이 되고, 주어진 $\frac{6}{24}$과 크기가 같은 분수인지 기약분수로 나타내어 비교하면

$\frac{1}{4} \neq \frac{4}{13}$이므로, 틀린 설명이다.

② 분모와 분자에서 각각 2를 빼보면,

$\frac{6-2}{24-2} = \frac{4}{22}$가 되고, 주어진 $\frac{6}{24}$과 크기가 같은 분수인지 기약분수로 나타내어 비교하면

$\frac{1}{4} \neq \frac{2}{11}$이므로, 틀린 설명이다.

④ 분자는 그대로 두고 분모만 4로 나누어 보면

$\frac{6}{24 \div 4} = \frac{6}{6}$이 되고, 주어진 $\frac{6}{24}$와 크기가 같은 분수인지 기약분수로 나타내어 비교하면

$\frac{1}{4} \neq 1$이므로, 틀린 설명이다.

08 정답 ②

분수 ÷ 자연수의 계산방법 중 분자가 자연수의 배수이므로 분자를 자연수로 나누어 계산한다. 그러므로 $\frac{8}{9} = \frac{8 \div 4}{9} = \frac{2}{9}$이다.

[다른 풀이]

$\frac{8}{9} \div 4$는 $\frac{8}{9}$를 똑같이 4로 나눈 것 중의 하나이다.

이것은 $\frac{8}{9}$의 $\frac{1}{4}$이므로 $\frac{8}{9} \times \frac{1}{4} = \frac{2}{9}$이다.

09 정답 ①

0.3을 분수로 나타내면 $\frac{3}{10}$이고, 0.2를 분수로 나타내면 $\frac{2}{10}$이다.

그러므로 빈칸에 알맞은 수는 10이다.

10 정답 ③

점대칭도형은 대응변의 길이와 대응각의 크기가 같고 대칭의 중심에서 대응점까지의 거리가 같다.

그러므로 변 ㄱㄴ의 대응변은 변 ㄷㄹ이고, 길이는 2cm이다.

11 정답 ③

직육면체란 직사각형 모양의 면 6개로 둘러싸인 도형을 말하며, 계속 늘려도 만나지 않는 두 면을 서로 평행한다고 말한다.

이때, 서로 평행한 면은 마주보는 면으로 모두 3쌍이다.

12 정답 ③

원기둥의 옆면의 가로는 밑면의 원의 둘레와 같고, 옆면의 세로의 길이는 높이와 같다. 그러므로 직사각형의 세로의 길이는 원기둥의 높이인 7cm와 같다.

13 정답 ①

쌓기나무의 층별 개수를 세어서 합하면, 1층 5개, 2층 1개, 3층 1개이므로 총 7개의 쌓기 나무가 필요하다.

1층 그림   2층 그림   3층 그림

14 정답 ④

초과는 기준이 되는 어떤 수보다 더 큰수를 나타내며 기준이 되는 어떤 수를 포함하지 않는다. 그러므로 높이 3.0m 초과 진입금지라는 표현은 높이가 3.0m 보다 높은 차는 지하차도에 진입할 수 없다는 뜻이므로, 보기에서 3.0m 보다 큰 값은 ④ 3.5m 이다.

15 정답 ①

가 : 정삼각형이므로 둘레의 길이는 $3 \times 3 = 9$cm
나 : 정사각형이므로 둘레의 길이는 $3 \times 4 = 12$cm
다 : 정오각형이므로 둘레의 길이는 $3 \times 5 = 15$cm
라 : 정육각형이므로 둘레의 길이는 $3 \times 6 = 18$cm
그러므로 둘레가 가장 짧은 것은 가.이다.
[다른 풀이]
모든 정다각형의 한 변의 길이가 3cm 로 같으므로 둘레를 직접 구하지 않더라도
변의 개수가 가장 적은 정삼각형의 둘레가 가장 짧음을 예상할 수 있다.

16 정답 ④

원의 넓이 : 반지름×반지름×원주율
문제의 원의 반지름은 3cm 이고, 원주율은 3이므로, 원의 넓이를 구하면, $3 \times 3 \times 3 = 27$cm^{2}임을 알 수 있다.

17 정답 ④

직육면체의 부피는 가로×세로×높이를 이용해서 구하며, 그림에 주어진 직육면체의 가로는 5cm, 세로는 3cm, 높이는 4cm이므로 공식을 이용하여 부피를 구하면,
$5 \times 3 \times 4 = 60$(cm^3)임을 알 수 있다.

18 정답 ④

비례배분이란 전체를 주어진 비로 배분하는 것을 말한다.
비례배분을 할 때에는 주어진 비의 전항과 후항의 합을 분모로 하는 분수의 비로 고쳐서 계산하면 편리하다.

빵 10개를 $3 : 2$로 나누어 가진다고 하였으므로, 전항과 후항의 합을 분모로 하면, $3 + 2$이다.
그러므로 $\dfrac{3}{3+2}$와 $\dfrac{2}{3+2}$이다.

19 정답 ③

4명이 대출한 도서 수의 평균은 (4명의 도서 수의 합)÷4로 계산할 수 있다.
그러므로 평균 $= (6 + 4 + 6 + 8) \div 4$이다.

20 정답 ②

막대그래프의 가로 눈금 한 칸이 몇을 나타내는지를 먼저 파악하면,
10명당 2칸인 것으로 보아, 가로 눈금 한 칸이 5명을 나타냄을 알 수 있다.
② 막대그래프의 길이가 가장 긴 항목은 치킨이므로 옳은 설명이다.

오답피하기

① 라면을 좋아하는 학생의 수는 가로눈금 5칸이므로 25명임을 알 수 있다. 틀린 설명이다.
③ 피자와 떡볶이의 막대그래프의 길이를 비교하면, 떡볶이의 길이가 더 길기 때문에 틀린 설명이다.
④ 떡볶이를 좋아하는 학생 수는 6칸이고, 샌드위치를 좋아하는 학생 수는 2칸이므로, 떡볶이를 좋아하는 학생의 수는 샌드위치를 좋아하는 학생의 수의 3배이므로 틀린 설명이다.

과학 2024년 제1회

기출문제

01 ②	02 ④	03 ③	04 ②	05 ④
06 ②	07 ①	08 ④	09 ④	10 ①
11 ①	12 ③	13 ②	14 ③	15 ①
16 ④	17 ①	18 ③	19 ③	20 ②

01 정답 ②

양팔저울로 물체의 무게를 비교할 때 양쪽 무게가 다른 경우 무게가 무거운 쪽으로 기울어진다. 따라서 가위는 풀보다 무겁고, 풀은 지우개보다 무거움을 알 수 있다. 따라서 물체의 무게는 '가위 > 풀 > 지우개' 순으로 가위가 가장 무겁고 지우개가 가장 가볍다.

02 정답 ④

응결이란 공기 중의 수증기가 차가운 물체의 표면에서 온도가 내려가 액체인 물방울로 맺히는 현상이다. 얼음이 들어있는 주스 컵 표면은 차가워지므로 컵 주변의 수증기가 컵 표면에 닿아 물방울로 맺히는 응결이 일어난다. 이렇게 맺힌 물방울에 의해 응결된 물방울만큼 질량이 증가한다.

03 정답 ③

염기성 용액은 붉은색 리트머스 종이를 푸른색으로 변화시킨다. 따라서 빨랫비누 물이 염기성 용액이다.

오답피하기

식초, 레몬즙, 묽은 염산은 푸른색 리트머스 종이를 붉은색으로 변화시켰으므로 산성 용액이다.

04 정답 ②

전도는 고체에서 열이 전달되는 방법으로 온도가 높은 곳에서 낮은 곳으로 열이 차례차례 전달된다.

오답피하기

① 단열 : 열의 이동을 막음.
③ 소화 : 연소에 필요한 조건을 없애 줌으로써 불을 끄는 것
④ 연소 : 탈 물질이 공기 중의 산소와 빠르게 반응하여 열과 빛을 내며 타는 현상

05 정답 ④

지층은 자갈, 모래, 진흙 등이 쌓여 층을 이루고 있는 것으로 지각 변동이 없었다면 아래쪽 지층이 먼저 형성된 것이다. 따라서 가장 아래쪽에 위치한 자갈이 가장 먼저 만들어진 층이다.

06 정답 ②

소금이 물에 녹는 것처럼 어떤 물질이 다른 물질에 녹아 골고루 섞이는 현상을 용해라고 하고, 소금과 같이 녹는 물질인 용질이 물과 같은 용매에 고르게 섞여 있는 것을 용액이라고 한다.

② 소금은 용해되어 없어지는 것이 아니라 더 작은 입자로 나누어져 용매에 골고루 섞여 용액이 되므로 무게는 용해 전후 같다. 따라서 물 100g＋소금 10g＝소금물 110g이 된다.

07 정답 ①

연꽃은 연못이나 강가, 호수에 사는 식물로 잎이 물 위로 뻗어서 사는 식물이다. 연꽃 잎에 물에 젖지 않는 특징을 모방하여 방수 제품을 만들기도 한다.

08 정답 ④

균류는 버섯, 곰팡이와 같은 생물로 광합성을 못하고 포자로 번식한다. 세균은 하나의 세포로 이루어져 있으며 동물이나 식물보다 단순한 형태의 생물이다. 곰팡이와 세균은 질병을 일으키거나, 물건을 망가뜨리는 것과 같은 해로운 영향이 있지만 낙엽, 죽은 동물을 분해하는 분해자의 역할과 발효 음식 만들기 등 이로운 영향도 있다.

④ 단풍나무 열매를 모방한 선풍기 날개는 생물의 형태를 모방하여 아이디어를 얻는 예이다.

오답피하기

① 푸른곰팡이 : 항생제
② 곰팡이, 세균 등이 오염 물질을 깨끗하게 하는 성질 : 하수처리장
③ 곰팡이와 세균을 이용 : 생물 농약

09 정답 ④

카시오페이아자리는 M자나 W자 모양의 별자리다.

10 정답 ①

지구는 한 시간에 15°씩 서쪽에서 동쪽으로 자전함에
따라 하루 동안 태양, 달, 별이 동쪽 하늘에서 남쪽
하늘을 지나 서쪽 하늘로 움직이는 것처럼 보인다.
낮과 밤이 생기는 것도 지구가 자전하기 때문이다.

11 정답 ①

일정한 시간에 더 먼 거리를 이동한 물체가 짧은 거리
를 이동한 물체보다 빠르다.
여러 교통 수단이 3시간 동안 이동한 거리를 비교할
때 '자전거 < 오토바이 < 자동차 < 기차'순으로 이동
거리가 커지므로 가장 이동 거리가 큰 기차의 빠르기
가 가장 빠르다.

12 정답 ③

여름철의 날씨에는 남동쪽에서 이동해 오는 따뜻하고
습한 공기 덩어리가 영향을 준다.

　　오답피하기

- **봄, 가을** : 남서쪽에서 이동해 오는 따뜻하고 건조한
  공기 덩어리
- **초여름** : 북동쪽에서 이동해오는 차갑고 습한 공기
  덩어리
- **겨울** : 북서쪽에서 이동해 오는 차갑고 건조한 공기
  덩어리

13 정답 ②

빛의 굴절은 빛이 한 물질에서 나아가다가 다른 물질
을 만날 때 물질의 경계면에서 빛이 나아가는 방향이
꺾이는 현상으로 볼록 렌즈는 빛을 굴절시켜 나란하
게 들어간 빛을 한 점에 모으고, 오목 렌즈는 나란하
게 들어간 빛을 넓게 퍼트린다.

　　오답피하기

거울, 보안경은 빛의 반사를 이용하였고, 평면 유리
는 빛을 한 점으로 모을 수 없다.

14 정답 ③

산소는 스스로 타지 않지만 집기병에 들어있는 물질이
잘 타게 도와주므로 향불을 넣으면 불꽃이 더 커진다.

　　오답피하기

①, ② 산소는 무색으로 전체 공기 부피의 약 1/5을
　　차지하는 기체이다.
④ 이산화 탄소는 불을 끄는 성질이 있다.

15 정답 ①

연소는 탈 물질이 공기 중의 산소와 빠르게 반응하여
열과 빛을 내며 타는 현상으로 연소의 세 가지 조건은
탈 물질, 발화점 이상의 온도, 공기(산소)이다.

16 정답 ④

전기 회로는 전지, 전구, 전선과 같은 여러 가지 전기
부품을 서로 연결하여 전기가 흐를 수 있게 한 것이다.
④ 나침반은 자침이 남북을 가리키는 특성을 이용하
　　여 만든 방향지시계기로 전구에 불을 켤 때 필요
　　하지 않다.

17 정답 ①

음식물이 소화되는 과정은 입 → 식도 → 위 → 작은
창자 → 큰창자 → 항문이다.

18 정답 ③

식물이 잎에서 햇빛, 물, 공기 중의 이산화 탄소를 이
용하여 스스로 영양분을 만드는 작용을 광합성이라고
한다.

　　오답피하기

① **증산 작용** : 식물의 잎(기공)에서 물이 수증기가
　　되어 빠져나가는 현상
④ **꽃가루받이** : 꽃가루가 암술머리에 부착하는 것으
　　로 사람이 붓과 같은 도구를 이용하여 인공적으로
　　꽃가루받이가 이루어지도록 한다.

19 정답 ③

환경 오염은 우리가 살아가는 환경이 나빠지는 상태로,
대기 오염·수질 오염·토양 오염으로 구분할 수 있다.

20 정답 ②

태양 고도가 가장 높은 때는 12시 30분이고, 기온이 가장 높은 때는 14시 30분이므로 2시간의 시간 차이가 난다. 이는 지표면이 데워지고, 데워진 지표면에 의해 공기의 온도가 높아지는 데 시간이 걸리기 때문에 이 같은 시간 차가 발생한다.

도덕 2024년 제1회

기출문제

01 ②	02 ①	03 ④	04 ③	05 ④
06 ①	07 ③	08 ②	09 ②	10 ④
11 ④	12 ③	13 ①	14 ②	15 ②
16 ①	17 ③	18 ④	19 ③	20 ④

01 정답 ②

문화란 한 인간 집단의 생활양식을 의미한다. 그 결과 우리는 다양한 문화적 배경을 가진 사람들이 함께 살아가는 다문화 사회에 살고 있다.

오답피하기

① 갈등 : 생각이나 입장이 달라서 서로 대립하거나 다투는 상태
④ 선입견 : 미리 보거나 들은 것으로 생각이 고정되어 다른 의견은 받아들이지 않는 것

02 정답 ①

정직은 마음에 거짓이나 꾸밈이 없이 바르고 곧음을 의미한다.

오답피하기

② 무지 : 아는 것이 없음.
③ 검소 : 사치하지 않고 꾸밈없이 수수함.
④ 자만 : 자신이나 자신과 관련 있는 것을 스스로 자랑하며 뽐냄.

03 정답 ④

친구들과 교실 청소를 할 때는 서로 마음과 힘을 하나로 합해야 하기 때문에 협동하는 자세가 필요하다.

04 정답 ③

①, ②, ④는 기본 예절에 어긋나는 행동으로 다른 사람에게 피해를 줄 수 있다

05 정답 ④

사이버 공간에서는 멀리 떨어진 다른 나라에 사는 사

람과도 자유롭게 교류할 수 있다.

06 정답 ①

인권은 모든 인간이 존엄하게 살아가는 데 필요한 권리이다. 인권은 우리가 인간이기에 가지는 도덕적 권리로, 누구도 함부로 빼앗을 수 없으며 스스로 포기할 수도 없는 권리이다.

07 정답 ③

도덕적 문제 상황에서 나의 손해만 따져 본다면 옳은 행동을 하기 어렵다. 도덕적 행동이 손해만 가져오는 것은 아니고 자신과 사회 전체에 큰 이익을 가져다줄 수 있다는 것을 깨달아야 한다.

08 정답 ②

남의 보호나 간섭을 받지 아니하고 자기 일을 스스로 처리하는 하는 것을 의미하는 '자주'에 대한 설명이다.

오답피하기

① **모방** : 다른 것을 본뜨거나 본받는다.
④ **차별** : 둘 이상의 대상을 각각 등급이나 수준 따위의 차이를 두어서 구별한다.

09 정답 ②

이웃을 향한 관심과 배려를 더욱 적극적으로 실천하는 방법의 하나가 바로 '봉사'이다.

10 정답 ④

리코더 연주에 자신이 없는 친구에게 응원의 말을 해 주는 것이 바람직하다.

11 정답 ④

저작권 침해 : 저작권자의 허락 없이 불법으로 자료를 사용하는 행위는 저작권자의 권리를 침해하는 행위이다.

12 정답 ③

가족의 인권을 존중하기 위해서는 가족들과 대화를 나누기 위해 노력하고 그 과정에서 가족의 마음을 이해하려는 자세를 지녀야 한다.

13 정답 ①

도덕적 관점에서 자신의 삶을 바라보고 바람직하게 살기 위한 구체적인 방법을 찾는 것이 바로 도덕적 성찰이다.

오답피하기

③ **타율** : 자신의 의지와 관계없이 정해진 원칙이나 규율에 따라 움직이는 일

14 정답 ②

갈등을 평화롭게 해결하려면 먼저 합리적으로 의사소통하려는 자세를 지녀야 한다. 갈등 상황에서는 감정을 앞세우기보다 이성적으로 판단하고 대화를 통해 바람직한 해결책을 찾도록 노력해야 한다.

15 정답 ②

통일 한국은 자유, 평등 등 보편적 가치를 추구하고, 자유 민주주의 체제에서 자유로운 경제 활동을 하며, 민족 문화를 발전시키고, 주변 국가와 평화로운 관계를 만들어 나가야 한다.

16 정답 ①

정의로운 사회는 사회 정의를 실현한 사회로, 공정한 사회 규칙이나 제도를 마련하여 사회 구성원을 공평하고 차별 없이 대우하는 사회이다.

17 정답 ③

다른 사람을 배려하는 도덕적인 행동을 적극적으로 실천하는 사람이 사람다운 사람이다.

18 정답 ④

지구 온난화에 따른 해수면 상승으로 피지, 투발루, 키리바시 등의 섬나라들이 바닷속에 잠길 위기에 처했다.

19 정답 ③

나눔과 봉사는 우리가 어려운 이웃을 도울 수 있는 좋은 방법이다. 우리 한 사람 한 사람이 십시일반의 마음으로 봉사에 나선다면, 더 많은 이웃에게 따뜻한

위로와 실질적인 도움을 전할 수 있다.

20 정답 ④

만일 우리 마음이 분노나 증오와 같은 부정적 감정으로 가득 차 있으면 마음의 평화를 얻을 수 없다. 마음의 평화를 추구하기 위해서는 부정적 감정을 잘 다스려야 한다.

실과 2024년 제1회

기출문제

01 ④	02 ③	03 ①	04 ②	05 ④
06 ③	07 ②	08 ②	09 ③	10 ④
11 ①	12 ④	13 ③	14 ①	15 ②
16 ④	17 ①	18 ④	19 ②	20 ③

01 정답 ④

아동기는 만 6세~12세까지이다. 아동기의 신체적 발달은 젖니가 빠지면서 영구치로 교체되고, 어깨가 넓어지고 팔다리가 길어지는 시기이다. 신체적 발달을 위해 음식을 골고루 먹고 규칙적인 생활을 해야 한다.

02 정답 ③

식량으로 쓸 수 있는 재료는 쌀, 보리, 옥수수, 콩 등이 있다.

오답피하기

① 튤립은 알뿌리 화초이다.
② 백일홍은 한두해살이 화초이다.
④ 산세비에리아는 다육 식물이다.

03 정답 ①

해상 수송은 바다에서 사람이나 물건을 옮기는 것이다. 잠수함 · 어선 · 여객선은 해상 수송 수단이고, 자전거는 육상 수송 수단이다.

04 정답 ②

재활용이란 말은 물품을 다시 사용하는 것이다. 종이, 플라스틱, 유리, 금속 등은 다시 사용 가능한 재활용 쓰레기이다.

오답피하기

③ 폐기용 쓰레기는 못 쓰게 되어 버리는 쓰레기이다.
④ 폐형광등은 몸에 안 좋은 물질을 포함하고 있기 때문에 올바른 방법으로 폐기해야 한다.

05 정답 ④

한 콘센트에 지나치게 많은 가전제품을 연결할 경우 화재의 위험이 있다. 전기·전자 용품을 안전하게 사용하기 위해서는 품질이 보증된 전기·전자 제품을 사용하고 플러그가 손상되었거나 전선의 피복이 벗겨진 경우에는 교체해야 한다.
①, ②, ③은 전기 안전사고를 예방하는 방법이다.

06 정답 ③

밥을 이용한 우리나라 한 그릇 음식은 김밥, 볶음밥, 덮밥, 비빔밥 등이 있다.

07 정답 ②

간호사는 환자에게 주사를 놓아주며, 환자를 돌보는 일을 한다.

오답피하기
① 약사는 병원에서 받은 처방전을 가지고 약국에 가면 약을 지어주는 직업이다.
③ 소방관은 불이 났을 때 불을 끄고, 다친 사람을 빠르게 병원으로 이송해주는 직업이다.
④ 아나운서는 방송국에서 정보를 전달해주는 직업이다.

08 정답 ②

환경을 고려하며 옷을 관리하는 방법은 옷을 깨끗하게 입고 꼭 필요한 옷만 구입하고, 옷이 상하지 않도록 종류와 용도에 따라 보관한다. 입지 않는 옷은 필요한 사람을 위해 아름다운 가게에 기증한다. 유행이 지난 옷을 바로 버리고 새 옷을 사는 것은 환경오염의 원인이 될 수 있다.

09 정답 ③

제시된 내용은 사이버 중독에 대한 설명이다. 사이버 공간의 긍정적인 영향도 있지만 사이버 중독, 개인 정보 유출로 인한 사생활 침해, 사이버 폭력 등의 부정적인 영향도 있다.

오답피하기
④ 지식 재산은 지적 능력을 가지고 만들어낸 창작물

을 말한다. 미술, 영화, 상표, 특허 등이 지식 재산에 속한다.

10 정답 ④

발명 기법의 종류로 더하기 기법, 빼기 기법, 크기 바꾸기 기법, 모양 바꾸기 기법, 용도 바꾸기 기법, 재료 바꾸기 기법, 반대로 생각하기 기법, 자연물 본뜨기 기법이 있다. 자연물을 관찰하고 특징을 적용하여 새로운 물건을 만드는 기법을 자연물 본뜨기라 한다.

오답피하기
① 빼기 기법으로 발명한 물건은 무선 마우스, 날개 없는 선풍기 등이 있다.
② 더하기 기법으로 발명한 물건은 지우개 달린 연필, 초콜릿 우유 등이 있다.
③ 반대로 하기 기법으로 발명한 물건은 발가락 양말, 세울 수 있는 화장품 용기 등이 있다.

11 정답 ①

자전거는 페달을 밟으면 체인이 돌아가고 자전거가 움직인다.
② 경음기는 주변 사람들에게 소리를 내는 장치이다.
③ 전조등은 밤에 자전거를 운전할 때 앞을 환하게 비춰주는 장치이다.
④ 브레이크는 자전거의 속도를 감소시키는 장치이다.

12 정답 ④

나의 입장만 생각하고 가족의 의견을 무시하는 태도는 서로 배려하고 돌보는 가족으로 보기 어렵다.

13 정답 ③

사람의 피부처럼 물체가 접촉했는지 감지하는 센서는 접촉 센서이다.

오답피하기
① 빛 센서는 어두워 지면 저항이 커지고 밝아지면 저항이 작아지는 성질을 이용한다.
④ 이미지 센서는 사람 얼굴을 감지하여 컴퓨터에 입력할 수 있는 장치들을 말한다.

14 정답 ①

식생활에 해당하는 활동은 장보기, 식단 작성하기, 음식 만들기(조리하기), 상 차리기, 설거지하기 등이다.

오답피하기

③, ④ 의생활은 옷에 관계된 것으로 옷 정리, 세탁기 돌리기, 빨래 널기, 빨래 개기, 다림질 등이 있다.

15 정답 ②

자신의 꿈을 찾기 위해서는 선생님과의 상담, 진로 검사, 관련 서적이 도움될 수 있다. 하지만 남이 시키는 대로만 하는 것은 자신이 좋아하는 일을 찾을 수 없다.

16 정답 ④

시침 핀은 헝겊을 임시로 고정할 때 사용하는 핀이다.

오답피하기

② 가위는 천, 실 등을 자를 때 사용힌다.

③ 줄자는 둘레나 신체의 길이를 잴 때 사용한다.

17 정답 ①

용돈 기입장에서 수입은 용돈이 들어왔을 때 그 금액이다.

간식을 구입하는 데 쓴 돈과 공책을 구입하는 데 쓴 돈은 지출에 해당한다.

18 정답 ④

도로의 교통 상황 정보를 파악하여 자동으로 운행할 수 있는 자율 주행 자동차는 소프트웨어를 바탕으로 한다. 소프트웨어란 컴퓨터에 명령을 내려 작업을 수행하게 하는 프로그램이다.

19 정답 ②

닭고기, 달걀, 생선에는 단백질이 많이 들어있으며 활동에 필요한 힘을 내고, 몸의 조직을 구성하며, 몸의 기능을 조절한다.

오답피하기

① 비타민은 채소와 과일에 많이 들어 있으며 몸의 기능을 조절한다.

③ 탄수화물은 곡류, 빵, 감자 등에 많이 들어있으며 활동에 필요한 힘을 낸다.

④ 무기질은 멸치, 우유, 치즈 등에 많이 들어 있으며 몸의 조직을 구성하고 몸의 기능을 조절한다.

20 정답 ③

친환경 농업은 화학 비료와 농약을 사용하지 않고 농사를 짓는 방법으로, 우렁이 농법, 오리 농법, 지렁이 농법 등이 있다.

오답피하기

② 원예 작물은 채소, 과일나무, 화초 등 먹거나 장식을 하기 위한 작물이다.

④ 어린이 기호 식품은 어린이들이 즐기고 좋아하는 음식물을 의미한다.

합격예감

초졸 검정고시

2023
제 2 회

기출을 보면 합격이 보인다!

기출문제

 국어

 사회

 수학

 과학

 도덕

 실과

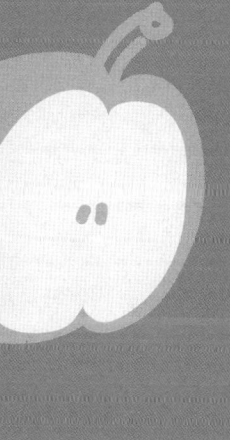

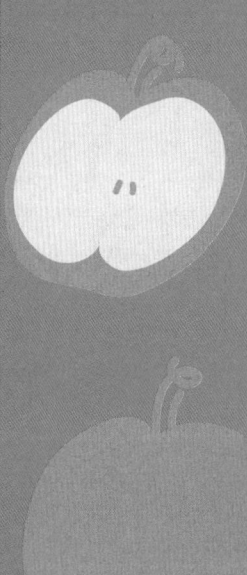

합격예감

초졸 검정고시

기출문제집

2023
제2회
국어

01 ㉠에 들어갈 속담으로 적절한 것은?

> 피아노를 배우다 그만두고, 태권도도 배우다 그만두고, 이제 수영을 배우려고 해.

> 이번에는 수영을 꾸준히 배우면 좋겠어. "㉠"라는 말도 있잖아.

① 백지장도 맞들면 낫다.

② 돌다리도 두들겨 보고 건너라.

③ 우물을 파도 한 우물을 파라.

④ 낮말은 새가 듣고 밤말은 쥐가 듣는다.

02 다음 글의 공간적 배경으로 알맞은 것은?

> 어느 날 아침, 한음이 오성의 집에 놀러 왔습니다. 오성의 집 마당에 있는 큰 감나무에는 빨간 감이 탐스럽게 열려 있었습니다. 이 감나무 가지는 담 너머 옆집인 권 판서 댁까지 뻗어 있었습니다.
> "야, 저 감 참 맛있겠다!"

① 오성의 집

② 한음의 집

③ 어느 날 아침

④ 어느 날 저녁

03 상대에게 조언하는 방법으로 적절하지 <u>않은</u> 것은?

① 진심이 전해지도록 말한다.

② 도움이 되는 내용을 말한다.

③ 나의 의견이 옳다고 강요한다.

④ 상대의 입장이나 상황을 고려하며 말한다.

04 다음 글에서 대상을 설명하기 위해 사용한 방법으로 가장 적절한 것은?

> 다보탑과 석가탑은 공통점이 있습니다. 두 탑은 모두 통일 신라 시대에 만든 탑으로서 불국사 대웅전 앞뜰에 나란히 서 있습니다.
> 두 탑의 모습은 매우 다릅니다. 다보탑은 장식이 많고 화려합니다. 십자 모양의 받침 주변에 돌계단을 만들고 그 위에 사각·팔각·원 모양의 돌을 쌓아 올렸습니다. 반면 석가탑은 단순하면서도 세련된 멋이 있습니다. 사각 평면 받침 위에 돌을 삼 층으로 쌓아 올려 매우 균형 있는 모습을 자랑합니다.

① 다른 대상에 빗대어 설명한다.

② 일이 일어난 순시대로 설명한다.

③ 그림과 그래프를 활용하여 설명한다.

④ 대상의 공통점과 차이점을 찾아 설명한다.

[5~6] 다음 글을 읽고 물음에 답하시오.

> ⑤
>
> 첫째, 학교 근처의 어린이 보호 구역을 현재보다 더 넓혀 어린이들이 안전하게 다닐 수 있게 한다. 둘째, 과속 방지 턱을 만들어 안전사고가 ⓒ 일어나지 않도록 한다.

05 ⑤에 들어갈 중심 문장으로 적절한 것은?

① 학교 폭력 예방 캠페인을 해야 한다.
② 어린이는 눈에 잘 띄는 옷을 입어야 한다.
③ 어린이는 스스로 교통 규칙을 잘 지켜야 한다.
④ 어린이를 위한 보행 안전 환경을 개선해야 한다.

06 ⓒ과 의미가 같은 것은?

① 옷에 보풀이 일어나다.
② 동네에 사건이 일어나다.
③ 잠시 누웠다가 일어나다.
④ 운동장에 먼지가 일어나다.

07 조사한 내용을 발표할 때 ⑤에 들어갈 자료로 가장 적절한 것은?

> • 말할 내용 : 봉산 탈춤
> • 활용할 자료 : ⑤
> • 자료 선정 이유 : 탈춤의 동작을 생생하게 보여줄 수 있고, 탈춤에 사용된 음악을 들려줄 수 있다.

① 표　　　　　② 도표
③ 동영상　　　④ 관광 지도

08 문장 성분의 호응 관계가 바르지 <u>않은</u> 것은?

① 내일 도서관에 갔다.
② 도둑이 경찰에게 잡혔다.
③ 할머니께서 맛있는 떡을 주셨다.
④ 나는 어제 재미있는 동화책을 읽었다.

09 ⑤, ⓒ에 들어갈 말이 알맞게 짝 지어진 것은?

> 의견이 적절한지 평가하는 방법
> • 글쓴이의 의견이 ⑤ 와/과 관련이 있는지 살펴본다.
> • 뒷받침 내용이 ⓒ 이고, 믿을 만한지 확인한다.

　　　⑤　　　　ⓒ
① 의견 – 사실
② 주제 – 사실
③ 주제 – 의견
④ 사실 – 문제 상황

10 토의할 때 가져야 할 태도로 적절하지 <u>않은</u> 것은?

① 상대방이 말할 때 끼어든다.
② 다른 사람의 의견을 경청한다.
③ 토의 주제와 관련된 의견을 말한다.
④ 나와 다른 의견도 존중하며 대화한다.

11 다음 글에서 '이순신'이 중요하게 생각하는 것으로 가장 적절한 것은?

> "우리는 모든 것이 적다. 무기도 적고, 군사도 적고, 배도 적다. 적은 것을 갑자기 늘릴 방법은 없다. 그러나 많아 보이게 할 수는 있을 것이다."
>
> 이순신은 우선 고기잡이배와 피난 가는 배들을 판옥선처럼 꾸미게 하고 백성들에게는 바다가 보이는 육지의 산봉우리에서 계속 돌아다니게 했습니다. 마치 우리 군사의 수가 많은 것처럼 보이도록 한 것입니다.
>
> 이순신은 부하들에게 말했습니다.
>
> "죽으려 하면 살고, 살려 하면 죽는다. 오늘 우리는 이 말처럼 죽기를 각오하고 싸워야 한다."

① 힘든 일은 남에게 미룬다.

② 자신 없는 일은 도전하지 않는다.

③ 어떤 어려움이 와도 포기하지 않는다.

④ 국가의 평화보다는 개인의 행복이 중요하다.

12 다음 시에서 ㉠이 비유하는 것은?

> **봄비**
>
> 비 온다
> 봄비 온다
> 새싹들이 ㉠ 젖 달라고 쪽쪽쪽
> 꽃들이 젖 달라고 짭짭짭
> 하느님이 젖 준다
> 주룩주룩 젖 준다
> 아 배불러,
> 통통통 통통통통
> 부른 배에 젖 내린다
> – 김시민, 「아빠 얼굴이 더 빨갛다」 –

① 비   ② 새싹

③ 꽃   ④ 배

13 ㉠에 들어갈 내용으로 적절한 것은?

> **여행 계획서**
> • 여행 기간 : 9월 중 2박 3일
> • 여행 장소 : 지리산
> • 같이 가고 싶은 사람 : 가족
> • ㉠ : 물, 지도, 비상식량 등

① 여행 일정

② 여행 준비물

③ 여행 총비용

④ 여행 다녀온 소감

14 ㉠에 들어갈 근거로 적절한 것은?

> 주장 : 스마트폰 사용 시간을 줄이자.
> 근거 : • 스마트폰 게임 중독을 예방할 수 있다.
> • _____㉠_____

① 눈 건강을 지킬 수 있다.
② 수질 오염을 막을 수 있다.
③ 식중독의 위험을 낮출 수 있다.
④ 일회용품 사용을 줄일 수 있다.

15 '누가/무엇이+어떠하다'의 짜임이 아닌 것은?

① 하늘이 푸르다.
② 날씨가 따뜻하다.
③ 아이들이 달린다.
④ 장미꽃이 예쁘다.

16 고쳐쓰기 단계에서 할 활동으로 적절하지 않은 것은?

① 필요 없는 문장 삭제하기
② 쓸 내용 자세히 떠올리기
③ 알맞지 않은 낱말 수정하기
④ 제목과 내용이 어울리는지 확인하기

[17~18] 다음 글을 읽고 물음에 답하시오.

> 여러 종류의 책을 읽는 습관을 가져야 합니다. ㉠ 여러 종류의 책을 읽으면 어휘력이 풍부해집니다. ㉡ 그리고 여러 종류의 책을 읽으면 배경지식이 많아집니다. ㉢ 또한 생각하는 힘이 커집니다. ㉣ 따라서 여러 종류의 책을 읽는 습관을 길러야 합니다.

17 ㉠~㉣ 중 의견을 뒷받침하는 문장이 아닌 것은?

① ㉠　　　　　② ㉡
③ ㉢　　　　　④ ㉣

18 위와 같은 글을 쓸 때 표현 방법으로 적절한 것은?

① '아마도, 적당히'와 같은 모호한 표현을 쓴다.
② 외국어 등 이해하기 어려운 낱말로 표현한다.
③ '반드시, 절대로'와 같은 단정적인 표현을 사용한다.
④ '내 생각은 ~인 것 같다'라는 주관적인 표현은 사용하지 않는다.

[19~20] 다음 글을 읽고 물음에 답하시오.

버들잎 편지

• (㉠) : 이른 봄
• (㉡) : 서울 영이의 집
• (㉢) : 영이, 할아버지, 복순

막이 열리면 복순이 콧노래를 부르며 방을 청소하고 있다. 조금 뒤, 창가로 가서 밖을 향하여 소리친다.

(㉣) : 할아버지!
할아버지 : (소리만) 오냐.
복순 : 다 됐어요?
할아버지 : (소리만) 오냐, 다 되어 간다.
복순 : 어머! 웬 사람들이 저렇게 쏟아져 나왔을까?
㉮ (시계를 보며) 그런데 영이는 왜 여태 안 올까?

– 주평, 「등대섬 아이들」 –

---

19 ㉠~㉣에 들어갈 말이 알맞게 짝 지어진 것은?

① ㉠ – 때
② ㉡ – 등장인물
③ ㉢ – 곳
④ ㉣ – 해설

20 ㉮에 대한 설명으로 적절한 것은?

① 인물이 하는 말을 나타낸다.
② 막이 오르는 시간을 나타낸다.
③ 작품의 배경 음악을 나타낸다.
④ 인물의 표정이나 동작을 나타낸다.

01 다음에서 설명하는 것은?

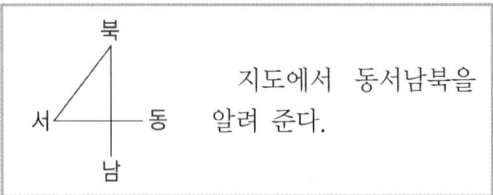

지도에서 동서남북을 알려 준다.

① 경도   ② 축척
③ 등고선   ④ 방위표

02 다음 질문에 대한 답으로 알맞은 것은?

생활에 필요한 물건을 만드는 경제 활동을 무엇이라고 할까요?

① 배려   ② 생산
③ 소비   ④ 저축

03 지역 문제를 해결하기 위한 방법으로 적절하지 <u>않은</u> 것은?

① 소수의 의견만을 따른다.
② 지역 문제의 원인을 찾아본다.
③ 대화와 타협으로 의견을 조정한다.
④ 해결 방안들의 장단점을 비교해 본다.

04 다음에서 설명하는 것은?

- 국민 모두가 갖는 권리이다.
- 국민이 한 나라의 주인으로서 나라의 중요한 일을 스스로 결정하는 권리이다.

① 문화   ② 주권
③ 양보   ④ 봉사

05 ㉠과 ㉡에 들어갈 내용으로 알맞게 짝 지어진 것은?

- ㉠ : 높이 솟은 산들이 모여 이루어진 지형이다.
- ㉡ : 넓고 평탄한 땅으로 이루어진 지형이다.

	㉠	㉡
①	산지	평야
②	평야	산지
③	해안	산지
④	해안	평야

06 ㉠에 들어갈 내용으로 알맞은 것은?

사회 퀴즈 대회

우리나라 영토와 영해 위에 있는 하늘의 범위를 무엇이라고 할까요?

㉠

① 도시　　　② 영공
③ 인구　　　④ 장마

07 다음에서 설명하는 나라는?

- 고구려 유민인 대조영이 세웠다.
- 고구려를 계승하였음을 내세웠다.
- '해동성국'이라고 불렸다.

① 가야　　　② 백제
③ 신라　　　④ 발해

08 ㉠에 들어갈 인물로 알맞은 것은?

　㉠　은/는 거란의 침입에 맞서 거란 장군 소손녕과 담판을 벌였다. 그 결과 고려는 강동 6주를 차지하게 되었다.

① 서희　　　② 김유신
③ 이성계　　　④ 정약용

09 ㉠에 들어갈 내용으로 알맞은 것은?

〈세종의 업적〉
- 집현전 개편
- 농사직설 편찬
- 　㉠

① 삼국 통일
② 단발령 시행
③ 척화비 건립
④ 훈민정음 창제

10 다음에서 설명하는 것은?

- 일본을 통일한 도요토미 히데요시가 군사를 보내 조선을 침략하였다.
- 바다에서는 이순신, 육지에서는 권율 등이 활약하여 일본군을 물리쳤다.

① 병인양요　　　② 임진왜란
③ 귀주 대첩　　　④ 6 · 25 전쟁

11 다음에서 설명하는 자연재해는?

　많은 눈이 한꺼번에 내리는 현상이다. 많은 눈이 도로에 쌓일 때를 대비하여 제설 장비를 준비해야 한다

① 가뭄　　　② 태풍
③ 폭설　　　④ 황사

12 다음 편지에서 설명하는 나라는?

> □□에게
>
>   □□야, 나는 가족과 함께 해외여행 중
> 이야. 나는 지금 이 나라의 수도인 도쿄
> 에 와 있어. 여기서는 한자를 변형해서
> 만든 '가나'라는 문자를 사용해.
> 또 연락할게. 그럼 안녕.
>
>   2023년 ○월 ○일
>   △△가

① 일본　　　　　② 중국
③ 러시아　　　　④ 베트남

13 ㉠에 들어갈 제도로 알맞은 것은?

>   1990년대 우리나라에서는 ⎡ ㉠ ⎤
> 가 본격적으로 실시되었다. 이에 따라 지
> 역 주민이 직접 지방 의회 의원과 지방 자
> 치 단체장을 선출하였다.

① 과거제　　　　② 신분제
③ 중앙 집권제　④ 지방 자치제

14 ㉠에 들어갈 내용으로 알맞은 것은?

>   ⎡ ㉠ ⎤ 은/는 세계 여러 나라들이 교류
> 하고 가까워지는 현상이다.

① 고령화　　　　② 다수결
③ 세계화　　　　④ 저출산

15 다음 기사에 나타난 불공정한 경제 활동은?

> □□신문　　　　○○○○년 ○○월 ○○일
>
>   취재 결과 ○○회사는 건강식품을 판
> 매하면서 제품의 효능이 없음에도 불구
> 하고, 효과가 아주 뛰어난 것처럼 허위
> 로 광고하였다는 사실이 드러났다.

① 공정 무역　　　② 문화 교류
③ 인권 보장　　　④ 허위·과장 광고

16 다음 활동을 하는 기관은?

입법　　　　예산안 심의　　　국정 감사

① 국회　　　　　② 학교
③ 경찰서　　　　④ 우체국

17 ㉠에 들어갈 내용으로 알맞은 것은?

>   1970년대 우리나라는 경제 개발 계획에
> 따라 철강, 선박, 자동차 등의 제품을 생
> 산하는 ⎡ ㉠ ⎤ 을 육성하였다.

① 관광 산업　　　② 의류 산업
③ 생명 공학　　　④ 중화학 공업

18 다음 설명에 해당하는 기후는?

> • 적도 주변의 저위도 지역에 나타난다.
> • 일 년 내내 덥고 비가 많이 내린다.

① 건조 기후   ② 냉대 기후

③ 열대 기후   ④ 한대 기후

19 다음에서 설명하는 것은?

모든 국민은 정해진 법에 따라 세금을 낼 의무가 있다.

① 선거권   ② 참정권

③ 납세의 의무   ④ 환경 보전의 의무

20 환경 문제를 해결하기 위한 노력으로 가장 적절한 것은?

⑴ 재활용품을 분리배출한다.

② 환경 문제에 관심을 갖지 않는다.

③ 사람이 없을 때도 전등을 켜 둔다.

④ 개인 물컵 대신 종이컵을 사용한다.

01 그림은 전체 크기가 1인 정사각형을 크기가 같은 100개의 부분으로 나눈 것이다. 색칠한 부분의 크기를 소수로 알맞게 나타낸 것은?

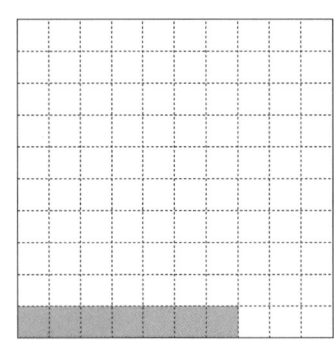

① 0.06　　　　② 0.07
③ 0.08　　　　④ 0.09

02 다음은 정삼각형이다. 세 변의 길이의 합은?

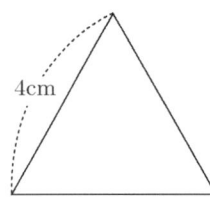

4cm

① 8 cm　　　　② 12 cm
③ 16 cm　　　　④ 20 cm

03 다음 나눗셈의 몫을 반올림하여 소수 둘째 자리까지 알맞게 나타낸 것은?

$$18 \div 7 = 2.571 \cdots$$

① 2.54　　　　② 2.55
③ 2.56　　　　④ 2.57

04 다음은 수의 범위를 수직선에 나타낸 것이다. ㉠에 알맞은 것은?

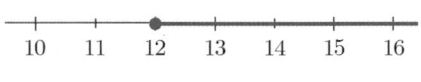

12 ㉠ 인 수

① 이상　　　　② 이하
③ 초과　　　　④ 미만

05 그래프는 학생 4명의 줄넘기 기록을 나타낸 것이다. 이에 대한 설명으로 알맞은 것은?

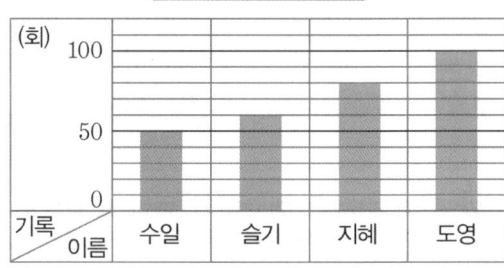

① 꺾은선그래프이다.
② 슬기의 기록이 가장 높다.
③ 지혜의 기록이 가장 낮다.
④ 도영이의 기록은 100회이다.

06 다음은 24와 42의 최소공배수를 구하는 과정이다. 최소공배수를 구하는 식으로 알맞은 것은?

$$6 \overline{)\begin{array}{cc} 24 & 42 \\ \hline 4 & 7 \end{array}}$$

① $6 + 4 = 10$
② $6 \times 4 = 24$
③ $6 + 4 + 7 = 17$
④ $6 \times 4 \times 7 = 168$

07 쌓기나무 6개를 〈보기〉와 같이 쌓았을 때, 위에서 본 모양으로 알맞은 것은?

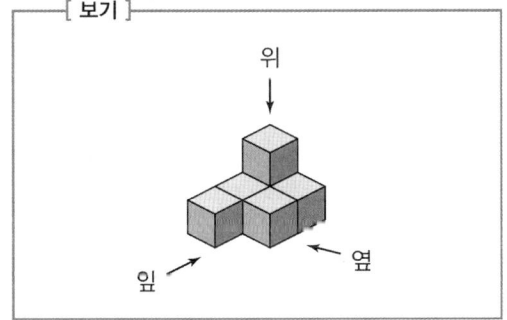

① 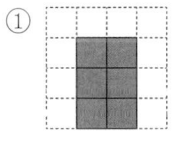 ②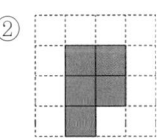

③  ④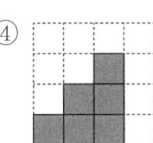

08 다음은 $\frac{7}{10} - \frac{2}{5}$ 의 계산 과정을 나타낸 것이다. □에 알맞은 수는?

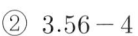
$$\frac{7}{10} - \frac{2}{5} = \frac{7}{10} - \frac{4}{10} = \boxed{}$$

① $\frac{1}{10}$ ② $\frac{2}{10}$

③ $\frac{3}{10}$ ④ $\frac{4}{10}$

09 넓이가 $3.56\,\mathrm{m}^2$인 정사각형을 네 부분으로 똑같이 나누어 그림과 같이 색칠하였다. 색칠한 부분의 넓이를 구하는 식으로 알맞은 것은?

① $3.56 + 4$
② $3.56 - 4$
③ 3.56×4
④ $3.56 \div 4$

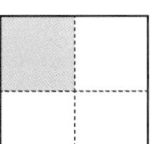

10 다음 중 다각형이 <u>아닌</u> 것은?

① 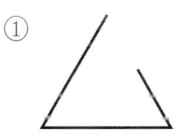 ②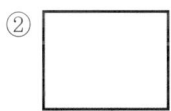

③ 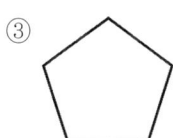 ④

11 다음과 같이 소수의 나눗셈을 분수의 나눗셈으로 나타내어 계산하려고 한다. □에 알맞은 수는?

$$3.64 \div 0.52 = \frac{364}{100} \div \frac{\square}{100}$$

① 0.52

② 5.2

③ 52

④ 520

12 다음 두 삼각형은 서로 합동이다. □에 알맞은 수는?

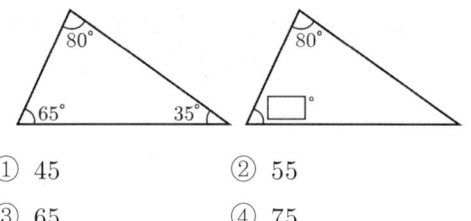

① 45

② 55

③ 65

④ 75

13 다음은 $\frac{1}{4}$과 크기가 같은 분수를 알아보는 과정이다. □에 알맞은 수는?

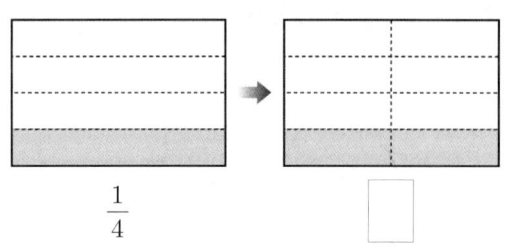

① $\frac{1}{8}$

② $\frac{2}{8}$

③ $\frac{3}{8}$

④ $\frac{4}{8}$

14 다음 전개도를 접어서 직육면체를 만들었을 때, 색칠한 면과 수직인 면의 개수는?

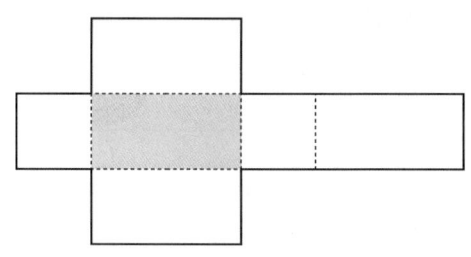

① 3개

② 4개

③ 5개

④ 6개

15 원 모양의 케이크 1개를 남김없이 4명이 똑같이 나누어 먹으려고 한다. 한 사람이 먹을 수 있는 양만큼 알맞게 색칠한 것은?

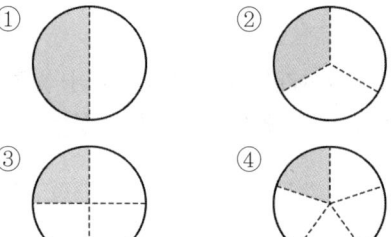

16 다음은 원뿔이다. 원뿔의 꼭짓점은?

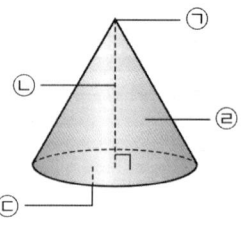

① ㉠

② ㉡

③ ㉢

④ ㉣

17 다음 원의 넓이를 구하는 식으로 알맞은 것은? (원주율 : 3.14)

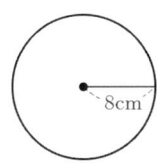

① 8×3.14
② 2×8×3.14
③ 8×8×3.14
④ 16×16×3.14

18 표는 자동차의 수와 바퀴의 수 사이의 대응 관계를 나타낸 것이다. ㉠에 들어갈 수를 구하는 식으로 알맞은 것은?

자동차의 수(대)	1	2	3	4	5	…
바퀴의 수(개)	4	8	12	16	㉠	…

① 5×1=5
② 5×2=10
③ 5×3=15
④ 5×4=20

19 다음은 가위의 수와 풀의 수의 비를 알아보는 과정이다. □에 알맞은 것은?

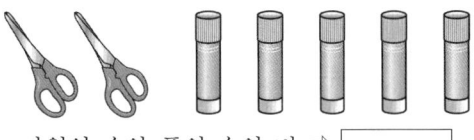

가위의 수와 풀의 수의 비 ⇨ ☐

① 2 : 5
② 2 : 7
③ 3 : 5
④ 3 : 7

20 다음은 슬기네 반 전체 학생들이 좋아하는 운동을 조사하여 표와 원그래프로 나타낸 것이다. ㉠에 알맞은 수는?

학생들이 좋아하는 운동

운동	피구	축구	야구	기타	합계
학생 수(명)	8	6	3	3	20
백분율(%)	㉠	30	15	15	100

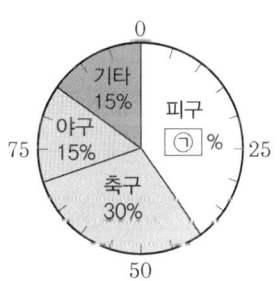

① 10
② 20
③ 30
④ 40

01 표는 물의 세 가지 상태를 나타낸 것이다.
㉠에 해당하는 것은?

고체	액체	기체
㉠	물	수증기

① 바람   ② 습도
③ 얼음   ④ 온도

02 그림은 손전등으로 물체를 비추었을 때 그
림자가 스크린에 생기는 모습을 나타낸 것
이다. 다음 중 그림자의 크기를 더 크게 하
는 방법은?

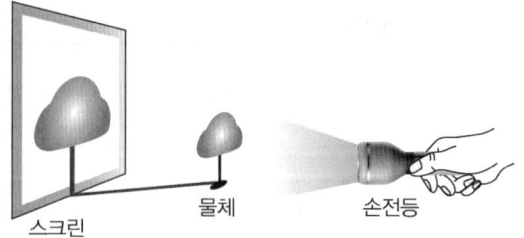

① 물체를 거꾸로 뒤집는다.
② 스크린의 크기를 크게 한다.
③ 물체를 스크린 쪽으로 이동한다.
④ 물체를 손전등 쪽으로 이동한다.

03 그림은 달의 모양 변화를 나타낸 것이다.
다음 중 음력 27~28일 무렵에 볼 수 있는
달은?

① 초승달   ② 상현달
③ 보름달   ④ 그믐달

04 다음 설명에 공통으로 해당하는 것은?

- 응급 환자의 호흡 장치에 이용된다.
- 철이나 구리와 같은 금속을 녹슬게 한다.
- 폐를 통해 흡수되어 몸속 기관이 일을
 하는 데 사용된다.

① 산소   ② 수소
③ 질소   ④ 이산화 탄소

05 그림은 꽃의 구조를 나타낸 것이다. 꽃잎을
받치고 보호하는 역할을 하는 것은?

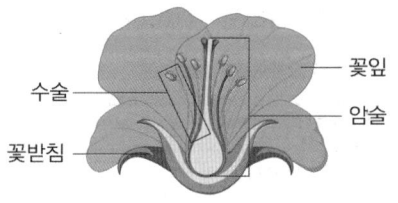

① 수술   ② 암술
③ 열매   ④ 꽃받침

06 다음 설명에 공통으로 해당하는 것은?

> • 유리나 플라스틱 등으로 만든 투명한 삼
> 각기둥 모양의 기구이다.
> • 햇빛을 이 기구에 통과시키면 다양한 색
> 을 관찰할 수 있다.

① 프리즘　　　　② 막자사발
③ 약숟가락　　　④ 증발 접시

07 그림의 전기 회로에서 전지의 연결 방법은?

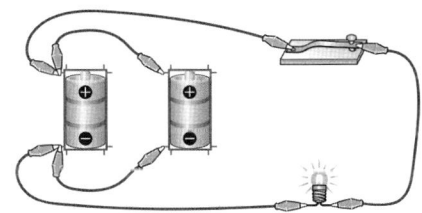

① 대류　　　　　② 전도
③ 병렬연결　　　④ 직렬연결

08 그림은 우리나라에서 계절별 태양의 위치 변화를 나타낸 것이다. 이에 대한 설명으로 옳은 것은?

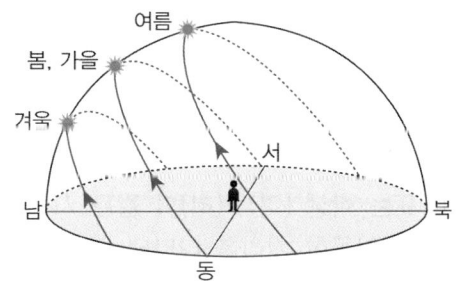

① 태양은 항상 서쪽에서 뜬다.
② 여름철 태양의 남중고도가 가장 높다.
③ 낮의 길이가 가장 긴 계절은 겨울이다.
④ 계절에 따른 달의 움직임을 나타낸 것
이다.

09 다음 중 지층에 관한 설명으로 옳지 <u>않은</u> 것은?

① 지층에는 줄무늬가 보인다.
② 모든 지층은 수평 모양이다.
③ 지층의 두께나 색깔은 다양하다.
④ 지층은 만들어지는 데 오랜 시간이 걸
린다.

10 다음 대화에서 설명하는 소화 기관은?

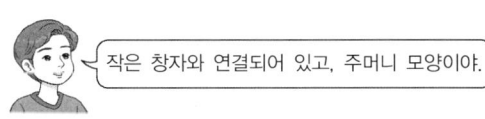

작은 창자와 연결되어 있고, 주머니 모양이야.

소화를 돕는 액체가 나와 음식물이 더 잘게 쪼개져.

① 위　　　　　　② 폐
③ 심장　　　　　④ 콩팥

11 그림에서 ㉠에 해당하는 것은?

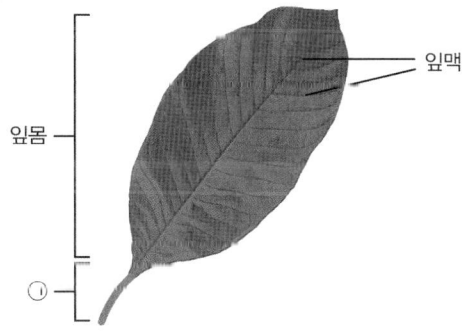

① 뿌리　　　　　② 씨앗
③ 잎자루　　　　④ 꼬투리

12 표는 지구의 크기를 1로 하여 태양계 행성의 상대적인 크기를 나타낸 것이다. 다음 중 지구와 크기가 가장 비슷한 행성은?

행성	수성	금성	지구	화성	목성
상대적인 크기	0.4	0.9	1.0	0.5	11.2

① 수성　　　　　② 금성
③ 화성　　　　　④ 목성

13 다음 중 생태계 보전 방법으로 적절하지 <u>않은</u> 것은?

① 산에 나무 심기
② 생물의 서식지 보호하기
③ 일회용품 많이 사용하기
④ 자동차 대신 자전거 이용하기

14 그림은 소금을 물에 녹이는 실험을 나타낸 것이다. 이 실험에 대한 설명으로 옳은 것은?

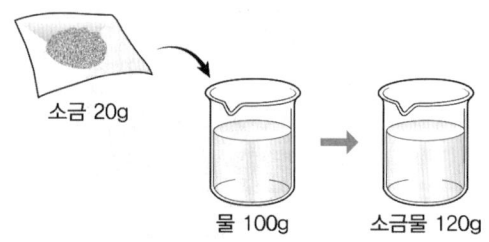

소금 20g　　　물 100g　　　소금물 120g

① 소금은 용매이다.
② 소금은 물에 녹지 않는다.
③ 소금은 물의 양이 적을수록 잘 녹는다.
④ 소금물의 무게는 소금과 물의 무게를 합한 것과 같다.

15 다음 설명에 공통으로 해당하는 생물은?

> • 균류에 속한다.
> • 몸은 균사로 이루어져 있다.

① 토끼　　　　　② 곰팡이
③ 강아지풀　　　④ 부레옥잠

16 다음 중 이슬과 안개의 공통점은?

① 모두 기체이다.
② 낮에만 나타난다.
③ 수증기가 응결하여 생성된다.
④ 산불을 일으키는 원인이다.

17 표는 학생 (가)~(라)가 같은 시간 동안 각각 이동한 거리를 나타낸 것이다. 가장 느리게 이동한 학생은?

학생	(가)	(나)	(다)	(라)
이동한 거리	30m	50m	70m	90m

① (가)　　　　　② (나)
③ (다)　　　　　④ (라)

18 그림은 뚜껑을 덮어서 알코올램프의 불을 끄는 모습을 나타낸 것이다. 뚜껑을 덮었을 때, 알코올램프의 불이 꺼지는 이유로 옳은 것은?

알코올램프 뚜껑 덮기

① 온도가 높아져서

② 주변이 어두워져서

③ 탈 물질이 공급되어서

④ 산소 공급이 차단되어서

20 다음 설명에서 ㉠에 해당하는 것은?

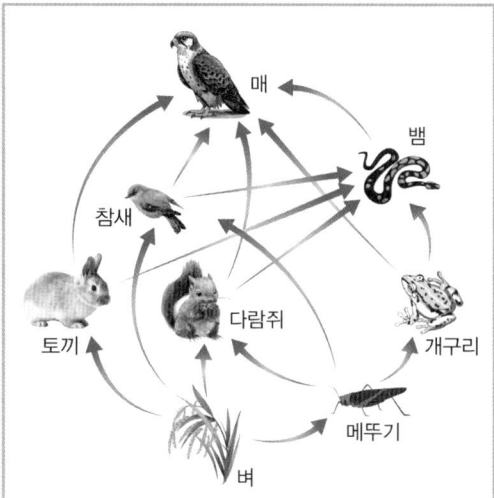

생태계에서 여러 개의 먹이 사슬이 얽혀 그물처럼 연결되어 있는 것을 (㉠)(이)라고 한다.

① 분해자　　② 먹이 그물

③ 환경 오염　④ 비생물 요소

19 다음 중 우리 생활에서 산과 염기의 성질을 이용한 예로 옳은 것은?

① 햇볕에 빨래 말리기

② 설탕을 물에 녹이기

③ 물을 냉동실에 넣어 얼리기

④ 생선을 손질한 도마를 식초로 닦기

2023
제2회
도덕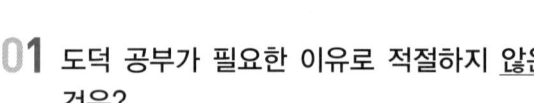

01 도덕 공부가 필요한 이유로 적절하지 <u>않은</u> 것은?

① 도덕적 삶을 살기 위해서이다.
② 제멋대로 행동하기 위해서이다.
③ 올바른 마음을 기르기 위해서이다.
④ 바르게 판단하고 결정하기 위해서이다.

02 그림에서 공통으로 나타난 마음가짐으로 적절한 것은?

〈무거운 물건을 친구와 함께 들기〉

〈역할을 나누어 함께 공연하기〉

① 교만
② 불신
③ 질투
④ 협동

03 서로 다른 문화를 존중하는 자세로 적절한 것을 〈보기〉에서 고른 것은?

┤ 보기 ├
ㄱ. 나와 다른 문화는 무조건 멀리한다.
ㄴ. 나와 종교가 다른 사람에게 편견을 갖는다.
ㄷ. 생김새나 생활 방식이 다른 사람을 이해한다.
ㄹ. 우리 주위에 다양한 문화가 존재함을 받아들인다.

① ㄱ, ㄴ
② ㄱ, ㄷ
③ ㄴ, ㄹ
④ ㄷ, ㄹ

04 내면적으로 아름다운 사람이 되기 위한 행동으로 적절하지 <u>않은</u> 것은?

① 위인들의 본받을 점을 찾아본다.
② 매일 일기를 쓰며 나를 되돌아본다.
③ 나와 생각이 다른 친구의 의견을 무시한다.
④ 꿈을 이루는 데 도움이 되는 책을 꾸준히 읽는다.

05 ㉠에 들어갈 말로 가장 적절한 것은?

(㉠) 단어 목록
기쁨, 슬픔, 감사, 우울,
유쾌, 외로움, 미움, 즐거움,
⋮

① 감정 　　② 단절
③ 조롱 　　④ 폭력

06 다음 일기의 밑줄 진 부문과 가상 관련 있는 덕목은?

20○○년 ○○월 ○○일(○요일) 날씨 : ☀

글쓰기 숙제

　글쓰기 숙제를 하는 것이 너무 귀찮아서 인터넷을 검색하여 내용을 그대로 베꼈다. 다음부터는 내 자신에게 떳떳하고 거짓 없이 행동하도록 노력해야겠다.

① 공경 　　② 우애
③ 절약 　　④ 정직

07 사이버 공간의 긍정적인 면으로 적절한 것은?

⑴ 정보 선택의 어려움
② 사이버 폭력 및 따돌림
③ 온라인 게임 중독의 위험
④ 멀리 있는 사람과의 편리한 의사소통

08 ㉠에 들어갈 말로 가장 적절한 것은?

• 나는 매일 아침에 거울을 보며 (㉠)인 다짐을 한다.
• 나는 다짐한 말을 실천하려고 노력한다.

① 공격적 　　② 긍정적
③ 부정적 　　④ 비관적

09 다음에서 설명하고 있는 것은?

　남북한 분단과 전쟁 때문에 가족과 헤어져서 만나지 못하는 사람들을 말한다.

① 대가족 　　② 핵가족
③ 이산가족 　　④ 확대 가족

10 공정한 행동에 해당하는 것은?

① 규칙을 지켜 축구하기
② 급식을 받을 때 순서를 무시하고 끼어들기
③ 내가 하기 싫은 일을 나른 친구에게 시키기
④ 학급 회의에서 친한 친구에게만 발표 기회 주기

11 다음에서 설명하고 있는 것은?

> • 스스로를 격려한다.
> • 나를 사랑하는 법을 배운다.
> • 내 마음의 소리에 귀를 기울인다.

① 경고
② 무시
③ 준법
④ 자아 존중

12 지구촌이 겪고 있는 문제점이 <u>아닌</u> 것은?

① 전쟁과 난민
② 전염성 강한 질병
③ 국제 구호 단체 활동
④ 지구 온난화로 인한 이상 기후

13 그림의 대화에 나타난 갈등 해결 방법은?

네가 내 말을 안 들어줘서 속상했어.

그랬구나. 미안해. 앞으로 네 말을 귀 기울여 들을게.

① 경청하기
② 명령하기
③ 반항하기
④ 윽박지르기

14 진정한 봉사 활동에 해당하지 <u>않는</u> 것은?

① 공원에 있는 쓰레기 줍기
② 보상을 바라고 교실 청소하기
③ 동전을 모아 어려운 이웃 돕기
④ 재해가 일어난 곳에 도움 주기

15 ㉠에 공통으로 들어갈 말로 가장 적절한 것은?

> 우리 반 (㉠)왕
>
> 이름 : ○○○
>
> 위 학생은 평소 자신의 생각이나 행동에 잘못된 점은 없는지 스스로 반성하고 올바른 사람이 되기 위해 노력하기에 우리 반 (㉠)왕으로 임명합니다.
>
> 20○○년 ○○월 ○○일

① 비리
② 사치
③ 성찰
④ 소비

16 다음에서 설명하고 있는 것은?

> • 늘 가까이에 두고 생활의 길잡이로 삼는 말
> • 항상 잊지 않고 자신의 생활을 이끌어 가는 격언

① 무관심
② 좌우명
③ 좌절감
④ 친밀감

17 ㉠에 들어갈 말로 가장 적절한 것은?

제목 : ㉠

〈실천할 일〉
• 아침에 스스로 일어나기
• 스스로 책상 정리하기
• 스스로 공부 계획 세우기

① 통일로 가는 길
② 환경 보호는 나부터
③ 내 삶의 주인공은 나
④ 내가 지키는 교통안전

18 다음 글에 나타난 문제로 가장 적절한 것은?

점심시간에 친구들과 함께 운동장에서 줄넘기 연습을 했다. 그런데 내가 줄넘기 줄에 자꾸 걸리자 한 친구가 "여자기면 몰라도 남자는 운동을 잘해야지."라며 놀렸다.

'남자는 운동을 무조건 잘해야 하는 건가?'

그 이후로는 운동할 때 자신감이 떨어지고 친구들의 눈치를 보게 되었다.

① 성차별　　　② 외모 차별
③ 인종 차별　　④ 종교 차별

19 다음에서 설명하고 있는 것은?

• 인간으로서 당연히 가지는 기본적인 권리이다.
• 인간은 누구나 평등하게 태어났으며 모든 사람은 존엄하게 대우받을 권리가 있다.

① 법　　　　② 국가
③ 규범　　　④ 인권

20 그림에서 ㉠에 들어갈 말로 적절한 것은?

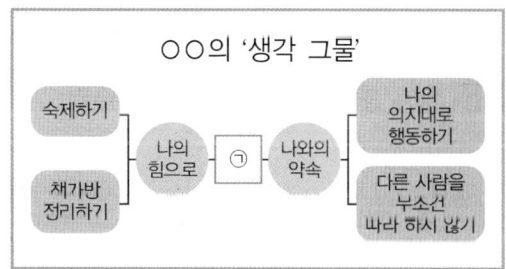

① 자주　　　② 타율
③ 인류애　　④ 통일 의지

01 그림에 해당하는 아동기 발달의 특징은?

작년보다 키가 7cm나 더 자랐네.

① 사회적 발달   ② 신체적 발달
③ 인지적 발달   ④ 정서적 발달

02 다음 설명에 해당하는 환경 요소는?

식물 내에서 물질을 운반하고 온도를 조절해 준다.

① 물   ② 공기
③ 토양   ④ 햇빛

03 ㉠에 들어갈 말로 알맞은 것은?

(㉠)은 생활에 필요한 것을 얻거나 경제적 소득을 얻기 위해 기르는 동물이다.

① 반려동물   ② 애완동물
③ 경제 동물   ④ 특수 동물

04 가정에서의 올바른 식사 예절로 적절하지 <u>않은</u> 것은?

① 반찬 투정을 하지 않는다.
② 식사 준비에 함께 참여한다.
③ 식사 후에 식탁을 깨끗하게 정리한다.
④ 식사 중에 입을 벌려 내용물을 보여 준다.

05 ㉠과 ㉡에 해당하는 식품군으로 알맞은 것은?

식품군	㉠	㉡
식품	치즈, 요구르트	감자, 옥수수

	㉠	㉡
①	과일류	곡류
②	과일류	채소류
③	우유·유제품류	곡류
④	우유·유제품류	채소류

06 다음 설명에 해당하는 발명품은?

원하는 곳으로 빠르고 편리하게 갈 수 있다.

① 냉장고   ② 보일러
③ 자동차   ④ 진공청소기

07 동물을 돌보고 기를 때의 대도로 알맞지 <u>않</u>은 것은?

① 정기적으로 건강 검진을 한다.
② 산책을 할 때 목줄을 풀고 다닌다.
③ 동물의 보금자리를 깨끗이 청소한다.
④ 기르고 있는 동물에 대해 자세히 알아본다.

08 다음 설명에 해당하는 바느질 도구는?

바늘에 꿰어 천을 잇는 데 사용한다.

① 실   ② 골무
③ 쪽가위   ④ 시침 핀

09 ㉠에 해당하는 수송 수단의 기본 요소는?

자전거의 (㉠)은/는 수송 수단이 움직이도록 하는 장치로 페달과 체인 등이 있다.

① 프레임   ② 구동 장치
③ 제동 장치   ④ 조향 장치

10 다음 설명에 해당하는 직업은?

승객이나 화물을 운반하기 위해 여객기, 화물 수송기 등을 조종한다.

① 교사   ② 은행원
③ 사회 복지사   ④ 항공기 조종사

11 가족에 대한 설명으로 적절하지 <u>않</u>은 것은?

① 우리 주변에는 다양한 형태의 가족이 있다.
② 결혼, 혈연, 입양 등으로 맺어진 공동체이다.
③ 상황에 따라 가족 구성원의 역할은 다를 수 있다.
④ 조부모와 함께 사는 가족을 1인 가족이라고 한다.

12 다음 설명에 해당하는 조리 도구는?

• 음식을 조리할 때 쓰는 가열 기구이다.
• 불의 세기를 조절할 수 있다.

① 도마   ② 뒤집개
③ 젓가락   ④ 가스레인지

13 의생활에 해당하는 것을 〈보기〉에서 고른 것은?

┌─── 보기 ┐
ㄱ. 빨래하기　　　ㄴ. 요리하기
ㄷ. 다림질하기　　ㄹ. 은행 업무 보기
└─────────────┘

① ㄱ, ㄴ　　　② ㄱ, ㄷ
③ ㄴ, ㄹ　　　④ ㄷ, ㄹ

14 ㉠에 들어갈 말로 가장 적절한 것은?

나는 공부를 재미있게 할 수 있도록 도와주는 ㉠ 을 만들고 싶어.

① 교육 로봇　　　② 수술 로봇
③ 청소 로봇　　　④ 탐사 로봇

15 ㉠에 들어갈 말로 가장 적절한 것은?

• ┌─── ㉠ ───┐ : 0~10℃ 냉장 보관(개봉 후에는 반드시 냉장 보관하거나 빨리 드세요.)

① 원재료명
② 보관 방법
③ 영양 정보
④ 식품 인증 표시

16 ㉠과 ㉡에 들어갈 옷의 기능으로 알맞은 것은?

• 자신의 개성을 (㉠)한다.
• 외부의 위험으로부터 몸을 (㉡)한다.

　　　㉠　　　　㉡
① 구성　　　보호
② 구성　　　선택
③ 표현　　　보호
④ 표현　　　선택

17 건강한 가정생활의 모습으로 적절하지 <u>않은</u> 것은?

① 서로의 의견을 존중하지 않는다.
② 가족의 행복을 위해 함께 노력한다.
③ 가정일을 서로 미루지 않고 함께한다.
④ 가족에게 어려운 일이 생겼을 때 도와준다.

18 그림이 공통으로 나타내는 것은?

① 친환경 인증 표시
② 항생제 사용 표시
③ 합성 농약 사용 표시
④ 화학 비료 사용 표시

19 재활용 쓰레기를 분리배출하는 방법으로 적절하지 <u>않은</u> 것은?

① 유리병은 잘게 깬다.

② 종이 팩은 물로 헹군 후 펼친다.

③ 음료수 캔은 내용물을 비우고 납작하게 누른다.

④ 플라스틱 생수 통은 부착 상표 등을 뗀 후 찌그러뜨린다.

20 ㉠에 들어갈 말로 알맞은 것은?

> 문제를 해결하기 위해 컴퓨터가 이해할 수 있는 언어를 사용하여 프로그램으로 만드는 과정을 (㉠)(이)라고 한다.

① 하드웨어

② 프로그래밍

③ 사이버 중독

④ 개인 정보 보호

2023년 제2회 정답 및 해설

국어 2023년 제2회

기출문제

01 ③	02 ①	03 ③	04 ④	05 ④
06 ②	07 ③	08 ①	09 ②	10 ①
11 ③	12 ①	13 ②	14 ①	15 ③
16 ②	17 ④	18 ④	19 ①	20 ④

01 정답 ③

수영을 꾸준히 배우면 좋겠다고 말하고 있으므로 '한 가지 일을 꾸준히 해야 성공할 수 있다'는 뜻인 ③의 속담이 적절하다.

오답피하기

① 아무리 쉬운 일이라도 서로 힘을 합하면 훨씬 쉽다.
② 확실한 일이라도 다시 한번 확인하고 조심해라.
④ 말은 언제나 새어 나가게 마련이니 늘 말조심해라.

02 정답 ①

공간적 배경은 장소를 말하는 것이므로 한음이가 놀러 온 '오성의 집'이다.

03 정답 ③

상대에게 조언(도움을 주는 말)을 할 때는 나의 의견이 옳다고 강요(강제로 요구)하는 것은 옳지 않다.

04 정답 ④

첫 번째 문단에서 다보탑과 석가탑의 공통점을, 두 번째 문단에서 다보탑과 석가탑의 다른 점을 설명하고 있으므로 ④가 적절하다.

오답피하기

① 비유를 의미한다.
② 서사(일이 일어난 순서)를 이야기한다.
③ 그림과 그래프가 나와야 맞다.

05 정답 ④

첫째, 둘째의 내용이 어린이가 안전하게 다니게 하는 것, 안전사고가 일어나지 않도록 하는 점이 공통점이므로 '어린이를 위한 보행 안전 환경 개선'이 ㉠에 들어가야 적절하다.

06 정답 ②

㉡의 '일어나다'는 '발생하다'라는 의미이므로 (동네에 사건이) '발생하다'로 바꾸어 쓸 수 있는 ②가 적절하다.

오답피하기

① (보풀이) '생기다'라는 뜻이다.
③ (자리에서) '누웠다가 서다'의 뜻이다.
④ (먼지가) '위로 솟다'의 뜻이다.

07 정답 ③

자료 선정 이유를 보면 탈춤의 동작을 생생하게 보여 주고 음악을 들려줄 수 있다고 되어 있으므로 시각과 청각을 모두 충족하는 자료로 동영상이 적절하다.

08 정답 ①

'내일'은 미래시제를 나타내는 부사어이므로 '갔다'는 과거시제가 아닌 (내일 도서관에) '갈 것이다'라는 미래시제 서술어를 써 주어야 문장 성분 호응이 바르다.

09 정답 ②

누군가의 의견이 적절한지 평가할 때는 '주제'와 관련이 있는지 살피고, 뒷받침 내용은 '사실'이고 믿을 만한지 확인해야 한다. 따라서 ②가 알맞다.

10 정답 ①

토의는 협력적 활동으로 상대방이 말을 다 할 때까지 경청해 주어야 한다. 따라서 말할 때 끼어드는 태도는 적절하지 않다.

11 정답 ③

이순신은 무기도 군사도 배도 모든 것이 적었지만 많은 것처럼 보이게 하면서 죽기를 각오하고 싸우자고 부하들에게 말하고 있다. 따라서 어떤 어려움이와도 포기하지 않는 태도를 중요하게 생각했다고 볼 수 있다.

12 정답 ①

봄비라는 시에서 비, 봄비가 오고 있는 상황이므로 새싹들이 달라는 '젖'의 원관념은 '비'이다. 비를 젖으로 빗대어 표현한 것이다.

13 정답 ②

물, 지도, 비상식량은 여행 갈 때 준비물이므로 ②가 적합하다.

14 정답 ①

스마트폰 사용 시간이 길어지면 눈 건강을 해칠 수 있으므로 스마트폰 사용 시간을 줄이자라는 주장에 대한 근거로 눈 건강을 지킬 수 있음을 들 수 있다. 수질 오염이나 식중독, 일회용품 사용은 스마트폰 사용 시간과 연관성이 떨어진다.

15 정답 ③

누가/무엇이는 '주어'를, 어떠하다는 '형용사'를 말한다. 따라서 ③ '아이들이 달린다'는 '주어 + 동사'의 짜임이므로 해당되지 않는다.

오답피하기

①, ②, ④는 모두 '주어 + 형용사'의 짜임이다.

16 정답 ②

고쳐쓰기 단계는 자신이 쓴 글을 다시 읽고 내용과 표현이 어색한 부분을 찾아 고치는 단계이다. 쓸 내용을 자세히 떠올리는 것은 내용 생성하기(내용 마련하기) 단계에서 하는 활동이다.

17 정답 ④

책을 읽으면 어휘력이 풍부해지고 배경지식이 많아지며 생각하는 힘이 커진다고 하였다. ㉠, ㉡, ㉢은 의견을 뒷받침하는 문장이며, '따라서'로 정리되는 문장은 의견에 해당하는 문장이다.

18 정답 ④

제시된 글은 주장하는 글(논설문)이므로 이와 같은 글을 쓸 때에는 모호한 표현, 어려운 낱말, 단정적인 표현을 사용하지 않아야 하고 ④ '내 생각은 ~인 것 같다'와 같은 추측성 표현은 사용하지 않는 것이 적절하다.

19 정답 ①

'이른 봄'은 시간에 해당하므로 '때'가 들어가야 알맞다.

오답피하기

② ㉡은 장소이므로 '곳'이다.
③ ㉢은 '등장인물'이다.
④ ㉣은 '복순'이다.

20 정답 ④

㉮는 복순이의 동작을 지시하거나 나타내고 있는 지시문이므로 ④가 적절하다.

오답피하기

① 인물이 하는 말은 대사에 해당하고, ②, ③은 제시된 글에 나와 있지 않다.

사회 2023년 제2회

기출문제

01 ④	02 ②	03 ①	04 ②	05 ①
06 ②	07 ④	08 ①	09 ④	10 ②
11 ③	12 ①	13 ④	14 ③	15 ④
16 ①	17 ④	18 ③	19 ③	20 ①

01 정답 ④

방위표는 지도에서 동서남북을 이용하여 위치를 나타내는 것이다. 방위표가 없는 지도 위쪽은 북쪽, 아래쪽은 남쪽이다.

02 정답 ②

경제 활동은 사람들에게 필요한 것을 생산하고 소비하는 것과 관련된 모든 활동을 말한다.
생활에 필요한 물건을 만드는 행위는 생산에 해당한다.

03 정답 ①

오늘날 지역 문제는 주차 문제, 통학로 문제, 소음 문제, 쓰레기 문제 등과 같이 지역 안에서 일어나는 문제가 있고, 지역과 지역 간의 손해와 이익에 따라 갈등이 발생하는 문제가 있을 수 있다. 지역 문제 해결을 위해 대화와 타협으로 의견을 조정하고 다수결 원칙에 따라 많은 사람이 동의하는 의견으로 결정을 내려야 한다.
① 소수의 의견만을 따르면 갈등 해결이 어렵다.

04 정답 ②

모든 국민이 갖는 주요 권리로서 국민이 국가의 주인됨의 권리를 주권이라고 한다.
대한민국의 주권은 국민에게 있고 모든 권력은 국민으로부터 나온다.

05 정답 ①

산지는 임업, 축산업, 광업이 발달한 곳으로, 높은 산들이 모여 이루어진 지형이다.

평야는 넓은 들을 활용한 농업이 발달한 곳으로, 넓고 평탄한 땅으로 이루어진 지형이다.

06 정답 ②

우리 국토의 영역은 영토, 영해, 영공으로 구성되어 있다.
영토는 한반도와 부속 도서(섬)이며, 영해는 통상적으로 해안선으로부터 12해리이다. 영공은 영토와 영해 위의 하늘이다.

07 정답 ④

발해는 대조영이 고구려 유민 및 말갈족을 이끌고 동모산 근처에서 건국하였다. 선왕에 들어와서는 동쪽의 융성한 나라라는 뜻의 '해동성국'이라는 말을 들을 정도로 강력한 국가로 성장하였다.

08 정답 ①

고려 시대 거란의 장군 소손녕이 침입(거란의 1차 침입)을 해오자 서희가 소손녕과 외교 담판으로 강동 6주를 차지하게 되었다.

09 정답 ④

세종 시기 조선의 문화와 과학은 발전하였다. 집현전 학자들이 혀의 위치, 입술과 목구멍의 모양, 하늘·땅·사람의 모양 등을 본떠서 훈민정음을 창제하고, 각 지역에서 농사짓는 농부들의 경험을 모아 정리한 『농사직설』을 만들었다.

오답피하기

② 단발령 시행은 조선 고종이 일본의 압력을 받아 상투와 머리카락을 자르라고 내린 명령이다.
③ 척화비는 흥선 대원군의 대외 정책 중 서양과 교류하지 않겠다는 생각을 단호히 하기 위해 세운 비석이다.

10 정답 ②

임진왜란은 새로운 무기인 조총으로 무장한 일본군이 700여 척의 군함을 타고 부산 앞바다에 쳐들어온 사건이다. 이순신과 수군의 뛰어난 전술과 거북선, 판옥선, 화포 등의 무기로 일본군을 물리쳤다.

오답피하기
① 병인양요는 흥선 대원군의 천주교 탄압에 대한 보복으로 프랑스군이 강화도에 침입한 사건이다.
③ 귀주 대첩은 거란의 3차 침입 때, 강감찬 장군이 이끄는 고려군이 평안북도 귀주에서 거란 대군을 섬멸한 전투이다.

11 정답 ③
자연재해의 종류 중 폭설에 대한 설명이다. 폭설은 많은 눈이 내리는 것으로 교통 체증과 교통 사고의 원인이 되기도 한다.

12 정답 ①
한자의 일부를 변형한 '가나'라는 문자를 사용하며, 수도가 도쿄인 일본에 대해 설명하고 있음을 알 수 있다.

13 정답 ④
제시된 글은 지방 자치제에 대한 설명이다. 지방 자치제는 지역의 문제를 지역 주민 모두가 나서서 해결하기 어렵기 때문에 지역 주민이 스스로 선출한 대표를 통하여 그 지역의 일을 처리하는 제도이다.

오답피하기
③ 중앙 집권제는 행정과 정치적으로 권한이 중앙 정부에 집중되어 있는 체제를 의미한다.

14 정답 ③
세계화란 지구촌 여러 나라 사람들이 서로 가깝게 연결되어 긴밀한 영향을 주고받는 것을 말한다. 세계화가 진행되면서 각국은 성지 협력을 넘어 성치 공동체로 나아가고 있다.

15 정답 ④
제시된 내용은 허위·과장 광고의 불공정한 경제 활동을 고발하는 신문 기사이다.

16 정답 ①
국회에서 법을 제정하기 때문에 입법부라고도 하며,

예산안 심의와 국정 감사의 역할을 한다.

17 정답 ④
1970년대 우리나라는 석유·화학·조선·전자·제철 등의 중화학 공업이 발달하였다.

18 정답 ③
열대 기후는 일 년 내내 덥고 비가 많이 내리며, 지구 생물의 반 이상이 열대 기후 지역에 살고 있다.

19 정답 ③
국민은 나라의 살림을 튼튼히 하기 위하여 세금을 내야 할 의무가 있다. 이를 납세의 의무라 한다.

20 정답 ①
도시에서 발생할 수 있는 환경 문제에는 대기 오염, 수질 오염, 쓰레기 문제, 소음 공해 등이 있다. 해결을 위해 개인이 할 수 있는 노력에는 환경 문제에 관심을 가지고 재활용품 분리배출, 일회용품 자제, 에너지 절약하기 등이 있다.

수학 2023년 제2회

01 정답 ②

1을 크기가 같은 100개의 부분으로 나누면, 한 칸의 크기는 $\frac{1}{100}$이 되고, 소수로는 0.01이라 쓴다. 색칠한 부분은 7칸이므로, 0.01이 7개인 수는 0.07이다.
따라서 정답은 ②이다.

02 정답 ②

정삼각형은 세 변의 길이가 모두 같으므로, 세 변의 길이의 합은 $4+4+4=4\times3=12\,(\text{cm})$이다.
따라서 정답은 ②이다.

03 정답 ④

나눗셈의 몫은 $2.571\cdots$이고, 몫을 반올림하여 소수 둘째 자리까지 나타내기 위해서는 소수 셋째 자리에서 반올림하여 나타내어야 한다.
이때, 소수 셋째 자리의 숫자는 1이므로 버리면 2.57이 된다.
따라서 정답은 ④이다.

오답피하기

반올림하여 소수 둘째 자리까지 나타내기 위해서는 바로 아랫자리인 소수 셋째 자리에서 반올림해야 한다. 소수 둘째 자리에서 반올림하여 나타내는 것으로 생각하여 틀리지 않도록 주의해야 한다.

04 정답 ①

이상, 이하와 같이 해당 숫자까지 포함하는 범위를 나타낼 때에는 꽉 찬 동그라미를 사용하여 나타내고, 초과, 미만과 같이 해당 숫자를 포함하지 않는 범위를 나타낼 때에는 속이 빈 동그라미를 사용하여 수직

선에 나타낸다.
수직선은 12에 꽉 찬 동그라미가 있고, 12를 기준으로 오른쪽에 표시되어 있으므로, 12 이상의 수를 표현한 것이다.
따라서 정답은 ①이다.

오답피하기

꽉 찬 동그라미 표시인 것을 확인하여야 한다.

05 정답 ④

주어진 그래프는 막대그래프이고, 막대그래프에서 세로 눈금의 수를 읽어 주면 해당 학생의 줄넘기 기록을 구할 수 있다.
이때, 한 칸이 몇 회를 뜻하는지 구해야 하는데, 50까지의 칸 수가 5칸이므로 $50\div5=10\,(\text{회})$로 한 칸이 10회를 뜻함을 알 수 있다.
눈금을 읽어 보면, 수일이는 세로 눈금이 50이므로 50회이고, 슬기는 60회, 지혜는 80회, 도영이는 100회이고, 네 학생 중 기록이 가장 높은 학생은 도영이, 가장 낮은 학생은 수일이임을 알 수 있다.
따라서 알맞은 설명은 ④이다.

06 정답 ④

최소공배수는 공배수 중 가장 작은 수를 말하며, 24와 42의 공배수 중 가장 작은 수가 두 수의 최소공배수가 된다.
최소공배수를 구하는 방법은 최대공약수를 구할 때의 방법과 똑같이 먼저 두 수를 나눌 수 있는 만큼 나눈다. 그런 다음, 최대공약수와 나눌 만큼 나누고 남은 숫자들을 곱한다.
그림에서 최대공약수는 6이고, 남은 숫자는 4와 7이므로, 최소공배수는 $6\times4\times7=168$이다.
따라서 정답은 ④이다.

07 정답 ②

쌓기나무를 위에서 본 모양은 1층의 모양과 같으므로, 1층의 모양을 찾으면 된다.
주어진 도형의 1층의 모양은 ②와 같으므로 정답은 ②이다.

08 정답 ③

분모가 다른 분수의 덧셈을 하기 위해서는 분모를 통일시켜 주는 통분의 과정을 거쳐야 한다. 통분은 분모와 분자에 같은 수를 곱해 두 분모의 공배수 혹은 최소공배수로써 같게 해 주는 것을 말한다.

두 번째 식을 통해 $\frac{2}{5}$ 의 분모와 분자에 각각 2를 곱해 통분해 주었음을 알 수 있다.

이제 분모가 같은 두 수의 뺄셈 $\frac{7}{10} - \frac{4}{10}$ 를 계산하면, 분모가 같은 두 수의 뺄셈은 분모는 그대로 두고, 분자끼리 뺄셈을 하여 계산하여야 하므로,

$\frac{7}{10} - \frac{4}{10} = \frac{7-4}{10} = \frac{3}{10}$ 이다.

따라서 정답은 ③이다.

09 정답 ④

나눗셈이란 똑같이 나누어 한 부분의 크기를 알아보는 셈으로, 넓이가 $3.56\,\text{m}^2$ 인 정사각형을 네 부분으로 똑같이 나누었을 때, 색칠된 한 부분의 넓이를 구하면, $3.56 \div 4$ 가 된다.

따라서 정답은 ④이다.

10 정답 ①

다각형이란 세 개 이상의 선분으로 둘러싸인 평면 도형을 말하며, 선분의 개수에 따라 삼각형, 사각형, 오각형… 이라 한다.

①의 도형은 선분으로 둘러싸여 있지 않으므로 다각형이 아니다.

②의 도형은 4개의 선분으로 둘러싸여 있으므로 사각형, ③의 도형은 5개의 선분으로 둘러싸여 있으므로 오각형, ④의 도형은 6개의 선분으로 둘러싸여 있으므로 육각형이다.

따라서 정답은 ①이다.

11 정답 ③

소수의 나눗셈을 하는 방법은 여러 가지가 있으나 주어진 방법은 소수의 나눗셈을 분수의 나눗셈으로 바꾸어 계산한 것이다.

3.64를 분수로 나타내면 $\frac{364}{100}$ 가 되고, 0.52를 분수로 나타내면 $\frac{52}{100}$ 이므로,

$3.64 \div 0.52 = \frac{364}{100} \div \frac{52}{100}$ 가 된다.

그러므로 □에 알맞은 수는 52이다.

따라서 정답은 ③이다.

12 정답 ③

모양과 크기가 같아서 포개었을 때 완전히 겹쳐지는 두 도형을 서로 합동이라고 한다.

합동인 두 삼각형의 각은 모두 같으므로, □에 알맞은 수는 65이다.

따라서 정답은 ③이다.

13 정답 ②

왼쪽의 그림은 크기가 같은 4칸 중 1칸에 색칠되어 있으므로 색칠된 칸의 크기는 $\frac{1}{4}$ 이고,

오른쪽의 그림은 크기가 같은 8칸 중 2칸에 색칠되어 있으므로 색칠된 칸의 크기는 $\frac{2}{8}$ 이다.

두 그림의 색칠된 부분의 크기가 같으므로 두 분수는 크기가 같고 □에 알맞은 수는 $\frac{2}{8}$ 이다.

따라서 정답은 ②이다.

14 정답 ②

전개도를 접어 직육면체를 만들어 색칠된 면을 바닥에 오게 하면, 접혀지는 1, 2, 3, 4면이 모두 바닥에 놓인 면과 수직이 되고, 5는 바닥에 놓인 면과 평행한 면이 된다.

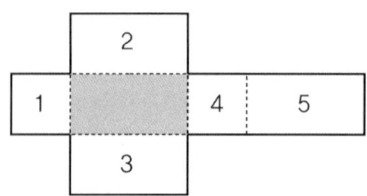

따라서 정답은 ②이다.

15 정답 ③

원 모양의 케이크 1개를 남김없이 4명이 똑같이 나누어 먹으려면 한 사람이 $\frac{1}{4}$씩 먹으면 되므로, 보기에서 $\frac{1}{4}$을 뜻하는 그림을 찾으면 된다.

①은 색칠된 부분이 2개 중 1개이므로 분수로 표현하면 $\frac{1}{2}$이고, ②는 3개 중 1개이므로 $\frac{1}{3}$, ③은 4개 중 1개이므로 $\frac{1}{4}$, ④는 5개 중 1개이므로 $\frac{1}{5}$이다.

따라서 정답은 ③이다.

16 정답 ①

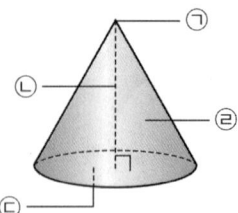

그림의 ㉠은 원뿔의 뾰족한 점으로 꼭짓점, ㉡은 원뿔의 꼭짓점에서 밑면에 수직인 선분의 길이로 높이, ㉢은 원뿔의 평평한 면으로 밑면, ㉣은 원뿔의 옆을 둘러싼 굽은 면으로 옆면이다.

따라서 정답은 ①이다.

17 정답 ③

원의 넓이는 반지름×반지름×원주율을 이용하여 구한다.

문제의 원의 반지름은 8cm이고, 원주율은 3.14이므로, 원의 넓이를 구하면, $8 \times 8 \times 3.14$임을 알 수 있다.

따라서 정답은 ③이다.

18 정답 ④

표의 대응 관계를 살펴보면,

$1 \times 4 = 4$

$2 \times 4 = 8$

$3 \times 4 = 12$

$4 \times 4 = 16$

이므로 자동차의 수와 바퀴의 수의 관계는 (자동차의 수×4)=(바퀴의 수)임을 알 수 있다.

따라서, $5 \times 4 = ㉠$이므로, ㉠에 들어갈 수를 구하는 식은 $5 \times 4 = 20$이다.

따라서 정답은 ④이다.

19 정답 ①

가위의 수와 풀의 수의 비는 (가위의 수) : (풀의 수)라 쓴다.

가위는 2개이고, 풀은 5개이므로, 2 : 5이다.

따라서 정답은 ①이다.

20 정답 ④

원그래프는 백분율을 구하고, 각 항목이 차지하는 비율만큼 나누어 그린 그래프이다. 따라서 모든 항목의 백분율을 더하면 100%가 나옴을 이용하여, ㉠에 알맞은 수를 구할 수 있다.

$㉠ = 100 - 15 - 15 - 30 = 40$이다.

따라서 정답은 ④이다.

[다른 풀이]

백분율을 직접 구하여 ㉠에 알맞은 수를 구할 수 있다.

먼저 전체 학생 중 피구를 좋아하는 학생의 비율을 구하면 피구를 좋아하는 학생 수는 8명이고, 전체 학생의 수는 20명이므로, 전체 학생 중 피구를 좋아하는 학생의 비율은 $\frac{8}{20}$이고, 백분율을 구하면,

$\frac{8}{20} = \frac{40}{100}$이므로, 40%이다.

그러므로 ㉠에 알맞은 수는 40이다.

따라서 정답은 ④이다.

과학 2023년 제2회

기출문제

01 ③	02 ④	03 ④	04 ①	05 ④
06 ①	07 ③	08 ②	09 ②	10 ①
11 ③	12 ②	13 ③	14 ④	15 ②
16 ③	17 ①	18 ④	19 ④	20 ②

01 정답 ③

물질의 세 가지 상태는 고체, 액체, 기체이고 물의 고체 상태는 ㉠ 얼음이다.

02 정답 ④

물체와 손전등 사이의 거리가 가까워지면 그림자의 크기가 커지고, 물체와 손전등 사이의 거리가 멀어지면 그림자의 크기가 작아진다. 따라서 물체를 손전등 쪽으로 이동시킨다.

03 정답 ④

음력 27~28일경에 볼 수 있는 달은 그믐달이다.

> **오답피하기**

달은 음력 2~3일 무렵에는 초승달, 음력 7~8일 무렵에는 상현달, 음력 15일 무렵에는 보름달, 음력 22~23일 무렵에는 하현달, 음력 27~28일 무렵에는 그믐달을 순서대로 볼 수 있다.

04 정답 ①

산소는 철, 구리와 같은 금속과 결합하여 녹슬게 하는 기체로, 생물의 호흡에 필요하다. 따라서 잠수부의 압축 공기통, 응급 환자의 산소 호흡 장치에 이용된다. 또한 산소는 물질의 연소에 반드시 필요하다.

05 정답 ④

꽃받침은 꽃의 밑에서 꽃을 받치고 있는 부분으로, 꽃이 눈에서 나올 때 꽃의 기관들과 꽃잎을 보호한다.

암술은 꽃의 가운데에 있는 긴 막대 같은 부분이며, 수술은 암술 주변을 둘러싸고 있는 여러 개의 작은 막대같이 생긴 부분들이다.

06 정답 ①

프리즘은 유리나 플라스틱 등으로 만든 투명한 삼각기둥 모양의 기구로, 프리즘을 통과한 햇빛은 여러 가지 빛으로 나뉘어 다양한 색을 관찰할 수 있다.

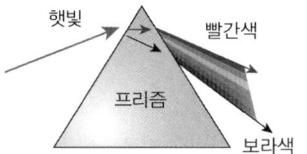

07 정답 ③

전지의 병렬연결은 전지의 (+)극은 (+)극끼리, (−)극은 (−)극끼리 연결하는 방법으로 전지를 연결한 수만큼 오래 사용할 수 있다.

08 정답 ②

태양이 정남쪽에 위치하는 남중 시 고도를 남중고도라고 한다. 여름철 남중고도가 가장 높다.

> **오답피하기**

① 태양은 항상 동쪽에서 떠서 서쪽으로 진다.
③ 낮의 길이가 가장 긴 계절은 여름이고, 밤의 길이가 가장 긴 계절은 겨울이다.
④ 계절에 따른 태양의 움직임을 나타낸 것이다.

09 정답 ②

지층이란 암석의 여러 층으로, 땅속에서 작용하는 힘의 세기에 따라 지층의 모양이 달라진다.

> **오답피하기**

① 지층에는 층마다 경계를 짓는 '층리'라는 줄무늬가 보인다.
③ 지층을 이루는 암석의 종류가 각각 다르기 때문에 지층의 색깔, 두께 등이 다르다.
④ 지층은 자갈, 모래, 진흙 등이 흐르는 물에 운반되어 오랫동안 계속 쌓이고 무거운 압력을 받아 만들어진다.

10 정답 ①

소화 기관 중 위는 작은 창자와 연결된 주머니 모양이다. 위에서는 위액이라는 소화를 돕는 액체가 나와 음식물이 잘게 쪼개진다.

> 오답피하기

② 폐 : 공기가 드나드는 호흡 기관이다.
③ 심장 : 혈액을 온몸으로 보내 주는 순환 기관이다.
④ 콩팥 : 혈액 속 노폐물을 걸러 주는 배설 기관이다.

11 정답 ③

잎자루(㉠)는 잎몸과 줄기를 연결하는 부분으로 잎몸이 햇빛을 많이 받을 수 있도록 비틀어져 있다. 잎몸은 햇빛을 받기 쉽도록 모양이 평평하다. 잎맥은 양분이나 물이 지나가는 통로이다.

12 정답 ②

지구의 크기를 1로 하였기 때문에 1과 숫자가 가까운 행성인 금성이 지구와 크기가 가장 비슷하다.
행성의 크기 비교 : 목성 > 지구 > 금성 > 화성 > 수성

13 정답 ③

생태계 보전을 위해 일회용품의 사용을 줄이고 생활용품을 재활용해야 한다. 또한 오염되거나 훼손된 환경과 멸종 위기에 처한 동식물을 복원하기 위해 노력하고 이를 위해 생태·경관 보전 지역이나 국립 공원을 지정하고 생태 공원 등을 만들어 생태계를 보전한다. 자전거를 이용하거나 생활 속에서 분리배출을 하여 이산화 탄소의 배출을 줄이는 것도 생태계 보전 방법이다.

14 정답 ④

소금물의 무게는 소금과 물의 무게의 합과 같다.

> 오답피하기

① 용해는 어떤 물질이 다른 물질에 녹아 골고루 섞이는 현상으로 소금과 같이 녹는 물질을 용질, 물과 같이 녹이는 물질을 용매라고 한다.
② 소금은 물에 잘 녹는다.
③ 물의 온도가 같을 때 물의 양이 많을수록 녹일 수 있는 소금의 양은 증가한다.

15 정답 ②

곰팡이, 버섯은 균류에 속하는 생물로 균류는 몸이 가늘고 긴 모양의 균사로 이루어져 있다.

> 오답피하기

토끼는 동물, 강아지풀과 부레옥잠은 식물이다.

16 정답 ③

이슬과 안개는 모두 수증기가 응결하여 생긴 물방울로 액체 상태이다.

17 정답 ①

운동하는 물체의 빠르기는 같은 시간 동안 이동하는 거리가 길수록, 같은 거리를 이동하는 데 걸리는 시간이 짧을수록 빠르다. 문제는 시간을 같게 두었으므로 이동하는 거리가 가장 짧은 학생이 가장 느리게 이동한 것이다.

18 정답 ④

물질이 타기 위해서는 탈 물질, 산소 공급, 발화점 이상의 온도가 필요하고 이 중 하나가 제거되면 물질은 타지 않는다. 알코올램프 뚜껑을 닫으면 산소 공급이 되지 않으므로 불이 꺼진다.

19 정답 ④

산성 용액은 염기성을 줄이는 데 사용할 수 있으므로 염기성을 띠는 비린내 성분을 줄이기 위해 생선 손질한 도마를 닦을 때 산성을 띠는 식초를 이용할 수 있다.

20 정답 ②

먹이 그물이란 생물 간에 먹고 먹히는 관계를 사슬 형태로 나타낸 먹이 사슬이 얽혀 그물처럼 연결되어 있는 것을 말한다.

도덕 2023년 제2회

기출문제

01 ②	02 ④	03 ④	04 ③	05 ①
06 ④	07 ④	08 ②	09 ③	10 ①
11 ④	12 ③	13 ①	14 ②	15 ③
16 ②	17 ③	18 ①	19 ④	20 ①

01 정답 ②

도덕 공부가 필요한 이유는 올바른 마음의 힘을 키워 훌륭한 사람이 될 수 있고, 바르게 생각하고 행동하는 힘을 키울 수 있다.

02 정답 ④

그림에서 공통으로 나타난 마음가짐은 협동으로 혼자 하기 어려운 일도 같이 하면 쉽게 해결할 수 있고, 친구들과 사이가 좋아진다.

03 정답 ④

ㄱ, ㄴ은 문화 간 갈등을 일으키는 원인으로 다른 문화에 관한 지식이 부족해서 생기는 오해나 편견으로 갈등이 일어나기도 하고, 자기 문화를 기준으로 다른 문화를 판단할 때에도 갈등이 일어날 수 있다.

04 정답 ③

아름다운 사람이 되기 위해서는 나와 생각이 다른 친구의 의견도 존중할 수 있는 태도를 가져야 한다.

05 정답 ①

기쁨, 슬픔, 감사, 우울 등 어떤 일에 대해 일어나는 마음이나 느낌을 감정이라고 한다.

06 정답 ④

일기에서 나타난 마음은 마음에 거짓이나 꾸밈이 없이 바르고 곧음을 의미하는 정직과 관련 있다.

07 정답 ④

사이버 공간의 긍정적인 면은 시간과 공간의 제약을 극복할 수 있다는 것이다. 가상 공간을 통해 멀리 있는 사람과의 의사소통이 편리하다.

08 정답 ②

"좋은 일이 있을 거야.", "포기하지 않을 거야."라는 스스로에게 하는 긍정적인 말들은 자신의 삶을 소중하게 여기고 어려운 일들을 이겨 낼 수 있는 힘이 될 수 있다.

09 정답 ③

남북한 분단과 전쟁 때문에 가족과 헤어져서 만나지 못하는 사람들을 이산가족이라고 한다.

10 정답 ①

공정은 어느 쪽으로도 치우치지 않고 고르고 올바름을 의미한다.
②, ③, ④는 공정하지 못한 행동이다.

11 정답 ④

자아 존중은 자신이 사랑받을 만한 가치가 있는 소중한 존재이고 어떤 성과를 이루어 낼 만한 유능한 사람이라고 믿는 마음이 중요하다.

12 정답 ③

①, ②, ④는 지구촌 사회가 겪고 있는 문제점에 해당하지만, 국제 구호 단체 활동은 지구촌 문제를 해결하고자 노력하는 모습이다.

13 정답 ①

가족과 친구는 친밀한 사이지만, 때로 갈등이 생긴다. 이런 갈등은 주로 가치관 차이, 이해와 배려 부족, 대화와 소통 부족, 오해 등이 원인이 되어 발생한다. 그림의 상황에서는 경청의 자세가 필요하다.

14 정답 ②

봉사란 개인이나 집단이 자발적으로 타인을 돕거나 사회에 기여하는 무보수의 계획적이고 지속적인 활동을 뜻한다.

15 정답 ③

성찰은 마음을 반성하고 살펴 말과 행동에 잘못이나 부족함이 없는지 돌아보는 것이다.

16 정답 ②

좌우명은 늘 자리 옆에 갖추어 두고 가르침으로 삼는 말이나 문구를 말한다.

17 정답 ③

내 삶의 주인공이 되기 위해서는 내가 진정 원하는 것과 내가 할 수 있는 것이 무엇인지 알고, 이에 맞는 삶의 목적을 스스로 설정해야 한다.

18 정답 ①

성 역할에 관한 고정 관념은 성차별로 이어질 수 있다. 성차별이란 성별에 따라 부당하게 차별하는 것이다. 성별을 이유로 취업이나 승진 등에서 차별하거나, 가정이나 사회에서 성별에 따라 특정한 역할이나 행동을 강요하는 것 등을 성차별이라고 할 수 있다.

19 정답 ④

인권은 성별, 인종, 종교, 민족, 사회적 신분 등에 관계없이 인간이라면 누구에게나 적용되어야 하는 보편적 가치로, 인간이 태어나면서부터 지니는 권리라는 의미에서 천부 인권이라고 한다.

20 정답 ①

자주(自主)는 남의 보호나 간섭을 받지 않고 자기 일을 스스로 처리하는 것을 의미한다.

실과 2023년 제2회

기출문제				
01 ②	02 ①	03 ③	04 ④	05 ③
06 ③	07 ②	08 ①	09 ②	10 ④
11 ④	12 ④	13 ②	14 ①	15 ②
16 ③	17 ①	18 ①	19 ①	20 ②

01 정답 ②

아동기는 신체적, 정서적, 사회적, 인지적 발달이 급격하게 이루어지는 시기로서 이들 모든 영역의 발달은 서로 긴밀하게 연결되어 있다. 그림에서는 키의 성장을 보여 주고 있으므로 신체적 발달과 관련이 있다.

02 정답 ①

식물이 성장하기 위한 다양한 환경 요소 중, 물은 식물 내의 영양분을 운반하고 온도를 조절한다. 물이 부족하면 식물이 잘 자라기 어려우므로 충분한 양을 주어야 한다.

03 정답 ③

경제 동물은 인간 생활에 도움을 주는 경제적으로 가치가 있는 동물을 말한다.

오답피하기

① 반려동물은 사람과 함께 더불어 살아가며 심리적으로 안정감과 친밀감을 주는 친구, 가족과 같은 존재를 말한다.
② 애완동물은 사람이 귀여워하거나 즐거움을 얻기 위해 기르는 동물이다.
④ 특수 동물은 특수한 목적으로 이용되는 동물이다.

04 정답 ④

음식을 씹을 때는 입을 다물고 소리를 내며 먹지 않아야 한다. 입을 벌려 내용물을 보이는 행동은 식사 예절에 어긋난다.

05 정답 ③

치즈와 요구르트는 우유·유제품류에 속하며, 감자와 옥수수는 곡류에 해당한다.

06 정답 ③

제시된 그림과 설명은 빠르고 편리하게 이동 가능한 교통수단인 자동차이다.

07 정답 ②

외출 시에는 인식표를 부착하고 목줄을 착용하여 다른 사람에게 위협이 되지 않도록 해야 하므로 산책할 때 목줄을 풀고 다니면 안 된다.

08 정답 ①

바늘에 꿰어 천을 잇는 데 사용하는 것은 실이다.

오답피하기

② 골무는 바늘을 밀어 주거나 손가락 끝을 보호하기 위해 사용하는 도구이다.
③ 쪽가위는 실을 자를 때 쓰는 가위이다.
④ 시침 핀은 헝겊을 임시로 고정할 때 사용하는 핀이다.

09 정답 ②

구동 장치는 자전거가 움직이는 데 필요한 동력을 발생시키는 장치로 페달과 체인 등이 있다.

오답피하기

① 프레임은 자전거의 뼈대이다.
③ 제동 장치는 안전을 위해 속도를 조절하거나 정지시키는 장치이다.
④ 조향 장치는 바퀴의 회전축 방향을 조절하여 자동차의 진행 방향을 좌우한다.

10 정답 ④

승객이나 화물 운반을 위해 여객기, 화물 수송기를 조종하는 직업은 항공기 조종사이다.

11 정답 ④

가족은 결혼, 혈연, 입양 등으로 맺어진 공동체 또는 그 구성원을 일컫는 말로 상황에 따라 가족 구성원의 역할은 다를 수 있다.
1인 가족은 홀로 사는 형태를 의미한다.

12 정답 ④

제시된 조리 도구는 음식 조리 시 쓰는 가열 기구로 불의 세기를 조절할 수 있는 가스레인지이다.

오답피하기

① 도마는 식품을 썰거나 다질 때 밑에 받치는 것이다.
② 뒤집개는 프라이팬에 요리할 때 음식을 뒤집는 기구이다.
③ 젓가락은 음식을 집어 먹거나, 물건을 집는 데 쓰는 기구이다.

13 정답 ②

의생활은 빨래하기, 다림질하기이다.
ㄹ. 은행 업무 보기는 의생활과 관련이 없다.

14 정답 ①

교육 로봇은 공부를 재미있게 할 수 있도록 도와줄 수 있다.

오답피하기

② 수술 로봇은 정밀하고 정확하게 수술하는 로봇이다.
③ 청소 로봇은 가사 지원 로봇의 일종으로 청소해 주는 로봇이다.
④ 탐사 로봇은 특수 목적용 로봇의 일종으로 화성 탐사 및 수중 탐사하는 로봇이다.

15 정답 ②

식품 표시를 통해 유통 기한, 원재료명, 함량, 품질 인증 마크, 영양 성분 표시 등을 확인할 수 있다. 제시된 식품 표시 내용은 식품을 보관하는 방법이 안내되어 있다.

16 정답 ③

옷의 기능은 크게 보호의 기능과 표현의 기능으로 나눌 수 있는데, ㉠은 자신의 개성을 표현하는 기능, ㉡은 체온 유지, 신체 보호 등 외부의 위험으로부터 몸을 보호하는 기능이 들어갈 수 있다.

17 정답 ①

건강한 가정생활의 모습으로 서로의 의견을 존중하지 않는 것은 적합하지 않다.

18 정답 ①

건강하고 안전한 먹거리를 위해 정부나 공인 인증 기관에서 품질을 보증하는 식품 품질 인증 마크를 표시하고 있다. 제시된 그림은 친환경 인증 마크에 해당한다.

19 정답 ①

재활용 쓰레기 분리배출 시 유리병은 뚜껑을 분리하고 내용물을 비운 다음 색깔별로 모아서 배출해야 한다.

20 정답 ②

컴퓨터가 인식할 수 있는 언어를 사용해서 필요한 명령 체계나 시스템을 만드는 과정을 프로그래밍이라고 한다.

오답피하기

① 하드웨어는 컴퓨터를 구성하는 기계 장치의 몸체를 통틀어 이르는 말이다.

③ 사이버 중독은 인터넷을 통한 가상의 세계에 지나치게 빠져 있어 정상적인 일상생활의 유지가 힘든 상태이다.

합격예감

초졸 검정고시

2023
제1회

기출을 보면 합격이 보인다!

기출문제

- ✓ 국어
- ✓ 시회
- ✓ 수학
- ✓ 과학
- ✓ 도덕
- ✓ 실과

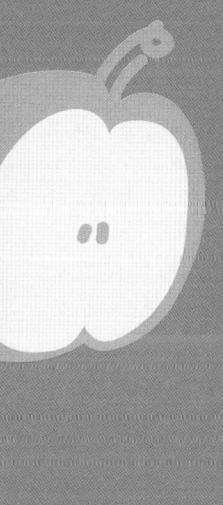

합격예감 ㄱ

초졸 검정고시

기출문제집

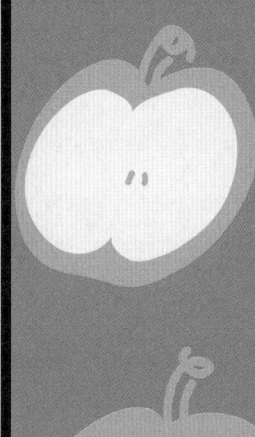

2023

제1회

국어

01 ㉠에 들어갈 사과의 말로 적절한 것은?

내가 실수로 우유를 쏟았어.
(㉠)

① 생일을 축하해.
② 미안해. 닦아 줄게.
③ 반가워. 오랜만이야.
④ 책을 빌려줘서 고마워.

02 다음과 같은 뜻을 지닌 속담은?

사람 간의 관계가 매우 가까운 것을 비유적으로 이르는 말

① 바늘 가는 데 실 간다.
② 배보다 배꼽이 더 크다.
③ 소 잃고 외양간 고친다.
④ 쥐구멍에도 볕 들 날 있다.

03 다음 주제에 대한 의견으로 알맞지 않은 것은?

친구와 사이좋게 지내자.

① 친구가 어려울 때 돕는다.
② 친구가 힘들 때 위로한다.
③ 친구가 싫어하는 별명을 부른다.
④ 친구에게 바르고 고운 말을 한다.

04 다음 글의 시간적 배경은?

아침에 집에서 밥을 먹을 때였습니다. 가족들은 맛있게 먹고 있는데 저는 이가 아파서 한 입도 먹지 못했습니다. 아버지께서는 치과에 가서 치료를 받아야 한다고 말씀하셨습니다.

① 집   ② 아침
③ 저녁   ④ 치과

05 문장 성분의 호응 관계가 바른 것은?

① 동생은 빵을 별로 좋아한다.
② 우리는 내일 동물원에 갔다.
③ 삼촌은 어제 병원에 갈 것이다.
④ 나는 그 사실을 도저히 믿을 수 없다.

06 밑줄 친 낱말 중 바르게 쓰인 것은?

① 새가 <u>난다</u>.
② 짐을 <u>날른다</u>.
③ 새끼를 <u>낳는다</u>.
④ 물고기를 <u>낙는다</u>.

07 상대를 배려하며 조언하는 방법으로 알맞지 <u>않은</u> 것은?

① 상대가 처한 상황을 이해한다.
② 상대의 말을 제대로 듣지 않고 말한다.
③ 상대의 생각에 공감하며 대화하려고 노력한다.
④ 상대에게 고민을 말해 보라고 강요하지 않는다.

08 다음 글을 읽고 미루어 짐작할 수 있는 내용으로 가장 적절한 것은?

> 마라톤 대회가 시작되었습니다. 가파른 언덕을 오를 때, 지수는 갑자기 현기증이 났습니다. 다른 친구들은 이미 지수를 앞질러 간 상태였습니다. 지수는 포기해야겠다는 생각으로 몇 걸음 천천히 걸었습니다.
>
> 그때 사람들의 응원하는 소리가 들렸습니다.
>
> "와, 조금만 더 힘내요!"
>
> 지수는 응원하는 소리에 힘이 났습니다. '이제 거의 다 왔어. 조금만 더 힘을 내자!'
>
> 선생님과 친구들은 결승점으로 들어오는 지수를 향해 뜨거운 박수를 보냈습니다. 지수는 자신이 해냈다는 생각에 뿌듯한 마음이 들었습니다.

① 지수는 도중에 포기했을 것이다.
② 지수를 응원하는 사람이 없을 것이다.
③ 지수는 끝까지 달려 결승점에 도착했을 것이다.
④ 마라톤 대회의 코스는 평지로만 이루어졌을 것이다.

09 설명하는 글을 요약하는 방법으로 알맞지 <u>않은</u> 것은?

① 중요한 내용을 생략한다.
② 각 문단의 중심 내용을 찾는다.
③ 중심 내용을 연결하여 정리한다.
④ 글의 구조를 파악하고 내용을 요약한다.

10 다음에 해당하는 토론 절차는?

> • 상대편의 주장이 타당하지 않다는 것을 밝히기 위하여 서로 질문한다.
> • 상대편의 질문에 답변한다.
> • 상대편의 주장에 대한 근거가 타당하지 않다는 것을 반박한다.

① 주장 펼치기 단계
② 반론하기 단계
③ 주장 다지기 단계
④ 정리하기 단계

11 다음 광고에서 전하려는 내용은?

① 손을 깨끗이 씻자.
② 책을 꾸준히 읽자.
③ 교통 규칙을 잘 지키자.
④ 음식물 쓰레기를 줄이자.

12 청소년의 언어 사용 실태를 알아보기 위한 방법으로 가장 적절한 것은?

① 일기 예보를 신문에서 찾는다.
② 멸종 동물을 동물도감에서 조사한다.
③ 청소년의 줄임말 사용에 대한 설문 조사를 한다.
④ 청소년의 체격 변화를 통계청 누리집에서 검색한다.

13 ㉠~㉣ 중 글쓴이의 느낌이 드러난 부분은?

> 평소 나는 제주도에 관심이 많아 제주도에 관한 책도 읽고 검색도 해 보았다. 그런데 마침 ㉠ 아버지께서 제주도에 여행을 가자고 하셨다. 가족들과 함께 제주도 여행 일정을 짰다. 여행 당일 ㉡ 우리는 김포 공항에서 제주도로 가는 비행기를 탔다. 비행기 안에서 ㉢ 바다를 바라보며 제주도에 대한 이야기를 나누었다. 비행기에서 내려 제주 공항에 발을 내딛는 순간 ㉣ 신나서 마음이 설렜다.

① ㉠ ② ㉡
③ ㉢ ④ ㉣

[14~15] 다음 글을 읽고 물음에 답하시오.

> • 때 : 나른한 오후
> • 곳 : 집 안 거실
> • 나오는 사람 : 엄마, 딸
>
> 막이 열리면 딸이 문을 열고 힘없이 거실로 들어온다.
>
> 엄마 : (걱정스러운 목소리로) ㉠ 무슨 일 있었니?
> 딸 : (고개를 떨구며) 아니요. 별일 없었어요.
> 엄마 : (딸의 얼굴을 들어 올리며) 얼굴을 ㉡ 들어 보렴.

14 극본에서 ㉠에 해당하는 것은?

① 대사   ② 배우

③ 지문   ④ 해설

15 ㉡과 의미가 같은 것은?

① 나는 손을 들었다.
② 손에 꽃물이 들었다.
③ 선물이 마음에 들었다.
④ 우리는 동아리에 들었다.

16 '누가/무엇이+어찌하다'의 짜임이 아닌 것은?

① 공이 구른다.
② 친구가 간다.
③ 얼룩말이 달린다.
④ 강아지는 동물이다.

17 다음과 같은 글에 대한 설명으로 알맞은 것은?

> 날마다 운동을 하는 습관을 기릅시다. 날마다 운동하면 몸과 마음이 건강해지기 때문입니다. 예를 들어 아침 일찍 일어나 달리기나 줄넘기 같은 운동을 하면 하루를 활기차게 시작할 수 있습니다. 그리고 그날 무엇을 할지 생각해 보는 여유가 생길 수 있습니다. 이처럼 날마다 운동하면 우리 생활에 많은 도움이 됩니다. 따라서 날마다 운동하는 습관을 기르도록 노력해야 합니다.

① 연극을 공연하려고 쓴 글
② 상대방을 설득하기 위해 쓴 글
③ 위로하는 마음을 전하기 위해 쓴 글
④ 위인전을 읽고 본받고 싶은 점을 쓴 글

18 토의할 때 의견을 제시하는 방법으로 알맞지 않은 것은?

① 근거를 들어 의견을 말한다.
② 일방적으로 자신의 의견을 말한다.
③ 토의 주제에 관련된 의견을 말한다.
④ 해결할 문제에 도움이 되는 의견을 말한다.

[19~20] 다음 글을 읽고 물음에 답하시오.

아기 웃음

이선영

아기 웃음은
유리 종소리야

들으면 기분 좋은
맑은 종소리

아기 웃음은
이상한 열쇠야

㉠ 꽁 닫힌 마음도
활짝 열어 버리지

아기 웃음은
다 통하는 국제어야

웃는 얼굴은
국경도 없으니까

19 위 시에서 '아기 웃음'을 비유한 것이 <u>아닌</u>
것은?

① 유리 종소리

② 이상한 열쇠

③ 다 통하는 국제어

④ 국경

20 ㉠의 의미로 가장 적절한 것은?

① 열린 마음

② 따뜻한 마음

③ 미워하지 않는 마음

④ 소통하지 않는 마음

2023
제1회
사회

01 다음에서 설명하는 경제 활동은?

> • 빵집에서 빵을 사는 것
> • 수영장에서 유료로 개인 강습을 받는 것

① 무역　　　　② 생산
③ 소비　　　　④ 저축

02 다음에서 설명하는 것은?

> • 위에서 내려다본 땅의 실제 모습을 일정한 형식으로 나타낸 그림임.
> • 방위, 땅의 높낮이, 기호 등이 나타나 있음.

① 날씨　　　　② 연표
③ 지도　　　　④ 나침반

03 다음에서 설명하는 지역은?

> • 우리나라에서 제일 큰 섬
> • 행정 구역상 특별 자치도
> • 현무암이 많고 관광 산업이 발달

① 거제도　　　　② 영종도
③ 울릉도　　　　④ 제주도

04 다음 중 공공 기관을 견학할 때의 행동으로 적절하지 <u>않은</u> 것은?

① 질서를 지키며 견학한다.
② 큰 소리로 떠들지 않는다.
③ 허락 없이 만지고 싶은 물건을 만진다.
④ 다른 사람을 배려하며 안전하게 이동한다.

05 다음 신문 기사의 내용이 의미하는 사회 변화는?

> □□신문　　　　　　　2023년 ○월 ○일
>
> **초등학생 수, 매년 줄어들고 있다**
>
> 　최근 몇 년간 신생아 수가 급감함에 따라 새 학기가 시작되었지만 신입생이 없는 학교가 계속 늘어나고 있다. 국내 많은 지역에서 초등학생 수가 줄어들고 있으며, 이에 따라 폐교하는 학교도 생겨나고 있다.

① 지역화　　　　② 세계화
③ 저출산　　　　④ 정보화

06 다음에서 설명하는 선기의 원칙은?

> 다른 사람이 대신 투표할 수 없으며, 신분증으로 본인 확인 후 투표해야 한다.

① 비밀 선거　　② 직접 선거

③ 평등 선거　　④ 보통 선거

07 다음 사례에 나타난 촌락과 도시의 교류 모습은?

> △△면의 □□마을 주민 자치회는 자매 결연을 맺은 ○○시의 ☆☆구민회관에 10일 한 달 간 그날 수확한 사과를 운송해 판매한다. ☆☆구민들은 도시 한복판에서 신선한 사과를 저렴하게 살 수 있다는 점에 고마워하고 있으며, □□마을 주민 또한 사과를 안정적으로 편매할 수 있어 만족하고 있다.

① 공연 활동　　② 기술 협력

③ 여가 생활　　④ 직거래 장터

08 ㉠에 들어갈 자연 재해는?

> ┃ ㉠ ┃은/는 땅이 지구 내부의 힘을 받아 흔들리고 갈라지는 현상이다.

① 가뭄　　② 지진

③ 태풍　　④ 홍수

09 ㉠에 들어갈 말로 알맞은 것은?

> 탐구 활동
>
> 세계 ┃ ㉠ ┃ 선언 요약
>
> • 모든 인간은 태어날 때부터 자유롭고 누구에게나 동등한 권리가 있다.
> • 모든 사람에게는 생명권과 신체의 자유와 안전을 요구할 권리가 있다.
> • 누구도 노예 상태로 예속된 삶을 유지해서는 안 된다.

① 교육　　② 복지

③ 사랑　　④ 인권

10 ㉠에 들어갈 나라는?

> • ┃ ㉠ ┃ 연맹은 오늘날의 경상남도 등지에 형성되었다.
> • ┃ ㉠ ┃에서는 철을 이용해 철제 갑옷과 투구를 만들었다.

① 가야　　② 발해

③ 백제　　④ 고구려

11 다음에서 설명하는 조선의 왕은?

- 집현전 설치
- 4군 6진 개척
- 훈민정음 창제

① 세종　　　　② 성종

③ 영조　　　　④ 정조

12 다음에서 설명하는 인물은?

- 이화학당 학생으로 1919 년 3 · 1 운동에 참여하 다 투옥됨.
- 감옥에 갇혀서도 독립 만세를 외쳤고 일제의 모진 고문으로 옥사함.

① 남자현　　　　② 안중근

③ 유관순　　　　④ 윤희순

13 ㉠과 ㉡에 들어갈 말을 알맞게 짝지은 것은?

한 나라의 영역은 그 나라의 　㉠　 이/ 가 미치는 범위를 말한다. 영토는 땅, 　㉡　 는 바다, 영공은 하늘에서의 영역 을 말한다.

	㉠	㉡
①	기후	공해
②	주권	공해
③	기후	영해
④	주권	영해

14 다음에서 설명하는 국제 기구는?

- 1945년 지구촌의 평화 유지, 전쟁 방지, 국제 협력을 위해 설립됨.
- 산하 전문 기구에는 국제 노동 기구, 유 네스코, 국제 원자력 기구 등이 있음.

① 국제 연합(UN)

② 그린피스

③ 세계 보건 기구

④ 국경 없는 의사회

15 다음 내용이 제시된 우리나라의 법은?

제1조
① 대한민국은 민주 공화국이다.
② 대한민국의 주권은 국민에게 있고, 모든 권력은 국민으로부터 나온다.

① 헌법

② 저작권법

③ 도로 교통법

④ 장애인 차별 금지법

16 다음에서 설명하는 기본권은?

- 모든 국민은 직업 선택의 자유를 가진다.
- 자유롭게 생각하고 행동할 수 있는 권리 이다.

① 사회권　　　　② 자유권

③ 참정권　　　　④ 청구권

17 다음 대화에 해당하는 국가 기관은?

법에 따라 재판을 하는 곳이에요.

맞아요. 사람들은 법적 다툼이 생겼을 때 재판으로 문제를 해결해요.

① 국회　　② 법원
③ 학교　　④ 회사

18 다음에서 설명하는 인물은?

> • 조선 후기 대표적인 실학자이다.
> • 대표 저서로 『목민심서』가 있다.

① 김옥균　　② 박지원
③ 정약용　　④ 홍대용

19 다음에서 설명하는 조선 후기 서민 문화는?

> • 긴 이야기를 노래로 들려주는 공연이다.
> • 관객도 함께 참여할 수 있어서 백성으로부터 큰 호응을 얻었다.

① 민화　　② 판소리
③ 풍속화　　④ 한글 소설

20 다음 중 환경 보호를 위한 노력으로 적절하지 <u>않은</u> 것은?

① 분리수거를 하지 않는다.
② 가까운 거리는 걸어 다닌다.
③ 온실가스를 줄이기 위한 정책을 만든다.
④ 이산화 탄소 배출량이 적은 제품을 개발한다.

01 다음은 다섯 자리 수 24351의 각 자리의 숫자가 얼마를 나타내는지 알아보는 과정이다. □에 알맞은 수는?

만의 자리	천의 자리	백의 자리	십의 자리	일의 자리
2	4	3	5	1

$$24351 = \boxed{} + 4000 + 300 + 50 + 1$$

① 10000 ② 20000
③ 30000 ④ 40000

02 다음은 350×20의 계산 방법을 나타낸 것이다. □에 알맞은 수는?

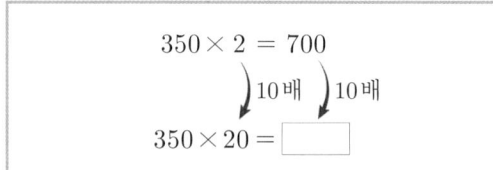

① 350 ② 3000
③ 3500 ④ 7000

03 다음 중 예각인 것은?

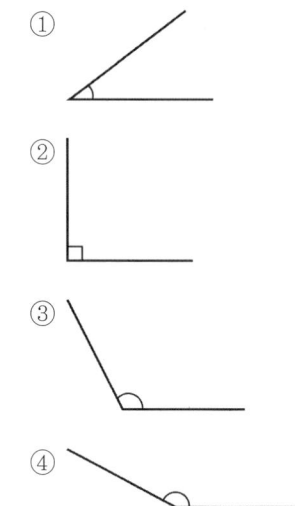

04 다음 계산에서 □에 알맞은 수는?

$$32 - (3 + 7) = \boxed{}$$

① 12 ② 22
③ 32 ④ 42

05 다음은 슬기네 모둠 친구들이 쓰러뜨린 볼링 핀의 수를 나타낸 것이다. 세 명이 쓰러뜨린 볼링 핀 수의 평균은?

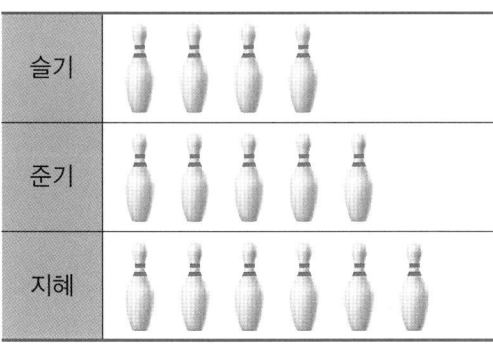

슬기	
준기	
지혜	

① 3   ② 4

③ 5   ④ 6

06 다음과 같이 6과 8의 최대공약수를 구하려고 한다. □에 알맞은 수는?

> 6의 약수는 1, 2, 3, 6이다.
> 8의 약수는 1, 2, 4, 8이다.
> 따라서 6과 8의 최대공약수는 □이다.

① 2   ② 12

③ 22   ④ 32

07 다음은 $\frac{1}{2}+\frac{1}{3}$ 의 계산 방법을 나타낸 것이다. □에 알맞은 수는?

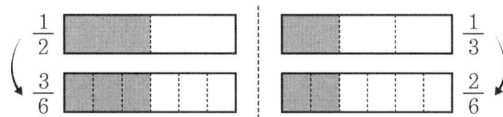

$$\frac{1}{2}+\frac{1}{3}=\frac{3}{6}+\frac{2}{6}=\boxed{}$$

① $\frac{2}{6}$ ② $\frac{3}{6}$

③ $\frac{4}{6}$ ④ $\frac{5}{6}$

08 다음은 쌓기나무로 쌓은 모양과 이를 위에서 본 모양이다. 똑같은 모양으로 쌓는 데 필요한 쌓기나무의 개수는?

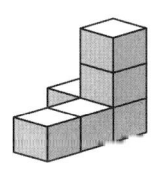 

위에서 본 모양

① 6개   ② 7개

③ 8개   ④ 9개

09 계산 결과가 가장 큰 것은?

① 5×0.5　　　　② 6×0.5

③ 7×0.5　　　　④ 8×0.5

10 다음은 100씩 커지는 규칙에 따라 수를 배열한 것이다. ㉠에 알맞은 수는?

① 2371　　　　② 2380

③ 2470　　　　④ 3370

11 다음 정육면체에서 □에 알맞은 수는?

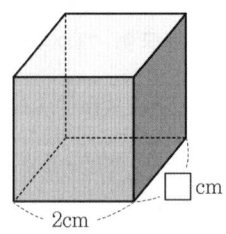

① 1　　　　② 2

③ 3　　　　④ 4

12 그림에서 상자 안에 있는 입체도형의 이름은?

이 도형은 각기둥이네.

밑면의 모양이 △(삼각형)이야.

① 삼각기둥　　　　② 사각기둥

③ 오각기둥　　　　④ 육각기둥

13 다음과 같이 $\dfrac{6}{7} \div \dfrac{3}{7}$ 을 계산하려고 한다. □에 알맞은 수는?

$\dfrac{6}{7}$ 은 $\dfrac{1}{7}$ 이 6개이고, $\dfrac{3}{7}$ 은 $\dfrac{1}{7}$ 이 3개이므로 $\dfrac{6}{7} \div \dfrac{3}{7} = \boxed{} \div 3 = 2$ 이다.

① 4　　　　② 5

③ 6　　　　④ 7

14 다음은 연수의 몸무게와 연수가 참가하는 어느 씨름 대회의 체급별 몸무게를 나타낸 것이다. 연수가 속하는 체급은?

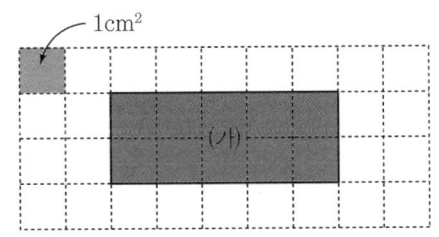

체급별 몸무게

체급	몸무게(kg)
태백급	40 이하
설악급	40 초과 45 이하
지리급	45 초과 50 이하
한라급	50 초과 55 이하
백두급	55 초과

① 태백급   ② 설악급
③ 지리급   ④ 한라급

15 다음 직사각형 (가)의 넓이를 구하는 식으로 알맞은 것은?

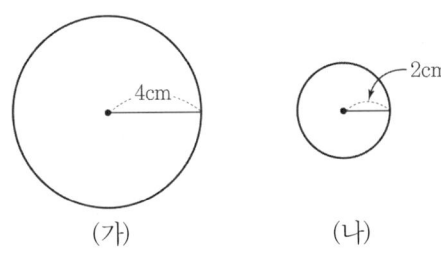

① $5 \times 2 = 10 \, (\mathrm{cm}^2)$
② $5 \times 3 = 15 \, (\mathrm{cm}^2)$
③ $5 \times 4 = 20 \, (\mathrm{cm}^2)$
④ $5 \times 5 = 25 \, (\mathrm{cm}^2)$

16 다음의 원 (가)와 원 (나)에 대한 설명으로 알맞은 것은?

(가)   (나)

① 두 원의 지름은 같다.
② 두 원의 원주는 같다.
③ 두 원의 넓이는 같다.
④ 두 원의 원주율은 같다.

17 쌓기나무 한 개의 부피가 $1 \, \mathrm{cm}^3$일 때, 다음 중 부피가 $6 \, \mathrm{cm}^3$가 <u>아닌</u> 것은?

①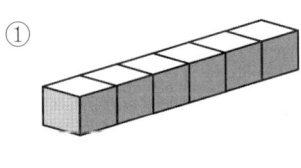

②

③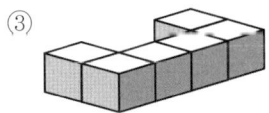

④

18 어느 가게에서 과자를 다음과 같이 할인하여 판매하고 있다. □에 들어갈 과자의 할인율은?

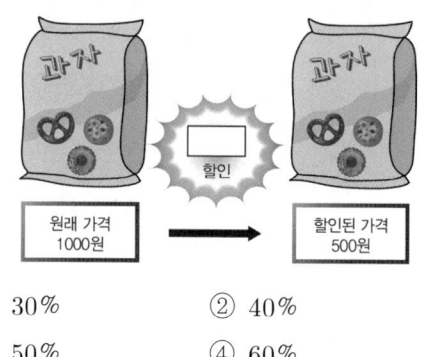

① 30% ② 40%

③ 50% ④ 60%

19 〈보기〉와 계산 결과가 같은 것은?

[보기]

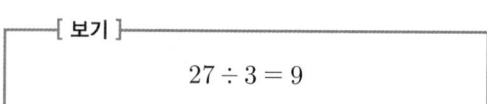

$$27 \div 3 = 9$$

① 2.7 ÷ 3

② 2.7 ÷ 0.3

③ 270 ÷ 3

④ 270 ÷ 0.3

20 다음은 준기네 반이 학교 도서관에서 빌린 책의 종류별 권수의 비율을 띠그래프로 나타낸 것이다. 학생들이 가장 많이 빌린 책의 종류는?

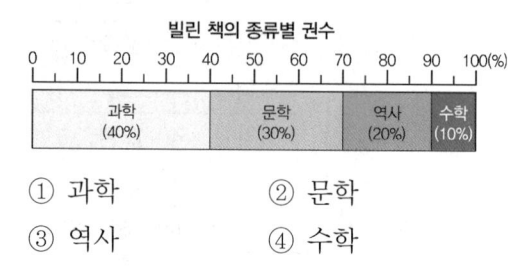

빌린 책의 종류별 권수

① 과학 ② 문학

③ 역사 ④ 수학

2023

제1회

과학

01 다음 중 퇴적물이 굳어져 만들어진 암석은?

① 퇴적암　　② 화강암
③ 화성암　　④ 현무암

02 500mL 물에 설탕을 녹여 용액을 만들었다. 다음 중 가장 진한 것은? (단, 설탕은 모두 용해되었다.)

① 설탕 5g을 녹인 용액
② 설탕 10g을 녹인 용액
③ 설탕 15g을 녹인 용액
④ 실탕 20g을 녹인 용액

03 다음 중 스스로 양분을 만들지 못하고 다른 생물을 먹이로 하여 살아가는 생물은?

① 배추　　② 토끼
③ 민들레　　④ 부레옥잠

04 다음 중 ㉠에 들어갈 말은?

> 2023년 ○월 ○일 맑음
>
> 오늘 천문대로 현장 체험 학습을 갔다. (㉠)은/는 태양, 행성, 위성, 소행성, 혜성 등으로 구성되어 있다는 것을 배웠다. 우주에 대해 더 알아보고 싶어졌다.

① 달　　② 지구
③ 북극성　　④ 태양계

05 그림은 씨가 싹 트는 데 필요한 조건을 알아보는 실험을 나타낸 것이다. 다음 중 ㉠에 들어갈 말은?

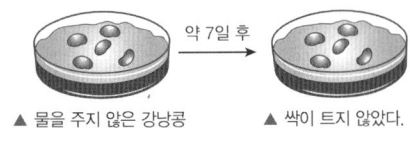

▲ 물을 주지 않은 강낭콩　　약 7일 후　　▲ 싹이 트지 않았다.

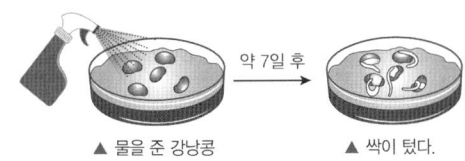

▲ 물을 준 강낭콩　　약 7일 후　　▲ 싹이 텄다.

> • 알게 된 점 : 씨가 싹 트는 데 (㉠)이 필요하다.

① 물　　② 백반
③ 소금　　④ 자갈

06 다음 중 곰팡이의 특징으로 알맞은 것은?

① 아가미로 호흡한다.
② 균사로 이루어져 있다.
③ 깃털로 체온을 유지한다.
④ 햇빛이 잘 드는 곳에서만 산다.

07 다음 대화에서 설명하는 기체는?

물질이 타는 것을 막는 성질이 있어. 소화기의 재료로 이용되기도 해.

탄산수소 나트륨에 식초를 떨어뜨리면 발생해.

① 산소 　　　　② 수소

③ 헬륨 　　　　④ 이산화 탄소

08 다음 설명에 해당하는 산성 용액은?

> • 음식의 신맛을 낼 때 사용한다.
> • 생선을 손질한 도마를 닦을 때 사용한다.

① 식초

② 석회수

③ 페놀프탈레인 용액

④ 묽은 수산화 나트륨 용액

09 다음 중 볼록 렌즈의 역할을 하는 물체가 <u>아닌</u> 것은?

①

돋보기안경

②

평면거울

③

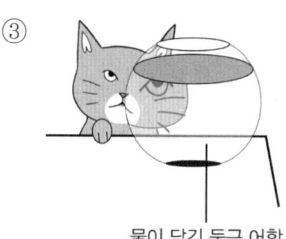

물이 담긴 둥근 어항

④ 떻게 될까?
기의 **빛**처럼
즙을 통과하

└─ 물방울

10 그림의 (가)는 차갑고 건조한 공기 덩어리를 나타낸 것이다. (가)의 영향을 주로 받는 우리나라의 계절은?

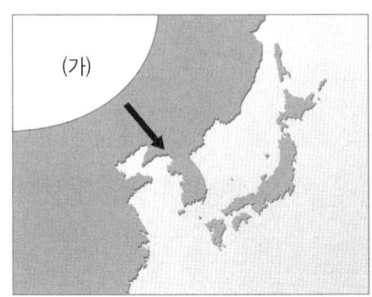

① 봄 ② 여름
③ 가을 ④ 겨울

11 다음 중 ㉠에 들어갈 말은?

 평면거울에 비친 물체는 실제 물체의 모습과 (㉠)이/가 바뀌어 보인다.

① 개수 ② 상하
③ 좌우 ④ 색깔

12 다음 중 전기를 절약하는 방법으로 가장 적절한 것은?

① 아무도 없는 방에 전등을 켜 놓는다.
② 에어컨을 켤 때에는 문을 열어 둔다.
③ 냉장고 문을 열어 놓고 물을 마신다.
④ 사용하지 않는 전기 제품의 플러그를 뽑아 놓는다.

13 다음 설명에 해당하는 것은?

◇◇백과사전　　　　검색
• 기체나 액체에서 열이 이동하는 과정이다.
　예) 난방 기구를 켜면 실내 전체의 공기가 따뜻해진다.

① 구름 ② 대류
③ 안개 ④ 이슬

14 다음 설명에 해당하는 것은?

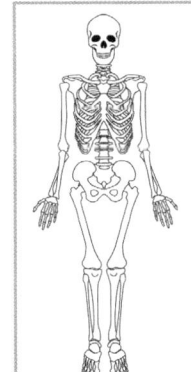

• 몸의 형태를 만들고 몸을 지지하는 역할을 한다.
• 심장이나 폐, 뇌 등 내부 기관을 보호한다.

① 뼈 ② 위
③ 콩팥 ④ 혈액

15 다음 설명에서 ㉠에 들어갈 말은?

달리는 자전거

시간이 지남에 따라 물체의 위치가 변할 때, 물체가 (㉠)한다고 한다.

① 굴절 ② 반사
③ 운동 ④ 정지

16 그림은 모닥불을 피우는 모습을 나타낸 것이다. 다음 중 연소의 조건에 해당하지 <u>않는</u> 것은?

① 물
② 산소
③ 탈 물질
④ 발화점 이상의 온도

17 다음 설명에 해당하는 것은?

- 물의 표면에서 물이 수증기로 변하는 것이다.
- 젖은 머리카락을 말릴 때 나타나는 현상이다.

① 용해
② 응결
③ 증발
④ 광합성

18 그림은 태양이 지표면과 이루는 각을 측정하는 실험을 나타낸 것이다. ㉠에 해당하는 것은?

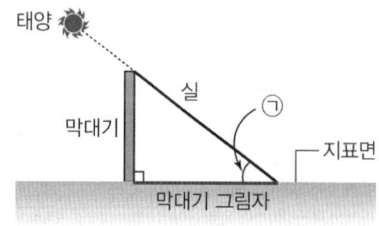

① 달 온도
② 달 모양
③ 태양 고도
④ 태양 나이

19 그림의 식물에서 뿌리에 해당하는 것은?

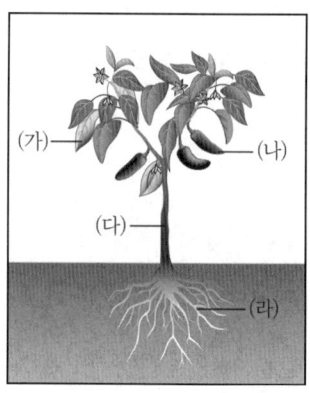

① (가)
② (나)
③ (다)
④ (라)

20 그림은 같은 장소에서 하루 동안 관측한 달의 위치를 나타낸 것이다. 다음 중 시간에 따라 달의 위치가 다르게 보이는 까닭은?

① 달의 밝기
② 달의 모양
③ 지구의 자전
④ 지구의 크기

2023

제1회

도덕

01 다음 중 도덕을 공부하는 방법으로 알맞지 <u>않은</u> 것은?

① 바르게 판단하고 결정하기

② 가르침을 받거나 스스로 깨치기

③ 모범을 본받고 자신을 돌아보기

④ 깊이 생각하지 않고 감정에 따라 말하기

02 다음 중 협동을 잘하기 위한 방법으로 알맞은 것은?

① 내 의견만 끝까지 고집하기

② 모둠 활동 참여를 거부하기

③ 친구들을 배려하는 마음 갖기

④ 자신이 맡은 역할을 친구에게 떠밀기

03 다음의 상황에서 지우에게 필요한 태도로 알맞은 것은?

우리는 이렇게 먹어.

우리는 음식을 수저로 먹는데 너는 왜 맨손으로 먹어? 이상하네.

지우

① 서로 다른 음식 문화를 존중한다.

② 식사 예절을 모르는 사람을 무시한다.

③ 수저의 사용을 다른 사람에게 강요한다.

④ 맨손으로 음식을 먹는 것에 대해 화를 낸다.

04 다음 중 아름다운 사람이 되기 위해서 실천할 일을 〈보기〉에서 고른 것은?

┌─ **보기** ─┐

ㄱ. 고운 말 사용하기

ㄴ. 실수한 친구 놀리기

ㄷ. 예의 바르게 행동하기

ㄹ. 쓰레기 함부로 버리기

└─────────┘

① ㄱ, ㄴ   ② ㄱ, ㄷ

③ ㄴ, ㄹ   ④ ㄷ, ㄹ

05 다음 중 친구가 실수로 나의 발을 밟았을 때 나의 태도로 가장 바람직한 것은?

① 바로 화를 낸다.

② 울면서 짜증을 낸다.

③ 소리치며 그 자리를 떠난다.

④ "괜찮아. 그럴 수도 있지."라고 말한다.

06 다음 중 자주적인 생활에 해당하지 <u>않는</u> 것은?

① 엄마가 시키면 방 청소하기

② 자신의 힘으로 1인 1역 하기

③ 스스로 자신의 책상 정리하기

④ 내가 읽고 싶은 책을 찾아 읽기

07 ㉠에 공통으로 들어갈 말은?

- (㉠)은/는 자기 자신과 남을 속이지 않는 것이다.
- (㉠)은/는 마음에 거짓이나 꾸밈이 없이 바르고 곧게 행동하는 것이다.

① 절교   ② 정직
③ 차별   ④ 효도

08 다음 설명에 해당하는 국가는?

- 1949년, 동독과 서독으로 분단되었다.
- 베를린 장벽이 무너지고, 이 국가는 통일을 이루었다.

① 독일   ② 미국
③ 일본   ④ 러시아

09 다음에서 설명하는 것은?

- 사이버 공간에서 악의적인 댓글 때문에 고통받는 사람들에게 용기와 희망을 주기 위한 운동
- 칭찬과 격려가 담긴 좋은 댓글을 먼저 달아 주자는 운동

① 아나바다 운동
② 선플 달기 운동
③ 환경 보호 운동
④ 에너지 절약 운동

10 다음 중 긍정적인 생활 태도에 해당하는 것은?

① 나의 외모에 대해 불평한다.
② 스스로 능력이 없는 사람이라고 여긴다.
③ 친구의 약점을 다른 사람에게 이야기한다.
④ 최선을 다하면 좋은 결과가 있을 것이라고 생각한다.

11 다음 중 층간 소음으로 인한 갈등을 해결하는 방법으로 알맞은 것은?

① 집안에서 공놀이 즐겨 하기
② 매일 이른 새벽 피아노 연습하기
③ 편지를 주고받아 서로의 마음 이해하기
④ 늦은 밤 쿵쿵거리며 문 여닫는 소리 내기

12 다음 대화에서 휴대 전화와 관련된 갈등의 원인은?

 휴대 전화 사용 시간이 너무 부족해요.

한 시간이면 충분하지 않니?

 아니에요. 친구들과 대화하고 과제 하기에도 시간이 부족해요.

① 사용 시간
② 사용 장소
③ 장식품 선택
④ 신제품 구입

13 다음 중 우리 생활 속에서 지구촌 이웃을 도울 수 있는 행동을 〈보기〉에서 고른 것은?

┌─[보기]─────────────────────┐
ㄱ. 물 아끼지 않기
ㄴ. 지구촌 이웃에게 무관심하기
ㄷ. 용돈을 모아 국제 구호 단체에 기부하기
ㄹ. 지구촌의 어려움을 알리는 캠페인에 참여하기
└──────────────────────────────┘

① ㄱ, ㄴ
② ㄱ, ㄹ
③ ㄴ, ㄷ
④ ㄷ, ㄹ

14 다음 중 생활 속에서 실천할 수 있는 봉사 활동에 해당하지 <u>않는</u> 것은?

① 마을 도서관 책 정리하기
② 놀이터 환경 미화 활동하기
③ 용돈을 받기 위해 심부름하기
④ 동네 어르신들을 위한 위문 활동 참여하기

15 다음 중 친구의 인권을 존중하는 실천 방법으로 적절한 것은?

⑴ 지구의 잘못을 소문내기
② 도움을 요청한 친구 돕기
③ 친구가 싫어하는 말로 놀리기
④ 친구의 물건을 허락 없이 사용하기

16 다음 내용과 가장 관련 있는 것은?

┌──────────────────────────────┐
• 토론 시간에 공평하게 발표할 기회를 주는 사회자
• 한쪽 편만 들지 않고 정확하게 판단하며 경기를 운영하는 심판
└──────────────────────────────┘

① 검소
② 공정
③ 우정
④ 애국심

17 다음 내용에 해당하는 것은?

┌──────────────────────────────┐
• 6 · 25 전쟁 이후 만들어짐.
• 남북한이 각각 점령한 영토를 기준으로 경계 지어진 선
└──────────────────────────────┘

① 광화문
② 임진각
③ 판문점
④ 휴전선

18 다음 중 지구촌 문제가 <u>아닌</u> 것은?

① 전쟁으로 인한 굶주림
② 기후의 변화로 인한 기뭄
③ 환경 오염으로 높아지는 해수면
④ 서로에 대한 존중으로 더불어 행복한 지구촌

19 ㉠에 들어갈 격려하는 말로 가장 적절한 것은?

나는 줄넘기도 못하고 잘 할 수 있는 게 없나 봐.

아니야. 나도 잘 못했는데 꾸준히 연습해서 잘 할 수 있게 되었어. ㉠

① 넌 안 될 것 같아.

② 넌 게을러서 힘들어.

③ 너도 잘 할 수 있어.

④ 넌 욕심이 너무 많아.

20 ㉠에 공통으로 들어갈 말은?

- 도덕적 성찰이란 자신을 (㉠)하여 올바른 삶을 사는 방법을 찾는 것이다.
- 도덕적 성찰을 통해 자신의 생각이나 행동에 잘못된 점은 없는지 (㉠)하고 도덕적인 삶을 실천하기 위해 노력할 수 있다.

① 반성　　　　② 비난

③ 축하　　　　④ 포기

01 다음 중 개인 정보에 해당하는 것은?

① 날짜
② 식품 표시
③ 안전 수칙
④ 주민 등록 번호

02 ㉠에 들어갈 말로 알맞은 것은?

> 자전거 등 바퀴 달린 기구를 탈 때에는 몸을 보호할 수 있는 (㉠)을/를 착용한다.

① 냄비 　　　　② 우산
③ 보호 장구 　　④ 조리 도구

03 그림의 분리수거함에 넣어야 하는 것은?

① 유리병
② 비닐봉지
③ 음식물 쓰레기
④ 플라스틱 접시

04 다음 설명에 해당하는 기기는?

> 내부의 온도를 자동으로 조절하여 음식을 신선하게 보관한다.

① 텔레비전
② 가스레인지
③ 스마트 냉장고
④ 자율 주행 자동차

05 다음 설명에 해당하는 바느질 도구는?

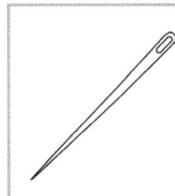

> • 천을 이을 때 사용한다.
> • 사용하지 않을 때에는 자석 판이나 바늘꽂이에 보관한다.

① 골무 　　　　② 바늘
③ 줄자 　　　　④ 초크

06 다음 설명에 해당하는 직업은?

> 최신 유행을 예측하고, 사람들의 나이와 체형 등을 고려해서 옷을 디자인한다.

⑴ 간호사
② 요리사
③ 사회 복지사
④ 패션 디자이너

07 다음 동물을 기르는 데 필요한 준비물로 가장 적절한 것은?

열대어는 가정에서 관상용으로 쉽게 기를 수 있는 동물이다.

① 어항
② 톱밥
③ 화분
④ 횃대

08 ㉠에 들어갈 말로 알맞은 것은?

〈신선한 달걀을 고르는 방법〉

달걀 껍데기에 얼룩이나 반점이 없고, (㉠) 것을 고른다.

① 깨진
② 금이 간
③ 싹이 난
④ 까슬까슬한

09 ㉠에 들어갈 식품으로 알맞은 것은?

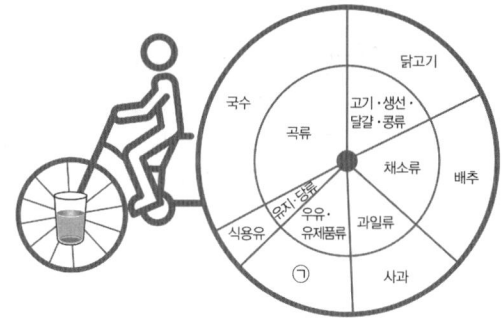

① 떡
② 두부
③ 치즈
④ 돼지고기

10 다음 설명에 해당하는 것은?

• 지금까지 없었던 물건을 만들거나, 이미 있던 것을 개선하는 것을 말한다.
• 더하기, 빼기, 용도 바꾸기 등의 기법을 활용할 수 있다.

① 감정
② 발명
③ 센서
④ 영양

11 그림의 가족에게 필요한 마음가짐으로 적절하지 <u>않은</u> 것은?

① 가정일은 다른 가족 구성원에게 미룬다.
② 상대방의 입장에서 생각하고 이해한다.
③ 서로에게 일어난 어려움을 함께 나눈다.
④ 가족 간에 예의를 지키고 서로 존중한다.

12 다음 중 옷이 지닌 표현의 기능으로 가장 적절한 것은?

① 일의 능률을 높여 준다.
② 피부를 청결하게 유지해 준다.
③ 더위나 추위로부터 체온을 유지해 준다.
④ 자신에게 어울리는 옷차림으로 개성을 드러낸다.

13 ㉠에 들어갈 말로 알맞은 것은?

> 아동기에는 발달이 나타나는 시기와 발달 속도가 개인에 따라 다르다. 이것을 발달의 (㉠)(이)라고 한다.

① 개인차   ② 성장기
③ 적당량   ④ 사용 방법

14 그림에서 문제가 발생한 자전거의 기본 요소는?

① 건조 장치
② 신호 장치
③ 입력 장치
④ 제동 장치

15 다음 중 로봇의 센서에 대한 설명으로 적절한 것은?

① 빛 센서는 주변의 밝기를 감지한다.
② 소리 센서는 물체의 기울기를 측정한다.
③ 적외선 센서는 소리의 크기를 측정한다.
④ 기울기 센서는 물체가 접촉했는지 감지한다.

16 다음 중 시간 자원의 특징으로 가장 적절한 것은?

① 식품을 통해 섭취할 수 있다.
② 한번 지나가면 되돌릴 수 없다.
③ 깨끗하게 세탁하고 수선하여 관리한다.
④ 종류에 따라 알맞은 방법으로 분리배출한다.

17 ㉠에 들어갈 작물로 알맞은 것은?

> • 이름 : (㉠)
> • 특징
>   – 가공 과정을 거쳐 옷과 같은 생활용품으로 활용된다.

① 목화   ② 상추
③ 수수   ④ 인삼

18 다음 설명에 해당하는 가족의 형태는?

> 우리 가족의 구성원은 할아버지, 할머니, 나, 동생 이렇게 네 명이다.

① 핵가족   ② 1인 가족
③ 조손 가족   ④ 한 부모 가족

19 다음 중 친환경 농업의 실천 방안으로 가장 적절한 것은?

① 가축에게 항생제를 과도하게 사용한다.

② 화석 연료만을 사용하여 온실을 가동한다.

③ 지렁이가 자랄 수 없도록 화학 농약을 자주 뿌린다.

④ 가축의 배설물로 퇴비를 만들어 거름으로 사용한다.

20 다음은 비빔밥을 만드는 과정이다. 순서대로 바르게 배열한 것은?

> ㄱ. 채썰기한 재료를 프라이팬에 볶는다.
> ㄴ. 깨끗이 씻은 재료를 채썰기한다.
> ㄷ. 볶은 재료를 밥 위에 얹고 고추장을 곁들인다.

① ㄱ - ㄴ - ㄷ

② ㄴ - ㄱ - ㄷ

③ ㄷ - ㄱ - ㄴ

④ ㄷ - ㄴ - ㄱ

2023년 제1회 정답 및 해설

국어 2023년 제1회

기출문제

01 ②	02 ①	03 ③	04 ②	05 ④
06 ①	07 ②	08 ③	09 ①	10 ②
11 ③	12 ③	13 ④	14 ①	15 ①
16 ④	17 ②	18 ②	19 ④	20 ④

01 정답 ②

실수로 우유를 쏟게 되었기 때문에 미안함을 전달하는 말하기를 해야 한다.

02 정답 ①

사람 간의 관계가 매우 가까운 것을 의미하는 속담은 '바늘 가는 데 실 간다.'이다.
바늘과 실은 바느질을 할 때 쓰는 밀접한 도구로 바늘은 실이 있어야 하고 실은 바늘이 있어야 바느질을 할 수 있다. 따라서 서로 따라다니는 매우 가까운 사이를 의미한다.

오답피하기

② 기본이 되는 것보다 덧붙이는 것이 더 많거나 큰 경우를 비유적으로 이르는 속담이다.
③ 소를 도둑맞은 다음에서야 빈 외양간의 허물어진 곳을 고친다는 뜻으로, 이미 잘못된 뒤에 손을 써도 소용이 없음을 말하는 속담이다.
④ 몹시 고생하는 삶도 좋은 운수가 있을 날이 있다는 속담이다.

03 정답 ③

진구와 사이가 좋게 지낸다는 것은 서로 진하고 성답게 긍정적인 관계를 맺는 것을 말한다.
따라서 돕고 위로하고 바르고 고운 말을 하는 것은 주제에 맞는 의견이나, 싫어하는 별명을 부르는 것은 좋지 못한 사이가 될 수 있다.

04 정답 ②

시간적 배경은 '언제'에 해당하는 배경이다. 따라서 이 글에서는 '아침'에 해당한다.

05 정답 ④

'도저히'는 '아무리 하여도'라는 뜻으로 '~할 수 없다'와 같이 부정을 뜻하는 말이 함께 쓰인다.

오답피하기

① '별로'는 '그다지 다르게'라는 뜻으로 '~하지 않는다'와 같이 부정을 뜻하는 말과 쓰이므로 '동생은 빵을 별로 좋아하지 않는다.'로 고쳐야 한다.
② '내일'은 '다음 날'이란 뜻으로 과거를 의미하는 '갔다'가 아닌 미래 시제와 함께 써야 한다. 따라서 '우리는 내일 동물원에 갈 것이다.'로 고쳐야 한다.
③ '어제'는 '하루 전날'이라는 뜻으로 '갈 것이다'라는 미래 시제가 아닌 과거 시제와 함께 써야 한다. 따라서 '삼촌은 어제 병원에 갔다.'로 고쳐야 한다.

06 정답 ①

'난다'는 '날다'를 현재 시제로 표현한 것으로 적합하다.

오답피하기

② 짐을 '나르다'가 기본형이므로 현재 시제로는 '짐을 나른다.'라고 써야 한다.
③ 새끼를 '낳다'가 기본형이므로 '새끼를 낳는다.'라고 써야 한다.
④ 물고기를 '낚다'가 기본형이므로 '물고기를 낚는다.'라고 써야 한다.

07 정답 ②

상대를 배려한다는 것은 돕거나 보살펴 주는 마음을 갖는 것이다. 상대가 처한 상황을 이해하고 공감하며 강요하지 않는 것은 배려에 속하나, 상대의 말을 제대로 듣지 않고 말하는 것은 배려에 속하지 않는다.

08 정답 ③

이 글은 마라톤 대회에서 현기증이 나서 포기하고 싶었던 지수가 사람들과 선생님, 친구들의 응원을 받고 결승점으로 들어와 뿌듯한 마음이 드는 내용이다. 따라서 끝까지 달려 결승점에 도착한 것으로 미루어 짐작할 수 있다.

09 정답 ①

'요약'은 글의 요점, 중심 내용을 잡아서 간략하게 추리는 것을 말한다. 따라서 중요한 내용을 생략하는 것은 옳지 않다.

10 정답 ②

상대방의 주장이 타당하지 않음을 밝히고, 근거가 타당하지 않다는 것을 반박, 즉 반대하여 말하는 토론 절차는 '반론하기' 단계이다.

11 정답 ③

광고 그림을 보면 소녀가 횡단 보도 앞에서 멈춰 있고 '빨간 불에서는 멈추어야 합니다!'라는 문구가 쓰여 있다. 따라서 교통 규칙을 잘 지켜야 한다는 내용을 전달하고 있다.

12 정답 ③

'청소년의 언어 사용 실태', 즉 언어를 사용하는 실제의 모양, 상태를 알아보기 위한 방법을 물었으므로 '언어'와 관련된 청소년의 줄임말 사용에 대한 설문 조사를 하는 것이 적절하다.

13 정답 ④

'느낌'은 감각이나 마음으로 깨달아 아는 감정이므로 '신나서 마음이 설렜다.'와 같이 '신나다', '설레다'의 감정 표현이 되어 있는 것이 적절하다.

14 정답 ①

극본에서 '대사'는 연극과 영화에서 배우가 하는 말이므로 여기에 해당된다.

오답피하기
② 배우는 엄마, 딸과 같이 연기하는 인물을 말한다.
③ 지문은 '걱정스러운 목소리로', '고개를 떨구며'처럼 인물의 행동을 지시하는 말을 의미한다.
④ 해설은 극의 첫머리에서 시공간 배경과 등장인물을 소개하고 설명하는 부분을 의미한다.

15 정답 ①

'들어'는 기본형 '들다'로 '아래에 있는 것을 위로 올리다.'라는 뜻이다. 따라서 '손을 들었다.'가 의미가 유사하다.

오답피하기
② '꽃물이 들었다.'의 '들다'는 '물감, 색깔, 물기, 소금기가 스미거나 배다.'의 의미이다.
③ '마음에 들었다.'의 '들다'는 '어떤 물건이나 사람이 좋게 받아들여지다.'의 의미이다.
④ '동아리에 들었다.'의 '들다'는 '어떤 조직체에 가입하여 구성원이 되다.'의 의미이다.

16 정답 ④

'누가/무엇이'는 주어를 의미하고 '어찌하다'에 해당하는 것은 움직임이나 동작을 나타내는 '동사'를 나타낸다. 따라서 동사가 아닌 것은 '동물이다'로 이는 명사에 서술격 조사 '이다'가 붙은 형태이다.

오답피하기
① '구르다'는 '돌면서 옮겨 가다.'라는 뜻의 동사이다.
② '가다'는 '이동하다'라는 뜻의 동사이다.
③ '달리다'는 '달음질쳐 빨리 가거나 오다.'라는 뜻의 동사이다.

17 정답 ②

글에는 운동하는 습관을 기르려고 노력해야 한다는 내용을 담고 있다. 따라서 이 글은 상대방에게 나의 이야기를 따르도록 하기 위한 '설득'을 위해 쓴 글이다.

18 정답 ②

토의는 주제에 관해 근거를 들어 도움이 되는 의견을 말하는 것은 적합하다. 그러나 의견을 제시할 때 일방적으로 자신의 의견을 말하는 것은 옳지 않다.

19 정답 ④

시에서 '아기 웃음'은 '유리 종소리', '이상한 열쇠', '다 통하는 국제어'라고 빗대어 표현했다.

20 정답 ④

'꽁 닫힌 마음'은 열리거나 따뜻하거나 미워하지 않는 긍정적인 마음이 아닌 부정적인 마음이므로 '소통하지 않는 마음'을 의미한다.

사회 2023년 제1회

기출문제

01 ③	02 ③	03 ④	04 ③	05 ③
06 ②	07 ④	08 ②	09 ④	10 ①
11 ①	12 ③	13 ④	14 ①	15 ①
16 ②	17 ②	18 ③	19 ②	20 ①

01 정답 ③

경제 활동에는 생산, 분배, 소비가 있다. 생산은 사람들에게 필요한 물건이나 서비스를 만들어 내는 활동이다. 분배는 생산 활동에 참여하고 그 대가를 받는 활동이다. 소비는 생활에 필요한 재화나 서비스를 구매하여 사용하는 활동이다.

오답피하기

① 무역은 나라 간의 물건을 사고팔고 교환하는 일이다.

④ 저축은 소득 중에서 소비로 지출되지 않는 부분이다.

02 정답 ③

지도는 방위, 땅의 높낮이, 기호 등을 통해 지구 표면의 상태를 나타낸 그림이다.

오답피하기

① 날씨는 하루의 비, 구름, 바람, 기온 등의 기상 상태이다.

② 연표는 역사상 발생한 사건을 연대순으로 배열하여 적은 표이다.

④ 나침반은 남북 방향을 가리키는 물건이다.

03 정답 ④

제주특별자치도는 화산섬으로 검은색이며 구멍이 있는 현무암으로 이루어져 있다. 우리나라에서 제일 큰 섬이며 내국인뿐만 아니라 외국인들도 많이 찾아오는 한국의 대표적인 관광지이다.

오답피하기

① 거제도는 제주도 다음으로 가장 큰 섬이다.

② 영종도는 인천국제공항이 건설되어 있다.

③ 울릉도 가까운 동쪽에 독도가 있으며 울릉도, 독도 두 섬은 화산섬이다.

04 정답 ③

공공 기관을 견학할 때 허락 없이 물건을 만지면 물건 파손과 사고의 위험이 있어 해서는 안 되는 행동이다.

05 정답 ③

신생아가 줄고, 초등학교 신입생이 줄어들어 폐교하는 학교도 등장하고 노동력이 부족해지는 등의 사회 문제화되는 현상을 저출산이라 한다.

오답피하기

① 지역화는 지역의 특징이 세계적인 차원에서도 가치를 지니는 현상이다.

② 세계화는 국가 간 교류가 증대하여 많은 사람들이 하나의 세계 안에서 살아가는 현상이다.

④ 정보화는 정보가 중심이 되어 사회가 발전되는 현상이다.

06 정답 ②

선거의 4원칙에는 보통 선거, 평등 선거, 직접 선거, 비밀 선거가 있다. 직접 선거는 자신이 직접 투표장에 나가 투표하는 제도를 말한다.

오답피하기

① 비밀 선거는 투표자가 누구에게 투표했는지 알 수 없게 하는 제도이다.

③ 평등 선거는 모든 사람의 투표 가치가 모두 같은 가치를 가지는 제도이다.

④ 보통 선거는 일정한 연령에 도달하면 제한이 없이 선거권을 주는 제도이다.

07 정답 ④

중간 유통 과정 없이 생산자와 소비자가 직접 농산물을 거래하는 시장을 직거래 장터라 한다.

직거래 장터는 농촌의 생산자는 안정적으로 농산물을 판매할 수 있고 도시의 소비자는 신선한 농산물을 저렴하게 구입할 수 있다는 장점이 있다.

08 정답 ②

지진은 지각판이 움직이면서 땅이 갈라지고 흔들리는 현상으로 건물 붕괴나 파손 등의 피해가 발생한다.

오답피하기

① 가뭄은 오랫동안 비가 내리지 않아 물이 부족하고 땅이 메마르는 현상이다.

③ 태풍은 강력한 바람과 많은 비를 동반하여 막대한 재산·인명 피해가 발생한다.

④ 홍수는 많은 강수로 인하여 하천이 범람하는 현상이다.

09 정답 ④

세계 인권 선언은 제2차 세계 대전 당시의 인권 침해를 반성하고 모든 사람의 인권 보장을 위해 채택한 선언문이다. 인권은 인간으로서 당연히 누려야 할 기본적인 권리로 천부 인권이라고도 한다.

10 정답 ①

가야는 변한에 속한 여러 소국이 독립성을 유지하며 가야 연맹을 형성하였다. 철기 문화와 토기 문화를 바탕으로 가야 연맹은 성장하였다.

11 정답 ①

세종은 집현전을 설치하여 훈민정음을 창제하였고, 4군 6진과 쓰시마섬(대마도)을 정벌하였다. 또한 왕권과 신권의 조화를 강조하여 의정부 서사제를 실시하였다.

오답피하기

② 성종은 홍문관을 설치하고 『경국대전』을 완성하였다.

③ 영조는 탕평책과 균역법을 실시하였다.

④ 정조는 규장각을 설치하고 초계문신제 실시, 장용영 설치, 수원 화성을 건설하였다.

12 정답 ③

유관순은 1919년 3·1 운동에 참여하다 투옥되고 모진 고문으로 병을 얻어 감옥에서 풀려나기 이틀 전에 사망하였다.

① 남자현은 서로 군정서에서 활약한 여성 독립운동 가이다.

② 안중근은 만주 하얼빈에서 이토 히로부미를 저격한 독립운동가이다.

④ 윤희순은 우리나라 최초의 독립운동 여성 의병 지도자이다.

13 정답 ④

국가의 주권이 미치는 영역은 영토, 영해, 영공으로 구성되어 있다. 영토는 땅, 영해는 바다, 영공은 영토와 영해의 하늘이다.

14 정답 ①

국제 연합(UN)은 제2차 세계 대전 이후 전쟁 방지, 평화 유지, 정치·경제·사회 문화 등 모든 분야의 국제 협력 증진을 위해 설립되었다. 주요 기구는 총회, 안전보장이사회, 경제사회이사회, 국제사법재판소, 신탁통치이사회이다. 보조 기구로 국제무역센터, 유엔개발계획, 유엔인구기금 등이 있으며, 전문 기구로 세계 보건 기구, 세계 무역 기구, 국제 노동 기구 등이 있다.

② 그린피스는 국제 환경보호 단체이다.

④ 국경 없는 의사회는 전쟁이나 자연재해로 고통받는 이들에게 도움을 주는 비정부 기구이다.

15 정답 ①

헌법은 우리나라의 법 중에서 가장 기본이 되고 중요한 법이다. 법 중에서 가장 으뜸인 법으로, 다른 법들은 헌법에 어긋나서는 안 된다.

② 저작권법은 저작자의 권리를 보호하기 위해 만든 법이다

③ 도로 교통법은 도로 안전을 확보하기 위해 제정된 법률이다.

④ 장애인 차별 금지법은 인간으로서의 존엄과 가치를 위해 제정한 법이다.

16 정답 ②

자유권은 자유롭게 생각하고 행동할 수 있는 권리로 신체의 자유, 거주 이전의 자유, 종교의 자유, 직업 선택의 자유 등이 있다.

① 사회권은 모든 국민이 인간다운 생활을 할 수 있는 권리이다.

③ 참정권은 나라의 주인으로서 정치에 참여할 수 있는 권리이다.

④ 청구권은 권리가 침해되었을 때 국가에 대해 일정한 요구를 할 수 있는 권리이다.

17 정답 ②

법원은 국민들의 생활에서 다툼에 대하여 법률적 판단을 내리는 재판을 하는 곳으로 법에 따라 재판을 하며, 재판에 관해서 국회, 정부의 간섭을 받지 않는다.

① 국회는 법을 만들거나 고치는 일을 하여 입법부라고도 한다.

18 정답 ③

실학 연구를 집대성한 정약용은 거중기를 만들어 수원 화성을 건설하였다. 정약용은 중농주의 실학자로 농업의 개혁을 통해 부국강병을 이룩하려고 하였고, 『경세유표』와 『목민심서』 등을 저술하였다.

① 김옥균은 갑신정변을 주도한 인물이다.

② 박지원은 『열하일기』를 저술하였다.

④ 홍대용은 조선의 실학자이다.

19 정답 ②

판소리는 조선 후기의 전통 음악이자 연극이다. 북 치는 사람의 장단에 맞추어 노래나 말을 섞어 가며 긴 이야기를 풀어내는 것이 특징이다.

① 민화는 조선 시대 서민들이 그린 그림이다.

③ 풍속화는 일상생활을 그린 그림이다.

④ 한글 소설은 조선 후기 한글로 창작된 소설이다.

20 정답 ①

개인은 환경 보호를 위해 분리수거를 잘하며, 일회용품 사용 줄이기, 가까운 거리 걸어 다니기 등의 실천이 필요하다. 정부는 온실가스를 줄이기 위한 정책을 마련하며, 기업은 이산화 탄소 배출량이 적은 제품을 개발해야 한다.

수학 2023년 제1회

기출문제

01 ②	02 ④	03 ①	04 ②	05 ③
06 ①	07 ④	08 ①	09 ④	10 ③
11 ②	12 ①	13 ③	14 ②	15 ①
16 ④	17 ④	18 ③	19 ②	20 ①

01 정답 ②

만의 자리가 2, 천의 자리가 4, 백의 자리가 3, 십의 자리가 5, 일의 자리가 1인 수는

$20000 + 4000 + 300 + 50 + 1$이므로,

빈칸에 알맞은 수는 20000이다.

02 정답 ④

문제는 350×20을 350×2와 350×20의 관계를 이용하여 계산하는 방법이다.

2에 10배를 하면 20이 되므로, 700에 10배를 하는 방법으로 계산하면 7000이 됨을 알 수 있다.

03 정답 ①

예각이란 각도가 $0°$보다 크고 직각의 크기보다 작은 각을 뜻한다.

①은 직각의 크기보다 벌어진 정도가 작으므로 예각이다.

오답피하기

②는 직각이며, ③과 ④는 각도가 직각의 크기보다 크고 $180°$보다 작은 각이므로 둔각이다.

04 정답 ②

자연수의 혼합 계산은 괄호를 가장 먼저 계산하고, 그 다음 곱셈과 나눗셈을 계산한 후 덧셈과 뺄셈 순으로 계산하여야 한다.

문제에는 곱셈과 나눗셈이 없으므로 괄호를 가장 먼저 계산한 후 앞에서부터 계산하면 된다.

계산 순서를 번호로 나타내어 순서대로 계산하면 다음과 같다.

$$32-(3+7)=32-10=22$$

❶
❷

> **▌참고**
>
> 자연수의 혼합 계산 순서
>
> 괄호 안 계산 → 나눗셈, 곱셈 → 덧셈, 뺄셈
>
> * 같은 단계의 혼합 계산만 존재한다면 앞에서부터
> 순서대로 풀어 준다.

05 정답 ③

3명이 쓰러뜨린 볼링 핀 수의 평균은 볼링 핀 개수의
총합÷3으로 계산할 수 있다.

평균 $=\dfrac{(4+5+6)}{3}=\dfrac{15}{3}=5$이므로 평균은 5이다.

06 정답 ①

6의 약수는 6을 나누어떨어지게 하는 수이고,
8의 약수는 8을 나누어떨어지게 하는 수이다.
6과 8의 최대공약수는 6과 8을 동시에 나누어떨어
지게 하는 수, 즉 공약수 중에서 가장 큰 수를 말한
다. 두 수의 공약수 1, 2 중 가장 큰 수는 2이므로
최대공약수는 2이다.

07 정답 ④

분모가 다른 분수의 덧셈을 하기 위해서는 분모를 통
일시켜 주는 통분의 과정을 거쳐야 한다.

첫 번째 그림의 $\dfrac{1}{2}$과 $\dfrac{3}{6}$의 색칠된 만큼의 크기가 같
으므로 두 분수가 같음을 알 수 있다.

또한 두 번째 그림의 $\dfrac{1}{3}$과 $\dfrac{2}{6}$의 색칠된 만큼의 크기
가 같으므로 두 분수가 같음을 알 수 있다.

그러므로 $\dfrac{1}{2}+\dfrac{1}{3}=\dfrac{3}{6}+\dfrac{2}{6}$가 되고,

분모가 같은 분수의 덧셈은 분모는 그대로 두고, 분
자끼리 더함을 이용하여 계산하면,

$\dfrac{1}{2}+\dfrac{1}{3}=\dfrac{3}{6}+\dfrac{2}{6}=\dfrac{3+2}{6}=\dfrac{5}{6}$이다.

08 정답 ①

우선 위에서 본 모양을 참고하면 1층의 쌓기나무의
개수는 4개임을 알 수 있다.
또한 2층의 쌓기나무의 개수는 1개, 3층의 쌓기나무
의 개수도 1개이다.
이것들을 모두 더하면, 6개이다.

> **▌참고**
>
> 필요한 쌓기나무의 수는 다음 그림처럼 세로로 세면
> 조금 더 쉽게 셀 수 있다.
> 그림처럼 세로의 쌓기나무의 개수를 적고, 모두 더해
> 주면 된다.
>
>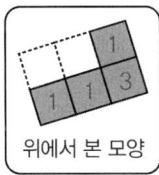
>
> 위에서 본 모양

09 정답 ④

자연수×소수의 곱셈은 자연수의 곱셈으로 계산하는
방법을 사용하면 간단히 계산할 수 있다.

$5×0.5$를 자연수의 곱셈을 이용하여 계산하면 다음
과 같다.

$5×⑤=25$

$\dfrac{1}{10}$배) $\dfrac{1}{10}$배

$5×⓪.5=2.5$

같은 방법으로 ①부터 ④까지의 식을 계산하면,
① $5×0.5=2.5$, ② $6×0.5=3$, ③ $7×0.5=3.5$,
④ $8×0.5=4$이므로, 계산 결과가 가장 큰 것은
$8×0.5$이다.

[다른 풀이]

보기가 모두 똑같이 0.5를 곱하는 것으로 되어 있으
므로, 실제로 곱하지 않고도 계산 결과가 가장 큰 것
을 구분할 수 있다.

5, 6, 7, 8 중 가장 큰 수가 8이므로, 8에 0.5를 곱
한 ④의 계산 결과가 가장 큰 것이다.

10 정답 ③

2170부터 100씩 커지는 규칙에 따라 수를 배열하였으므로 앞의 수에 계속하여 100을 더해 주면 된다. 2370에 100을 더하면 2470이므로, 빈칸에 알맞은 수는 2470이다.

[다른 풀이]

2370 + 100은 자릿수를 맞춰 세로셈으로 계산한다.

```
    2 | 3 | 7 | 0
  +   | 1 | 0 | 0
  ─────────────────
    2 | 4 | 7 | 0
```

11 정답 ②

정육면체는 모양과 크기가 같은 6개의 정사각형으로 둘러싸인 입체도형을 말한다.

따라서, 정육면체의 모든 모서리의 길이가 같으므로 빈칸에 알맞은 수는 2이다.

12 정답 ①

각기둥은 위와 아래에 있는 면이 서로 평행하고 합동인 다각형으로 이루어진 입체도형이다.

이때, 각기둥의 이름은 밑면의 모양에 따라 정해진다. 밑면의 모양이 삼각형이므로 문제의 입체도형의 이름은 삼각기둥이다.

13 정답 ③

분모가 같은 분수의 나눗셈은 자연수의 나눗셈을 이용하여 계산할 수 있다.

분모가 같으므로 몫을 구하려면 분자끼리만 계산을 해도 된다.

따라서, $\frac{6}{7} \div \frac{3}{7} = 6 \div 3$과 같다. 그러므로 빈칸에 알맞은 수는 6이다.

14 정답 ②

태백급의 기준인 40 이하는 40kg 보다 작거나 같은 수를 의미한다.

설악급의 기준인 40 초과 45 이하는 40kg 보다 크고, 45kg 보다는 작거나 같은 수를 의미한다.

지리급의 기준인 45 초과 50 이하는 45kg 보다 크고, 50kg 보다는 작거나 같은 수를 의미한다.

한라급의 기준인 50 초과 55 이하는 50kg 보다 크고, 55kg 보다는 작거나 같은 수를 의미한다.

백두급의 기준인 55 초과는 몸무게가 55kg 보다 큰 수를 의미한다.

연수의 몸무게는 42kg 이므로, 알맞은 체급은 설악급임을 알 수 있다.

15 정답 ①

주어진 직사각형 (가)를 이루고 있는 작은 정사각형의 개수를 세어 보면,

가로는 작은 정사각형 5개, 세로는 작은 정사각형 2개로 이루어져 있으므로,

$5 \times 2 = 10$의 총 10개이다.

이때, 작은 정사각형 하나의 넓이는 1cm^2이므로 (가)의 넓이는 $5 \times 2 = 10(\text{cm}^2)$이 된다.

16 정답 ④

원주율은 (원주)÷(지름)으로 원의 크기에 상관없이 일정하다. 그러므로 옳은 설명이다.

오답피하기

① 원의 지름은 반지름의 2배이다. 원 (가)의 지름은 8cm, 원 (나)의 지름은 4cm이므로 틀린 설명이다.

② 원주는 원의 둘레로 반지름의 길이가 같은 두 원의 원주는 같다. 그러나 두 원의 반지름의 길이가 다르므로 틀린 설명이다.

③ 원의 넓이는 (반지름)×(반지름)×(원주율)로 구하며, 반지름의 길이가 같은 두 원의 넓이는 같다. 두 원의 반지름의 길이가 다르므로 원의 넓이 또한 다르다.

17 정답 ④

쌓기나무 한 개의 부피가 1cm^3 라고 하였으므로 보기에서 주어진 도형의 부피는 쌓기나무의 개수를 이용하여 구할 수 있다.

① 쌓기나무의 수는 6개이므로, 부피는 $6cm^3$이다.

② 쌓기나무의 수는 6개이므로, 부피는 $6cm^3$이다.

③ 쌓기나무의 수는 6개이므로, 부피는 $6cm^3$이다.

④ 쌓기나무의 수는 8개이므로, 부피는 $8cm^3$이다.

18 정답 ③

과자의 할인율을 백분율로 나타내는 문제이다.

$\dfrac{\text{비교하는 양}}{\text{기준량}}$을 비율이라 하고, 백분율은 기준량을

100으로 할 때 비교하는 양의 비율을 백분율이라 한다.

따라서 문제의 비교하는 양은 할인된 가격이고, 기준

량은 원래의 가격이므로, 비율을 구하면 $\dfrac{500}{1000}$이고,

기준량을 100으로 나타내면 $\dfrac{50}{100}$이므로,

백분율은 50%가 된다.

[다른 풀이]

간단하게 백분율은 비율×100으로 계산하며, 단위는

%로 나타낸다.

그러므로 위의 풀이를 참고하여 비율을 계산한 후 백

분율을 구하면,

$\dfrac{500}{1000} \times 100 = 50\%$로 계산할 수도 있다.

19 정답 ②

자연수의 나눗셈을 이용하여 소수의 나눗셈을 계산하

는 방법으로 ①부터 ④까지의 식을 계산할 수 있다.

따라서 모두 자연수의 나눗셈으로 바꾸어 〈보기〉와

같은 식을 찾으면 된다.

① $2.7 \div 3 = 27 \div 30$

　　[나누는 수와 나누어지는 수에 똑같이 10배]

② $2.7 \div 0.3 = 27 \div 3$

　　[나누는 수와 나누어지는 수에 똑같이 10배]

③ $270 \div 3$

④ $270 \div 0.3 = 2700 \div 3$

　　[나누는 수와 나누어지는 수에 똑같이 10배]

▌참고

소수의 나눗셈

소수의 나눗셈은 나누는 수와 나누어지는 수를 똑같이 10배 또는 100배 하여 자연수의 나눗셈으로 바꾸어 계산할 수 있다.

20 정답 ①

띠그래프에서 가장 많은 칸을 차지하고 있는 부분이 가장 많이 빌린 책의 종류이므로, 40%에 해당하는 과학책이 학생들이 가장 많이 빌린 책이다.

과학 2023년 제1회

기출문제

01 ①	02 ④	03 ②	04 ④	05 ①
06 ②	07 ④	08 ①	09 ②	10 ④
11 ③	12 ④	13 ②	14 ①	15 ③
16 ①	17 ③	18 ③	19 ④	20 ③

01 정답 ①

퇴적물이 굳어져서 만들어진 암석을 퇴적암이라고 한다.

> 오답피하기

② 화강암은 화성암의 한 종류로 밝은색을 띠고 맨눈으로 구별할 수 있을 정도로 알갱이가 크다.
③ 화성암은 마그마의 활동으로 만들어진 암석을 말한다.
④ 현무암은 화성암의 한 종류로 색이 어둡고 알갱이가 매우 작다. 표면에는 크고 작은 구멍이 있는 것도 있고 없는 것도 있다.

02 정답 ④

용매인 물의 양이 같을 때 용질인 설탕을 많이 넣을수록 더 진한 용액이 된다. 따라서 설탕이 가장 많이 녹은 20g을 녹인 용액이 가장 진하다.

03 정답 ②

스스로 양분을 만들지 못하고 다른 생물을 먹이로 하여 살아가는 생물을 소비자라고 한다. 토끼는 생산자인 풀을 먹는 소비자이다.

> 오답피하기

배추, 민들레, 부레옥잠은 모두 살아가는 데 필요한 양분을 스스로 만드는 식물인 생산자이다.

04 정답 ④

태양계는 태양의 영향이 미치는 공간과 그 공간에 있는 구성원을 모두 말한다. 태양계는 태양, 행성, 행성 주위에 있는 위성, 소행성, 혜성 등으로 구성되어 있다.

> 오답피하기

① 달 : 위성
② 지구 : 행성
③ 북극성 : 태양계 밖의 별

05 정답 ①

실험에서 물을 준 강낭콩과 물을 주지 않은 강낭콩을 비교했으므로 씨가 싹 트는 데 물이 필요한지를 알아보는 실험이다.

06 정답 ②

곰팡이는 균류에 속한다. 균류는 가늘고 긴 실 모양의 균사로 이루어져 있고 포자로 번식한다. 직접 양분을 만들지 못하므로 죽은 생물이나 다른 생물의 배설물 등을 분해하여 양분을 얻는다. 균류는 따뜻하고 축축한 환경에서 잘 자란다.

07 정답 ④

탄산수소 나트륨에 식초를 떨어뜨리면 발생하는 기체는 이산화 탄소이다. 이산화 탄소는 불을 끄게 하는 성질이 있어 소화기의 재료에 이용된다.

08 정답 ①

식초는 신맛이 나는 산성 용액이다. 산성 용액은 염기성을 줄이는 데 사용할 수 있으므로 염기성을 띠는 비린내 성분을 줄이기 위해 생선을 손질한 도마를 닦을 때 이용할 수 있다.

> 오답피하기

②, ④ 석회수, 묽은 수산화 나트륨 용액은 염기성 용액이다.
③ 페놀프탈레인 용액은 지시약으로 산성 용액에서는 무색, 염기성 용액에서는 붉은색을 띤다.

09 정답 ②

볼록 렌즈는 가운데 부분이 가장자리 부분보다 두꺼운 렌즈이다. 볼록 렌즈로 물체를 바라보면 실제 물체보다 크게 보일 때도 있고, 상하좌우가 바뀌어 보일 때도 있다. 볼록 렌즈를 이용해 만든 돋보기안경이외에도, 가운데 부분이 볼록한 형태의 물방울이나 물이 담긴 둥근 어항은 볼록 렌즈의 역할을 할 수 있다.
② 볼록 렌즈는 빛이 굴절하는 성질을 이용한 것이고, 평면거울은 진행하는 빛이 되돌아 나오는 성질인 빛의 반사를 이용한다.

10 정답 ④
겨울에는 북서쪽 육지에서 발달한 춥고 건조한 공기 덩어리의 영향을 받는다. 차갑고 건조한 공기 덩어리가 우리나라에 영향을 주어 겨울은 춥고 건조한 날씨가 나타난다.
반대로 여름에는 남동쪽 바다에서 온도와 습도가 높은 공기 덩어리가 이동하여 오기 때문에 덥고 습하다.

11 정답 ③
거울로 물체를 보면 좌우가 바뀌어 보인다. 거울 면이 평평한 평면거울은 실물과 같은 크기로 보여 무용실이나 가정의 전신 거울로 사용할 수 있다.

12 정답 ④
전기를 절약하기 위해 사용하지 않는 전기 제품의 플러그는 뽑아 놓는 것이 좋다.
오답피하기
① 사용하지 않는 전등은 끈다.
② 에어컨을 켤 때에는 문을 닫고, 에어컨보다는 선풍기나 부채를 사용한다.
③ 냉장고 문을 닫고, 냉장고에 음식물을 가득 채우지 않는다.

13 정답 ②
대류는 액체나 기체에서 물질이 이동하면서 열이 전달되는 현상이다. 따뜻한 물질은 주위보다 가벼워서 위로 올라가고, 차가운 물질은 주위보다 무거워서 아래로 이동하면서 열을 전달한다. 대류의 특성을 이용하여 난로는 아래쪽에 설치하고, 에어컨은 위쪽에 설치하면 효율적으로 냉난방을 할 수 있다.

14 정답 ①
뼈는 우리 몸을 지탱하고 몸속의 내부 기관을 보호하는 역할을 하는 단단한 물질이다.
오답피하기
② 위 : 음식물의 소화에 관여하는 소화 기관 중 하나이다.
③ 콩팥 : 혈액 속 노폐물을 걸러내어 오줌을 만드는 일을 하는 기관이다.
④ 혈액 : 혈관을 통해 온몸을 돌면서 영양소와 산소를 공급해 주고 노폐물을 운반해 주는 물질이다.

15 정답 ③
시간에 따라 물체의 위치가 변하는 것을 운동이라고 한다.
오답피하기
① 굴절 : 서로 다른 물질의 경계면에서 진행하는 방향이 꺾이는 현상을 말한다.
② 반사 : 다른 물체의 표면에 부딪혀서 되돌아 나가는 현상이다.
④ 정지 : 시간에 따라 물체의 위치가 변하지 않는 상태를 말한다.

16 정답 ①
연소는 물질이 산소를 만나 빛과 열을 내며 타는 현상이다. 물질의 연소가 일어나려면 탈 물질, 산소, 물질이 스스로 타기 시작하는 온도인 발화점 이상의 온도가 필요하다.

17 정답 ③
증발은 물의 표면에서 물이 수증기로 변하는 것으로, 젖은 머리카락을 말리거나 젖은 빨래가 마르는 것은 모두 증발에 해당한다.
오답피하기
① 용해 : 어떤 물질이 다른 물질에 녹아 골고루 섞이는 현상이다.
② 응결 : 수증기가 물방울이 되는 현상이다.
④ 광합성 : 녹색 식물이 빛을 이용하여 이산화 탄소와 물로 영양분을 만드는 과정이다.

18 정답 ③

태양 고도는 태양이 지표면과 이루는 각을 말한다.

* 태양이 정남쪽에 위치하는 남중 시 고도를 남중 고도라고 한다. 이때 태양 고도가 가장 높다.

19 정답 ④

(라) 뿌리

오답피하기

① (가) 잎

② (나) 열매

③ (다) 줄기

20 정답 ③

지구는 자전축을 중심으로 하루에 한 바퀴 도는 자전을 한다. 지구 자전에 의해 하루 동안 달의 위치가 동쪽에서 남쪽을 지나 서쪽으로 움직이는 것처럼 보인다.

도덕 2023년 제1회

기출문제

01 ④	02 ③	03 ①	04 ②	05 ④
06 ①	07 ②	08 ①	09 ②	10 ④
11 ③	12 ①	13 ④	14 ③	15 ②
16 ②	17 ④	18 ④	19 ③	20 ①

01 정답 ④

도덕 공부는 꾸준히 해야 하며 실천 계획을 세우고 실천하고 꼭 돌아보는 단계를 거쳐서 내가 잘한 것, 부족한 것을 돌아보면서 더 잘 실천할 수 있도록 해야 한다. 그리고 어려울 땐 주변의 어른, 친구들의 도움을 받는 것이 좋다.

02 정답 ③

협동을 잘하려면 '나 하나라도' 하는 마음과 '우리'라는 마음을 가져야 한다. 또 서로를 믿고 적극적으로 의사소통하며, 각자 맡은 역할에 최선을 다해야 한다.

03 정답 ①

문화는 서로 존중해야 하며 우리 문화를 기준으로 다른 나라의 문화를 수준이 낮다고 비난하거나 이상하다고 평가해서는 안 된다. 우리나라의 문화만이 최고라고 생각하기보다는 각각의 문화가 고유한 가치가 있으므로 있는 그대로 이해하고 존중해야 한다.

04 정답 ②

아름다운 사람이 되기 위해서는 외면적, 내면적, 도덕적 삶의 아름다움 중 어느 한쪽에 치우치지 않고 균형을 이룰 수 있게 노력해야 한다.

05 정답 ④

감정과 욕구대로 행동하게 되면 다른 사람과 다툼이 많아지고 피해를 주게 되며 결국 자신도 힘들어진다.

06 정답 ①
자주적인 생활을 실천하기 위해서는 할 일을 미루지 않고 또 친구에게 의지하기보다는 스스로 해낼 수 있는 힘을 길러야 한다.

07 정답 ②
정직이란 마음에 거짓이나 꾸밈이 없이 바르고 곧게 행동하는 것이다. 예를 들어 화분을 깼을 때 솔직히 인정하고 책임감 있게 뒤처리를 하는 것, 다른 사람과의 약속을 잘 지키고 거짓말을 하지 않는 것이 정직한 행동이다.

08 정답 ①
독일은 협상에서 비롯된 평화적인 방법으로 통일을 이루었다. 협상에 걸리는 시간이 길었지만 서로에게 상처를 주지 않고 안전하게 통일을 이룰 수 있었다.

09 정답 ②
'선플 달기 운동'은 사람들에게 큰 고통과 피해를 주는 악플 대신 격려와 용기를 주는 선플을 달아 주자는 것이다.

10 정답 ④
나를 소중히 여기고 긍정적인 마음을 지니면 긍정적인 사고로 나와 주변을 바라볼 수 있어 나를 더욱 발전시키게 된다.

11 정답 ③
갈등을 평화롭게 해결하기 위해서는 경청하며 대화를 하며 상대방의 처지를 이해하고 서로의 사정을 자세하게 알리는 편지를 쓰는 것이 좋다.

12 정답 ①
제시된 상황에서 발생한 갈등의 원인은 휴대 전화 사용 시간과 관련 있다.

13 정답 ④
지구촌 이웃을 돕기 위해 실천할 수 있는 방법으로 기부나 모금하기, 지구촌 이웃의 어려움을 알리는 캠페인을 하기, 가까운 거리는 버스를 타지 않고 걸어가기 등이 있다.

14 정답 ③
봉사란 개인이나 집단이 자발적으로 타인을 돕거나 사회에 기여하는 무보수의 계획적이고 지속적인 활동을 뜻한다.

15 정답 ②
친구 간에도 배려하는 마음, 사랑하는 마음, 존중하는 마음, 상대방의 입장을 생각하는 마음으로 예의를 지켜야 한다.

16 정답 ②
공정한 세상을 만들기 위해서는 누구나 제 몫을 받을 수 있어야 하고 개인적인 노력과 사회적인 노력이 함께 어우러져야 한다. 따라서 학교에서는 학급의 규칙을 잘 지키고 내 일을 미루지 않으면서 일상생활 속 공정하고 정의로운 일들을 실천해야 한다.

17 정답 ④
제시문은 남북한이 각각 점령한 영토를 기준으로 경계 지어진 선인 휴전선에 대한 설명이다.

18 정답 ④
지구촌 문제에는 전쟁, 환경 파괴, 질병, 굶주림, 차별 등이 있다. 전쟁으로 인해 피난을 가고 굶주리는 아이들이 있으며 영토 분쟁, 종교 문제 등이 있다.

19 정답 ③
줄넘기를 잘 하지 못하는 친구에게는 격려의 말을 통해 용기를 주어야 한다.

20 정답 ①
우리 삶 속에서 성찰이 필요한 이유는 자신의 삶을 반성하는 과정을 거치며 더욱 인간다워지고, 성찰의 과정을 거치면 올바른 생각을 할 수 있기 때문이다.

실과 2023년 제1회

01 정답 ④

주민 등록 번호, 전화번호, 주소, 아이디(ID)와 비밀 번호처럼 개인을 알아볼 수 있는 정보를 개인 정보라 고 한다. 정보 기기나 인터넷을 사용할 때에는 개인 정보가 유출되지 않도록 주의해야 한다.

02 정답 ③

위험한 활동이나 운동할 때 몸에 상처를 입지 않도록 보호하기 위하여 몸에 지니는 기구를 보호 장구라 한다.

03 정답 ①

제시된 그림은 유리 재활용 표시이다. 유리병 재사용 은 빈 병을 회수하여 세척·소독 처리한 후 사용된다.

04 정답 ③

스마트 냉장고는 인터넷에 연결하여 다양한 기능을 제공한다. 실내 카메라를 사용하여 우유나 달걀이 부 족한지 확인 가능하며, 내부의 온도를 자동으로 조절 하여 음식을 신선하게 보관한다.

05 정답 ②

바늘은 천을 꿰맬 때 사용한다. 바늘꽂이는 바늘이나 시침 핀을 꽂아 둘 때 사용하며, 바늘이 녹스는 것을 방지한다.

오답피하기
① 골무는 바늘을 밀어 주거나 손가락 끝을 보호하기 위해 사용한다.
③ 줄자는 옷감에 선을 긋거나 길이를 잴 때 사용한다.
④ 초크는 옷감의 재단선을 표시하는 데 쓰는 분필이다.

06 정답 ④

패션 디자이너는 옷을 전문적으로 디자인하는 사람 이다.

오답피하기
① 간호사는 환자의 상태를 점검 기록하고 치료, 질 병 예방에 대한 설명을 해 주는 사람이다.
② 요리사는 식당에서 전문적으로 요리 혹은 조리를 하는 사람이다.
③ 사회 복지사는 사회 복지에 관련된 전문적인 기술 을 지닌 사람이다.

07 정답 ①

열대어를 기르기 위해서는 어항이 필요하다. 모래와 자갈 사이사이에 수초를 심고 장식품을 설치하여 어 항을 항상 청결하게 한다.

오답피하기
② 톱밥은 톱으로 나무를 자를 때에 나오는 가루이 다. 햄스터나 곤충을 기를 때 사용된다.
④ 횃대는 새장이나 닭장 안에 가로지른 나무막대를 말한다.

08 정답 ④

달걀은 껍데기가 까슬까슬하고 윤이 나지 않는 것이 신선하다.

09 정답 ③

우유·유제품류는 우유, 요구르트, 치즈, 아이스크림 등이 있다. 칼슘 섭취를 위한 중요한 식품이다.

오답피하기
① 떡은 곡류에 해당한다.
② 두부에는 단백질이 많다.

10 정답 ②

발명은 여러 가지 기술을 이용하여 새로운 것을 만들 어 내는 것이다. 발명 기법의 종류는 더하기 기법, 빼 기 기법, 크기 바꾸기 기법, 모양 바꾸기 기법, 용도 바꾸기 기법, 재료 바꾸기 기법, 반대로 생각하기 기 법이 있다.

11 정답 ①

화목한 가족을 만들기 위해서는 가족 간에 서로 배려하고 협동해야 한다. 가족의 고마움을 알고 가족을 위해 내가 할 수 있는 일을 찾아 실천한다. 가정일을 다른 가족 구성원에게 미루는 것은 가족에게 필요한 마음가짐으로 적절하지 않다.

12 정답 ④

정장, 한복, 넥타이, 모자, 장신구 등을 통해 자신에게 어울리는 옷차림으로 개성을 드러낼 수 있다. 옷의 기능은 체온 유지, 피부 청결, 신체 보호, 능률 향상, 표현의 기능이 있다.

13 정답 ①

아동기에는 발달이 개인차에 따라 나타나는 시기와 발달 속도가 다르다.

14 정답 ④

자전거는 차체, 전동부, 제동부, 조향부, 완충부로 구성되어 있다. 제동부는 브레이크와 브레이크 레버로 이루어져 있다. 제동 과정은 브레이크 레버 → 와이어 → 브레이크 순으로 작동된다.

15 정답 ①

로봇의 빛 센서는 주변의 밝기를 감지한다.

오답피하기

② 소리 센서는 소리의 크기를 측정한다.
③ 적외선 센서는 눈을 가진 것처럼 물건을 보고 피해서 움직일 수 있다.
④ 기울기 센서는 물체의 기울기를 측정한다.

16 정답 ②

자원은 인간 생활 및 경제 생산에 이용되는 원료이다. 시간 자원은 한번 지나가면 되돌릴 수 없는 자원이다.

17 정답 ①

목화 씨앗을 맺을 때 생기는 털을 이용해 솜과 무명천을 만든다. 가공을 통해 옷과 생활용품으로 활용된다.

오답피하기

③ 수수는 곡물의 일종으로 잡곡으로 분류되어 있다.

18 정답 ③

조손 가족은 조부모들과 18세 이하의 손자녀들이 함께 살고 있는 가족 형태이다.

오답피하기

① 핵가족은 부부 또는 부부와 미혼 자녀로 구성된 가족이다.
④ 한 부모 가족은 18세 미만의 미성년 자녀를 한 부모가 혼자서 키우는 가족이다.

19 정답 ④

친환경 농업은 농약, 제초제, 가축 사료, 비료 등에 합성 화학물질을 사용하지 않고 가축의 배설물이나 미생물, 지렁이 등을 이용하는 농법이다.

20 정답 ②

비빔밥은 밥에 각종 나물을 넣고 장을 넣어서 비벼 먹는 전통 한국 요리이다. 비빔밥을 만드는 순서는 깨끗이 씻은 재료를 채썰기를 하고, 재료를 프라이팬에 볶는다. 볶은 재료를 밥 위에 얹고 고추장을 곁들인다.

합격예감

초졸 검정고시

2022
제 2 회

기출을 보면 합격이 보인다!

기출문제

- ☑ 국어
- ☑ 사회
- ☑ 수학
- ☑ 과학
- ☑ 도덕
- ☑ 실과

합격예감

초졸 검정고시

기출문제집

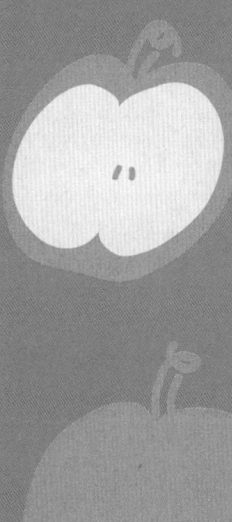

01 다음 글에서 민서가 전하고 싶은 마음으로 알맞은 것은?

> 나영아!
> 너의 생일 파티에 가지 못하게 되어서 정말 미안해. 할머니께서 갑자기 병원에 입원하셔서 병문안을 가게 되었어. 다녀와서 꼭 연락할게.
> 친구 민서가

① 미안함
② 반가움
③ 외로움
④ 즐거움

02 다음 중 두 낱말 사이의 관계가 <u>다른</u> 것은?

① 낮다 : 높다
② 운동 : 수영
③ 가다 : 오다
④ 등교 : 하교

03 ㉠에 들어갈 내용으로 가장 적절한 것은?

> • 중심 문장 : 우리나라에는 명절에 하는 민속놀이가 있습니다.
> • 뒷받침 문장 : ─ ㉠
> ─ 단오에는 씨름을 합니다.

① 설날에는 세배를 합니다.
② 추석에는 송편을 먹습니다.
③ 동짓날에는 팥죽을 먹습니다.
④ 정월 대보름에는 쥐불놀이를 합니다.

04 다음에 해당하는 토의 절차는?

> • 토의하고 싶은 주제를 자유롭게 이야기하기
> • 토의 주제로 알맞은지 판단하기

① 토의 주제 정하기
② 의견 마련하기
③ 의견 모으기
④ 의견 결정하기

05 친구들에게 조사한 내용을 발표할 때 다음 자료를 활용한 까닭으로 적절하지 <u>않은</u> 것은?

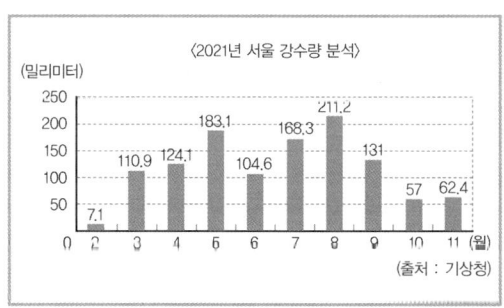

〈2021년 서울 강수량 분석〉 (밀리미터) (출처 : 기상청)

① 월별 강수량을 알려줄 수 있어서
② 월별 강수량의 순위를 설명할 수 있어서
③ 음악이나 자막을 넣어 분위기를 잘 전달할 수 있어서
④ 강수량이 많은 달과 적은 달을 한눈에 보여 줄 수 있어서

06 ㉠에 들어갈 말로 알맞은 것은?

> 갯벌은 [㉠]
> 어민들은 갯벌에서 수산물을 키우고 거두어 돈을 법니다. 또 갯벌은 육지에서 나오는 오염 물질을 분해해 좋은 환경을 만듭니다. 그리고 갯벌은 기후를 조절하고 홍수를 줄여 주는 역할을 합니다.

① 초식동물이 살기에 좋은 환경입니다.
② 쓰레기 매립으로 인해 오염이 심각합니다.
③ 자연과 사람에게 여러 가지 도움을 줍니다.
④ 밀물 때는 물에 잠기고 썰물 때는 물 밖으로 드러납니다.

07 ㉠~㉣ 중 글쓴이의 생각이나 느낌이 드러난 것은?

> 지난 일요일에 정우와 함께 견학을 갔다. ㉠ 우리는 박물관 관람을 했다. 박물관 1층에는 우리 조상들의 생활모습을 담은 ㉡ 그림들이 전시되어 있었다. 박물관 2층에서는 조상들이 사용하던 ㉢ 여러 가지 물건들을 볼 수 있었다. 박물관 관람을 하고 난 후 ㉣ 조상들의 생활 모습이 오늘날과는 많이 다르다는 생각이 들었다.

① ㉠   ② ㉡
③ ㉢   ④ ㉣

[8~9] 다음 글을 읽고 물음에 답하시오.

> 샬럿의 거미줄
>
> • 때 : 어느 해 늦여름
> • 곳 : 어느 시골 마을 주커만 농장의 헛간
> • 나오는 인물 : 샬럿, 윌버, 러비
>
> 러비가 여물통을 들고 온다. 윌버, 뒤로 살짝 물러난다.
>
> 러비: 여기 있다, 꿀꿀아. 아침이다. 먹다 남은 도넛이랑 빵이야. (여물통을 내려놓는다.) 정말 맛…… 맛……. (샬럿의 거미줄에 새겨진 글자를 보고) 저게 뭐야? 뭐가 있는데……. (무대 밖으로 소리치며) 주커만 씨! 주커만 씨! 빨리 와 보세요! ㉠ (허겁지겁 퇴장한다.)

08 윗글에 대한 설명으로 알맞지 <u>않은</u> 것은?

① 등장인물은 샬럿, 윌버, 러비이다.
② 시간적 배경은 어느 해 늦겨울이다.
③ 러비는 거미줄에 새겨진 글자를 보고 놀랐다.
④ 공간적 배경은 시골 마을 주커만 농장의 헛간이다.

09 ㉠에 대한 설명으로 알맞은 것은?

① 인물이 하는 말을 나타낸다.
② 작품의 배경 음악을 나타낸다.
③ 사건이 일어난 시간을 나타낸다.
④ 인물의 동작이나 표정을 나타낸다.

10 다음과 같이 문자 메시지로 나누고 싶은 마음을 전하면 좋은 점은?

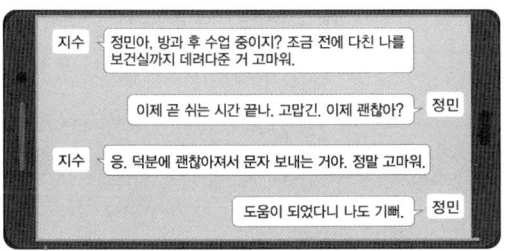

① 읽는 사람의 표정을 볼 수 있다.
② 읽는 사람의 음성을 들을 수 있다.
③ 읽는 사람의 움직임을 확인할 수 있다.
④ 읽는 사람에게 자신의 마음을 곧바로 보낼 수 있다.

11 밑줄 친 낱말이 ㉠과 같은 의미로 사용된 것은?

> 생일 축하 노래를 ㉠ <u>불렀다</u>.

⑴ 배가 <u>불렀다</u>.
② 택시를 <u>불렀다</u>.
③ 애국가를 <u>불렀다</u>.
④ 값을 비싸게 <u>불렀다</u>.

[12~13] 다음 글을 읽고 물음에 답하시오.

글씨 공부

이문구

언니가 쓰다 틀린   언니가 써 놓은
ㅁ 자는   ㉠ ㅅ 자는
시늉만 내어서   우리 집 앞의
운동모자 같고.   삼거리.

동생이 쓰다 틀린   동생이 쓰다 틀린
ㄱ 자는   ㅎ 자는
거꾸로 그려서   삼거리 앞의
낚싯바늘 같고.   눈사람.

---

12 ㉠을 비유한 것은?

① 운동모자   ② 낚싯바늘
③ 우리 집   ④ 삼거리

13 윗글을 읽고 떠올린 느낌으로 적절하지 <u>않</u>은 것은?

① 시늉만 낸 'ㅁ 자'를 보고 액자를 그린 장면이 신기했다.
② 언니와 동생이 글씨 공부를 하고 있는 장면이 떠올랐다.
③ 동생이 쓰다 틀린 'ㅎ 자'를 눈사람에 비유한 것이 재미있었다.
④ 거꾸로 쓴 'ㄱ 자'를 보고 낚싯바늘을 떠올린 것이 인상적이었다.

14 문장의 호응 관계가 바른 것은?

① 골키퍼가 날아온 공을 잡혔다.
② 좋은 친구들은 결코 거짓말을 잘한다.
③ 우리는 잠시 후에 미술관에 갈 것이다.
④ 어제 친구랑 같이 밥과 영화를 보았다.

17 주장하는 글을 쓸 때 유의해야 할 점으로 적절하지 **않은** 것은?

① 명확한 표현은 사용하지 않는다.
② 단정적인 표현은 조심해서 사용한다.
③ 모호한 표현은 사용하지 않는 것이 좋다.
④ 주장을 뒷받침하는 근거를 제시하여 쓴다.

[15~16] 다음 글을 읽고 물음에 답하시오.

> ⓒⒿ　　　　　　　교실에서 뛰어다니지 말아야 하는 까닭은 첫째, 교실에서 뛰어다니면 친구들과 부딪혀 다칠 수 있다. 둘째, 교실에서 뛰어다니면 조용히 휴식을 취하는 친구들에게 방해가 된다. 셋째, 교실에서 뛰어다니면　　　　ⓛ　　　　

15 윗글의 ㉠에 들어갈 주장으로 알맞은 것은?

① 학교생활을 즐겁게 하자.
② 교실에서 뛰어다니지 말자.
③ 복도에서 큰 소리로 떠들지 말자.
④ 교실에서 다양한 종류의 책을 읽자.

16 윗글의 ㉡에 들어갈 근거로 적절한 것은?

① 바른 자세로 앉을 수 있다.
② 먼지가 생겨 건강에 좋지 않다.
③ 교실의 쓰레기를 줄일 수 있다.
④ 선생님께 칭찬을 받을 수 있다.

18 '맨밥'과 짜임이 같은 낱말은?

① 바늘　　　　　② 햇밤
③ 하늘　　　　　④ 나무

19 ㉠~㉣ 중 사실을 나타낸 문장으로 알맞은 것은?

> **한옥 지붕**
>
> ㉠ 중국과 일본의 지붕은 처마 양 끝이 살짝 들려 있지만 가운데는 반듯한 직선이다. 그런데 한옥 지붕은 처마 전체가 휘어진 듯 부드러운 곡선으로 이루어져 있다. ㉡ 그래서 좀 더 가볍고 산뜻한 느낌을 준다. 중국, 일본과 달리 한옥 지붕이 부드러운 곡선인 까닭은 무엇일까? ㉢ 한국의 자연환경이 큰 영향을 미쳤다고 생각한다. 한국은 국토의 대부분이 산이기 때문에 산으로 둘러싸인 곳에 건축물을 많이 지었다. ㉣ 그래서 건축물 지붕을 얹을 때도 지붕 선이 주변 산봉우리와 잘 어울리게 부드러운 곡선이 되도록 한 것 같다.

① ㉠　　　　　② ㉡
③ ㉢　　　　　④ ㉣

20 인터넷 자료를 읽는 방법으로 적절하지 <u>않은</u> 것은?

① 그림이 주는 시각 정보도 살펴본다.

② 화면 구성 방식에 담긴 정보도 확인한다.

③ 다양한 자료가 있을 때 하나의 자료만 살펴본다.

④ 영상 자료에 있는 소리와 자막에 담긴 정보도 확인한다.

01 ⊙과 ⓒ에 들어갈 말로 가장 적절한 것은?

> 지도에서 방위표가 없는 경우 지도의 위쪽이 (⊙)이 되고, 아래쪽이 (ⓒ)이 된다.

	⊙	ⓒ		⊙	ⓒ
①	동쪽	서쪽	②	서쪽	동쪽
③	남쪽	북쪽	④	북쪽	남쪽

02 다음 대화에서 학생이 활용한 문화유산 조사 방법은?

석굴암에 대해 어떻게 조사했니?

경주에 직접 가서 석굴암을 살펴보았어요.

① 답사
② 인터넷 검색
③ 친구와 토의
④ 백과사전 조사

03 다음 사례에 나타난 촌락과 도시의 교류 모습은?

> □□시 ○○대학교 학생 20여 명은 △△마을을 찾아 모내기를 도왔다. △△마을 주민들은 매년 봄마다 부족한 일손을 도와주는 대학생들에게 고마움을 전했다.

① 봉사를 통한 교류
② 공연 활동을 통한 교류
③ 지역 축제를 통한 교류
④ 직거래 장터를 통한 교류

04 다음 설명과 관련된 사회 현상은?

> • 세계 여러 나라의 물건을 쉽게 살 수 있다.
> • 우리나라에 온 다른 나라 가수 공연을 볼 수 있다.

① 고령화
② 세계화
③ 저출산
④ 편견과 차별

05 ⊙에 들어갈 말로 가장 적절한 것은?

〈사회 골든벨〉

> 오랜 기간에 걸쳐 한 지역에 나타나는 평균적인 대기 상태를 나타낸 말입니다.

① 계절
② 기후
③ 날씨
④ 강수량

06 교통의 발달에 따라 변화된 모습으로 적절하지 **않은** 것은?

① 생활권의 범위가 좁아졌다.
② 지역 간 이동 시간이 짧아졌다.
③ 대규모 물자 이동이 편리해졌다.
④ 택배로 물건을 전달하는 시간이 짧아졌다.

07 인권 보장을 위해 노력하고 있는 사례로 적절하지 **않은** 것은?

① 출산 휴가를 법적으로 보장하기
② 다른 사람의 일기장을 허락 없이 보기
③ 장애인을 위해 장애인 전용 주차 구역을 설치하기
④ 키가 작은 어린이를 위해 낮은 세면대를 설치하기

08 헌법에 나타난 국민의 의무 중 다음과 관계있는 것은?

> 모든 국민은 개인과 나라의 발전을 위해 일할 의무가 있다.

① 국방의 의무
② 근로의 의무
③ 납세의 의무
④ 환경 보전의 의무

09 ㉠에 들어갈 나라로 알맞은 것은?

> 탐구 주제 : [㉠]의 문화유산
> • 상감 기법을 도자기에 적용하여 상감 청자를 만듦.
> • 몽골의 침략을 부처의 힘으로 극복하고자 팔만대장경판을 만듦.

① 신라
② 백제
③ 발해
④ 고려

10 조선에 대한 설명으로 알맞은 것은?

① 왕건이 세운 나라이다.
② 무령왕릉이 만들어졌다.
③ 한양을 도읍으로 정했다.
④ 강감찬의 활약으로 거란의 침입을 물리쳤다.

11 다음에 해당하는 것은?

> • 허균이 쓴 한글 소설이다.
> • 당시 신분 제도를 비판하는 내용이 담겨있다.

① 심청전
② 흥부전
③ 홍길동전
④ 장화홍련전

12 다음에서 설명하는 것은?

> 모든 국민이 나라의 주인으로서 권리를 갖고 그 권리를 자유롭고 평등하게 행사하는 정치 제도입니다.

① 민주주의 ② 이기주의
③ 제국주의 ④ 집단주의

13 다음에서 설명하는 것은?

> 우리나라는 국가 권력을 국회, 정부, 법원이 나누어 맡고 있다. 이것은 서로 견제와 균형을 이루어 국민의 자유와 권리를 지키기 위해서이다.

① 3심 제도
② 사회 복지 제도
③ 선거 제도
④ 삼권 분립 제도

14 ㉠에 들어갈 말로 적절한 것은?

> 1960년대에는 정부의 경제 개발 계획에 따라 섬유, 신발, 가발, 의류 등과 같은 ㉠ 제품을 만들고 수출하는 기업들이 성장했다.

① 경공업 ② 반도체 산업
③ 중화학 공업 ④ 의료 서비스 산업

15 다음 기사와 관련된 사회 문제는?

> ○ ○ 신 문 2022년 ○월 ○일
>
> 《○○회사 임금 협상 해결》
>
> ○○회사의 임금 문제에 대한 오랜 갈등이 기업가와 근로자의 민주적인 대화와 타협으로 해결되었다. 이번 임금 협약 체결로 인해 ○○회사의 생산성이 더욱 높아질 것으로 예측된다.

① 노사 갈등 ② 소음 공해
③ 자원 부족 ④ 주차 문제

16 6 · 25 전쟁의 과정 및 결과와 관계 <u>없는</u> 것은?

① 일본군의 침략
② 중국군의 개입
③ 인천 상륙 작전
④ 정전 협정 체결

17 디지털 영상 지도에 대한 설명으로 가장 적절하지 <u>않은</u> 것은?

① 다양한 정보가 연결되어 있다.
② 지도를 확대하고 축소하기가 쉽다.
③ 종이로 되어 있어 휴대가 편리하다.
④ 위성 영상이나 항공 사진 등을 바탕으로 만들었다.

18 다음에서 설명하는 나라는?

> • 수도는 베이징이다.
> • 세계에서 인구가 가장 많다.
> • 우리나라의 서쪽에 위치한다.
> • 춘절에 '복을 싸서 먹는다'는 뜻으로 만두를 먹기도 한다.

① 인도　　　　② 일본
③ 중국　　　　④ 러시아

19 남북 분단으로 인한 문세점이 <u>아닌</u> 것은?

① 전쟁에 대한 공포
② 이산가족의 자유로운 만남
③ 많은 국방비 지출로 인한 경제적 손실
④ 남한과 북한 자원의 효율적 활용에 대한 어려움

20 다음에서 설명하는 단체는?

> • 비정부 기구이다.
> • 자연재해로 터전을 잃어버린 사람들에게 집을 지어 주고 있다.

① 국제연합
② 유네스코
③ 해비타트
④ 핵무기 폐기 국제 운동

01 다음은 23000부터 1000씩 뛰어 세기를 나타낸 것이다. □에 알맞은 수는?

23000 — 24000 — 25000 — □ — 27000

① 26000
② 26100
③ 26200
④ 26300

02 그림에서 오른쪽 큰 정사각형 모양을 완성하려고 한다. 조각 (가)를 밀어야 하는 방향으로 알맞은 것은?

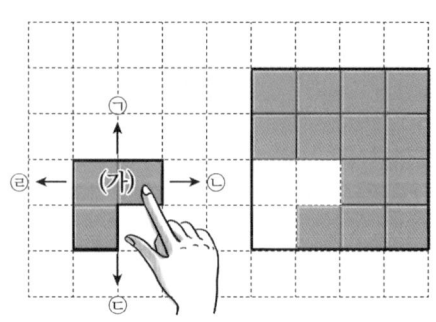

① ㉠
② ㉡
③ ㉢
④ ㉣

03 다음과 같이 운동 기구의 각도를 (가)에서 (나)로 바꾸었을 때, 두 각도의 차는?

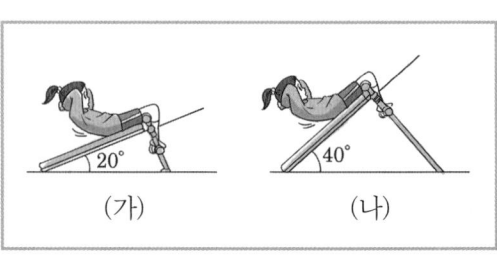

① 10°
② 20°
③ 30°
④ 40°

04 다음은 학생 4명의 줄넘기 횟수를 막대그래프로 나타낸 것이다. 지혜의 줄넘기 횟수는?

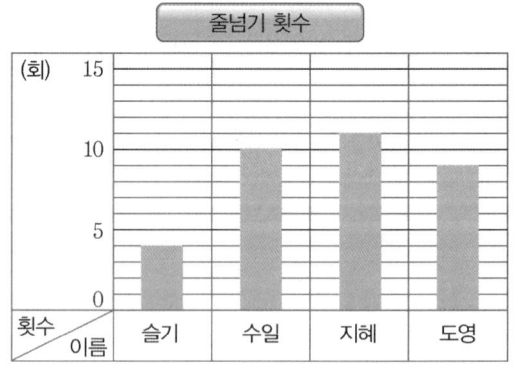

① 9회
② 10회
③ 11회
④ 12회

05 다음 분수의 덧셈 계산 과정에서 □에 공통으로 들어갈 수는?

$$\frac{1}{3} + \frac{1}{4} = \frac{4}{\square} + \frac{3}{\square} = \frac{7}{12}$$

① 3

② 4

③ 10

④ 12

06 딸기 맛 사탕 34개와 포도 맛 사탕 26개를 남김없이 2명이 똑같이 나누려고 한다. 한 명이 가질 수 있는 사탕의 수를 구하는 식으로 옳은 것은?

① $34 + 26 + 2$

② $34 + 26 - 2$

③ $(34 + 26) \times 2$

④ $(34 + 26) \div 2$

07 소수와 자연수의 곱셈을 다음과 같이 계산하려고 한다. □에 알맞은 수는?

$$1.4 \times 3 - 1.4 + 1.4 + \boxed{} - 4.2$$

① 1.3

② 1.4

③ 1.5

④ 1.6

08 다음 직육면체에서 색칠한 면에 수직인 면의 개수는?

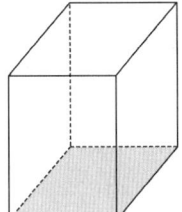

① 1개

② 2개

③ 3개

④ 4개

09 버림하여 십의 자리까지 나타낼 때, 1250이 되는 수는?

① 1240

② 1244

③ 1252

④ 1261

10 다음은 선분 ㅋㅌ을 대칭축으로 하는 선대칭도형이다. 변 ㅂㅅ의 길이는?

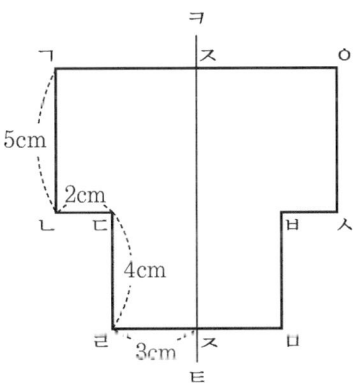

① 2cm

② 3cm

③ 4cm

④ 5cm

11 표와 같이 △와 □ 사이의 대응 관계가 □=△+5일 때, ㉠에 알맞은 수는?

△	5	10	15	20	……
□	10	15	㉠	25	……

① 20 ② 21
③ 22 ④ 23

12 표는 어느 농구 팀이 경기를 3번 했을 때 얻은 점수를 나타낸 것이다.

경기	첫 번째	두 번째	세 번째
점수(점)	60	80	70

얻은 점수의 평균을 구하는 과정에서 □에 알맞은 수는?

(얻은 점수의 평균)
$= (60 + 80 + 70) \div \boxed{} = 70$

① 1 ② 2
③ 3 ④ 4

13 소수의 나눗셈을 다음과 같이 계산하려고 한다. □에 알맞은 수는?

$$4.8 \div 0.4 = \frac{48}{10} \div \frac{4}{10} = \boxed{} \div 4 = 12$$

① 0.4 ② 4.8
③ 10 ④ 48

14 다음 중 계산 결과가 다른 것은?

① $\dfrac{4}{5} \div \dfrac{2}{5}$ ② $\dfrac{6}{7} \div \dfrac{3}{7}$

③ $\dfrac{7}{9} \div \dfrac{4}{9}$ ④ $\dfrac{10}{11} \div \dfrac{5}{11}$

15 분수와 소수의 크기 비교가 옳지 <u>않은</u> 것은?

	분수	소수		분수	소수
①	$\dfrac{2}{10}$	$>$ 0.1	②	$\dfrac{3}{10}$	$=$ 0.3
③	$\dfrac{6}{10}$	$<$ 0.6	④	$\dfrac{8}{10}$	$<$ 0.9

16 다음 정육면체의 겉넓이는?

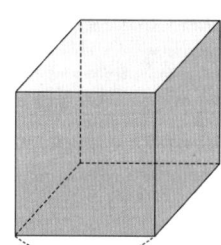

① 4cm^2
② 10cm^2
③ 12cm^2
④ 24cm^2

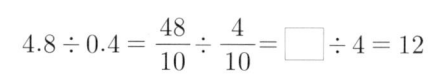

17 다음 조건을 모두 만족하는 도형은?

- 서로 평행한 두 면이 있다.
- 두 밑면은 합동이고 다각형이다.
- 두 밑면은 나머지 면들과 모두 수직으로 만난다.

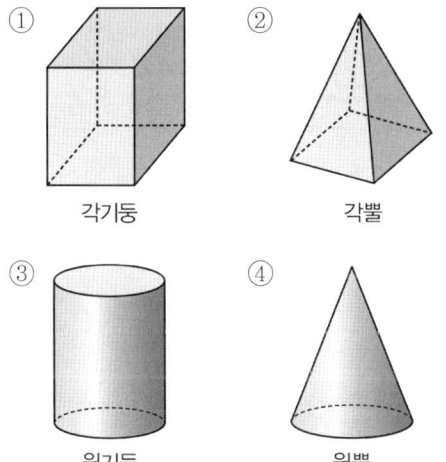

① 각기둥

② 각뿔

③ 원기둥

④ 원뿔

18 길이가 30cm인 철사를 겹치지 않게 이어 붙여서 원을 만들었다. 만들어진 원의 원주는?

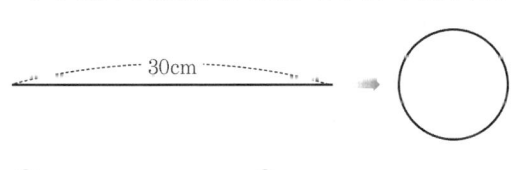

① 20cm

② 30cm

③ 40cm

④ 50cm

19 꽃병 2개를 만들려면 찰흙 6개가 필요하다. 꽃병 4개를 만들기 위해 필요한 찰흙의 수는?

① 6

② 8

③ 10

④ 12

20 원뿔의 높이를 재는 방법으로 옳은 것은?

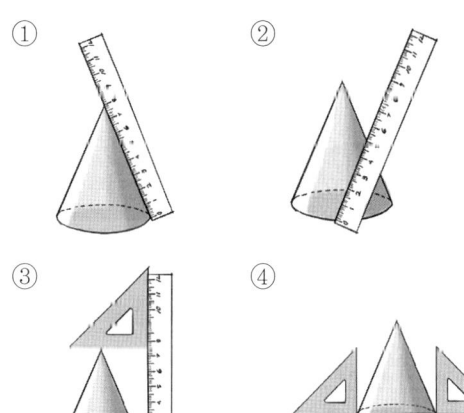

① ② ③ ④

01 다음 식물이 사는 곳은?

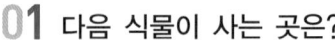

> 물상추, 개구리밥, 부레옥잠

① 갯벌　　　　　② 바다
③ 사막　　　　　④ 연못

02 그림은 평면거울에 비친 글자의 모양을 나타낸 것이다. 종이에 적힌 실제 글자의 모양으로 옳은 것은?

① 사랑　　　　　② 읝人
③ 랑사　　　　　④ 人읝

03 그림은 물이 담긴 주전자를 가열했을 때 열의 이동을 나타낸 것이다. ㉠에 들어갈 말은?

온도가 높아진 물은 위로 올라가고, 위에 있던 물은 아래로 밀려 내려오는 과정을 (㉠)(이)라고 한다.

① 대류　　　　　② 바람
③ 안개　　　　　④ 광합성

04 다음 설명에 해당하는 우리 몸의 기관은?

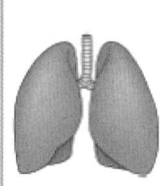

• 가슴 부분에 위치하며 좌우 한 쌍이다.
• 몸 밖의 산소를 받아들이고, 몸 안에서 생긴 이산화탄소를 밖으로 내보낸다.

① 위　　　　　　② 폐
③ 심장　　　　　④ 큰창자

05 세균에 대한 설명으로 가장 적절한 것은?

① 다양한 곳에 살고 있다.
② 세균의 크기는 모두 같다.
③ 세균의 모양은 한 가지이다.
④ 모든 세균은 사람에게 해롭다.

06 그림과 같이 어묵탕에 소금을 넣고 지었더니 소금이 물에 녹아 보이지 않았다. 이에 해당하는 현상은?

① 반사   ② 소화
③ 용해   ④ 전도

07 다음은 지구 공전에 대한 설명이다. ㉠에 들어갈 말은?

지구는 (㉠)을 중심으로 일 년에 한 바퀴씩 회전한다.

① 달   ② 목성
③ 태양   ④ 북두칠성

08 다음 설명에 해당하는 것은?

밤에 차가워진 물체 표면에 수증기가 응결해 물방울로 맺히는 것이다.

① 구름   ② 우박
③ 이슬   ④ 증발

09 다음은 어떤 학생이 집에서 박물관까지 이동한 거리와 걸린 시간을 나타낸 것이다. 이 학생의 속력은?

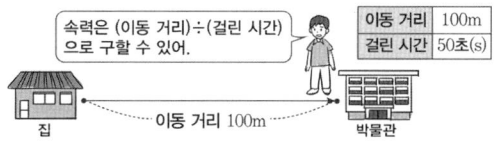

① 2m/s   ② 20m/s
③ 50m/s   ④ 100m/s

10 그림에서 ㉠에 들어갈 말은?

① 비커   ② 저울
③ 습도계   ④ 지시약

11 다음 설명에 해당하는 것은?

• 공룡 화석과 함께 발견되었다.
• 알의 모양과 비슷하게 생긴 화석이다

① 고사리 화석   ② 공룡알 화석
③ 나뭇잎 화석   ④ 물고기 화석

12 다음 중 자석을 사용하여 분리할 수 있는 혼합물은?

① 콩과 좁쌀

② 팥과 자갈

③ 소금과 설탕

④ 유리구슬과 철 구슬

15 ㉠에 공통으로 들어갈 말은?

> • 전지, 전선, 전구 등을 서로 연결해 전기가 흐르도록 한 것을 (㉠)(이)라고 한다.
> • (㉠)에 흐르는 전기를 전류라고 한다.

① 고무

② 나무

③ 비닐

④ 전기 회로

13 건물에서 화재가 발생했을 때의 대처 방법으로 적절하지 <u>않은</u> 것은?

① 119에 신고한다.

② 비상벨을 누른다.

③ 주변 사람들에게 알린다.

④ 계단 대신 승강기를 타고 대피한다.

14 그림의 실험 장치를 통해 발생하는 기체는?

① 산소

② 수소

③ 질소

④ 헬륨

16 다음 중 레이저 지시기의 빛이 진행하는 방향으로 옳은 것은?

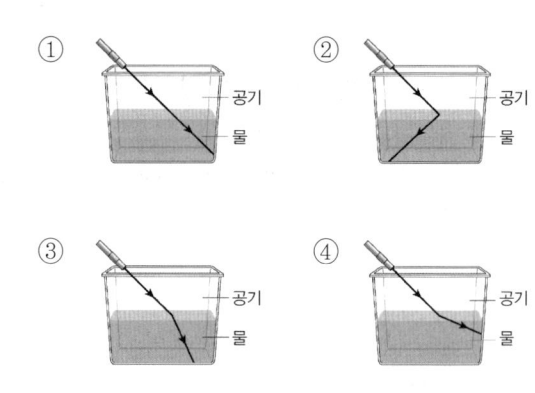

17 그림은 우리나라 어느 지역의 월별 낮의 길이 변화를 나타낸 것이다. 다음 중 낮의 길이가 가장 긴 시기는?

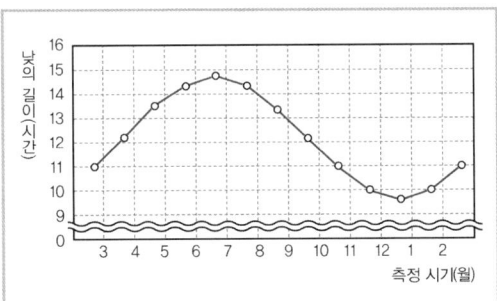

① 3~4월 ② 6~7월
③ 9~10월 ④ 12~1월

18 어떤 학생의 일기 내용이다. 다음 중 ㉠에 해당하는 행성의 이름은?

> 2022년 ○월 ○일 날씨 : 맑음
>
> 오늘 태양계 행성에 대해 배웠다. 그 중에서도 행성 둘레에 커다란 고리가 있는 (㉠)이/가 매우 흥미로웠다.

① 금성 ② 지구
③ 토성 ④ 화성

19 다음 현상에 공통으로 영향을 끼치는 비생물 요소는?

> • 철새가 따뜻한 곳으로 이동한다.
> • 식물의 잎에 단풍이 들거나 낙엽이 진다.

① 흙 ② 온도
③ 지진 ④ 홍수

20 그림의 식물이 씨를 퍼트리는 방법으로 가장 적절한 것은?

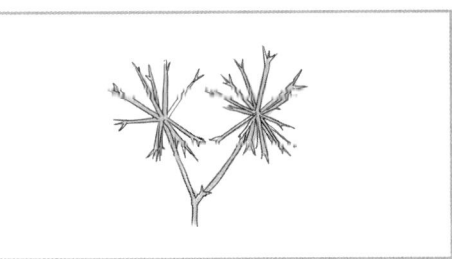

① 물에 떠서
② 바람에 날려서
③ 동물에게 먹혀서
④ 동물의 몸에 달라붙어서

2022
제2회 도덕

01 도덕을 공부할 때 배우는 내용이 <u>아닌</u> 것은?

① 마음의 힘 기르기
② 내가 하고 싶은 것만 실천하기
③ 깊이 생각하고 바르게 판단하기
④ 바른 행동 규칙이나 사람의 도리를 깨치기

02 다음 상황에서 학생이 할아버지를 배려하는 행동으로 알맞은 것은?

① 눈을 감고 자는 척한다.
② 친구와 계속 이야기한다.
③ 할아버지께 자리를 양보한다.
④ 휴대폰을 보며 못 본 척한다.

03 ㉠에 공통으로 들어갈 말로 가장 적절한 것은?

• (㉠)은/는 서로 마음과 힘을 합친다는 뜻이다.
• (㉠)을/를 잘하려면 '나'보다는 '우리'라는 마음가짐이 필요하다.

① 갈등   ② 비난
③ 절약   ④ 협동

04 외국에서 우리 반으로 새로운 친구가 전학 왔을 때 가져야 할 태도로 적절한 것은?

① 친구의 생활 방식을 존중한다.
② 친구가 가까이 다가오면 피한다.
③ 우리 문화를 알려 주고 강요한다.
④ 말이 잘 통하지 않아서 무시한다.

05 다음 상황에서 상대방의 입장을 존중하여 민지가 사용할 수 있는 표현으로 적절하지 <u>않은</u> 것은?

민지 : 윤호야! 우리 도덕 숙제가 무엇이니?
윤호 : 지금 좀 바쁜데…….
민지 : _____

① 할 일이 많은가 보구나. 기다릴게.
② 많이 바쁘면 괜찮을 때 알려 줄래?
③ 방해가 되었구나. 다른 친구에게 물어 볼게.
④ 왜 나를 무시하니? 도대체 도덕 숙제가 뭐야?

06 다음 글에서 엿볼 수 있는 안중근의 마음가짐과 가장 관련이 깊은 것은?

> 안중근은 어릴 적에 아버지께서 아끼시는 귀한 벼루를 깨뜨렸습니다. 이것을 본 하인은 안중근이 혼날 것을 염려해 자기가 깨뜨렸다고 할 테니 걱정하지 말라고 했습니다. 그러나 안중근은 "거짓말은 하기 싫어요."라고 말했습니다.
>
> ※ 안중근은 일제의 침략에 맞서 우리 민족의 독립을 위해 노력한 독립 운동가이다.

① 나눔
② 사랑
③ 정직
④ 존중

07 봉사를 실천함으로써 변화해 가는 사회의 모습으로 적절한 것은?

① 소외되는 이웃이 줄어든다.
② 서로에 대한 관심이 줄어든다.
③ 도움 받는 사람을 무시하게 된다.
④ 사회 구성원들이 자신의 이익만 추구한다.

08 ㉠에 들어갈 말로 가장 적절한 것은?

> 〈우리 학급의 긍정적인 생활을 위한 선언문〉
>
> 1. 실수한 친구에게 "괜찮아."라고 말해 준다.
> 2. ㉠

① 친구의 단점을 찾아 비난한다.
② 친구와 다투면 먼저 사과하지 않는다.
③ 아침에 등교하면 친구와 반갑게 인사한다.
④ 친구의 물건을 허락 없이 마음대로 사용한다.

09 ㉠에 들어갈 말로 적절한 것은?

> 교사 : 우리가 사이버 공간에서 지켜야 할 예절에는 무엇이 있을까요?
> 학생 : _____ ㉠

① 불법으로 자료를 내려받지 않아요.
② 문자를 주고받을 때 비속어를 사용해요.
③ 친구의 사진에 외모를 지적하는 댓글을 달아요.
④ 친구의 아이디로 몰래 학급 누리집에 글을 올려요.

10 갈등을 해결하기 위한 바람직한 공감의 태도가 <u>아닌</u> 것은?

① 자연스럽게 고개를 끄덕이기
② 말하는 사람의 눈을 쳐다보지 않기
③ 미소를 지으며 따뜻한 말 건네주기
④ 상대방의 말에 집중하며 귀 기울여 듣기

11 사이버 공간의 긍정적인 면을 〈보기〉에서 고른 것은?

┌─[보기]─────────────────────────┐
ㄱ. 심각한 게임 중독
ㄴ. 소식과 자료의 신속한 전달
ㄷ. 개인 정보 유출과 사생활 침해
ㄹ. 멀리 있는 사람과의 자유로운 의사소통
└──────────────────────────────────┘

① ㄱ, ㄴ   ② ㄱ, ㄷ
③ ㄴ, ㄹ   ④ ㄷ, ㄹ

12 ㉠에 들어갈 말로 적절하지 <u>않은</u> 것은?

┌──────────────────────────────────┐
│   〈학급 인권 규칙〉   │
│ 1. 우리 학급 친구들은 차별하지 않는다. │
│ 2. 우리 학급 친구들은 ___㉠___   │
└──────────────────────────────────┘

① 서로 존중하고 배려한다.
② 폭력을 사용하지 않는다.
③ 친한 사이라면 함부로 대한다.
④ 서로 바르고 고운 말을 사용한다.

13 ㉠에 들어갈 말로 가장 알맞은 것은?

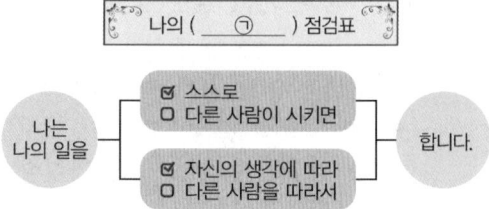

① 소비적인 생활
② 자주적인 생활
③ 충동적인 생활
④ 폭력적인 생활

14 자신을 사랑하는 방법으로 적절하지 <u>않은</u> 것은?

① 모든 일에 대하여 불평하기
② 자기 자신을 믿고 격려하기
③ 내 마음의 소리에 귀 기울이기
④ 나의 장점을 알고 꾸준히 개발하기

15 다음 설명에 해당하는 것은?

┌──────────────────────────────────┐
│ • 이산가족들이 만나서 함께 살 수 있다. │
│ • 남북한 주민이 자유롭게 왕래할 수 있다. │
└──────────────────────────────────┘

① 단절   ② 분단
③ 중단   ④ 통일

16 다음 일기를 쓴 학생이 실천한 것은?

> 20○○년 ○월 ○일(○요일) 날씨 : ✿
>
> ### 요양원에 방문한 날
>
> 가족과 함께 요양원에 다녀왔다. 요양원에 도착하여 먼저 할머니, 할아버지들께서 계시는 방을 청소했다.
>
> 그리고 할머니들께 책을 읽어 드렸다. 기뻐하시는 할머니들의 모습을 생각하니 다음 주가 기다려진다.

① 봉사   ② 우애
③ 준법   ④ 편견

17 다음 글에서 '세종대왕'이 실천한 덕목은?

> 나라 살림을 운영하는 데에는 세금이 필요합니다. 세종대왕은 백성들이 처한 상황을 고려해 세금을 거두는 법을 만들었습니다. 농사가 잘되는 기름진 땅에는 높은 등급을 매겨 쌀을 많이 걷고, 산이 많고 추워서 농사가 잘되지 않는 땅에는 낮은 등급을 매겨 쌀을 조금만 걷었습니다.

① 우정   ② 효도
③ 공정함   ④ 자연애

18 다음에서 설명하는 것은?

> • 자신의 삶을 반성하며 깊이 살피는 것
> • 일기를 쓰면서 오늘 하루를 돌아보는 것
> • 속담이나 격언에 비추어 생활을 돌아보는 것

① 의무   ② 희생
③ 재능 나눔   ④ 도덕적 성찰

19 ㉠에 들어갈 말로 가장 적절한 것은?

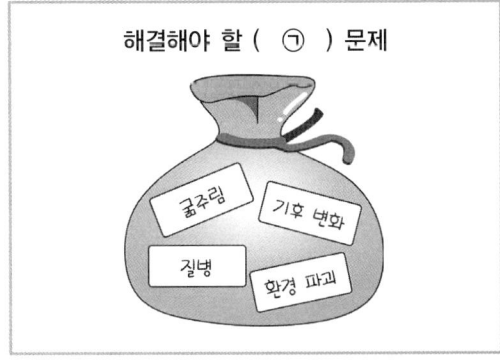

해결해야 할 (㉠) 문제
굶주림 / 기후 변화 / 질병 / 환경 파괴

① 가정   ② 친구
③ 학교   ④ 지구촌

20 인류애를 기르기 위한 마음가짐으로 알맞지 <u>않은</u> 것은?

① 사회적 약자를 도운 후 대가를 바란다.
② 모든 사람이 똑같이 소중하다고 생각한다.
③ 어려운 사람을 따뜻한 마음으로 도와준다.
④ 세계 여러 나라 사람과 평화롭게 살기를 바란다.

2022
제2회

실과

01 ㉠에 공통으로 들어갈 말은?

- (㉠)은/는 가족이 함께 생활하는 곳을 말한다.
- (㉠)생활은 가족을 중심으로 이루어지는 일상생활을 뜻한다.

① 가정　　　　② 이웃
③ 친구　　　　④ 학교

02 다음 중 손바느질에 사용하는 도구의 쓰임새가 바르게 연결된 것은?

① 시침 핀 – 옷감을 고정한다.
② 실 – 손가락 끝을 보호한다.
③ 초크 – 실을 자를 때 사용한다.
④ 가위 – 옷을 꿰매는 데 사용한다.

03 그림의 식품들이 속하는 식품군은?

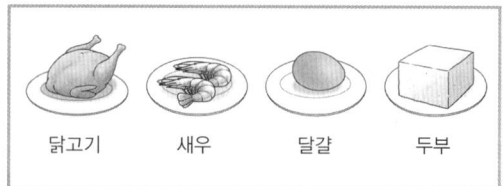

닭고기　　새우　　달걀　　두부

① 곡류
② 채소류
③ 우유 · 유제품류
④ 고기 · 생선 · 달걀 · 콩류

04 다음 중 생활 안전사고의 예방 방법으로 적절한 것은?

① 계단 난간을 타고 내려온다.
② 깨진 유리 조각을 맨발로 밟는다.
③ 가스를 사용한 후에는 밸브를 잠근다.
④ 창틀 위로 올라서서 몸을 밖으로 내민다.

05 그림과 같은 반려견을 돌보는 방법으로 적절하지 않은 것은?

① 먹이 주기
② 산책시키기
③ 질병 관리하기
④ 부화기 설치하기

06 그림에 해당하는 청소 방법은?

① 물건 정리하기
② 바닥 쓸고 닦기
③ 창문 열어 환기하기
④ 쓰레기 분리배출하기

07 다음 중 바느질 도구를 이용하여 만들 수 없는 생활소품은?

① 인형 　　　　② 목도리
③ 유리컵 　　　④ 주머니

08 〈보기〉에서 소프트웨어가 적용된 사례를 고른 것은?

┤ 보기 ├
ㄱ. 손으로 설거지를 한다.
ㄴ. 로봇으로 환자를 수술한다.
ㄷ. 손편지를 써서 직접 전한다.
ㄹ. 교통 정보를 인터넷으로 확인한다.

① ㄱ, ㄴ 　　　② ㄱ, ㄷ
③ ㄴ, ㄹ 　　　④ ㄷ, ㄹ

09 다음 중 직업의 사례로 가장 적절한 것은?

① 할아버지는 매일 산책을 가신다.
② 나는 도서관에서 동화책을 읽는다.
③ 할머니는 무료로 한자를 가르치신다.
④ 아버지는 꽃집에서 손님에게 꽃을 파신다.

10 그림에 해당하는 수송 수단의 종류로 적절한 것은?

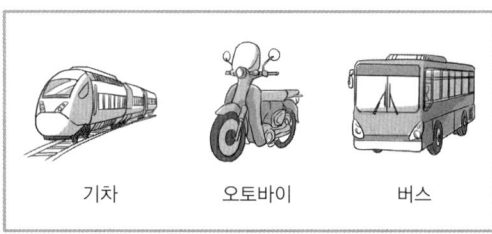

기차　　　　오토바이　　　　버스

① 우주 수송 수단　② 육상 수송 수단
③ 항공 수송 수단　④ 해상 수송 수단

11 다음 설명에 해당하는 것은?

• 문제를 효율적으로 해결하기 위한 것이다.
• 문제를 작은 단위로 나누어 단계별로 처리하는 사고 과정이다.

① 정보 윤리 　　　② 지식 재산
③ 사이버 중독 　　④ 절차적 사고

12 그림의 옷이 가진 표현의 기능은?

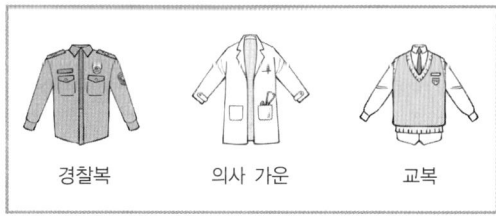

경찰복　　　　의사 가운　　　　교복

① 직업이나 신분을 나타낸다
② 피부를 청결하게 유지한다.
③ 위험으로부터 몸을 보호한다.
④ 추위를 막아 체온을 유지한다.

13 다음 중 개인 정보 보호 방법으로 가장 적절한 것은?

① 한번 정한 비밀번호는 바꾸지 않는다.
② 소프트웨어를 불법 복제하여 공유한다.
③ 검증되지 않은 사이트에 개인 정보를 입력한다.
④ 여러 사람이 이용하는 컴퓨터를 쓴 후에는 로그아웃한다.

14 다음 용돈 기입장의 ㉠에 들어갈 내용으로 알맞은 것은?

날짜	내용	수입	지출	남은 돈
7월 1일	㉠	5,000원		5,000원
7월 4일	아이스크림 구입		1,500원	3,500원
7월 6일	장난감 구입		1,000원	2,500원

① 용돈을 받음
② 지우개 구입
③ 봉사 단체에 기부
④ 친구 생일 선물 구입

15 다음 중 친환경 농업의 실천 방법으로 적절하지 <u>않은</u> 것은?

① 발효 사료를 가축의 먹이로 이용한다.
② 가축에게 항생제를 과도하게 사용한다.
③ 가축의 분뇨를 퇴비로 만들어 사용한다.
④ 우렁이나 오리를 이용하여 잡초나 해충을 제거한다.

16 그림에서 설명하는 발명 기법으로 가장 적절한 것은?

유리로 만든 접시는 무겁고 잘 깨져. 가벼우면서도 잘 깨지지 않는 재료인 플라스틱으로 만든 접시로 바꿔야겠어.

① 나누기
② 더하기
③ 재료 바꾸기
④ 자연물 본뜨기

17 다음 중 손뼉을 치거나 큰 소리를 내면 반응하는 로봇을 만드는 데 필요한 센서는?

① 빛 센서
② 소리 센서
③ 온도 센서
④ 기울기 센서

18 안전하고 위생적인 식품 선택 방법으로 가장 적절한 것은?

① 금이 간 달걀을 고른다.
② 곰팡이가 있는 식빵을 구입한다.
③ 따뜻한 곳에 보관된 냉동식품을 구입한다.
④ 눈알이 선명하고 살이 단단한 생고등어를 고른다.

19 자전거를 안선하게 관리하는 방법이 바르게 연결된 것은?

① 타이어 – 적절한 공기압을 유지한다.

② 체인 – 불빛이 앞을 향하도록 조절한다.

③ 브레이크 – 경적 소리가 크게 나는지 확인한다.

④ 전조등 – 패드와 바퀴 사이에 이물질이 없는지 확인한다.

20 그림에 해당하는 식물의 분류로 가장 적절한 것은?

〈 주로 먹을 목적으로 가꾸는 작물 〉

벼   옥수수   콩   감자

① 공예 작물   ② 식용 작물

③ 원예 작물   ④ 특용 작물

2022년 제2회 정답 및 해설

국어 2022년 제2회

기출문제

01 ①	02 ②	03 ④	04 ①	05 ③
06 ③	07 ④	08 ②	09 ④	10 ④
11 ③	12 ④	13 ①	14 ③	15 ②
16 ②	17 ①	18 ②	19 ①	20 ③

01 정답 ①
민서는 할머니의 병문안을 가게 되어 나영이의 생일 파티에 가지 못한 미안함을 전하고 싶어 한다.

02 정답 ②
다른 낱말들은 서로 반대되는 관계지만, ②의 수영은 운동에 포함되는 관계이다.

03 정답 ④
명절에 하는 민속놀이가 중심 문장의 내용이므로, 뒷받침 문장에는 민속놀이에 대한 내용이 들어와야 한다. 주어진 보기 중, ④에서 민속놀이인 쥐불놀이를 다루고 있다.

04 정답 ①
토의하고 싶은 주제를 이야기하고 그것이 토의 주제로 알맞은지 판단하는 것은 토의 절차 중 '토의 주제 정하기'에 해당한다.

05 정답 ③
주어진 자료는 월별 강수량 분석이므로, 음악이나 자막을 통한 분위기 전달과는 관련이 없다.

06 정답 ③
주어진 지문에서 갯벌을 통하여 얻을 수 있는 도움들을 제시하고 있으므로, ㉠에는 갯벌이 자연과 사람에게 여러 가지 도움을 준다는 말이 들어오는 것이 가장 알맞다.

07 정답 ④
㉣에서 조상들의 생활 모습이 오늘날과는 많이 다르다는 '생각이 들었다'는 내용이 있으므로, ㉣이 글쓴이의 생각이 들어간 것으로 가장 알맞다.

08 정답 ②
주어진 글의 시간적 배경은 늦겨울이 아닌 늦여름이다.

09 정답 ④
희곡에서 괄호로 표현한 것은 지문으로, 여기서 다루는 내용은 인물의 동작이나 표정을 나타낸다.

10 정답 ④
주어진 내용처럼 문자 메시지로 나누고 싶은 마음을 전하면 읽는 사람에게 자신의 마음을 곧바로 보낼 수 있다. 메시지를 보내는 것으로는 읽는 사람의 표정을 보거나 음성을 듣거나 움직임을 확인할 수는 없다.

11 정답 ③
제시된 '불렀다'는 '곡조에 맞추어 노래의 가사를 소리 내는 것'이므로 ③의 애국가를 '불렀다'가 같은 의미로 사용되었다.

오답피하기
① '먹은 것이 많아 속이 꽉 찬 느낌이 들다'
② '청하여 오게 하다'
④ '값이나 액수를 얼마라고 말하다'

12 정답 ④
제시된 시 속에서 ㉠의 'ㅅ 자'를 비유한 것은 '삼거리'이다. '운동모자'는 'ㅁ 자', '낚싯바늘'은 'ㄱ 자'를 비유하였고, '눈사람'은 'ㅎ 자'를 비유하였다. '우리 집'을 비유한 것은 없다.

13 정답 ①
이 시에서 'ㅁ 자'는 운동모자와 관련이 있고, 액자를 그린 장면은 없다.

14 정답 ③

③의 문장은 호응 관계가 바르게 사용되었다.

오답피하기

① 골키퍼가 날아온 공을 잡았다.

② 좋은 친구들은 결코 거짓말을 하지 않는다.

④ 어제 친구와 같이 밥을 먹고 영화를 보았다.

15 정답 ②

㉠의 주장 바로 뒤에 교실에서 뛰어다니지 말아야 하는 까닭을 말하고 있으므로, ㉠에 들어갈 주장으로는 교실에서 뛰어다니지 말자는 것이 알맞다.

16 정답 ②

교실에서 뛰어다니면 바른 자세로 앉거나 쓰레기를 줄이거나 선생님의 칭찬을 받을 수는 없으므로, 먼지가 생겨 건강에 좋지 않다는 ②의 내용이 ㉡의 근거로 가장 적절하다.

17 정답 ①

주장하는 글을 쓸 때는 명확한 표현을 사용해야 한다.

18 정답 ②

'맨밥'은 '반찬이 없는 밥'이라는 뜻으로 '밥' 앞에 '맨'이 붙어 있는 짜임의 낱말이다. 주어진 낱말 중 이와 짜임이 같은 것은 '그 해에 새로 난 밤'인 '햇밤'이다.

19 정답 ①

㉡에는 '느낌을 주다', ㉢에는 '생각한다', ㉣에는 '한 것 같다'의 표현이 있으므로, 사실을 나타낸 문장은 '직선이다'로 끝나고 다른 생각 등을 담지 않는 ㉠이 가장 알맞다.

20 정답 ③

인터넷에 다양한 자료가 있을 때, 이 중 하나만 살펴보면 정확하지 않은 내용을 확인할 수 있으므로, 되도록 여러 자료를 읽어 보는 것이 적절하다.

사회 2022년 제2회

기출문제

01 ④	02 ①	03 ①	04 ②	05 ②
06 ①	07 ②	08 ②	09 ④	10 ③
11 ③	12 ①	13 ④	14 ①	15 ①
16 ①	17 ③	18 ③	19 ②	20 ③

01 정답 ④

방위란 동서남북을 이용하여 위치를 나타내는 것이다. 지도에서 방위표가 없는 경우 위쪽은 북쪽, 아래쪽은 남쪽이다.

02 정답 ①

주어진 대화는 문화유산 자료 수집에 관한 이야기이다. 석굴암에 대해 학생은 경주에 직접 가서 석굴암을 살펴보았으므로, 현장 답사를 통해 자료를 수집한 것을 알 수 있다.

03 정답 ①

대학생들이 매년 농촌 마을을 찾아가 모내기를 도와주는 것은 봉사를 통한 교류 활동으로 볼 수 있다.

04 정답 ②

교통·통신의 발달로 지구촌의 여러 나라 사람들이 서로 가깝게 연결되어 긴밀한 영향을 주고받는 것을 세계화라 한다. 여러 나라의 물건을 구입하거나 다른 나라의 문화를 경험할 수 있는 것은 세계화의 영향이다.

오답피하기

① 고령화는 65세 이상의 인구 비중이 증가하는 현상이다.

③ 저출산은 아이를 적게 낳거나 낳지 않는 가정이 늘어나면서 태어나는 아이의 수가 점점 줄어들고 있는 현상이다.

05 정답 ②

한 지역의 30년 동안 평균적인 대기 상태를 기후라 한다.

① 우리 나라는 봄, 여름, 가을, 겨울의 네 계절로 나누고 있다.
③ 날씨는 그날의 대기 상태를 말한다.
④ 비, 눈, 안개 등이 일정 기간 동안 일정한 곳에 내린 물의 총량을 말한다.

06 정답 ①
교통의 발달로 인해 다른 지역과의 교류가 활발해지고 생활권의 범위가 넓어졌다.
②, ③, ④는 교통 발달에 따른 생활 모습의 변화이다.

07 정답 ②
인권은 인간의 권리로 성별, 국적, 인종 등에 관계없이 존중을 받으며 인간답게 살아갈 권리이며 함부로 빼앗거나 남에게 넘겨 줄 수 없는 자연적으로 주어지는 권리이다. 다른 사람의 일기장을 허락 없이 보는 행동은 사생활 침해, 즉 인권 침해에 해당한다.

08 정답 ②
헌법에서 제시한 국민의 의무는 교육의 의무, 근로의 의무, 국방의 의무, 납세의 의무, 환경 보전의 의무가 있다. 모든 국민은 개인과 나라의 발전을 위해 일할 의무가 있다는 것은 근로의 의무에 해당한다.
① 국민이 안심하고 생활할 수 있도록 나라를 지키는 국방의 의무가 있다.
③ 국민은 나라의 살림을 튼튼히 하기 위하여 세금을 내야 할 의무가 있다.
④ 국가와 국민은 환경을 잘 가꾸며 보호하기 위하여 노력할 의무가 있다.

09 정답 ④
상감 청자, 팔만대장경은 고려 시대의 대표적인 유물이다. 팔만대장경은 고려 고종때 몽골 침략을 부처의 힘으로 극복하기 위해 만들었다.

① 신라의 대표 문화 유산은 불국사와 석굴암이다.
② 백제의 대표 문화 유산은 금동대향로, 산수무늬벽돌이 있다.
③ 발해의 대표 문화 유산은 발해 석등, 이불병좌상이 있다.

10 정답 ③
조선은 위화도 회군으로 권력을 장악한 이성계가 새 왕조를 반대했던 정몽주 등 반대파를 제거하고 건국하였다. 이후 수도를 한양으로 천도하였다.
① 왕건은 고려를 건국하였다.
② 무령왕릉은 백제 무령왕의 무덤이다.
④ 강감찬이 거란의 침임을 물리친 귀주대첩은 고려 시대이다.

11 정답 ③
허균은 조선 중기 문신으로 조선 시대 사회모순을 비판한 홍길동전을 집필하였다. 그 외의 작품으로 유재론, 한정록이 있다.
① 심청전은 조선 후기 소설로 작가를 알 수 없다.
② 흥부전은 작가를 알 수 없는 고전 소설이다.
④ 장화홍련전은 조선 시대 고전 소설이며 작가를 알 수 없다.

12 정답 ①
민주주의는 국가의 주권이 국민에게 있고 국민을 위해 정치를 행하는 제도이다.
② 이기주의란 자기의 이익만을 중심에 두고 다른 사람의 이익은 고려하지 않는 입장을 말한다.
③ 제국주의는 강력한 군사력을 바탕으로 다른 국가를 점령하는 정책을 말한다.
④ 집단주의는 개인의 이익이나 목표보다 집단의 이익이나 목표를 우선시하는 관점이다.

13 정답 ④

우리나라는 몽테스키외의 3권 분립을 사용한다. 입법부와 사법부, 행정부가 서로를 견제하며 균형을 이루어 국민의 자유와 권리를 지키기 위한 제도이다.

오답피하기

① 공정한 재판을 위해 한 사건에 대해 세 번까지 재판을 받을 수 있는 제도를 3심 제도라 한다.
② 사회 복지 제도는 국민들의 인간다운 생활을 위해 시행하는 제도이다.
③ 대표를 선출하기 위한 제도를 선거 제도라 한다.

14 정답 ①

우리나라는 1960년대 섬유, 가발, 신발 등의 노동력을 많이 필요로 하는 경공업 중심의 산업이 발달하였다.

오답피하기

② 반도체 산업은 첨단산업으로 1990년대부터 성장하였다.
③ 중화학 공업은 1970~80년대에 제철, 석유화학 등의 산업이 발달하였다.

15 정답 ①

노동자 측과 회사 측 사이의 갈등을 노사갈등이라 한다. 노사갈등은 대화와 타협으로 해결해야 더 발전적인 노사관계가 이루어진다.

오답피하기

② 사람들에게 피해를 주는 불쾌하고 시끄러운 소리를 소음 공해라 한다.

16 정답 ①

6·25 전쟁은 북한이 중국에서 군대를, 소련에서 무기를 지원받아 남한을 침입하여 시작되었다. 남한군이 낙동강까지 밀리자 맥아더 장군은 인천상륙작전을 시행하였고 서울을 회복하였나. 이후 정전 협정이 체결되어 휴전 상태를 지속하고 있다.

17 정답 ③

디지털 영상 지도는 위성이나 항공 사진을 바탕으로 지도의 확대 축소가 편하며 위치 찾기 등 다양한 생활에 사용되고 있다.

18 정답 ③

중국의 수도는 베이징이며 우리나라의 서쪽에 위치해 있다.

오답피하기

① 인도의 수도는 뉴델리이며 세계 인구 2위이다.
② 일본의 수도는 도쿄이며 우리나라의 남동쪽에 위치해 있다.
④ 러시아의 수도는 모스크바이며 우리나라 북쪽에 위치해 있다.

19 정답 ②

남북 분단으로 전쟁에 대한 공포, 이산가족의 고통이 발행하며 막대한 군사비, 남북한의 효율적인 영토 자원 사용에 대한 어려움이 있다.

20 정답 ③

해비타트는 열악한 주거환경으로 인해 어려움을 겪는 무주택 가정의 서민들에게 자원봉사자들이 무보수로 설계와 노동을 제공하여 집을 지어주는 단체이다.

오답피하기

① 국제 연합(UN)은 전쟁 방지와 평화 유지를 위해 설립된 국제기구이다.
② 유네스코는 교육, 문화의 보급을 위해 국가 간의 협력증진을 목적으로 설립된 국제기구이다.

수학 2022년 제2회

기출문제

01 ①	02 ②	03 ②	04 ③	05 ④
06 ④	07 ②	08 ④	09 ③	10 ①
11 ①	12 ③	13 ④	14 ③	15 ④
16 ④	17 ①	18 ②	19 ④	20 ③

01 정답 ①

23000부터 1000씩 뛰어 세기를 했으므로 앞의 수에 계속하여 1000을 더해주면 된다.
25000에 1000을 더하면 26000이므로 빈칸에 알맞은 수는 26000이다.
따라서 정답은 ①번이다.

오답피하기

몇 씩 뛰어 세기를 하는지 꼼꼼히 인지한 후 문제를 풀어야 한다.

02 정답 ②

'밀기'는 모양과 크기에 영향을 주지 않고 위치만 이동시킨다.
(가) 도형을 ⓒ 방향으로 4칸 밀어야 오른쪽 도형이 정사각형 모양으로 완성되므로 알맞은 방향은 ⓒ이다.
따라서 정답은 ②번이다.

03 정답 ②

일반적으로 수학에서 '차'는 큰 수에서 작은 수를 빼는 것을 의미하므로 두 각도 중 더 큰 각도인 $40°$에서 $20°$를 빼면 두 각도의 차를 구할 수 있다.
또한 각도의 계산은 자연수의 계산과 같이 할 수 있음을 이용하면, $40° - 20° = 20°$이다.
따라서 정답은 ②번이다.

04 정답 ③

막대그래프의 세로눈금 한 칸이 몇을 나타내는지를 먼저 파악하면, 5회당 5칸인 것을 보아 세로눈금 한 칸이 1회를 나타냄을 알 수 있다.
이때, 지혜의 줄넘기 횟수를 구하면, 세로눈금이 11칸이므로 11회이다.
따라서 정답은 ③번이다.

05 정답 ④

분모가 다른 분수의 덧셈을 하기 위해서는 분모를 통일시켜주는 통분의 과정을 거쳐야 한다. 통분은 분모와 분자에 같은 수를 곱해 두 분모의 공배수 혹은 최소공배수로써 같게 해주는 것을 말한다.

두 번째 식을 통해 $\frac{1}{3}$의 분자와 분모에 각각 4를, $\frac{1}{4}$의 분자와 분모에 각각 3을 곱해 통분해주었음을 알 수 있기 때문에 분모를 12로 통분하여 계산하면,
$\frac{1}{3} + \frac{1}{4} = \frac{1 \times 4}{3 \times 4} + \frac{1 \times 3}{4 \times 3} = \frac{4}{12} + \frac{3}{12} = \frac{7}{12}$과 같다.
따라서 정답은 ④번이다.

오답피하기

$\frac{1}{3}$과 $\frac{1}{4}$을 더하기 위해 통분시키는 과정에서 분모가 같아지기만 하면 되기 때문에 3과 4의 공배수이기만 하면 상관없기는 하나, 해당 문제는 분자가 몇인지 주어져 있기 때문에 그에 맞춰 통분을 해줘야 한다.

06 정답 ④

두 가지 맛의 사탕을 모두 합친 후 2명이 나누어 가져야 하는 문제로 먼저 사탕의 개수의 합을 구해야 한다.
이것을 식으로 나타내면, 사탕의 개수를 합한 후에 2명이 나누어 가져야 하므로 나눗셈보다 덧셈이 먼저 이루어져야 함을 뜻한다. 즉, 덧셈식을 괄호로 묶어 먼저 계산할 수 있도록 해주어야 함에 따라 혼합계산식은 $(34+26) \div 2$가 된다.
따라서 정답은 ④번이다.

오답피하기

괄호를 뺀 $34+26 \div 2$가 보기에 있더라도 선택하지 않을 수 있도록 주의한다.

더 알고 가기 자연수의 혼합계산 순서

괄호 안 계산 → 나눗셈, 곱셈 → 덧셈, 뺄셈

* 같은 단계의 혼합계산만 존재한다면 앞에서부터 차근차근 풀어준다.

07 정답 ②

곱셈의 원리는 덧셈으로부터 비롯된다.
즉 1.4×3은 1.4를 세 번 더함을 의미하므로
$1.4+1.4+1.4$로 대신하여 쓸 수 있다.
따라서 정답은 ②번이다.

더 알고 가기

$2 \times 3 = 2+2+2$와 같이 표현할 수 있는 것처럼, 소수의 곱셈 역시 자연수의 곱셈처럼 덧셈을 이용하여 나타낼 수 있다.

08 정답 ④

직육면체에서 밑면은 모든 옆면과 수직으로 만나기 때문에 옆면의 개수를 세어주면 된다.
직육면체의 옆면의 개수는 4개이다.
따라서 정답은 ④번이다.

09 정답 ③

버림하여 십의 자리까지 나타낸다는 것은 십의 자리는 그냥 두고, 일의 자리를 0으로 바꾸는 것을 의미한다.
그러므로 버림하여 1250이 되는 수의 범위는 1250 이상 1259 이하이고,
보기 중 이 범위에 해당하는 수는 1252뿐이다.
따라서 정답은 ③번이다.

더 알고 가기

'버림하여 십의 자리까지 나타낼 때'라는 말은 '일의 자리에서 버림하여'와 같은 의미이다.

10 정답 ①

선대칭도형은 대응변의 길이가 같다는 성질이 있다.
변 ㅂㅅ의 대응변은 변 ㄴㄷ이고 변 ㄴㄷ의 길이가 2cm이므로 변 ㅂㅅ의 길이도 2cm이다.
따라서 정답은 ①번이다.

더 알고 가기

선대칭도형이란 대칭축을 기준으로 접었을 때 완전히 겹쳐지는 도형을 의미한다.

11 정답 ①

주어진 표의 위의 수는 △를, 아래의 수는 □를 의미하므로, 문제에서 제시한 규칙인 $\square = \triangle +5$는 아래칸의 수가 위의 칸의 수에 5를 더한 수가 됨을 뜻한다.
따라서 ㉠ = 15+5이므로 ㉠ = 20이다.
따라서 정답은 ①번이다.

12 정답 ③

평균을 구하는 방법은 주어진 자료의 값을 모두 더한 후에 전체자료의 수로 나누는 것이다.
그러므로 평균을 구하면,
(얻은 점수의 평균) = $(60+80+70) \div 3$이 되므로,
□ 안에 들어갈 수는 3(전체자료의 수)이다.
따라서 정답은 ③번이다.

13 정답 ④

소수의 나눗셈을 하는 방법은 여러가지가 있으나 주어진 방법은 소수의 나눗셈을 분수의 나눗셈으로 바꾸어 계산한 것이다.
4.8을 분수로 나타내면 $\frac{48}{10}$이 되고, 0.4를 분수로 나타내면 $\frac{4}{10}$이므로,
$4.8 \div 0.4 = \frac{48}{10} \div \frac{4}{10}$가 된다.
이때, 분모가 같은 분수의 나눗셈은 분자끼리의 나눗셈과 같기 때문에,
$4.8 \div 0.4 = \frac{48}{10} \div \frac{4}{10} = 48 \div 4$와 같다. 그러므로
□ 안에 들어갈 수는 48이다.
따라서 정답은 ④번이다.

14 정답 ③

분모가 같은 분수의 나눗셈에 대한 문제이다.
분모가 같은 분수의 나눗셈은 분자끼리의 나눗셈을 이용하여 계산하므로
각 보기를 간단히 하여 계산하면,
① $4 \div 2 = 2$

② $6 \div 3 = 2$

③ $7 \div 4 = \dfrac{7}{4} = \dfrac{4+3}{4} = 1\dfrac{3}{4}$

④ $10 \div 5 = 2$

따라서 정답은 ③번이다.

15 정답 ③

분수와 소수의 크기 비교는 분수를 소수로 바꾸어 비교하거나 소수를 분수로 바꾸어 비교할 수 있다.

[방법1] 분수를 소수로 바꾸어 비교

① $0.2 > 0.1$ (○)

② $0.3 = 0.3$ (○)

③ $0.6 < 0.6$ (×)

④ $0.8 < 0.9$ (○)

[방법2] 소수를 분수로 바꾸어 비교

① $\dfrac{2}{10} > \dfrac{1}{10}$ (○)

② $\dfrac{3}{10} = \dfrac{3}{10}$ (○)

③ $\dfrac{6}{10} < \dfrac{6}{10}$ (×)

④ $\dfrac{8}{10} < \dfrac{9}{10}$ (○)

따라서 정답은 ③번이다.

더 알고 가기

분수와 소수는 형태가 다르므로 분수를 소수로 고치거나, 소수를 분수로 고쳐 크기 비교를 한다. 이때, 분수를 소수로 고칠 때, 계속하여 나누어 떨어지지 않는 분수가 있을 수 있으므로, 소수를 분수로 고치는 것이 조금 더 일반적인 방법이다.

16 정답 ④

정육면체의 겉넓이는 모든 면의 넓이의 합을 구해주면 된다.

이 때, 정육면체는 모든 면의 넓이가 같기 때문에 (한 면의 넓이)$\times 6$으로 계산한다.

정육면체의 각 면은 정사각형이므로 한 면의 넓이는 $2 \times 2 = 4 \, (\text{cm}^2)$이므로

정육면체의 겉넓이는 $4 \times 6 = 24 \, \text{cm}^2$이다.

따라서 정답은 ④번이다.

17 정답 ①

다음 조건의 설명은 모두 각기둥에 대한 설명이다.

따라서 정답은 ①번이다.

오답피하기

② 평행한 두 면이 존재하지 않는다.

③ 평행한 두 면이 존재하고 합동이지만 다각형이 아니다.

④ 평행한 두 면이 존재하지 않는다.

18 정답 ②

길이가 30cm인 철사를 겹치지 않게끔 이어 붙여 원을 만들었기 때문에 그 철사의 길이가 원의 둘레 즉, 원주가 되므로, 만들어진 원의 원주는 30cm임을 알 수 있다.

따라서 정답은 ②번이다.

19 정답 ④

꽃병과 찰흙의 수에 대하여 규칙을 만들어보면 꽃병 2개당 찰흙이 6개 필요하므로

꽃병 1개당 찰흙이 3개 필요함을 알 수 있고, 이 관계를 식으로 만들어보면

(꽃병의 개수)$\times 3 =$(찰흙의 개수)가 된다.

따라서 꽃병 4개를 만들기 위해서는 찰흙이 4×3인 12개가 필요하다.

따라서 정답은 ④번이다.

[다른풀이]

비례식을 이용하여 문제를 해결할 수 있다.

꽃병 2개를 만들기 위해 찰흙이 6개 필요하다는 조건을 꽃병의 개수에 대한 찰흙의 개수의 비로 나타내면 $6:2$가 되고, 꽃병 4개를 만들기 위해 필요한 찰흙의 개수를 $\square$라 하여 비로 나타내면, $\square:4$이므로, $6:2 = \square:4$가 된다.

내항의 곱과 외항의 곱이 같음을 이용하면,

$2 \times \square = 6 \times 4$

$2 \times \square = 24$이므로,

$\square = 24 \div 2 = 12$가 되어, 필요한 찰흙의 개수는 12개임을 알 수 있다.

20 정답 ③

원뿔에서 높이는 원뿔의 꼭짓점에서 밑면에 내린 수선의 발까지의 거리이다.

따라서 정답은 ③번이다.

오답피하기

① 해당 길이는 모선의 길이이다.

④ 해당 길이는 밑면의 지름의 길이이다.

과학 2022년 제2회

기출문제

01 ④	02 ①	03 ①	04 ②	05 ①
06 ③	07 ③	08 ③	09 ①	10 ④
11 ②	12 ④	13 ④	14 ①	15 ④
16 ③	17 ②	18 ③	19 ②	20 ④

01 정답 ④

물상추, 개구리밥, 부레옥잠은 모두 물에 사는 식물이다. 연못과 바다는 모두 물이 있는 서식지이지만 물상추, 개구리밥, 부레옥잠은 짜지 않은 물에 서식하므로 해당 생물이 사는 곳은 연못이다.

02 정답 ①

평면거울에 비친 물체의 모습은 물체의 오른쪽과 왼쪽이 바뀌어 보인다. 따라서 거울에 비친 모습에서 오른쪽과 왼쪽이 바뀐 모습이 종이에 적힌 실제 글자의 모습이 된다.

03 정답 ①

대류는 온도가 높아진 물질이 위로 올라가고, 위에 있던 물질이 아래로 밀려 내려오는 과정을 말한다. 액체에서는 대류를 통해 열이 이동한다.

04 정답 ②

호흡에 관여하는 코, 기관, 기관지, 폐 등을 호흡기관이라고 한다. 이 중 폐는 좌우 한 쌍으로 부풀어 있는 모양이고, 몸 밖에서 들어온 산소를 받아들이고, 몸 안에서 생긴 이산화 탄소를 몸 밖으로 내보낸다.

오답피하기

① 위 : 주머니 모양으로, 소화를 돕는 액체가 나와 음식물과 섞고 음식물을 더 잘게 쪼갠다.

③ 심장 : 주먹 모양이다. 펌프 작용으로 혈액을 온몸으로 순환시킨다.

④ 큰창자 : 굵은 관 모양으로, 음식물 찌꺼기의 수분을 흡수한다.

05 정답 ①

세균은 종류가 매우 많으며 우리 주변에 있는 땅이나 물, 다른 생물의 몸, 컴퓨터 자판이나 연필 같은 물체 등 다양한 곳에서 산다.

오답피하기

② 세균은 종류가 매우 많아 모양과 크기가 다양하다.
③ 생김새에 따라 공 모양, 막대 모양, 나선 모양 등으로 구분하며, 꼬리가 있는 세균도 있다.
④ 유산균과 같은 우리 몸에 이로운 세균은 해로운 세균으로부터 건강을 지켜 준다.

06 정답 ③

용해는 소금이 물에 녹는 것처럼 어떤 물질이 다른 물질에 녹아 골고루 섞이는 현상이다.

오답피하기

① 반사 : 일정한 방향으로 나아가던 빛이 다른 물체의 표면에 부딪혀서 나아가던 방향을 반대로 바꾸는 현상이다.
② 소화
  ㉠ 연소의 세 가지 조건인 탈 물질, 산소, 발화점 이상의 온도 중 한 가지 이상의 조건을 없애 불을 끄는 것을 말한다.
  ㉡ 우리가 먹은 음식물을 몸에서 흡수될 수 있도록 잘게 쪼개는 과정을 말한다.
④ 전도 : 고체에서 열이 온도가 높은 곳에서 온도가 낮은 곳으로 고체 물질을 따라 이동하는 것을 전도라고 한다.

07 정답 ③

지구가 태양을 중심으로 일 년에 한 바퀴씩 서쪽에서 동쪽(시계 반대 방향)으로 회전하는 것을 지구의 공전이라고 한다.

08 정답 ③

이슬은 밤에 차가워진 나뭇가지나 풀잎 표면 등에 공기 중 수증기가 물방울로 변하는 응결이 일어나 물방울로 맺히는 것이다.

오답피하기

① 구름 : 공기 중 수증기가 응결해 물방울이 되거나 얼음 알갱이 상태로 변해 높은 하늘에 떠 있는 것을 말한다.
② 우박 : 구름 내에서 형성되어 떨어지는 얼음덩어리이다.
④ 증발 : 액체 표면에서 액체가 기체로 변하는 현상이다.

09 정답 ①

속력은 물체가 이동한 거리를 걸린 시간으로 나누어 구한다. 따라서
(속력)=(이동 거리)÷(걸린 시간) = (100m) ÷ (50초) = 2m/s가 된다.

10 정답 ④

지시약은 어떤 용액을 만났을 때 그 용액의 성질에 따라 눈에 띄는 변화가 나타나는 물질이다. 리트머스 종이, 페놀프탈레인 용액, 자주색 양배추 지시약 등의 지시약을 이용하면 여러 가지 용액을 산성 용액과 염기성 용액으로 분류할 수 있다.

지시약	산성 용액	염기성 용액
푸른색 리트머스 종이	붉은색으로 변함.	변화 없음.
붉은색 리트머스 종이	변화 없음.	푸른색으로 변함.
페놀프탈레인 용액	변화 없음.	붉은색으로 변함.
자주색 양배추 지시약	붉은색 계열로 변함.	푸른색이나 노란색 계열로 변함.

11 정답 ②

화석이란 과거 생물의 유해나 흔적을 말한다. 공룡 화석과 함께 발견되었고 알 모양과 비슷하게 생겼으므로 공룡알 화석이라고 할 수 있다.

12 정답 ④

자석은 쇠붙이나 자석을 끌어당기는 성질을 가지고 있다. 따라서 유리구슬과 철 구슬의 혼합물에 자석을 가까이 가져가면 철 구슬이 자석에 끌려와 유리구슬과 철 구슬을 분리할 수 있다.

13 정답 ④

화재가 발생했을 때는 젖은 수건으로 코와 입을 막고 몸을 낮춰 이동하며, 승강기 대신에 계단으로 대피해야 한다.

더 알고 가기 화재가 발생했을 때 대처 방법

- 비상벨을 누르고 119에 신고한다.
- 불을 발견하면 "불이야."라고 큰소리로 외친다.
- 나무로 된 가구 밑에 들어가지 않고, 문손잡이가 뜨거우면 문을 열지 않는다
- 아래층에서 불이 나면 옥상이나 높은 곳으로 올라가 구조를 요청한다.
- 화재가 발생했을 때는 젖은 수건으로 코와 입을 막고 몸을 낮춰 이동한다.
- 승강기 대신에 계단으로 대피해야 한다.

14 정답 ①

기체 발생 장치에 묽은 과산화 수소수를 약간의 물과 이산화 망가니즈가 담긴 삼각 플라스크로 조금씩 흘려보내면 산소 기체가 발생한다.

더 알고 가기 산소의 성질

산소에는 색깔과 냄새가 없다.

산소는 스스로 타지 않지만 다른 물질이 타는 것을 돕기 때문에 산소가 늘어있는 십기병 속에 향불을 넣었을 때 향불의 불꽃이 커진다.

15 정답 ④

전기 회로는 전지, 전선, 전구 등 전기 부품을 서로 연결해 전기가 흐르도록 한 것으로 전기 회로에 흐르는 전기를 전류라고 하며, 전류는 전지의 (+)극에서 (−)극으로 흐른다.

16 정답 ③

서로 다른 물질의 경계에서 빛이 꺾여 나아가는 현상을 빛의 굴절이라고 한다. 빛은 공기 중에서 물로 비스듬히 나아가다 공기와 물의 경계에서 아래쪽 방향으로 꺾여 나아간다.

더 알고 가기 레이저 지시기의 빛을 수조 위쪽에서 아래쪽으로 비출 때

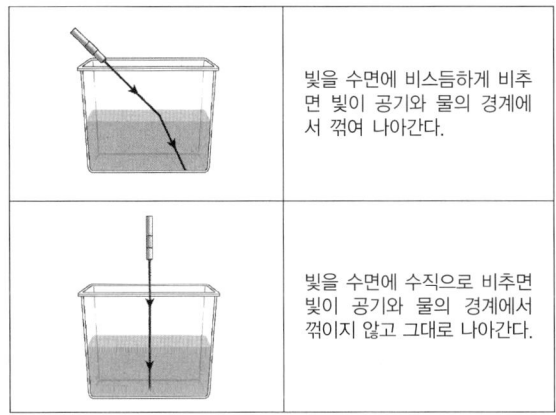

| | 빛을 수면에 비스듬하게 비추면 빛이 공기와 물의 경계에서 꺾여 나아간다. |
| | 빛을 수면에 수직으로 비추면 빛이 공기와 물의 경계에서 꺾이지 않고 그대로 나아간다. |

17 정답 ②

그래프는 월별 낮의 길이 변화를 나타낸 것으로 그래프가 위쪽으로 높게 나타날수록 낮의 길이가 길고 그래프가 아래쪽을 향할수록 낮의 길이가 짧다. 따라서 낮의 길이가 가장 긴 시기는 6~7월이고, 낮의 길이가 가장 짧은 시기는 12~1월이다.

18 정답 ③

토성은 연노란색을 띠며, 땅이 없고 표면이 기체로 되어 있다. 커다란 고리가 있고, 여러 개의 위성을 가지고 있다.

오답피하기

① 금성   땅이 있고, 고리가 없다.

② 지구 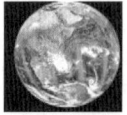 푸른색을 띠며, 땅이 있고 고리가 없다.

④ 화성 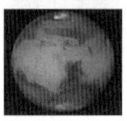 붉은색을 띠고, 지구의 사막처럼 암석과 흙으로 이루어져 있다. 고리는 없고, 대기가 있으나 지구보다 훨씬 적다.

19 정답 ②

비생물 요소는 생태계의 구성 요소 중 공기, 햇빛, 물, 흙, 온도와 같이 살아 있지 않은 것이다. 이 중 추운 계절에 개나 고양이가 털갈이를 하고, 철새는 먹이를 구하거나 새끼를 기르기에 적절한 장소를 찾아 먼 거리를 이동하는 것, 식물의 잎에 단풍이 드는 것은 비생물 요소 중 온도가 생물에게 주는 영향에 해당한다.

20 정답 ④

식물이 씨를 퍼트리는 방법 중 도깨비바늘, 가막사리, 도꼬마리, 우엉 등은 갈고리가 있어 동물의 털이나 사람의 옷에 붙어서 퍼진다.

오답피하기

① 연꽃, 수련, 코코야자 등은 물에 떠서 이동한다.
② 민들레, 버드나무 등은 가벼운 솜털이 있어 바람에 날려서 퍼진다.
③ 벚나무, 겨우살이, 참외 등은 동물에게 먹힌 뒤에 씨가 변과 함께 나와 퍼진다.

도덕 2022년 제2회

기출문제

01 ②	02 ③	03 ④	04 ①	05 ④
06 ③	07 ①	08 ③	09 ①	10 ②
11 ③	12 ③	13 ②	14 ①	15 ④
16 ①	17 ③	18 ④	19 ④	20 ①

01 정답 ②

우리는 도덕 공부를 통해 바른 행동 규칙이나 사람의 도리, 깊이 생각하고 바르게 판단하기, 마음의 힘을 기르기, 규칙이나 도리를 실천하기 등을 배운다.

02 정답 ③

제시된 상황에서 학생은 노인 공경의 태도를 가지고 할아버지에게 자리를 양보하는 도덕적 행동을 해야 한다.

03 정답 ④

㉠에 공통으로 들어갈 말은 협동이다. 협동은 공통의 목적을 달성하고자 조직적인 방법으로 개인 또는 집단이 활동을 결합하고 서로 도우며 같이 하는 것이다.

04 정답 ①

외국인 친구는 우리와 다른 문화 환경에서 살아왔기 때문에 그들의 문화를 존중하고 차이를 이해해야 한다.

05 정답 ④

민지는 윤호의 바쁜 상황을 배려할 수 있는 표현을 사용해야 한다. ④는 민지 자신의 입장만 생각하고 윤호를 배려하지 못한 표현이다.

06 정답 ③

정직은 마음에 거짓이나 꾸밈이 없이 바르고 곧음을 의미한다.

07 정답 ①

봉사는 상대방이 바라는 것을 해 주고 싶어 하는 마음과 상대방을 사랑하는 마음이 담겨있는 것이다. 따라서 봉사를 실천하면 우리 주변에 소외된 이웃은 줄어들게 된다.

08 정답 ③

학급의 긍정적인 생활을 위해서는 서로 예절을 지키고 상대방을 배려하는 태도를 지녀야 한다. ①, ②, ④는 바람직하지 못한 태도이다.

09 정답 ①

사이버 공간에서는 현실 공간보다 더 자유롭게 행동할 수 있지만, 더 함부로 행동하기도 쉽다. 따라서 사이버 공간도 현실 공간과 다르지 않음을 이해하고 예절을 지켜야 한다.

10 정답 ②

우리는 공감의 태도를 가지기 위해선 상대방의 말에 경청하고 존중하는 태도를 지녀야 한다.
② 말하는 사람의 눈을 바라보며 대화를 나눠야 한다.

11 정답 ③

ㄱ, ㄷ은 사이버 공간에서 나타날 수 있는 문제점들이다.

12 정답 ③

이 규칙들은 예절에 대한 것으로, 예절이란 사람들이 서로 존중하며 더불어 살아가는 데 필요한 마음가짐과 몸가짐을 표현하는 것이다.

13 정답 ②

우리는 자신의 일을 스스로 자신의 생각에 따라 행동할 수 있는 자주적인 생활 태도를 지녀야 한다.

14 정답 ①

우리는 긍정적인 생활을 하기 위해 자신을 소중히 여기고 자신의 발전을 위해 노력해야 한다.
① 긍정적인 태도로 볼 수 없다.

15 정답 ④

남과 북은 분단되어 이산가족들이 만나서 함께 살 수 없고, 남북한 주민이 자유롭게 서로 오갈 수 없게 되었다. 우리나라가 통일을 이루게 되면 휴전선이 사라지고 전쟁의 위험이 없어지고 이산가족들이 만나서 함께 살 수 있다.

16 정답 ①

제시문은 가족과 함께 요양원에서 봉사를 한 학생의 일기이다.

17 정답 ③

공정이란 한쪽으로 치우치지 않고 공평하고 올바르게 대하는 것을 말한다. 세종대왕은 백성들의 처한 상황을 고려해 공정하게 세금을 거두는 법을 만들었다.

18 정답 ④

도덕적 성찰이란 자신을 반성하는 것뿐만 아니라, 올바른 삶을 사는 구체적인 방법을 찾는 것을 말한다.

19 정답 ④

제시된 그림은 함께 노력하여 해결해야 하는 지구촌 문제에 대한 설명이다. 지구촌 문제는 나눔, 존중, 배려, 인류애를 바탕으로 행복한 지구촌을 만들기 위해 함께 노력해야 한다.

20 정답 ①

인류애는 지구촌 이웃들이 겪는 문제에 관심을 가지고 지구촌 이웃들의 어려움을 덜어 주기 위해 노력하는 것이다.

실과 2022년 제2회

01 정답 ①
가정은 한 가족이 생활하는 집을 말한다.

오답피하기
② 가까이 사는 집을 이웃이라 한다.
③ 나이가 비슷하거나 가깝게 오래 사귄 사람을 친구라 한다.
④ 학교는 학생들에게 교육을 실시하는 기관이다.

02 정답 ①
바느질할 때 천을 여러 겹 맞대어 꿰매기 위해 옷감을 고정하는 핀을 시침 핀이라 한다.

오답피하기
② 옷감을 짜고 바느질을 하는 데 사용하는 가늘고 긴 것이 실이다.
③ 옷감의 재단선을 표시하는 데에 쓰는 분필이 초크이다.
④ 옷감이나 종이를 자르는 기구가 가위이다.

03 정답 ④
단백질은 활동에 필요한 힘을 내고, 몸의 조직을 구성하며, 몸의 기능을 조절한다. 단백질이 많이 들어있는 식품은 육류, 생선, 달걀, 콩, 두부 등이다.

오답피하기
① 곡류는 탄수화물이 많이 들어있는 식품이다.
② 채소류에는 비타민이 많이 들어있다.
③ 우유, 치즈에는 무기질이 많이 들어있다.

04 정답 ③
가스를 사용한 후에는 밸브를 잠가야 한다. 밸브를 열어놓을 경우 가스가 유출되어 화재의 위험이 있다.

05 정답 ④
부화기는 달걀이나 물고기의 알을 인공적으로 부화하는 기계이다. 반려견은 알을 낳지 않기 때문에, 부화기 설치는 반려견을 돌보는 방법으로 부적절하다.

06 정답 ②
제시된 그림의 청소 방법은 바닥 쓸고 닦기이다. 쓸기에 사용되는 용구는 비, 쓰레받기, 진공청소기가 있으며 닦이에 쓰이는 용구는 걸레, 수세미, 솔, 유리닦이가 있다.

07 정답 ③
바느질 도구를 이용하여 만들 수 있는 것은 덮개, 받침, 벽걸이, 주머니, 가방, 옷 등이 있으며 유리컵은 암석을 섞어 높은 온도에서 녹인 다음 냉각하여 만든다.

08 정답 ③
소프트웨어는 컴퓨터 프로그램을 통틀어 이르는 말이다. ㄴ, ㄹ 로봇과 인터넷은 소프트웨어가 적용된 사례이다.

09 정답 ④
직업이란 생계를 유지하기 위하여 자신의 적성과 능력에 따라 일정한 기간 동안 계속하여 하는 일이다. 아버지가 손님에게 꽃을 파는 것은 직업에 해당한다.

10 정답 ②
도로와 철도 등의 육지 교통로를 통해 수송이 이루어지는 교통수단을 육상 수송 수단이라 한다. 기차, 오토바이, 버스, 승용차, 트럭 등이 대표적이다.

오답피하기
① 우주 수송 수단으로 우주선이 있다.
③ 항공 수송 수단으로 비행기, 열기구 등이 있다.
④ 해상 수송 수단으로 배, 잠수함 등이 있다.

11 정답 ④
절차적 사고는 문제 해결을 위해 순서나 단계로 나누어 생각하는 과정이다.

① 인터넷을 바탕으로 하는 정보화 사회에서 지켜야 하는 윤리이다.

② 지적 활동으로 인해 발생하는 모든 재산을 지식 재산이라 한다.

③ 인터넷이나 통신망을 통한 가상 현실에 지나치게 빠져 있는 병적인 상태를 사이버 중독이라 한다.

12 정답 ①

경찰복, 의사 가운, 교복은 직업이나 신분을 나타내는 표현의 기능이다.

②, ③, ④는 옷의 보호 기능에 해당한다.

13 정답 ④

개인 정보 보호를 위해 비밀 번호는 주기적으로 변경하며 검증되지 않은 사이트에 개인 정보를 입력하는 것은 개인 정보 유출의 위험이 크다. 여러 사람이 사용하는 컴퓨터는 사용 후 반드시 로그아웃해야 한다.

14 정답 ①

㉠은 수입에 해당하는 내용이 들어가야 한다. 용돈을 받았다는 것은 수입에 해당한다.

②, ③, ④는 지출에 해딩하는 내용이다.

15 정답 ②

친환경 농업은 화학 비료와 농약을 사용하지 않고 농사를 짓는 방법으로, 우렁이 농법, 오리 농법, 지렁이 농법 등이 있다. 가축에게 무분별한 항생제 사용은 위험하며 친환경 농업이라 볼 수 없다.

16 정답 ③

발명 기법이 종류로 재료 바꾸기 기법이 있다. 이는 물건의 재료를 바꾸어 새로운 물건으로 만드는 발명 기법으로, 예를 들면 면 장갑을 고무 장갑으로 바꾸는 기법이다.

② 더하기 기법은 물건이나 기능을 더하여 새로운 물건을 만드는 발명 기법으로, 지우개 달린 연필, 초콜릿 우유, 맥가이버 칼 등이 있다.

17 정답 ②

센서란 여러 가지 소리, 빛, 온도, 기울기 등을 인지하는 장치이다. 소리에 반응하는 로봇을 만드는 데 필요한 센서는 소리 센서로, 소리 센서는 소리를 감지한다.

18 정답 ④

생선은 눈알이 맑고 아가미가 붉은색이며 비늘이 빠지지 않고 깨끗한 것을 선택한다.

① 달걀은 껍데기가 까슬까슬하고 윤기가 나지 않는 것을 선택한다.

19 정답 ①

자전거를 안전하게 관리하기 위해서 적절한 공기압을 유지해야 한다.

② 체인의 오염 물질을 제거하고 녹이 슬어 움직임이 좋지 않은 경우 새 체인으로 교체한다.

③ 브레이크는 자전거 운행 전 자동 상태를 검점해야 한다.

④ 전조등의 불빛이 앞을 향하도록 조절한다.

20 정답 ②

벼, 옥수수, 콩, 감자는 식용 작물이다.

① 직접 사용하지 않고 가공해야 쓸 수 있는 농작물이 공예 작물이다. 목화, 차 등이 대표적이다.

③ 재배하거나 정원을 가꾸기 위해 키우는 식물을 원예 작물이라 한다.

④ 담배, 차와 같이 특별한 용도로 사용하는 농작물을 특용 작물이라 한다.

합격예감

초졸 검정고시

2022
제 1 회

기출을 보면 합격이 보인다!

기출문제

- ☑ 국어
- ☑ 사회
- ☑ 수학
- ☑ 과학
- ☑ 도덕
- ☑ 실과

합격예감

초졸 검정고시

기출문제집

2022
제1회

국어

01 ㉠에 들어갈 위로하는 말로 적절한 것은?

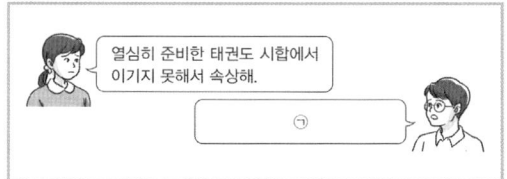

열심히 준비한 태권도 시합에서 이기지 못해서 속상해.

㉠

① 지난번에 연필을 빌려 줘서 고마워.
② 꾸준히 공부하더니 드디어 해냈구나.
③ 연습을 많이 했는데 정말 속상했겠다.
④ 나는 어제 친구들과 도서관에 다녀왔어.

02 회의할 때의 태도로 적절하지 <u>않은</u> 것은?

① 남의 의견을 비난하지 않는다.
② 다른 사람이 발표할 때 끼어든다.
③ 다른 사람의 의견을 귀 기울여 듣는다.
④ 의견을 말하고 싶을 때에는 손을 들고 기다린다.

03 이야기를 요약하는 방법으로 알맞지 <u>않은</u> 것은?

① 관련 있는 여러 가지 사건을 하나로 묶는다.
② 중요한 사건이 일어난 원인과 결과를 찾는다.
③ 이야기 흐름에서 중요하지 않은 내용은 삭제한다.
④ 이야기의 구조를 생각하여 중요한 사건을 생략한다.

04 다음 글에 나타난 지웅이의 마음으로 적절한 것은?

유진아, 안녕? 나 지웅이야. 어제 네가 싫어하는 별명을 부르며 놀려서 미안해.

① 기쁜 마음
② 화난 마음
③ 미안한 마음
④ 축하하는 마음

05 다음 상황에서 도영이가 고쳐야 할 점으로 적절한 것은?

① 혼자만 계속 말하였다.
② 음식을 먹으면서 말하였다.
③ 비속어를 사용하여 말하였다.
④ 외국어를 지나치게 많이 사용하였다.

[6~7] 다음 글을 읽고 물음에 답하시오.

동물은 (㉠)에 따라 초식 동물, 육식 동물, 잡식 동물로 분류한다. 소와 말, 토끼와 같이 나뭇잎이나 풀을 뜯어 먹고 사는 동물을 초식 동물이라고 한다. 호랑이, 독수리, 뱀, 상어와 같이 작은 짐승이나 물고기를 먹고 사는 동물을 육식 동물이라고 한다. 닭, 오리, 돼지와 같이 식물성 먹이와 동물성 먹이를 함께 먹는 동물을 잡식 동물이라고 한다.

06 ㉠에 들어갈 말로 알맞은 것은?

① 먹이
② 색깔
③ 크기
④ 사는 곳

07 윗글의 내용으로 알맞지 않은 것은?

① 소와 말, 토끼는 초식 동물이다.
② 호랑이, 독수리, 뱀, 상어는 육식 동물이다.
③ 초식 동물은 작은 짐승이나 물고기를 먹고 산다.
④ 잡식 동물은 식물성 먹이와 동물성 먹이를 함께 먹는다.

[8~9] 다음 글을 읽고 물음에 답하시오.

요즈음 많은 어린이들이 대화할 때 거친 말을 사용합니다. 다른 사람과 대화할 때에는 거친 말 대신 고운 말을 사용하여야 합니다. 고운 말을 사용하여야 하는 까닭은 무엇일까요?

첫째, 고운 말을 사용하면 서로 존중하는 마음을 전할 수 있습니다. 거친 말을 사용하면 상대방의 감정을 상하게 할 수 있습니다. 대화 상대를 존중하는 마음은 자연스럽게 고운 말로 표현되기 마련입니다.

둘째, 고운 말을 사용하면 (㉠) 거친 말을 사용하였다가 친구들끼리 싸움으로 이어지는 경우가 있습니다. 거친 말 때문에 오해를 일으켜 좋았던 사이가 나빠지기도 합니다. 다른 사람과 좋은 관계를 유지하고 싶다면 고운 말을 사용하여야 합니다.

08 윗글에 어울리는 속담으로 적절한 것은?

① 낫 놓고 기역 자도 모른다.
② 사공이 많으면 배가 산으로 간다.
③ 가는 말이 고와야 오는 말이 곱다.
④ 오르지 못할 나무는 쳐다보지도 마라.

09 ㉠에 들어갈 말로 적절한 것은?

① 몸을 건강하게 할 수 있습니다.
② 공기를 깨끗하게 할 수 있습니다.
③ 세계의 다양한 음식을 즐길 수 있습니다.
④ 다른 사람과 좋은 관계를 유지할 수 있습니다.

[10~11] 다음 글을 읽고 물음에 답하시오.

'마당을 나온 암탉'을 읽고

(가) 나는 도서관에서 '마당을 나온 암탉'이라는 책을 발견하였다. 책 표지에 있는 닭의 모습에 호기심이 생겨 책을 읽게 되었다. 책이 너무 재미있어서 친구들에게 소개해 주려고 이 글을 ⓐ 쓰게 되었다.

(나) 이 책에서 어미암탉은 양계장에 갇혀 지내다가 새끼를 키우겠다는 생각으로 양계장을 벗어났다. 그리고 들판에서 새끼와 살아가면서 여러 가지 일들을 겪게 되었다.

(다) 어미암탉은 새끼를 위해 용기를 냈고 성실하게 노력하였다. 그리고 친구인 청둥오리는 그런 어미암탉을 적극적으로 도와주었다.

(라) 나는 이 책을 읽고 나서 어미암탉처럼 어려움이 있어도 포기하지 않고 노력하여야겠다고 다짐하였다. 그리고 가족과 친구의 고마움에 대하여 한 번 더 생각하게 되었다.

---

10 (가)~(라) 중 이 책을 읽게 된 동기가 드러난 것은?

① (가)   ② (나)

③ (다)   ④ (라)

11 ⓐ의 뜻을 알아보기 위해 국어사전에서 찾아야 할 낱말은?

① 쓰고   ② 쓰다

③ 쓰면   ④ 쓰지

12 다음 ㉠~㉣ 중 글쓴이의 생각이 드러난 것은?

지난주 월요일에 친구들과 양떼목장으로 놀러 갔다. 양떼목장은 넓은 초원이 펼쳐져 있었고, 피자와 치즈 만들기 체험장도 있었다.

㉠ 초원에서는 양들이 풀을 뜯고 있었다. 우리에서는 ㉡ 양털을 깎는 모습을 보았다. 치즈 만들기 체험장에서는 친구들과 함께 ㉢ 치즈를 만들어 보았다.

친구들과 양떼목장에서 귀여운 양을 보고 치즈도 만들 수 있어서 즐거웠다. ㉣ 다음에 또 가고 싶다.

---

① ㉠   ② ㉡

③ ㉢   ④ ㉣

13 다음 중 낱말의 짜임이 다른 것은?

① 나그네   ② 애호박

③ 풋사랑   ④ 헛기침

14 다음 시의 1연에서 '친구'를 비유한 것은?

> 풀잎과 바람
>
> 정완영
>
> 나는 풀잎이 좋아, 풀잎 같은 친구 좋아
> 바람하고 엉켰다가 풀 줄 아는 풀잎처럼
> 헤질 때 또 만나자고 손 흔드는 친구 좋아.
>
> 나는 바람이 좋아, 바람 같은 친구 좋아
> 풀잎하고 헤졌다가 되찾아 온 바람처럼
> 만나면 얼싸안는 바람, 바람 같은 친구 좋아.

① 나무 　　　　② 풀잎
③ 무지개 　　　④ 바닷가

[15~16] 다음 글을 읽고 물음에 답하시오.

> 숲이 준 마법 초콜릿
>
> 배봉기
>
> • 나오는 사람 : 성민, 숲의 마음 할아버지
> • (㉠) : 오후
> • 곳 : 아파트 뒷동산
>
> 숲의 마음 할아버지 등장.
>
> 숲의 마음 할아버지 : 짜아안 -.
> 성민 : (할아버지를 본다. 아무 것도 없다.)
> 　　　피이 -.
> 숲의 마음 할아버지 : ㉡ 잘 보시라.

15 ㉠에 들어갈 말로 알맞은 것은?

① 때 　　　　　② 관객
③ 분장 　　　　④ 소품

16 위 극본에서 ㉡의 역할은?

① 무대 장치를 소개함.
② 인물의 행동을 설명함.
③ 시간과 장소를 알려 줌.
④ 인물이 하는 말을 나타냄.

17 다음 광고에서 전하려는 내용은?

음식물 쓰레기 때문에 발생하는 경제적 손실
연간 약 20조 원

" 버려야 할 것은 잘못된 음식 문화입니다."

① 책을 많이 읽자.
② 종이를 아껴 쓰자.
③ 손을 깨끗하게 씻자.
④ 음식물 쓰레기를 줄이자.

18 매체 활용 방법으로 적절하지 않은 것은?

① 음악 감상을 하기 위해 식물도감을 찾아 보았다.
② 춤추는 동작을 연습하기 위해 동영상을 보았다.
③ 비행기가 뜨는 원리를 알기 위해 인터넷을 검색하였다.
④ 아프리카에 대해 알아보기 위해 백과사전을 찾아보았다.

19 다음의 밑줄 친 낱말과 같은 의미로 사용된 것은?

> 마른 나뭇가지는 불에 잘 <u>탄다</u>.

① 그네를 탄다.
② 버스를 탄다.
③ 시소를 탄다.
④ 종이가 탄다.

20 문장 성분의 호응 관계가 바르지 <u>않은</u> 것은?

① 나는 어제 할머니께 선물을 드렸다.
② 철수는 여행을 별로 좋아하지 않는다.
③ 우리 가족은 작년에 박물관에 갈 것이다.
④ 나는 지호의 생각을 도저히 이해할 수 없다.

01 다음에서 설명하는 것은?

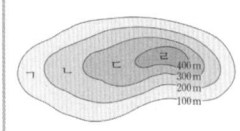

지도에서 높이가 같은 곳을 연결하여 땅의 높낮이를 나타낸 것

① 등고선
② 방위표
③ 중심지
④ 지하철 노선도

02 다음에서 설명하는 공공 기관은?

위험에 처한 사람들을 구해요.

• 화재를 예방한다.
• 응급환자를 구조한다.

① 교육청
② 도서관
③ 소방서
④ 우체국

03 소비 활동의 모습으로 적절하지 <u>않은</u> 것은?

① 빵집에서 빵 사먹기
② 시장에서 고기 사기
③ 공장에서 자동차 만들기
④ 미용실에서 머리 손질 받기

04 그림에 나타난 차별의 종류로 가장 적절한 것은?

함께 일할 직원을 찾습니다.

우리는 젊은 사람을 원해요.

① 나이
② 언어
③ 장애
④ 종교

05 다음 중 폭염의 피해를 줄이기 위한 방법으로 가장 적절한 것은?

① 동상에 대비한다.
② 제설 장비를 준비한다.
③ 수분을 충분히 섭취한다.
④ 외출할 때 마스크를 쓴다.

06 우리 국도에 대한 설명으로 옳지 <u>않은</u> 것은?

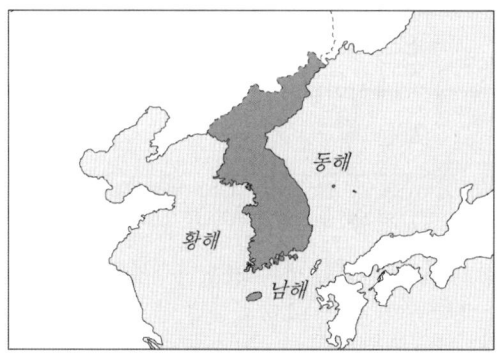

① 삼면이 바다와 맞닿아 있다.

② 한라산은 우리나라 북쪽 끝에 있다.

③ 황해는 우리나라 서쪽에 있는 바다이다.

④ 독도는 우리나라 영토에서 가장 동쪽에 있다.

07 다음 중 인권 침해 사례는?

① 예절을 지켜 대화하기

② 다른 사람의 일기 몰래 보기

③ 사회적 약자를 위한 배려석 만들기

④ 시각 장애인을 위한 점자 블록 설치하기

08 다음에서 설명하는 권리는?

> • 국가의 정치 의사 형성 과정에 참여할 수 있는 권리이다.
> • 모든 국민은 법률이 정하는 바에 의하여 선거권을 가진다. (헌법 제24조)

① 자유권   ② 참정권

③ 청구권   ④ 평등권

09 다음 문화유산을 남긴 나라는?

| 첨성대 | 불국사 | 석굴암 |

① 고조선   ② 백제

③ 신라   ④ 발해

10 다음 중 세종 대에 이루어진 일은?

① 삼국 통일

② 훈민정음 창제

③ 한산도 대첩

④ 3·1 운동

11 다음에서 설명하는 조선 후기 문화는?

> • 당시 사람들의 생활 모습을 담고 있다.
> • 대표적인 화가로 김홍도, 신윤복이 있다.

① 탈놀이   ② 판소리

③ 풍속화   ④ 한글 소설

12 다음에서 설명하는 인물은?

> • 고종의 아버지이다.
> • 한양과 전국 각지에 척화비를 세웠다.
> • 서원을 일부만 남기고 모두 정리했다.

① 김옥균   ② 전봉준
③ 정약용   ④ 흥선 대원군

13 ㉠에 들어갈 사건으로 적절한 것은?

>   ㉠   의 전개 과정과 결과
> • 배경 : 전두환 정부는 민주주의를 요구하는 사람들을 탄압함.
> • 과정 : 대통령 직선제를 요구하며 시위를 벌임.
> • 결과 : 대통령 직선제를 포함한 민주화 요구를 받아들인다는 6 · 29 민주화 선언을 함.

① 갑신정변
② 동학 농민 운동
③ 4 · 19 혁명
④ 6월 민주 항쟁

14 다음에서 설명하는 민주주의를 실천하는 태도는?

>   사실이나 의견의 옳고 그름을 따져 살펴보는 태도

① 관용
② 비판적 태도
③ 양보와 타협
④ 다수결의 원칙

15 다음에서 설명하는 것은?

> • 법에 따라 나라의 살림을 맡아 한다.
> • 조직에는 대통령을 중심으로 국무총리와 여러 개의 부, 처, 청 그리고 위원회가 있다.

① 국회   ② 법원
③ 정부   ④ 헌법 재판소

16 다음 중 사회적 약자를 위한 대책으로 가장 적절한 것은?

① 환경 보호 운동
② 에너지 절약 운동
③ 기업들의 친환경 제품 판매
④ 정부의 생계비, 양육비, 학비 지원

17 다음에서 설명하는 것은?

> • 우리나라와 인접한 바다이다.
> • 아시아, 오세아니아, 북아메리카, 남아메리카 대륙 사이에 있다.

① 남극해   ② 대서양

③ 북극해   ④ 태평양

18 ㉠에 해당하는 나라는?

> • 동남아시아에 위치한다.
> • 기후는 대체로 덥고 습한 편이다.
> • 쌀을 많이 수출한다.

⑴ 베트남

② 탄자니아

③ 아르헨티나

④ 사우디아라비아

19 빈곤과 기아 문제 해결을 위한 노력으로 옳지 **않은** 것은?

① 교육 지원   ② 구호 활동

③ 모금 활동   ④ 핵무기 개발

20 다음에서 설명하는 것은?

 교육, 과학, 문화 분야 등에서 다양한 국제 교류를 하며 국제 평화를 추구하는 국제기구

① 유네스코

② 국제 노동 기구

③ 유엔 난민 기구

④ 국제 원자력 기구

01 다음 일곱 자리 수에서 숫자 3이 나타내는 값이 가장 큰 것은?

$$
\underline{3}\ 9\ \underline{3}\ 4\ \underline{3}\ 7\ \underline{3}
$$
↑   ↑   ↑   ↑
㉠   ㉡   ㉢   ㉣

① ㉠   ② ㉡

③ ㉢   ④ ㉣

02 다음 ☐ 안에 들어갈 말로 알맞은 것은?

3.547에서 4는 ☐ 숫자이고, 0.04 를 나타냅니다.

① 일의 자리

② 소수 첫째 자리

③ 소수 둘째 자리

④ 소수 셋째 자리

03 다음 도형 중 평행사변형인 것은?

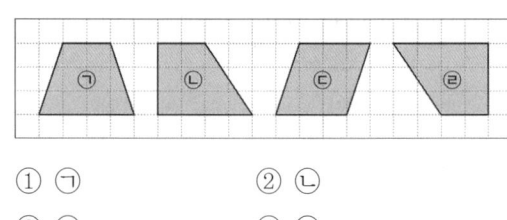

① ㉠   ② ㉡

③ ㉢   ④ ㉣

04 다음 그래프는 어느 지역의 하루 중 기온 변화를 조사하여 나타낸 것이다. 설명이 옳은 것은?

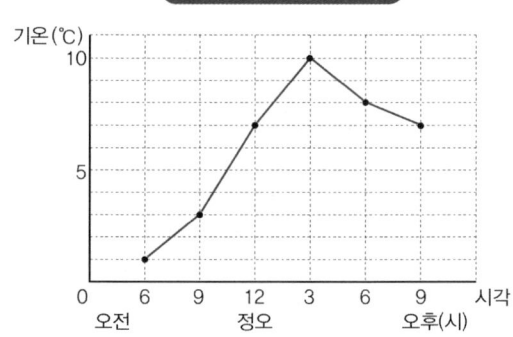

① 막대그래프이다.

② 오전 9시에 기온이 가장 높다.

③ 오후 3시에 기온이 가장 낮다.

④ 오후 6시보다 오후 9시에 기온이 더 낮아졌다.

05 음료수 $2L$를 남김없이 $0.4L$짜리 컵에 가득 담아 나누려고 한다. 필요한 컵의 수를 구하는 식으로 옳은 것은?

① $2 \div 0.2$　　　② $2 \div 0.3$

③ $2 \div 0.4$　　　④ $2 \div 0.5$

07 다음과 같이 두 분수를 통분할 때, ☐ 안에 공통으로 들어갈 수로 알맞은 것은?

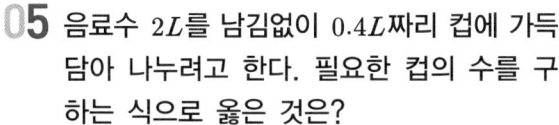

$$\left(\frac{1}{2},\ \frac{1}{3} \right) \Rightarrow \left(\frac{3}{\square},\ \frac{2}{\square} \right)$$

① 2　　　② 4

③ 6　　　④ 8

06 다음 식에서 가장 먼저 계산해야 할 것은?

$$12 + 3 \times (20 - 8) \div 4$$
$$\uparrow \quad \uparrow \quad\quad \uparrow \quad\quad \uparrow$$
$$㉠ \quad ㉡ \quad\quad ㉢ \quad\quad ㉣$$

① ㉠　　　② ㉡

③ ㉢　　　④ ㉣

08 다음 중 $\frac{1}{7} \times 4$와 계산 결과가 같은 것은?

① 7×4

② $7 + \frac{1}{4}$

③ $\frac{1}{7} + \frac{1}{4}$

④ $\frac{1}{7} + \frac{1}{7} + \frac{1}{7} + \frac{1}{7}$

09 다음 ☐ 안에 들어갈 수로 알맞은 것은?

$$4 \div \frac{1}{5} = 4 \times \boxed{}$$

① 5

② 6

③ 7

④ 8

11 다음 중 원기둥의 전개도인 것은?

①

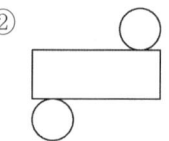
②

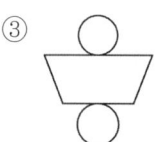
③

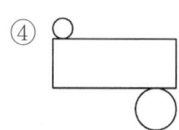
④

10 다음 삼각형이 선대칭도형일 때, 대칭축인 것은?

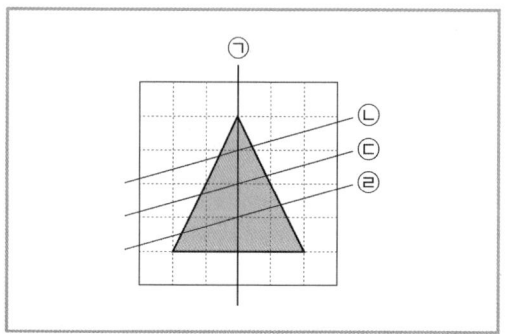

① ㉠

② ㉡

③ ㉢

④ ㉣

12 다음 정육면체와 직육면체의 공통점은?

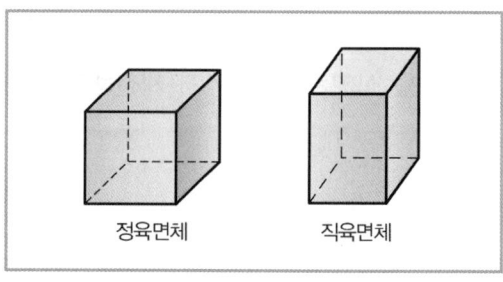

정육면체   직육면체

① 면은 6개이다.

② 꼭짓점은 10개이다.

③ 모서리는 14개이다.

④ 정사각형 8개로 둘러싸여 있다.

13 쌓기나무 5개를 쌓았을 때, 위에서 본 모양이 〈보기〉와 같은 것은?

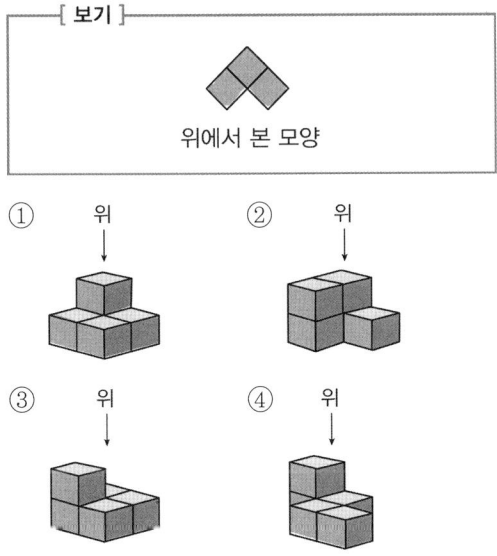

14 다음은 정사각형 모양의 정원을 나타낸 것이다. 둘레를 구하는 식으로 알맞은 것은?

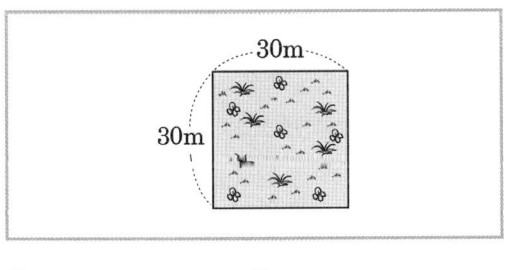

① 30×1 ② 30×2

③ 30×3 ④ 30×4

15 다음 수의 범위를 수직선에 알맞게 나타낸 것은?

10 이상 25 이하

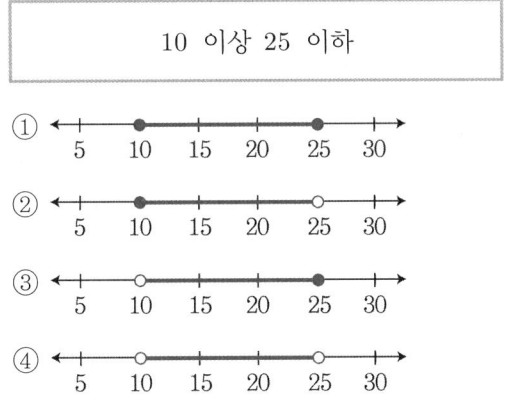

16 다음 전개도로 직육면체를 만들었을 때, 색칠한 면과 넓이가 같은 것은?

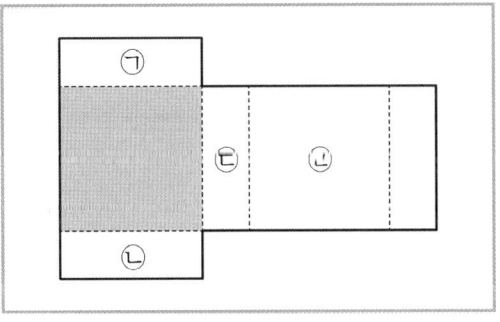

① ㉠   ② ㉡

③ ㉢   ④ ㉣

17 다음은 원을 한없이 잘라 이어 붙여서 직사각형을 만드는 과정이다. ☐ 안에 들어갈 알맞은 수는? (원주율 : 3)

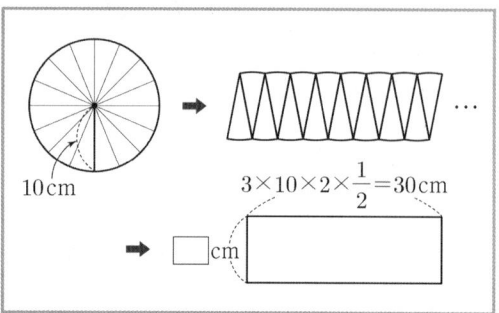

$3 \times 10 \times 2 \times \frac{1}{2} = 30 \text{cm}$

① 3

② 5

③ 6

④ 10

18 다음 중 △와 □ 사이의 대응 관계를 식으로 알맞게 나타낸 것은?

△	1	2	3	4	5	······
□	3	6	9	12	15	······

① □ = △ × 2

② □ = △ × 3

③ □ = △ × 4

④ □ = △ × 5

19 사탕 6개를 슬기와 연수가 2 : 1로 나누어 가지려고 한다. 연수가 가지게 될 사탕의 개수는?

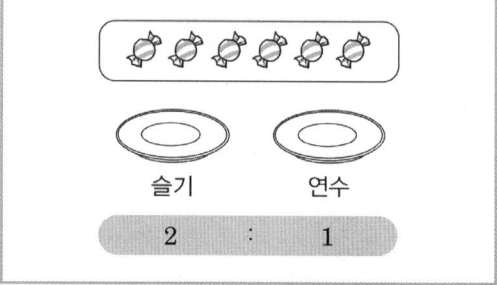

① 1개

② 2개

③ 3개

④ 4개

20 다음과 같은 일이 일어날 가능성을 가장 적절하게 표현한 것은?

• 3과 5를 곱하면 20이다.
• 내년에는 8월이 3월보다 빨리 온다.

① 확실하다.

② ～일 것 같다.

③ ～아닐 것 같다.

④ 불가능하다.

2022
제1회
과학

01 다음 설명에 해당하는 것은?

- 물체의 무게를 측정할 수 있다.
- 용수철의 성질을 이용해 만든 것이다.

① 시소
② 수평대
③ 양팔저울
④ 용수철저울

02 다음은 어떤 학생의 일기 내용이다. ㉠에 해당하는 것은?

2022년 ○월 ○일 날씨 : 맑음

오늘 학교에서 과학 시간에 크기와 모양이 같은 플라스틱 구슬과 철 구슬의 혼합물을 분리하는 방법을 배웠다. 철구슬이 (㉠)에 붙는 성질을 이용하면 철 구슬만 쉽게 분리할 수 있다는 것을 알았다.

① 체
② 자석
③ 거름종이
④ 증발 접시

03 화산 분출물에 대한 설명으로 옳은 것은?

① 용암은 액체 상태이다.
② 화산재는 기체 상태이다.
③ 화산 암석 조각의 크기는 모두 같다.
④ 화산 가스는 한 가지 기체로만 되어 있다.

04 다음 설명에 해당하는 것으로 가장 적절한 것은?

- 크기가 매우 작아 맨눈으로 보기 어렵다.
- 치아 표면을 썩게 하여 충치를 일으키기도 한다.

① 개미
② 세균
③ 강아지풀
④ 개구리밥

05 그림의 대화 내용에 해당하는 것은?

물질의 차갑거나 따뜻한 정도를 정확하게 나타낼 수 있을까?

숫자에 단위 ℃(섭씨도)를 붙여 나타낼 수 있어.

① 길이
② 소리
③ 시간
④ 온도

06 그림은 각설탕을 물에 녹이기 전과 녹인 후의 무게를 비교하는 실험을 나타낸 것이다. ㉠에 해당하는 것은?

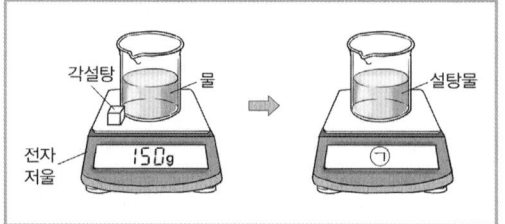

① 150g
② 160g
③ 170g
④ 180g

07 다음 설명에 해당하는 천체는?

> 태양계의 중심에 있으며 스스로 빛을 낸다.

① 달
② 지구
③ 태양
④ 화성

08 다음 설명에 해당하는 것은?

> • 기압 차에 의해 생기는 공기의 이동이다.
> • 고기압에서 저기압으로 이동한다.

① 눈
② 비
③ 바람
④ 이슬

09 표는 여러 가지 용액에 페놀프탈레인 용액을 떨어뜨린 뒤의 색깔 변화를 나타낸 것이다. 다음 중 산성 용액은?

용액	레몬즙	석회수	빨랫비누 물	유리세정제
페놀프탈레인 용액	○	●	●	●

※ 색깔 변화가 없는 경우 : ○, 붉은 색으로 변한 경우 : ●

① 레몬즙
② 석회수
③ 빨랫비누 물
④ 유리세정제

10 다음 중 환경 오염의 원인으로 적절하지 <u>않</u>은 것은?

① 나무 심기
② 자동차의 매연
③ 공장의 폐수 배출
④ 농약의 지나친 사용

11 다음 설명에 해당하는 것은?

> • 자동차에 설치된 안전장치 중 하나이다.
> • 큰 속력으로 달리는 자동차가 충돌했을 때 탑승자의 몸에 가해지는 충격을 줄여 준다.

① 도로
② 가로등
③ 에어백
④ 카메라

12 그림의 대화 내용에 해당하는 기체는?

탄산음료의 재료로 이용 돼요.

석회수를 뿌옇게 만 들어요.

① 산소　　　　② 수소
③ 질소　　　　④ 이산화 탄소

13 그림은 나팔꽃의 모습이다. 나팔꽃의 줄기 처럼 다른 물체를 감고 올라가는 줄기는?

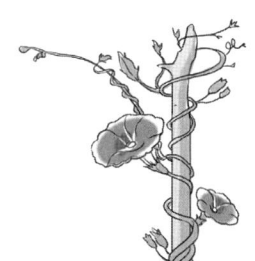

① 감는줄기
② 곧은줄기
③ 기는줄기
④ 땅속줄기

14 그림은 레이저 지시기에서 빛이 나아가 어 떤 물체를 통과하는 모습을 나타낸 것이다. ㉠에 해당하는 것은?

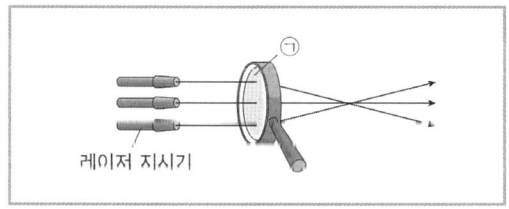

레이저 지시기

① 거울　　　　② 구리판
③ 볼록 렌즈　　④ 나무젓가락

15 다음의 전기 회로 중 전구 두 개가 직렬로 연결된 것은?

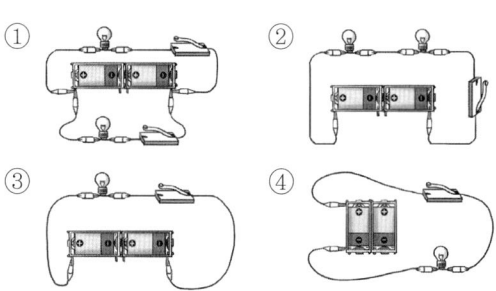

16 그림은 우리나라에서 계절별 태양의 위치 변 화를 나타낸 것이다. 1년 중 태양의 남중 고 도가 가장 낮은 ㉠에 해당하는 계절은?

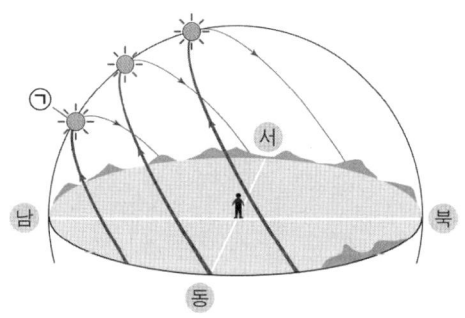

① 봄　　　　② 여름
③ 가을　　　④ 겨울

17 다음 중 음력 15일 무렵에 보이는 달은?

① 초승달　　② 상현달
③ 보름달　　④ 하현달

18 그림은 순환 기관이 하는 일을 알아보기 위한 실험을 나타낸 것이다. 펌프와 같이 혈액을 온몸으로 보내는 역할을 하는 우리 몸의 기관은?

① 간
② 심장
③ 콩팥
④ 큰창자

19 다음 설명에서 ㉠에 해당하는 것은?

전기 에너지 → 빛에너지

에너지의 형태가 바뀌는 것을 (㉠)(이)라고 한다.

① 대류
② 물의 순환
③ 증산 작용
④ 에너지 전환

20 다음 설명에 해당하는 것은?

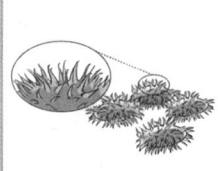

• 가시 끝부분이 갈고리처럼 굽어져 있다.
• 생김새를 활용하여 찍찍이 테이프를 만들었다.

① 은행잎
② 부레옥잠
③ 단풍나무 열매
④ 도꼬마리 열매

2022
제1회
도덕

01 다음 중 학급 규칙을 정하고 실천하는 방법으로 적절한 것은?

① 한 명이 모든 규칙 정하기
② 규칙이 왜 필요한지 토의하기
③ 내 마음에 드는 규칙만 지키기
④ 친구들이 보고 있을 때만 규칙 지키기

02 다음 중 가족의 인권을 존중하는 방법은?

① 동생 괴롭히기
② 누나 의견 무시하기
③ 고운 말로 대화하기
④ 할머니에게 버릇없이 행동하기

03 다음 중 외면적으로 아름다운 사람이 되기 위한 실천 방법으로 적절하지 <u>않은</u> 것은?

① 손톱 깨끗하게 깎기
② 지저분한 옷 매일 입기
③ 바른 자세로 앉기와 걷기
④ 하루에 30분 이상 운동하기

04 다음에서 내가 취할 태도로 가장 적절한 것은?

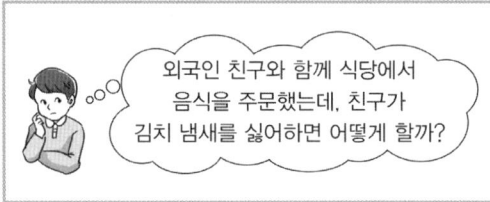

외국인 친구와 함께 식당에서 음식을 주문했는데, 친구가 김치 냄새를 싫어하면 어떻게 할까?

① 화를 낸다.
② 창피하게 여긴다.
③ 억지로 먹게 강요한다.
④ 서로 다른 음식 문화를 이해하고 존중한다.

05 다음 중 ㉠에 들어갈 말로 적절한 것은?

협동을 실천해요	
협동을 잘하기 위한 방법	평가
• 각자의 장점을 고려해 역할을 공정하게 나눈다.	
• _____㉠_____	

① 서로 칭찬하며 격려한다.
② 자신의 주장만 내세운다.
③ 친구의 이야기를 대충 듣는다.
④ 친구의 질문에 성의 없이 대답한다.

06 〈보기〉 중 정직한 행동으로 적절한 것은?

[보기]
ㄱ. 거짓말하지 않기
ㄴ. 실수한 친구 놀리기
ㄷ. 화분 깨뜨리고 모른척하기
ㄹ. 잘못 받은 거스름돈 돌려주기

① ㄱ, ㄷ ② ㄱ, ㄹ
③ ㄴ, ㄷ ④ ㄴ, ㄹ

07 다음 중 ㉠에 들어갈 말로 적절한 것은?

경청하며 대화하는 방법
1. **멈추기** : 자신이 하던 일을 잠시 멈추고 친구 바라
보기
2. **숨쉬기** : 몸의 긴장을 풀고 대화 나눌 준비
3. (㉠) : 이야기에 공감하며 귀 기울이기
4. **반응하기** : 따뜻하고 배려심 있는 태도로 반응하기

① 듣기 ② 외면하기
③ 무시하기 ④ 비난하기

08 다음 중 감정과 욕구를 조절하고 표현하는
방법으로 적절한 것은?

① 바로 짜증을 낸다.
② 한 번 더 깊이 생각해 본다.
③ 친구의 의견을 들으려 하지 않는다.
④ 결과를 예상하지 않고 마음대로 행동
한다.

09 다음 중 건전한 사이버 생활을 위한 태도로
적절한 것은?

① 악성 댓글을 쓴다.
② 잘못된 정보를 전달한다.
③ 배려하는 언어를 사용한다.
④ 친구의 개인 정보를 허락 없이 사용한다.

10 다음 중 학급 분위기를 긍정적으로 만드는
방법으로 적절한 것은?

① 비난을 자주 한다.
② 칭찬을 아끼지 않는다.
③ 고마움을 표현하지 않는다.
④ 자신의 잘못을 사과하지 않는다.

11 다음 중 ㉠에 들어갈 말로 적절하지 <u>않은</u>
것은?

① 1인 1역을 스스로 하는 모습
② 학교 숙제를 스스로 하는 모습
③ 자기 방을 스스로 청소하는 모습
④ 아침마다 엄마가 깨워야 겨우 일어나는
모습

12 다음 중 자신을 소중하게 여기는 실천 방법으로 적절한 것은?

① 남과 비교하지 않는다.
② 내 마음의 양심을 무시한다.
③ 다른 사람의 말에 쉽게 휘둘린다.
④ 나의 미래를 부정적으로 생각한다.

13 다음 중 나눔과 봉사의 실천 방법으로 적절하지 <u>않은</u> 것은?

① 친구와 준비물 나눠 쓰기
② 용돈을 모아 지구촌 이웃 돕기
③ 재해가 일어난 곳에 도움 주기
④ 학급 도서 정리하는 친구 모른척하기

14 다음 중 친구를 배려하는 행동으로 적절한 것은?

① 친구를 차별한다.
② 친구의 말에 귀 기울인다.
③ 싫어하는 별명으로 놀린다.
④ 친구의 물건을 허락 없이 사용한다.

15 다음 일기를 쓴 학생이 실천한 것은?

> 20○○년 ○월 ○일(○요일) 날씨 : ☼
>
> ### 나의 후회
>
> 쉬는 시간에 친구에게 장난으로 나쁜 말을 했다. 친구가 몹시 속상해 해서 내 행동을 반성했다. 친구에게 진심으로 사과하고 앞으로는 바르고 고운 말을 사용해야겠다.

① 봉사   ② 나눔
③ 공정함   ④ 도덕적 성찰

16 다음 대화에서 심판에게 가장 요구되는 것은?

어제 축구 경기 봤어?

왜? 무슨 일인데?

심판이 상대 팀에게 일방적으로 유리한 판정을 했대!

맞아. 그래서 우리 팀이 제대로 실력을 발휘하지 못했어.

① 참견   ② 편견
③ 억압   ④ 공정함

17 다음 중 남북통일 후 예상되는 어려움을 극복하기 위한 노력으로 적절한 것은?

① 서로에 대한 편견을 갖는다.

② 한 쪽의 입장에서만 이야기한다.

③ 서로 살아 온 생활 방식을 존중한다.

④ 서로의 다른 문화를 인정하려 하지 않는다.

18 다음 중 지구촌 환경 문제의 해결 방법으로 적절하지 <u>않은</u> 것은?

① 일회용품을 많이 사용한다.

② 종이를 절약하여 사용한다.

③ 사용하지 않는 전등을 끈다.

④ 재활용품을 분류하여 배출한다.

19 다음 중 공정한 생활을 하는 모습으로 적절한 것은?

① 줄을 설 때 새치기한다.

② 힘이 센 친구의 의견만 듣는다.

③ 규칙을 지키며 교실 놀이에 참여한다.

④ 우리 반이 운동장을 독차지하여 사용한다.

20 다음 중 ㉠에 들어갈 말로 적절하지 <u>않은</u> 것은?

재능 나눔 카드

• 리코더 부는 방법 알려주기
• ㉠

① 동생에게 축구 기술 알려주기

② 노인정 방문하여 악기 연주하기

③ 친구에게 그림 그리는 방법 알려주기

④ 경제적 대가를 바라고 부모님께 음식 만들어 드리기

2022
제1회
실과

01 다음 중 식품군과 그에 속하는 식품을 바르게 연결한 것은?

	식품군	식품
①	곡류	쌀, 새우
②	채소류	당근, 오이
③	과일류	감자, 옥수수
④	유제품류	두부, 치즈

02 다음 설명에 해당하는 썰기 방법은?

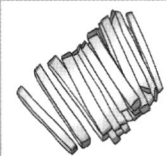

통썰기 한 채소를 가늘고 길쭉하게 써는 방법

① 다지기   ② 채썰기
③ 깍둑썰기   ④ 반달썰기

03 〈보기〉에서 주생활에 해당하는 것만을 모두 고른 것은?

┤ 보기 ├
ㄱ. 요리하기   ㄴ. 옷 만들기
ㄷ. 방 청소하기   ㄹ. 설거지하기

① ㄱ   ② ㄴ
③ ㄷ   ④ ㄱ, ㄹ

04 다음 중 안전과 위생을 고려한 식품 선택 방법으로 가장 적절한 것은?

① 감자는 싹이 난 것을 선택한다.
② 채소는 상처가 난 것을 선택한다.
③ 고기는 불쾌한 냄새가 나는 것을 고른다.
④ 달걀은 껍데기가 까슬까슬한 것을 고른다.

05 다음 설명에 해당하는 직업은?

• 국민의 생명과 재산을 보호한다.
• 범죄를 수사해서 범인을 잡는다.

① 교사   ② 화가
③ 경찰관   ④ 운동선수

06 ㉠에 들어갈 알맞은 말은?

〈 ㉠ 을/를 보호하는 방법 〉

• 웹 사이트의 비밀번호를 주기적으로 바꾼다.
• 검증되지 않은 웹 사이트에 전화번호를 올리지 않는다.

① 초상권   ② 개인 정보
③ 지식 재산   ④ 사이버 중독

07 다음 설명에 해당하는 손바느질 방법은?

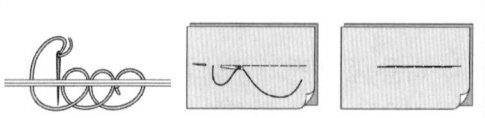

〈바느질하는 방법〉 〈앞면〉 〈뒷면〉

• 천을 튼튼하게 이을 때 사용한다.
• 앞면의 바늘땀은 촘촘하고, 뒷면의 바늘땀은 겹쳐진다.

① 홈질　　　　② 박음질
③ 시침질　　　④ 실 꿰기

08 다음 설명에 해당하는 식물 가꾸기 도구는?

땅을 파거나 흙과 식물을 옮기는 데 사용한다.

① 장갑　　　　② 거름망
③ 모종삽　　　④ 전지가위

09 다음 설명에 해당하는 것은?

혈연, 결혼, 입양 등으로 관계를 맺고 함께 생활하는 사람들

① 가족　　　　② 개인
③ 친구　　　　④ 회사

10 다음 중 용돈을 관리하는 방법으로 적절하지 <u>않은</u> 것은?

① 용돈 기입장을 작성한다.
② 용돈을 계획대로 쓰려고 노력한다.
③ 필요성을 고려하여 용돈을 사용한다.
④ 용돈을 인터넷 도박 게임에 모두 쓴다.

11 다음 설명에 해당하는 생활 소품 만들기 방법은?

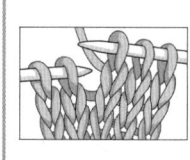

• 두 개 이상의 바늘을 이용한다.
• 겉뜨기, 안뜨기, 고무뜨기 등의 방법이 있다.

① 십자수　　　　② 재봉틀
③ 대바늘뜨기　　④ 코바늘뜨기

12 다음 설명에 해당하는 생활 자원은?

• 누구에게나 똑같이 주어진다.
• 한 번 지나가면 되돌릴 수 없다.

① 시간　　　　② 용돈
③ 지식　　　　④ 흥미

13 다음 중 옷의 신체 보호 기능으로 적절하지 <u>않은</u> 것은?

① 자신의 개성을 표현한다.

② 위험으로부터 몸을 보호한다.

③ 더위나 추위로부터 체온을 유지한다.

④ 땀을 흡수하여 피부를 청결하게 유지한다.

14 다음 설명에 해당하는 것은?

> 사람이 운전하지 않아도 스스로 움직이는 자동차

① 냉장고

② 수술 로봇

③ 전자 칠판

④ 자율 주행 자동차

15 ㉠에 들어갈 알맞은 말은?

① 반려동물　　② 실험 동물

③ 야생 동물　　④ 특수 동물

16 다음 설명에 해당하는 발명 기법으로 가장 적절한 것은?

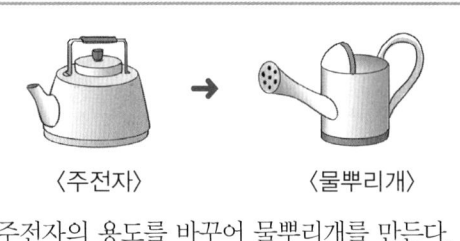

〈주전자〉　　〈물뿌리개〉

주전자의 용도를 바꾸어 물뿌리개를 만든다.

① 빼기 기법

② 반대로 하기 기법

③ 용도 바꾸기 기법

④ 자연물 본뜨기 기법

17 다음 중 로봇의 센서와 사람의 감각 기관을 바르게 연결한 것은?

	센서	감각 기관
①	빛	눈
②	소리	코
③	색깔	귀
④	온도	코

18 다음 중 가족 구성원 간의 배려와 돌봄을 실천하는 방법으로 가장 적절한 것은?

① 가족 간에 예의를 지키지 않는다.

② 가족의 부족한 점을 찾아 꾸짖는다.

③ 가족에게 일어난 어려움을 모른 척한다.

④ 서로의 의견을 존중하여 의사 결정한다.

19 다음 중 안전한 옷차림으로 적절하지 <u>않은</u> 것은?

① 황사가 많은 날에는 마스크를 착용한다.

② 비가 오는 밤에는 어두운 색의 옷을 입는다.

③ 자전거를 탈 때에는 안전모와 보호대를 착용한다.

④ 등산할 때 긴 옷을 입어 곤충으로부터 몸을 보호한다.

20 ㉠에 들어갈 자전거의 구성 요소는?

(㉠)을/를 잡고 오른쪽 또는 왼쪽으로 움직이면 바퀴의 방향이 바뀌어 자전거가 원하는 방향으로 간다.

① 안장   ② 핸들

③ 경음기   ④ 전조등

2022년 제1회 정답 및 해설

국어 2022년 제1회

기출문제

01 ③	02 ②	03 ④	04 ③	05 ①
06 ①	07 ③	08 ③	09 ④	10 ①
11 ②	12 ④	13 ①	14 ②	15 ①
16 ④	17 ④	18 ①	19 ④	20 ③

01 정답 ③

㉠에는 태권도 시합에서 이기지 못해서 속상해 하는 친구를 위로하는 말이 들어가야 한다. 속상해 하는 친구의 마음과 처지에 공감하며 말해야 하므로 ③ '연습을 많이 했는데 정말 속상했겠다.'와 같은 표현이 적절하다.

02 정답 ②

'회의'는 공동의 문제를 해결하기 위해 협력하는 말하기이다. 그러므로 다른 사람이 발표를 할 때에는 끝까지 존중하며 듣는 예의바른 태도가 중요하다.

03 정답 ④

이야기를 요약할 때는 중요한 사건을 중심으로 흐름에 맞게 정리해야 한다. 이때 관련 있는 여러 사건은 하나로 묶고, 중요한 사건은 원인과 결과를 찾아 요약한다. 중요하지 않은 내용이나 세부적인 내용은 생략해야 한다. 그러므로 ④ '이야기의 구조를 생각해서 중요한 사건을 생략한다'는 것은 적절한 요약하기 방법이 아니다.

04 정답 ③

〈보기〉의 말하기는 지웅이가 유진이에게 유진이가 싫어하는 별명을 불러 속상하게 한 점을 사과하는 말하기이다.
사과하는 말하기는 구체적으로 미안한 내용을 말함으로써 진심으로 사과하는 표현을 해야 한다.

05 정답 ①

도영이와 수진이가 대화를 하고 있는 장면이다. 그러나 도영이가 자신의 이야기만 독점적으로 이어나가고 있다. 대화를 할 때에는 적절하게 순서를 번갈아가며 이야기를 하고 상대방의 이야기를 경청해 주는 태도를 지녀야 한다.

06 정답 ①

이 글은 동물을 초식 동물, 육식 동물, 잡식 동물로 분류하고 있다. 이것은 동물들의 먹이를 기준으로 분류한 것이다.

07 정답 ③

초식 동물은 나뭇잎이나 풀을 뜯어 먹고 살며, 소와 말, 토끼가 이에 속한다.

08 정답 ③

이 글은 고운 말을 사용하면 서로 존중하는 마음이 생기고, 좋은 관계를 유지할 수 있다는 내용이다. 이러한 글의 내용과 어울리는 속담은 '가는 말이 고와야 오는 말이 곱다.'이다. 이는 '내가 먼저 다른 사람에게 고운 말을 쓰면 다른 사람도 고운 말을 쓰게 된다.'라는 뜻으로 서로 고운 말을 쓰면 서로 좋은 영향을 주고 받게 된다는 의미이다.

09 정답 ④

3문단의 내용은 거친 말을 사용하면 오해를 일으켜 사이가 나빠지기도 하지만 고운 말을 사용하면 좋은 관계를 유지할 수 있다는 내용이다. 그러므로 첫 문장으로 '다른 사람과 좋은 관계를 유지할 수 있습니다.'라는 내용으로 중심 문장을 삼을 수 있다.

10 정답 ①

(가) 문단에는 책을 읽게 된 동기로 책 표지에 호기심이 생겼다는 내용이 드러나 있다.

(나), (다)는 '마당을 나온 암탉'의 내용이 요약되어 있다.

(라)에는 책을 읽고 느낀 점이 드러나 있다.

더 알고 가기 '마당을 나온 암탉'을 읽고

• 갈래 : 독서 감상문
• 제재 : '마당을 나온 암탉'을 읽고 느낀 점
• 주제 : – 어려움이 있어도 포기하지 않고 노력하는 모습
　　　　– 가족과 친구의 고마움
• 특징 : '책을 읽게 된 계기 – 줄거리 – 느낀 점'의 독서 감상문 형식을 갖추고 있다.

11 정답 ②

국어사전에서 낱말을 찾기 위해서는 단어의 기본형으로 그 뜻을 찾아야 한다. 단어의 기본형은 단어의 형태가 변할 때 변하지 않는 부분이면서 뜻을 지니고 있는 부분에 평서문을 만드는 '–다'를 붙이는 것이다. '쓰게'에서 '쓰–' 부분이 의미를 지니고 있는 부분이므로 여기에 '–다'를 붙인 '쓰다'로 국어사전을 찾아야 한다.

12 정답 ④

ⓔ '다음에 또 가고 싶다'는 글쓴이의 주관적인 생각을 나타낸 문장이다.

오답피하기

① '초원에서는 양들이 풀을 뜯고 있었다.' – 글쓴이가 관찰한 내용이다.
② '양털을 깎는 모습을 보았다.' – 글쓴이가 관찰한 내용이다.
③ '치즈를 만들어 보았다.' – 글쓴이가 경험한 내용이다.

13 정답 ①

① '나그네'는 더 이상 나누어지지 않는 하나의 뜻으로 이루어진 단어이다.

오답피하기

② '애호박' – '애– + 호박'으로 덜 자란 어린 호박의 의미이다.
③ '풋사랑' – '풋– + 사랑'으로 깊이가 깊지 않은 사랑을 의미한다.
④ '헛기침' – '헛– + 기침'으로 일부러 하는 기침을 의미한다.

14 정답 ②

1연에서 '풀잎 같은 친구'라는 표현을 보아 친구를 '풀잎'에 비유하여 표현한 것을 알 수 있다.

더 알고 가기 정완영, 〈풀잎과 바람〉

• 갈래 : 동시, 현대 시조
• 성격 : 서정적
• 주제 : – 자연을 친구같이 여기는 마음
　　　　– 자연 같은 친구를 좋아하는 순수한 마음
• 특징 : • '친구'라는 시어를 반복하여 리듬감을 형성함.
　　　　• '~ 같은', '~처럼'이라는 표현을 사용하여 비유적인 표현을 사용함.

15 정답 ①

'오후'는 이 연극의 장면이 펼쳐지는 시간적 배경이다. 그러므로 ㉠에 들어가기에 적절한 말은 '때'이다.

더 알고 가기 배봉기, 〈숲이 준 마법 초콜릿〉

• 갈래 : 극본(연극의 대본)
• 주제 : 다른 사람의 마음을 헤아리고 배려하자.
• 특징 : • 등장 인물의 말과 행동을 통해 이야기가 전개된다.
　　　　• 연극을 하기 위한 글이다.

16 정답 ④

극본은 '해설, 대사, 지시문'으로 이루어져 있다. '나오는 사람, 때, 곳'을 소개하는 부분을 '해설'이라고 하고, 괄호 안의 내용을 '지시문'이라고 한다. 그리고 ⓛ과 같이 배우들이 주고받는 말을 '대사'라고 한다.

17 정답 ④

광고는 '설득'을 목적으로 하는 말하기이다.
문제의 광고 그림은 음식을 먹기 전과 먹고 난 후의 차이가 별로 나지 않는 두 그림을 통해 음식물 쓰레기가 많이 생기는 우리의 밥상을 강조하여 보여주고 있다. 이러한 그림과 음식물 쓰레기로 인한 경제적 손실이 연간 약 20조 원이라는 문구를 통해 '음식물 쓰레기를 줄이자.'라는 광고의 내용을 알 수 있다.

18 정답 ①

음악 감상을 하기 위해서는 라디오나 인터넷, 텔레비전, 오디오와 같이 청각으로 내용을 접할 수 있는 매체를 선택해야 한다.
'식물도감'은 다양한 식물의 그림 또는 사진과 설명을 담은 책으로서 식물의 생김새와 설명을 찾아보기에 적절하다.

19 정답 ④

'마른 나뭇가지는 불에 잘 <u>탄다</u>.'이 '타다'는 '불씨로 인해 불꽃이 일어나다.'라는 의미로 '종이가 <u>탄다</u>'와 같은 의미이다.

오답피하기

① '그네를 <u>탄다</u>.' – 탈것에 몸을 넜나.
② '버스를 <u>탄다</u>.' – 탈것에 몸을 얹다.
③ '시소를 <u>탄다</u>.' – 탈것에 몸을 얹다.

20 정답 ③

'우리 가족은 작년에 박물관에 갈 것이나.'의 '작년에'는 과거를 나타내는 말이고 'ㄹ 것이다'는 미래를 나타내는 말이므로 서로 호응하지 않는다.
'우리 가족은 다음 주에 박물관에 갈 것이다.' 또는 '우리 가족은 작년에 박물관에 갔다.'고 바꾸어야 한다.

오답피하기

① '나는 어제 할머니께 선물을 드렸다.' – '어제'와 '드렸다'는 모두 과거를 나타낸다.
② '철수는 여행을 별로 좋아하지 않는다.' – '별로 ~ 않는다'는 호응하는 표현이다.
④ '나는 지호의 생각을 도저히 이해할 수 없다.' – '도저히 ~ 없다.'는 서로 호응하는 표현이다.

사회 2022년 제1회

기출문제

01 ①	02 ③	03 ③	04 ①	05 ③
06 ②	07 ②	08 ②	09 ③	10 ②
11 ③	12 ④	13 ④	14 ②	15 ③
16 ④	17 ④	18 ①	19 ④	20 ①

01 정답 ①

높이가 같은 곳을 연결하여 땅의 높낮이를 나타낸 것을 등고선이라 한다.

오답피하기

② 방위란 동서남북의 방향을 알려 주는 것이다. 보통은 4방위표로 방위를 나타낸다.

③ 중심지는 주변 지역에 상품이나 서비스를 공급해 주는 중심 역할을 한다.

④ 지하철은 지하 철도 위를 달리는 전동차이며, 지하철이 지나는 길을 표시한 지도를 지하철 노선도라 한다.

02 정답 ③

화재를 예방하며 응급환자를 구조하는 것은 소방서의 역할에 해당한다.

오답피하기

① 교육청은 학교 교육에 관한 일을 맡아보는 국가 기관이다.

② 도서관은 책, 문서, 기록물 등 자료를 모아두고 일반 사람들이 볼 수 있도록 한 시설이다.

④ 우체국은 우편물을 배송해주는 업무를 담당한다.

03 정답 ③

생산은 공장에서 어떠한 물건을 만들어내는 것이다. 자동차 만들기는 생산 활동에 해당한다.

오답피하기

①, ②, ④ 필요한 물건이나 서비스를 구매하는 것을 소비 활동이라 한다.

04 정답 ①

제시된 내용은 함께 일할 직원을 찾는 과정에서 나이에 대한 차별이 나타난다.

05 정답 ③

폭염이란 매우 심한 더위를 말한다. 폭염이 발생하면 야외 활동을 자제하고 충분한 수분을 섭취하는 것이 중요하다.

오답피하기

① 심한 추위에 노출되면 피부가 얼어버린다. 이러한 현상을 동상이라 한다.

② 겨울철 눈이 많이 내린다면 눈을 제거하는 제설 장비를 준비해야 한다.

④ 마스크를 쓰는 것은 황사를 막거나 전염병 등을 예방하기 위해서이다.

06 정답 ②

남쪽에서 가장 높은 산인 한라산은 제주도에 있는 산이다.

07 정답 ②

인권은 인간으로서 당연히 가지는 기본적 권리이다.

② 다른 사람의 일기를 몰래 보는 것은 인권을 침해하는 행위이다.

오답피하기

③ 사회적 약자는 신체적, 문화적 특징으로 인해 사회의 주류 집단 구성원에게 차별받으며, 스스로도 차별받는 집단에 속해 있다는 의식을 가진 사람이다.

08 정답 ②

제시된 내용은 참정권에 대한 설명이다. 참정권은 기본권으로 국가의 정치 과정에 참여할 수 있는 권리이다.

오답피하기

① 자유권은 개인이 국가권력의 간섭을 받지 않을 권리이다.

③ 청구권은 권리가 침해되었을 때 국가에 대하여 일정한 권리를 요구할 수 있는 권리이다.

④ 평등권은 모든 사람이 법 앞에 평등하여 국가로부터 차별을 받지 않을 권리이다.

09 정답 ③

첨성대는 신라 시대 건축된 천체를 관측하기 위한 시설이다.

불국사는 신라 시대 만들어진 절이며 다보탑, 삼층 석탑(석가탑) 등이 있다.

석굴암은 신라의 불교 문화재의 걸작이다.

불국사와 석굴암은 유네스코 세계 문화유산으로 지정되었다.

10 정답 ②

조선 시대 제4대 세종대왕은 집현전을 설치하고 훈민정음을 창제하였다.

오답피하기

① 신라 문무왕이 삼국을 통일하였다.

③ 한산도 대첩은 조선 시대(1592년) 임진왜란 중 이순신이 이끄는 수군이 일본 수군을 크게 물리친 전쟁이다.

④ 3·1 운동은 1919년 고종 장례식에 일어난 일제 강점기 최대 규모의 민족 운동이다.

11 정답 ③

조선 후기 김홍도와 신윤복은 서민들의 생활 모습을 그림으로 그렸다. 이를 풍속화라 한다.

오답피하기

① 탈놀이는 탈을 쓰고 춤을 추면서 하는 전통 연극이다.

② 판소리라는 말은 여러 사람이 모인 장소라는 뜻의 판과 노래를 뜻하는 소리가 합쳐진 말이다.

④ 조선 후기에 서민들이 문화의 중심이 되면서 서민들을 위한 한글 소설이 인기를 얻었다. 홍길동전, 춘향전이 대표적인 한글 소설이다

12 정답 ④

흥선 대원군은 서양과의 교류를 반대하는 척화비를 세웠다. 백성들을 착취하던 서원을 47개소만 남기고 정리하고, 경복궁을 중건하였으며, 삼정의 문란을 시정하였다.

오답피하기

① 김옥균은 1884년 근대적 개혁 운동인 갑신정변을 이끌었다.

② 전봉준은 조선 후기 동학 농민 운동의 지도자이다.

③ 정약용은 조선 후기 학자이며 실학을 집대성하였다.

13 정답 ④

국민을 대표하는 선거인단을 만들어 그들에게 대통령을 선출하게 하는 제도를 간선제라고 한다.

국민들은 전두환 정부의 간선제를 반대하며 직선제를 위한 시위를 벌였다. 이것을 6월 민주 항쟁이라 한다.

오답피하기

① 갑신정변은 1884년 급진 개화파 주도로 일어난 근대화 운동이다.

② 동학 농민 운동은 1894년 반외세, 반봉건을 주장한 운동이다

③ 이승만 정권의 독재와 1960년 3·15 부정선거가 원인이 되어 4·19 혁명이 일어났다.

14 정답 ②

사실이나 의견의 옳고 그름을 따져 살펴보는 태도를 비판적 사고라 한다.

오답피하기

① 관용은 남의 잘못을 너그럽게 받아들이거나 용서함을 뜻한다.

④ 다수의 판단에 따르는 것이 합리적이라는 가정 아래 다수결 원리가 채택되고 있다.

15 정답 ③

정부는 국가의 행정을 맡아보는 기관으로 대통령과 국무총리가 있다.

오답피하기

① 국회는 국민이 뽑은 국회의원들이 입법을 담당하는 국가 기관이다.

② 법원은 헌법에 의하여 사법권을 행사하는 국가 기관이다.

④ 헌법 재판소는 헌법에 관한 분쟁을 해결하는 특별 재판소이다.

③ 유엔 난민 기구는 난민의 보호와 난민의 문제를 해결하기 위해 설립된 기구이다.

④ 국제 원자력 기구는 원자력의 평화적 사용을 위한 연구와 국제적인 공동관리를 위하여 설립된 국제 기구이다.

16 정답 ④

사회적 약자란 신체적·문화적 특징으로 인해 사회의 주류 집단 구성원에게 차별받으며, 스스로도 차별받는 집단에 속해 있다는 의식을 가진 사람들이다. 사회적 약자를 위해 정부는 생계비, 양육비, 학비, 의료비 등을 지원해 준다.

오답피하기

①, ②, ③ 환경 문제 해결을 위한 대책이다.

17 정답 ④

우리나라와 인접한 바다는 태평양이다.

오답피하기

① 남극해는 남극에 있는 바다이다.

② 대서양은 아메리카와 아프리카, 유럽 사이에 있다.

③ 북극해는 북극에 있는 바다이다.

18 정답 ①

㉠은 베트남으로 동남아시아 열대 기후에 속하며, 쌀과 커피를 많이 수출한다.

오답피하기

② 탄자니아는 아프리카 대륙 동안에 위치한 국가이다.

③ 아르헨티나는 남아메리카 동남쪽에 있는 국가이다.

④ 사우디아라비아는 아라비아 반도에 위치한 국가로 이슬람 성지가 위치한다.

19 정답 ④

빈곤과 기아 문제를 해결하기 위해 교육 지원, 구호 활동, 모금 활동이 필요하며, 핵무기 개발은 빈곤과 기아 문제 해결에 도움이 되지 않는다.

20 정답 ①

유네스코는 교육, 과학, 문화의 보급 및 교류를 통해 국제 평화를 추구하는 국제기구이다.

오답피하기

② 국제 노동 기구는 노동자의 노동 조건 개선을 위해 설치된 국제 연합의 기구이다.

수학 2022년 제1회

01 정답 ①

3934373에서 ㉠, ㉡, ㉢, ㉣의 숫자 3이 나타내는 값을 각각 구해보면,

㉠의 3은 100만 자리의 숫자이므로, 300만을 나타낸다.

㉡의 3은 1만 자리의 숫자이므로, 3만을 나타낸다.

㉢의 3은 100의 숫자이므로, 300을 나타낸다.

㉣의 3은 1의 자리의 숫자이므로, 3을 나타낸다.

그러므로, ㉠의 숫자 3이 나타내는 값이 가장 크다.

02 정답 ③

소수점 아래 첫 번째 있는 수를 소수 첫째 자리, 두 번째에 있는 수를 소수 둘째 자리라 한다.

4는 소수점 아래 두 번째 있는 수이므로 소수 둘째 자리이다.

03 정답 ③

평행사변형은 두 쌍의 마주보는 변이 각각 평행한 사각형이므로 ㉢이 평행사변형이다.

오답피하기

㉠, ㉡, ㉣은 모두 한 쌍의 마주보는 변이 평행하므로 사다리꼴이다.

04 정답 ④

주어진 그래프는 꺾은선 그래프이다.

가로는 시각을, 세로는 기온을 뜻하며, 세로의 한 칸이 크기는 1℃ 를 나타낸다.

그래프를 읽어보면 기온은 오전 6시 1℃ 에서 9시까지 3℃ 로 높아지고, 정오에는 7℃ 로 높아진다. 계속 높아져서 오후 3시의 기온은 10℃ 이며, 그 이후 기온

이 낮아져서 오후 6시에는 8℃ , 오후 9시에는 7℃ 이다. 그러므로 알맞은 설명은 ④임을 알 수 있다.

오답피하기

① 주어진 그래프는 꺾은선 그래프이다.

막대그래프는 아래와 같은 그래프를 말한다.

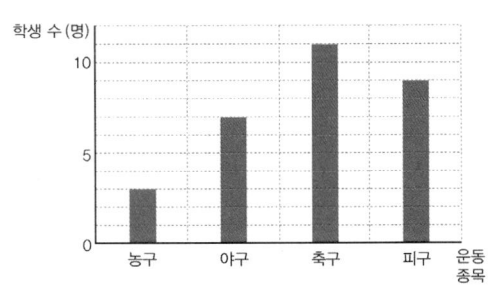

② 기온이 가장 높은 시각은 오후 3시이다. 그래프에서 가장 높은 부분을 찾으면 된다.

③ 기온이 가장 낮은 시각은 오전 6시이다. 그래프에서 가장 낮은 부분을 찾으면 된다.

05 정답 ③

음료수 2L를 0.4L의 컵에 나눈다고 하였으므로,

2÷0.4를 계산하면, 필요한 컵의 수를 구할 수 있다.

소수를 분수로 바꾸고, 분수의 나눗셈의 계산을 이용하여 계산하면,

$$2 \div 0.4 = 2 \div \frac{4}{10} = 2 \times \frac{10}{4} = \frac{10}{2} = 5$$

그러므로 필요한 컵의 수는 5개이다.

문제에서 원하는 답은 컵의 수를 구하는 식이므로 식은 2÷0.4

[다른 풀이]

음료수 2L를 0.4L의 컵에 나눈다고 하였으므로,

2÷0.4를 계산하면, 필요한 컵의 수를 구할 수 있다.

나눗셈의 성질을 이용하면,

2÷0.4＝20÷4와 같으므로,

2 : 0.4＝20 : 4＝5

그러므로 필요한 컵의 수는 5개이다.

문제에서 원하는 답은 컵의 수를 구하는 식이므로 식은 2÷0.4

06 정답 ③

자연수의 혼합계산은 괄호를 가장 먼저 계산하고, 그 다음 곱셈과 나눗셈을 계산한 후 덧셈과 **뺄셈** 순으로 계산하여야 한다.

주어진 식의 계산 순서는 ㉢ → ㉡ → ㉣ → ㉠이다. 그러므로 가장 먼저 계산해야할 식은 ㉢이 된다.

오답피하기

앞에서부터 계산한다고 생각하여 ㉠을 고르지 않도록 주의해야 한다. 또한, 곱셈과 괄호가 섞인 식에서는 괄호 안의 수를 먼저 계산한다.

07 정답 ③

통분은 분수의 분모와 분자에 같은 수를 곱하여, 두 개 이상의 분수의 분모를 같게 해주는 것을 의미한다. 첫 번째 분수의 분자가 3이 된 것으로 보아 $\frac{1}{2}$의 분모와 분자에 똑같이 3을 곱한 것을 알 수 있다.

$$\left(\frac{1}{2} = \frac{1 \times 3}{2 \times 3} = \frac{3}{6} \right)$$

분모에도 3을 곱해 6이 된다.

또한, 두 번째 분수의 분자가 2인 것으로 보아 분모에 2를 곱한 것을 알 수 있다.

$\frac{1}{3} = \frac{1 \times 2}{3 \times 2} = \frac{2}{6}$가 된다. 그러므로 빈칸에 알맞은 수는 6이 됨을 알 수 있다.

오답피하기

분모와 분자에 0이 아닌 같은 수를 곱해도 값이 같은 성질을 이용하여 통분하므로 분모와 분자는 해당 수의 배수가 될 것이다.

여기서 통분은 분모를 같게 해주는 것을 의미하므로 각 분모의 배수가 같아지려면 공통분모는 항상 분모의 공배수이다. 2, 4, 8은 2와 3의 공배수가 될 수 없으므로 답이 될 수 없다.

08 정답 ④

곱셈은 두 개 이상의 수나 식을 곱하는 계산으로, 몇 씩 몇 묶음이라는 뜻을 가진다.

즉, $\frac{1}{7} \times 4$는 $\frac{1}{7}$씩 네 묶음을 뜻하므로,

$\frac{1}{7} \times 4 = \frac{1}{7} + \frac{1}{7} + \frac{1}{7} + \frac{1}{7}$과 같다.

오답피하기

① $7 \times 4 = 7 + 7 + 7 + 7$과 같다.

09 정답 ①

분수의 나눗셈은 나누어지는 수는 그대로 두고 나눗셈을 곱셈으로 바꾼 후 나누는 수의 분모와 분자 위치를 바꾸어 계산해야 한다. 즉, $4 \div \frac{1}{5} = 4 \times \frac{5}{1}$이므로, 빈칸에 알맞은 수는 5이다.

10 정답 ①

대칭축이란 선대칭도형에서 도형이 완전히 겹치도록 접은 직선을 의미한다. 또한 선대칭도형에서 대칭축을 기준으로 나누어진 두 도형은 합동이어야 한다.

오답피하기

㉡, ㉢, ㉣을 기준으로 도형을 접어보았을 때 완전히 겹쳐지지도 않고, 대칭축에 의해 나뉘어진 두 도형이 합동이 아니기 때문에 대칭축이 아님을 알 수 있다.

11 정답 ②

전개도란 입체도형의 표면을 평면상에 펼쳐놓은 것을 의미한다. 원기둥은 두 밑면이 서로 평행하면서 합동인 원인 기둥모양의 입체도형을 말하기 때문에 원기둥의 전개도는 ②임을 알 수 있다.

오답피하기

① 밑면인 원이 합동이긴 하나 이어 붙였을 때 밑면이 마주보고 있어야 하므로 원의 위치가 맞지 않아 원기둥의 전개도라 할 수 없다.
③ 두 밑면이 합동이기 때문에 전개도의 밑면과 맞닿는 옆면(직사각형)의 가로 길이가 같아야 하는데 다르기 때문에 원기둥의 전개도가 아니다.
④ 밑면의 모양이 합동이 아니기 때문에 원기둥의 전개도가 될 수 없다.

12 정답 ①

정육면체와 직육면체의 면은 6개로 이루어져 있다.

오답피하기

② 정육면체와 직육면체의 꼭짓점의 수는 각각 8개이다.

③ 정육면체와 직육면체의 모서리의 수는 12개이다.

④ 정육면체는 정사각형 6개로 둘러싸여 있으며 직육면체는 항상 정사각형인 것은 아니며, 8개가 아닌 6개로 둘러싸여 있다.

13 정답 ②

②를 위에서 봤을 때 모양

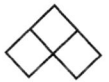

오답피하기

①을 위에서 봤을 때 모양

③을 위에서 봤을 때 모양

④를 위에서 봤을 때 모양

14 정답 ④

정사각형은 네 변의 길이가 모두 같으므로 한 변의 길이인 30m를 네 번 더하면, 둘레의 길이를 구할 수 있다.

(둘레의 길이)=30+30+30+30=30×4=120m

그러므로 둘레를 구하는 식은 30×4이다.

15 정답 ①

이상, 이하와 같이 해당 숫자까지 포함하는 범위를 나타낼 때에는 꽉 찬 동그라미를 사용하여 나타내고, 초과, 미만과 같이 해당 숫자를 포함하지 않는 범위를 나타낼 때에는 속이 빈 동그라미를 사용하여 수직선에 나타낸다.

10 이상 25 이하는 10과 25까지 모두 포함해야 하므로 모두 속이 꽉 찬 동그라미를 그려 표시해주어야 한다.

오답피하기

② 10 이상 25 미만을 뜻한다.

③ 10 초과 25 이하를 뜻한다.

④ 10 초과 25 미만을 뜻한다.

16 정답 ④

직육면체는 전개도를 접었을 때 마주보는 면이 합동이 되어야 하기 때문에 색칠된 면과 마주보는 ㉣은 넓이가 같다.

17 정답 ④

주어진 그림은 원의 둘레의 길이와 넓이를 구하는 과정을 표현한 그림으로, 직사각형의 세로는 원의 중심에서 원 위의 한 점을 이은 선분의 길이이기 때문에 원의 반지름의 길이와 같다. 그러므로 10 cm가 된다.

18 정답 ②

$1 \times 3 = 3$

$2 \times 3 = 6$

$3 \times 3 = 9$

$4 \times 3 = 12$이므로

$\triangle \times 3 = \square$이다.

19 정답 ②

슬기는 사탕 6개를 3으로 나눈 것 중에 2만큼을, 연수는 3으로 나눈 것 중에 1만큼을 가지게 된다.

비례배분을 이용하여 계산하면,

(슬기의 사탕의 수)$= 6 \times \dfrac{2}{2+1} = 6 \times \dfrac{2}{3} = 4$

(연수의 사탕의 수)$= 6 \times \dfrac{1}{2+1} = 6 \times \dfrac{1}{3} = 2$

정리하면, 슬기는 4개를, 연수는 2개를 받게 된다.

20 정답 ④

3과 5를 곱하면 15가 나오고, 8월은 항상 3월보다 늦게 오기 때문에 주어진 문장이 일어날 가능성은 조금도 존재하지 않는다.

▌참고

일이 일어날 가능성을 표현하는 방법은 다음의 다섯 가지와 같다.

- 확실하다 : 반드시 일어난다.
- ~일 것 같다 : 반드시는 아니지만, 일이 일어날 가능성이 반보다 높다.
- 반반이다 : 일이 일어날 가능성이 반, 일어나지 않을 가능성이 반이다.
- ~아닐 것 같다 : 일이 일어날 가능성이 반보다 낮다.
- 불가능하다 : 절대 일어나지 않는다.

과학 **2022년 제1회**

기출문제

01 ④	02 ②	03 ①	04 ②	05 ④
06 ①	07 ③	08 ③	09 ①	10 ①
11 ③	12 ④	13 ①	14 ③	15 ②
16 ④	17 ③	18 ②	19 ④	20 ④

01 정답 ④

용수철저울은 물체의 무게가 증가함에 따라 용수철이 늘어나는 정도가 증가하는 성질을 활용하여 물체의 무게를 측정한다.

02 정답 ②

자석은 쇠붙이를 끌어당기는 성질이 있으므로 플라스틱 구슬과 철 구슬이 혼합된 경우 자석을 사용하면 철 구슬만 자석에 달라붙어 철 구슬을 분리할 수 있다.

오답피하기

① 체 : 크기가 다른 물질의 경우 적절한 크기의 체를 사용하면 물질을 분리할 수 있지만, 크기와 모양이 같은 경우 체를 이용하여 분리하는 것은 불가능하다.

③ 거름종이 : 액체 속에 들어있는 입자를 걸러낼 때 사용한다.

④ 증발 접시 : 물질을 건조시킬 때 사용하는 접시로 액체와 고체의 혼합물의 경우 액체가 증발하고 고체 물질을 따로 얻을 수 있다.

03 정답 ①

화산 분출물은 화산 활동이 일어나면서 나오는 물질을 말한다. 화산 분출물에는 기체 상태의 화산 가스, 액체 상태의 용암, 고체 상태의 화산재와 화산 암석 등이 있다.

오답피하기

② 화산재는 고체 상태이다.

③ 화산 암석은 고체 상태의 화산 분출물로 크기가 다양하다.

④ 화산 가스는 여러 가지 기체로 되어 있고 대부분 수증기이다.

04 정답 ②

세균은 크기가 매우 작아 맨눈으로 보기 어렵고, 충치를 일으키는 세균에 의해 치아가 상할 수 있다.

오답피하기

① 개미는 맨눈으로 볼 수 있는 크기이고, 충치를 일으키지 않는다.

③, ④ 강아지풀과 개구리밥은 식물의 한 종류로 맨눈으로 볼 수 있고, 충치를 일으키지 않는다.

05 정답 ④

물체의 차갑고 뜨거운 정도를 숫자로 나타낸 것을 온도라고 한다. 온도의 단위로 ℃(섭씨도)를 사용할 수 있다.

오답피하기

① 길이의 단위는 cm(센티미터), m(미터) 등을 사용한다.

② 소리는 물체의 진동으로 인해 발생하며 귀에 들리는 것을 말한다.

③ 시간의 단위는 초, 분, 시간 등이 있다.

06 정답 ①

각설탕이 물에 녹기 전과 녹인 후의 무게는 같다. 각설탕이 물에 녹아도 없어지지 않고 물속에 남아 있기 때문이다. 따라서 ⊙은 녹이기 전과 같다.

07 정답 ③

태양계는 태양과 태양의 영향을 받는 천체인 행성, 위성들과 공간을 말한다. 태양은 태양계의 중심에 있으며 태양계에서 유일하게 스스로 빛을 내는 천체이다.

오답피하기

① 달은 지구 주위를 도는 위성으로, 위성은 행성의 주위를 도는 천체를 말한다.

②, ④ 지구와 화성은 행성으로, 행성은 태양 주위를 도는 둥근 천체를 말한다.

08 정답 ③

공기는 기압이 높은 곳에서 기압이 낮은 곳으로 이동하고, 이같이 기압의 차이에 의해 고기압에서 저기압으로 이동하는 공기의 흐름을 바람이라고 한다.

오답피하기

① 눈: 구름 속 얼음 알갱이의 크기가 커지면서 무거워져 떨어질 때 녹지 않은 채로 떨어지는 것이다.

② 비: 구름 속 작은 물방울이 합쳐지면서 무거워져 떨어지거나, 크기가 커진 얼음 알갱이가 무거워져 떨어지면서 녹은 것이다.

④ 이슬: 차가워진 나뭇가지나 풀잎 표면 등에 수증기가 물방울로 맺히는 것이다.

09 정답 ①

페놀프탈레인 용액을 붉은색으로 변화시키는 것은 염기성 용액이다.

레몬즙은 염기성 용액이 아니다. 묽은 염산, 식초, 레몬즙, 사이다와 같은 용액은 산성 용액이다.

오답피하기

석회수, 빨랫비누 물, 유리 세정제는 페놀프탈레인 용액을 붉은색으로 변하게 하였으므로 염기성 용액이다.

10 정답 ①

환경 오염은 사람의 활동으로 자연환경이나 생활환경이 더럽혀지거나 훼손되는 현상으로 자동차의 매연, 공장의 폐수 배출, 농약의 지나친 사용은 환경 오염의 원인이 된다.

나무 심기는 환경 오염을 시키지 않는다.

11 정답 ③

자동차에 설치된 안전장치에는 안전띠, 에어백이 있다. 자동차의 에어백은 충돌 사고에서 공기주머니를 빠르게 팽창시켜 탑승자의 몸에 가해지는 충격을 줄여 주는 안전장치이다.

12 정답 ④

이산화 탄소는 색깔과 냄새가 없고 석회수를 뿌옇게 만드는 성질이 있다. 탄산음료를 컵에 따르면 생기는 거품은 탄산음료에 녹아 있던 이산화 탄소가 나온 것이다.

오답피하기

① 산소는 다른 물질이 타는 것을 도와주는 기체로 잠수부의 압축 공기통, 산소 호흡 장치에 이용된다.
② 수소는 가장 가벼운 기체로 오염 물질이 나오지 않는 청정 연료로 전기를 만드는 데 이용된다.
③ 질소는 다른 물질과 잘 반응하지 않기 때문에 과일이나 과자 등을 포장할 때 이용된다.

13 정답 ①

줄기는 식물의 종류에 따라 생김새가 다양한데, 나팔꽃처럼 가늘고 길어 다른 물체를 감으면서 올라가는 줄기를 감는줄기라고 한다.

오답피하기

② 곧은줄기 : 줄기가 굵고 곧은줄기로 느티나무가 해당된다.
③ 기는줄기 : 가늘고 긴 줄기가 땅 위를 기는 듯이 뻗는 줄기로 고구마가 해당된다.
④ 땅속줄기 : 식물의 줄기가 땅속에 있는 것으로 감자가 해당된다.

14 정답 ③

볼록 렌즈는 가운데 부분이 가장자리보다 두꺼운 렌즈로 나란하게 들어간 빛을 한 점으로 모아준다. 물이 담긴 둥근 어항, 물이 담긴 둥근 유리잔, 물이 담긴 투명 지퍼 백 등은 볼록 렌즈의 구실을 할 수 있다.

15 정답 ②

전구의 직렬 연결이란 전기 회로에서 전구 두 개 이상을 한 줄로 연결하는 방법이다.
② 전구와 전지 모두 직렬로 연결되어 있다.

오답피하기

① 전지는 직렬, 전구는 병렬로 연결되어 있다.

③ 전지는 직렬로 연결되어 있고, 전구는 1개만 연결되어 있다.
④ 전지는 병렬로 연결되어 있고, 전구는 1개만 연결되어 있다.

16 정답 ④

남중 고도란 하루 중 태양이 정남쪽에 위치해 태양 고도가 가장 높을 때의 고도를 말한다. 여름에 태양의 남중 고도가 가장 높아 낮의 길이가 가장 길고, 겨울에 태양의 남중 고도가 가장 낮아 낮의 길이가 가장 짧다.
㉠은 남중 고도가 가장 낮은 겨울이다.

17 정답 ③

음력 15일 무렵에 보이는 달은 보름달이다.

오답피하기

달은 음력 2~3일 무렵에는 초승달, 음력 7~8일 무렵에는 상현달, 음력 22~23일 무렵에는 하현달, 음력 27~28일 무렵에는 그믐달을 순서대로 볼 수 있다.

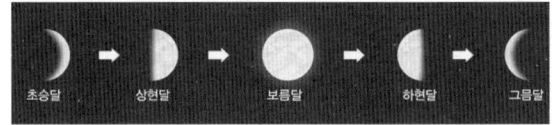

18 정답 ②

심장은 펌프 작용으로 혈액을 온몸으로 보낸다. 심장에서 나온 혈액은 온몸을 거쳐 다시 심장으로 돌아오는 순환 과정을 반복한다.

오답피하기

① 간 : 쓸개즙을 만들어 지방의 소화를 돕는다.
③ 콩팥 : 혈액에 있는 노폐물을 걸러낸다.
④ 큰창자 : 굵은 관 모양으로, 음식물 찌꺼기의 수분을 흡수한다.

19 정답 ④

전등은 전기 에너지를 빛에너지로 전환하여 사용한다. 이처럼 에너지의 형태가 바뀌는 것을 에너지 전환이라고 한다.

① 대류 : 따뜻한 물질은 주위보다 가벼워서 위로 올라가고, 차가운 물질은 주위보다 무거워서 아래로 이동하면서 순환하는 것을 말한다.

② 물의 순환 : 물이 증발하여 수증기 형태로 되었다가 수증기가 구름이 되어 비나 눈이 내리고 물이 강, 호수로 이동하는 것처럼 지구를 순환하는 것이다.

③ 증산 작용 : 잎에 도달한 물이 잎의 표면에 있는 기공을 통해 식물 밖으로 빠져나가는 것이다.

20 정답 ④

도꼬마리 열매는 갈고리가 있어 동물의 털이나 사람의 옷에 붙어 씨를 퍼트릴 수 있다. 이러한 생김새를 이용하여 찍찍이 테이프를 만들었다.

② 부레옥잠 : 넓은 잎과 줄기에 있는 부레 덕분에 물 위에 떠서 살 수 있다. 잎자루를 자르면 많은 구멍이 뚫려 있는데, 이 구멍은 부레옥잠이 뜨는 것을 도와준다.

③ 단풍나무 열매 : 날개가 있어 빙글빙글 돌며 멀리 날아간다.

도덕 2022년 제1회

기출문제

01 ②	02 ③	03 ②	04 ④	05 ①
06 ②	07 ①	08 ②	09 ③	10 ②
11 ④	12 ①	13 ④	14 ②	15 ④
16 ④	17 ③	18 ①	19 ③	20 ④

01 정답 ②

학급 규칙을 정할 때는 학급 구성원 모두의 의견이 잘 반영될 수 있도록 토의를 통해 결정하는 것이 바람직하다.

02 정답 ③

가족 구성원은 서로를 존중하고 서로 예의를 지키며 생활해야 한다.
①, ②, ④는 가족의 인권을 존중하지 않는 행동이다.

03 정답 ②

외면적으로 아름다운 사람이 되기 위해서는 자신의 신체와 의복을 항상 깨끗하게 관리하고 바른 자세와 적절한 운동을 통해 건강을 유지해야 한다.

04 정답 ④

외국인 친구는 우리와 다른 문화 환경에서 살아왔기 때문에 그들의 문화를 존중하고 차이를 이해해야 한다.

05 정답 ①

협동을 잘하기 위해선 각자의 장점을 고려해 역할을 공정하게 나누고 서로 칭찬하며 격려하는 것이 바람직하다.

06 정답 ②

정직은 마음에 거짓이나 꾸밈이 없이 바르고 곧음을 의미한다.
ㄴ, ㄷ은 정직과는 거리가 먼 행동이다.

07 정답 ①

경청하며 대화하는 과정에는 공경하는 마음으로 상대방의 이야기를 들어 주는 것이 중요하다.

08 정답 ②

슬픔, 화, 분노와 같은 부정적 감정에 휩쓸리면 마음의 평화가 깨지므로 자신의 감정을 잘 다스리는 일이 중요하다.

09 정답 ③

사이버 공간에서는 현실 공간보다 더 자유롭게 행동할 수 있지만, 더 함부로 행동하기도 쉽다. 따라서 사이버 공간도 현실 공간과 다르지 않음을 이해하고 예절을 지켜야 한다.

10 정답 ②

긍정적인 학급 분위기를 만들기 위해서는 학급 구성원 간 서로에 대한 존중과 예절을 지켜야 한다. 친구들 간에 칭찬과 조언을 아끼지 않고 솔직한 감정표현을 통해 서로를 잘 이해할 수 있는 분위기를 조성하는 것이 중요하다.

11 정답 ④

자주적인 생활은 자신 스스로 계획하고 자신의 역할에 충실한 태도로 임하는 것이다.

12 정답 ①

자신을 소중하게 생각하는 사람은 자기 스스로를 존중할 수 있고 다른 사람들 역시 소중한 존재이며, 나와 같이 존중해야 한다는 사실도 알게 된다.

13 정답 ④

우리는 다른 사람에게 사랑과 나눔을 실천하는 봉사를 통해 바람직한 시민으로 성장할 수 있다.

14 정답 ②

우리는 상대방의 입장을 자신의 입장보다 우선하여

생각하고 그의 어려움을 돕는 배려를 통해 다른 사람과 함께 더불어 살아가는 법을 배워야 한다.

15 정답 ④

우리는 성찰을 통해 항상 성실하고 신중하게 행동함으로써 훌륭한 인격을 지닐 수 있게 된다.

16 정답 ④

제시문의 심판은 상대 팀에게 일방적으로 유리한 판정을 함으로써 공정한 평가를 방해하였다.

17 정답 ③

통일 한국은 다양성을 인정하고 서로 존중, 배려하는 문화를 바탕으로 구성원 모두가 주인이 되는 나라를 만들어야 한다.

18 정답 ①

자원을 무분별하게 이용하고 개발한 결과 생태계가 파괴되고 인류에게 해로운 영향을 끼친다. 따라서 일회용품의 사용량을 줄여 나가야 한다.

19 정답 ③

공정한 생활을 하는 사람은 규칙과 질서를 잘 지키고 옳은 행동을 하는 사람이다.

20 정답 ④

재능 나눔은 대가를 바라지 않고 자신의 재능을 통해 다른 누군가를 돕는 행위이다.

실과 2022년 제1회

기출문제

01 ②	02 ②	03 ③	04 ④	05 ③
06 ②	07 ②	08 ③	09 ①	10 ④
11 ③	12 ①	13 ①	14 ④	15 ①
16 ③	17 ①	18 ④	19 ②	20 ②

01 정답 ②

채소류는 비타민과 무기질이 많으며 토마토, 배추, 무, 파, 마늘, 고추, 양파, 버섯 등이 있다.

오답피하기

① 곡류는 쌀, 빵, 떡, 밀가루, 감자 등이 있다. 새우는 곡류가 아니다.

③ 과일류는 귤, 사과, 바나나, 포도, 감, 배, 딸기 등이 있다. 감자, 옥수수는 과일이 아니다.

④ 유제품류는 우유, 요구르트, 치즈 등이 있다. 두부는 유제품이 아니다.

02 정답 ②

채썰기는 통썰기나 어슷썰기 한 채소를 가늘고 길쭉하게 써는 방법이다.

오답피하기

① 고기, 채소를 여러 번 칼질하여 잘게 만드는 일을 다지기라 한다.

③ 깍두기처럼 네모반듯한 모양으로 써는 것을 깍둑썰기라 한다.

④ 무, 감자, 고구마 등을 세로 가운데를 가르고 다시 가로 썰어 반달 모양으로 써는 것을 반달썰기라 한다.

03 정답 ③

의는 옷을, 식은 음식을, 주는 집을 말한다. 방 청소하기는 주생활에 해당한다.

ㄱ. 요리하기는 식생활에 해당한다.

ㄴ. 옷 만들기는 의생활에 해당한다.

ㄹ. 설거지하기는 식생활에 해당한다.

04 정답 ④

달걀 껍데기가 까슬까슬하고, 윤이 나지 않는 것이 신선한 것이다.

오답피하기

① 감자는 싹이 나지 않고 녹색으로 변하지 않은 것을 선택한다.

② 채소는 시들지 않고 색이 선명한 것을 선택한다.

③ 고기는 선명한 붉은 색을 띠고 윤기가 있으며 눌러 보았을 때 탄력이 있는 것을 선택한다.

05 정답 ③

경찰관은 사회질서 유지와 인명과 재산을 보호하는 역할을 한다.

오답피하기

① 교사는 학생들을 지도하는 역할을 한다.

② 화가는 그림을 그리는 활동을 한다.

06 정답 ②

웹 사이트의 비밀번호를 주기적으로 변경하고 검증되지 않은 웹 사이트에 전화번호를 올리지 않는 것은 개인 정보를 보호하기 위한 방법이다.

오답피하기

① 사람의 얼굴이나 모양을 그린 그림을 초상이라 하며 자기 초상에 대한 권리를 가지는 것을 초상권이라 한다.

③ 지적 활동으로 발생하는 모든 재산을 지식 재산이라 한다.

④ 인터넷이나 통신망을 통한 가상 현실에 지나치게 빠져 일상생활에까지 지장을 받는 병적 상태를 사이버 중독이라 한다.

07 정답 ②

박음질은 홈질보다 튼튼한 바느질 방법으로, 천의 끝에서 한 땀을 남기고 바늘을 꽂아 한 땀씩 뒤로 되돌아가며 꿰맨다. 깊은 재봉틀로 빅은 깃과 같은 모양의 바늘땀이 된다.

오답피하기

① 홈질은 손바느질의 기본이 되는 바느질법으로 겉

과 안을 같은 땀으로 꿰매어 솔기를 붙이거나 주름을 잡을 때, 장식할 때 이용한다.
③ 시침질은 본바느질을 하기 전에 두 장의 천을 임시로 붙여 두거나 박음 선을 표시할 때 이용한다. 홈질보다 바늘땀을 길게 하여 꿰맨다.
④ 실 꿰기는 바늘귀에 실을 집어넣는 것이다.

08 정답 ③
모종삽은 모종을 심거나 화분의 흙을 옮기거나 섞을 때 사용한다.

오답피하기

① 장갑은 체온을 유지하거나 손을 보호하기 위해 사용한다.
② 거름망은 찌꺼기나 건더기가 있는 액체를 체에 받치어 찌꺼기를 걸러 내는 그물이다.
④ 전지(전정)가위는 꽃이나 나무의 가지를 솎아 내거나 잘라 낼 때 사용한다.

09 정답 ①
가족은 결혼, 혈연, 입양 등으로 맺어진 공동체 또는 그 구성원이며 가정은 가족이 모여 함께 생활하는 곳이다.

오답피하기

③ 가깝게 오래 사귄 사람을 친구라 한다.
④ 이윤을 목적으로 만들어진 단체를 회사라 한다.

10 정답 ④
용돈을 인터넷 도박 게임에 모두 쓰는 것은 용돈의 관리 방법으로 전혀 적절하지 않다.

11 정답 ③
두 개의 대바늘을 사용하여 대바늘에 걸려 있는 뜨개실의 코를 연결하며 뜨는 방법을 대바늘뜨기라 한다.

오답피하기

① 십자수는 십자수 바늘로 바탕천에 실을 X자 모양으로 교차시켜 수를 놓는 방법이다.
② 재봉틀은 바느질 하는 기계이다.

④ 코바늘뜨기는 갈고리 모양의 코바늘과 실을 이용하여 용품을 만드는 손뜨개질 방법이다.

12 정답 ①
제시된 생활 자원은 시간이다. 시간은 생활 자원 중 인적 자원에 해당된다. 누구에게나 똑같이 주어지며, 한 번 지나가면 되돌릴 수 없다. 생활시간은 유한하고 돈을 주고도 살 수 없는 귀한 것이므로 자신의 생활시간을 효과적으로 활용하기 위해 시간을 관리하는 것이 필요하다.

오답피하기

② 자유롭게 쓸 수 있는 돈이 용돈이다.
③ 알고 있는 내용이나 사물을 지식이라 한다.
④ 흥을 느끼는 재미를 흥미라 한다.

13 정답 ①
옷을 통해 자신의 개성을 표현하는 것은 옷의 신체 보호 기능이 아니다.

오답피하기

②, ③, ④는 옷의 신체 보호에 해당한다.

14 정답 ④
사람이 운전하지 않아도 스스로 움직이는 자동차를 자율 주행 자동차라 한다.

오답피하기

① 냉장고는 식품이나 약품이 부패하지 않도록 보관하기 위한 것이다.
② 잘 보이지 않는 부분이나 정밀한 부분의 수술을 의사가 수술 로봇을 이용하여 수술한다.
③ 컴퓨터와 연결된 특수하게 제작된 칠판이다.

15 정답 ①
사람이 의지하고 가까이 두고 기르는 동물을 반려동물이라 한다.

오답피하기

② 의약품의 효과를 실험하는 데 쓰는 동물이다.
③ 산이나 들에서 저절로 나서 자라는 동물을 야생 동물이라 한다.

16 정답 ③

용도 바꾸기 기법은 기능을 그대로 또는 약간 변형하여 다른 용도에 적용해 보는 것이다. 온도계를 체온계로, 선풍기를 환풍기로 바꾸는 것이 대표적이다.

오답피하기

① 빼기 기법은 물건의 구성이나 기능 중 일부를 없앰으로써 사용하기 편리한 물건을 만드는 발명 기법이다.

② 반대로 하기 기법은 이미 발명된 제품의 모양이나 크기, 방향, 성질 등을 반대로 생각하는 발명 기법이다.

17 정답 ①

로봇 센서는 물리적 현상을 전기신호로 바꿔주는 전자부품이며, 사람의 눈 등의 감각 기관에 해당한다. 터치 센서는 피부에 해당한다.

18 정답 ④

가족 구성원 간의 배려와 돌봄을 실천하는 방법으로 서로의 의견을 존중하며 의사 결정을 하는 것이 가장 적절하다.

오답피하기

① 가족 간에도 지켜야 할 예의가 있다.

② 가족의 부족한 점을 찾아 꾸짖는 것도 필요하지만 부족한 부분을 채워 나가는 것이 배려와 돌봄의 실천이다.

③ 가족에게 일어난 어려움을 함께 해결하기 위해 노력하는 것이 배려와 돌봄을 실천하는 것이다.

19 정답 ②

비가 오는 밤에는 어둡기 때문에 옷차림은 밝은 형광색으로 입는 것이 안전하다.

오답피하기

① 황사는 호흡기 질환을 일으키기 때문에 마스크를 착용하는 것이 좋다.

③ 자전거를 탈 때는 안전모와 보호대를 착용해야 한다.

④ 등산할 때 긴 옷을 입어 곤충으로부터 몸을 보호하는 것이 좋다.

20 정답 ②

자전거의 핸들을 잡고 방향을 조종하여 자전거를 운전할 수 있다.

오답피하기

① 자전거 안장은 자전거 주행 시 앉을 수 있는 의자를 말한다.

③ 자전거 경음기를 통해 사람들에게 소리로 위험을 전달할 수 있다.

④ 자전거 전조등은 어두운 밤에 길을 밝게 비춰주어 자전거를 사용할 수 있게 도와준다.

합격예감

초졸 검정고시

2021
제 2 회

기출을 보면 합격이 보인다!

기출문제

- ✓ 국어
- ✓ 사회
- ✓ 수학
- ✓ 과학
- ✓ 도덕
- ✓ 실과

합격예감

초졸 검정고시

기출문제집

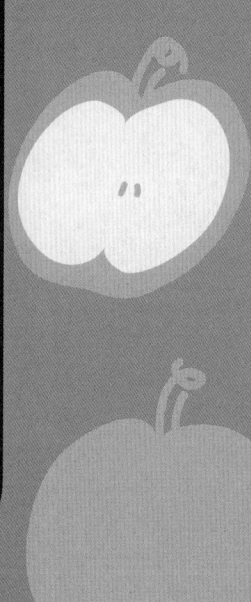

2021
제2회
국어

01 다음 중 ㉠에 들어갈 칭찬하는 말로 가장 적절한 것은?

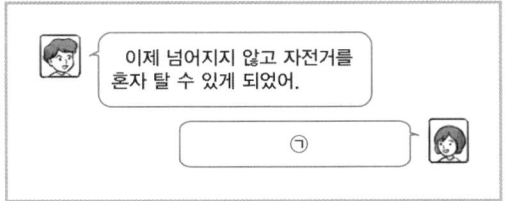

이제 넘어지지 않고 자전거를 혼자 탈 수 있게 되었어.

㉠

① 감기가 심한 모양이구나.
② 미안해. 내가 실수로 그랬어.
③ 도와준다는데 왜 화를 내고 그러니?
④ 대단해. 열심히 연습하더니 드디어 해냈구나.

02 다음 글에서 전하려는 마음으로 가장 적절한 것은?

의료진 여러분, 안녕하세요?
저는 ○○초등학교에 다니는 김수현입니다. 무더운 날씨 속에서도 방호복을 입고 환자를 치료하시는 모습을 뉴스에서 보았습니다. 위기 극복을 위해 최선을 다해 주셔서 감사합니다.

① 화난 마음
② 고마운 마음
③ 용서하는 마음
④ 축하하는 마음

03 다음 상황에서 ㉠을 표현할 때 어울리지 <u>않는</u> 것은?

의사 선생님 : 어디가 아파서 왔니?
지우 : ㉠<u>선생님, 배가 몹시 아파요.</u>

① 찌푸린 표정
② 당당하고 힘찬 말투
③ 힘들어하는 작은 목소리
④ 허리를 숙이고 배를 감싸 쥔 몸짓

04 다음 광고에서 하고 싶은 말은?

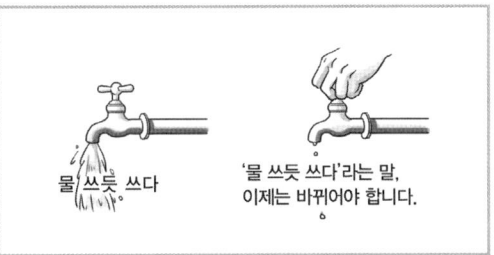

물 쓰듯 쓰다

'물 쓰듯 쓰다'라는 말, 이제는 바뀌어야 합니다.

① 물을 아껴 쓰자.
② 독서를 많이 하자.
③ 질서를 잘 지키자.
④ 친구와 사이좋게 지내자.

05 다음 중 낱말의 짜임이 <u>다른</u> 하나는?

① 사과
② 햇밤
③ 개살구
④ 풋고추

06 다음 상황을 해결하기 위한 제안으로 적절하지 않은 것은?

> 어린이 교통사고로 사망하는 유형을 보면 보행 중에 교통사고로 사망하는 경우의 비율이 매우 높다.

① 보행 안전시설을 늘리자.
② 음식물 쓰레기를 줄이자.
③ 교통사고 예방 캠페인을 벌이자.
④ 보행 중 스마트폰을 사용하지 말자.

[7~8] 다음 시를 읽고 물음에 답하시오.

> 허리 밟기
> 정완영
> 할머니 아픈 허리는 왜 밟아야 시원할까요?
> 아이쿠! 아이쿠! 하면서도 "꼭꼭 밟아라." 하십니다.
> 그래도 ㉠ <u>나는 겁이 나</u> 자근자근 밟습니다.

07 다음 중 ㉠과 같이 표현한 이유로 가장 알맞은 것은?

① 동생이 심심해할 것 같아서
② 할머니의 아픈 허리가 시원해져서
③ 어머니께서 내 다리를 주물러 주셔서
④ 할머니께서 더 아프실까 봐 걱정되어서

08 다음 중 시를 읽고 나눈 대화로 적절하지 않은 것은?

① 성훈 : 매운 떡볶이를 먹고 싶어.
② 인경 : 할아버지의 어깨를 주물러 드린 적이 있어.
③ 수일 : 할머니의 흰머리를 뽑아 드린 일이 생각나.
④ 진주 : 할머니께서는 손자가 무척 기특하셨을 거야.

[9~10] 다음 글을 읽고 물음에 답하시오.

> 사람은 ___㉠___ 에 따라 고유한 색깔의 옷을 입는다. 의사나 간호사는 보통 흰색 옷을 입는다. 법관은 검은색 옷을 입는다. 군인은 주변 환경과 상황에 따라 옷 색깔을 달리하여 ㉡ <u>입는다.</u>

09 다음 중 ㉠에 들어갈 말로 알맞은 것은?

① 계절 ② 지역
③ 직업 ④ 취미

10 다음 중 ㉡과 같은 의미로 사용된 것은?

① 바지를 <u>입다.</u>
② 상처를 <u>입다.</u>
③ 은혜를 <u>입다.</u>
④ 피해를 <u>입다.</u>

11 다음 중 ㉠에 들어갈 내용으로 가장 적절한 것은?

> 주장 : 우리 전통 음식을 사랑하자.
> 근거 : • 건강에 이롭다.
>   • 계절과 지역에 따라 다양한 맛을 즐길 수 있다.
>   • _____㉠

① 교통사고를 줄일 수 있다.
② 개인 정보를 보호할 수 있다.
③ 세계의 다양한 음식을 즐길 수 있다.
④ 우리 조상의 슬기와 문화를 경험할 수 있다.

12 다음 ㉠~㉣ 중 글쓴이의 의견이 드러난 문장은?

> ㉠ 10월 25일은 '독도의 날'입니다. ㉡ 이 날은 1900년 10월 25일에 고종 황제가 독도를 우리 땅이라고 세계에 알린 것을 기념하는 날입니다.
> ㉢ 우리 학교에서는 해마다 독도의 날에 초등학생을 위한 다양한 행사를 실시합니다. 교장 선생님의 독도에 대한 훈화를 비롯해, 독도 퀴즈 대회 및 독도에게 편지 쓰기, 「독도는 우리 땅」 합창 대회가 열립니다.
> ㉣ 이러한 독도의 날 행사는 학생들에게 우리 땅 독도의 중요성을 일깨워 주는 데 매우 도움이 된다고 생각합니다.

① ㉠   ② ㉡
③ ㉢   ④ ㉣

13 다음 중 기행문을 쓰는 방법으로 가장 알맞은 것은?

① 자신의 미래 모습을 상상하여 쓴다.
② 주장을 뒷받침하는 근거를 제시한다.
③ 보고 들은 것, 다닌 곳, 생각이나 느낌을 쓴다.
④ 위인에 대한 글을 읽고 본받고 싶은 점을 쓴다.

14 다음과 같은 뜻을 지닌 속담은?

> 내가 남에게 말이나 행동을 좋게 해야 남도 나에게 좋게 한다.

① 티끌 모아 태산
② 천 리 길도 한 걸음부터
③ 원숭이도 나무에서 떨어진다.
④ 가는 말이 고와야 오는 말이 곱다.

15 다음 말하기 상황에서 주의할 점으로 알맞지 <u>않은</u> 것은?

> 우리 지역 축제를 조사해 여러 사람 앞에서 발표하는 상황

① 높임 표현을 사용한다.
② 바른 자세로 또박또박 말한다.
③ 짝에게 말하듯 작은 목소리로 말한다.
④ 듣는 사람이 이해하기 쉽게 자료를 활용한다.

16 다음 중 문장의 호응 관계가 바르지 <u>않은</u> 것은?

① 나는 할아버지께 선물을 드렸다.

② 어제 우리 가족은 미술관에 갈 것이다.

③ 선생님께서 우리에게 동화책을 읽어 주셨다.

④ 나는 지난 주말에 바닷가로 여행을 다녀왔다.

17 다음 극본에서 ㉠에 해당하는 것은?

버들잎 편지

주평

• 때 : 이른 봄
• 곳 : 서울 영이의 집
• 나오는 사람들 : 영이, 할아버지, 복순

막이 열리면 복순이 콧노래를 부르며 방을 청소하고 있다. 조금 뒤, 창가로 가서 밖을 향하여 소리친다.

복순 : 할아버지!

할아버지 : ㉠ (소리만) 오냐.

---

① 관객   ② 대사

③ 지문   ④ 해설

18 다음 중 토의할 때 지켜야 할 태도로 적절한 것은?

① 상대방이 말할 때 끼어든다.

② 다른 사람의 의견을 듣지 않는다.

③ 토의 주제와 관련된 의견을 말한다.

④ 의견을 뒷받침하기 위해 거짓 정보를 활용한다.

[19~20] 다음 글을 읽고 물음에 답하시오.

1739년에 제주도의 가난한 선비 집안에서 태어난 김만덕은 스물세 살이 되던 해에 제주도에 객줏집을 열어 장사를 시작하였다.

김만덕은 장사를 하면서 세 가지 원칙을 지켰다. 첫째, 이익을 적게 남기고 많이 판다. 둘째, 적당한 가격에 물건을 사고판다. 셋째, 반드시 신용을 지키고 정직한 거래를 한다. 사업은 나날이 번창하여 많은 돈을 벌었으나 김만덕은 더 절약하고 검소한 생활을 하였다.

1790년부터 4년 동안 제주도에 흉년이 계속되어 굶어 죽는 사람들이 늘어났다. 그러자 김만덕은 전 재산을 들여 육지에서 곡식을 사 와 굶주린 사람들에게 나누어 주었다. 김만덕은 자신만 풍요롭게 살기보다는 자신이 가진 것을 사람들과 나누며 함께 살았다.

---

19 윗글을 읽고 짐작할 수 있는 것은?

① 김만덕은 어릴 때부터 부유했다.

② 김만덕은 사치와 낭비를 일삼았다.

③ 김만덕은 제주도를 떠나고 싶어 했다.

④ 김만덕은 굶주린 사람들을 도우려고 노력했다.

20 윗글에서 김만덕이 가장 중요하게 생각한 것은?

① 권력   ② 나눔

③ 외모   ④ 학문

2021
제2회
사회

01 다음 설명에 해당하는 공공 기관은?

감염병과 질병을 예방하고 치료하려고 노력한다.

① 공연장
② 보건소
③ 영화관
④ 우체국

02 다음과 같은 일을 주로 하는 곳은?

• 산에서 나무를 기른다.
• 산에서 나물이나 버섯, 약초를 캔다.

① 도심
② 어촌
③ 산지촌
④ 아파트 단지

03 다음에서 설명하는 것은?

• 좁은 지역에 짧은 시간 동안 많은 양의 비가 내리는 현상이다.
• 산사태나 홍수의 원인이 되기도 한다.

① 가뭄
② 지진
③ 폭설
④ 집중 호우

04 다음에서 ㉠에 들어갈 말로 알맞은 것은?

한 나라의 영역은 그 나라의 ┌─㉠─┐ 이 미치는 범위를 말하며 영토, 영해, 영공으로 이루어진다.

① 국민
② 산업
③ 인권
④ 주권

05 다음에서 설명하는 것은?

• 쓸 수 있는 돈이나 자원이 한정되어 있어서 원하는 것을 모두 가질 수 없는 상태를 말한다.
• 경제 활동에서 선택의 문제가 일어나는 원인이 된다.

① 고령화
② 서비스
③ 정보화
④ 희소성

06 다음에서 알 수 있는 사회 현상은?

신생아 수, 매년 줄어들고 있다.

신생아 수가 지속적으로 감소하고 있다. 따라서 초등학교에 입학하는 학생 수가 점점 줄어들 것으로 예상된다.

① 과소비
② 민주화
③ 저출산
④ 소음 공해

07 다음에서 설명하는 도시는?

> • 우리나라의 유일한 특별 자치시이다.
> • 국토를 균형적으로 발전시키려고 만든 도시이다.
> • 수도권에 있던 정부 기관의 일부를 이곳으로 이전했다.

① 광주
② 부산
③ 세종
④ 인천

08 다음 기사에 나타난 법을 만든 목적은?

> ○○신문 ○○○○년 ○○월 ○○일
> 어린이 보호 구역, 속도를 줄이세요!
> 어린이 보호구역에서 정해진 속도를 초과하여 운전하면 처벌을 받는 법이 시행된다.

① 저작권 보호
② 개인 정보 보호
③ 환경 오염 예방
④ 어린이 교통안전 확보

09 다음 설명에 해당하는 사람은?

> 모든 어린이가 행복하게 자라기를 바라는 마음으로 어린이날을 만드셨어요.

① 허균
② 방정환
③ 유관순
④ 이순신

10 다음에서 설명하는 것은?

> 1905년 일제는 대한 제국의 외교권을 빼앗는 이 조약을 강제로 체결했다.

① 병자호란
② 을사늑약
③ 임진왜란
④ 3 · 1 운동

11 다음 설명에 해당하는 국민의 의무는?

> 모든 국민은 자녀가 잘 성장할 수 있도록 교육을 받게 할 의무가 있다.

① 교육의 의무
② 국방의 의무
③ 근로의 의무
④ 납세의 의무

12 다음에서 설명하는 것은?

> • 화강암을 이용해 만들었다.
> • 동굴처럼 만든 곳에 불상이 있다.
> • 경주에 있으며 유네스코 세계 유산이다.

① 석굴암   ② 자격루

③ 고려청자   ④ 금속 활자

13 다음에서 설명하는 것은?

> • 몽골의 침입을 부처의 힘으로 극복하고자 만들었다.
> • 고려의 우수한 목판 인쇄술을 알 수 있다.

① 거북선   ② 홍길동전

③ 팔만대장경   ④ 광개토 대왕릉비

14 다음 대화에서 설명하는 사람은?

① 윤봉길   ② 정약용

③ 신사임당   ④ 흥선대원군

15 다음에서 설명하는 것은?

> 나라와 나라 사이에 물건과 서비스를 사고파는 것을 말한다.

① 무역   ② 보호

③ 양보   ④ 평등

16 그림에서 알 수 있는 민주적 의사 결정 원리는?

① 강요   ② 시험

③ 제비뽑기   ④ 다수결의 원칙

17 다음에서 설명하는 것은?

> • 국가 원수로서 외국에 대해 우리나라를 대표한다.
> • 정부의 최고 책임자로 우리나라의 중요한 일을 결정한다.
> • 우리나라에서는 국민이 직접 뽑는 선거를 통해 선출된다.

① 경찰관   ② 대통령

③ 변호사   ④ 전교 학생 회장

18 환경 문제를 해결하기 위한 노력으로 옳지 않은 것은?

① 쓰레기 줄이기
② 플라스틱 일회용품 사용하기
③ 에너지 절약하기
④ 친환경 제품 사용하기

19 다음에서 설명하는 나라는?

• 국토의 대부분이 사막이며 건조하다.
• 세계적인 원유 생산 국가이다.
• 아라비아반도에 위치한다.

① 미국　　　　② 러시아
③ 베트남　　　④ 사우디아라비아

20 다음에서 설명하는 섬은?

• 우리나라의 동쪽 끝에 있는 섬이다.
• 동도와 서도라는 두 개의 섬과 크고 작은 바위들로 이루어져 있다.

① 독도　　　　② 거제도
③ 백령도　　　④ 제주도

01 그림은 지역별 인구를 나타낸 것이다. 인구가 가장 많은 곳은?

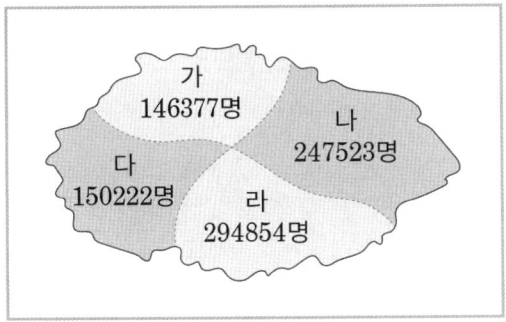

① 가
② 나
③ 다
④ 라

02 그림의 직선 가와 직선 나는 서로 평행이다. 평행선 사이의 거리를 나타내는 선분은?

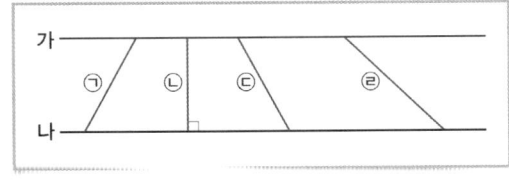

① ㉠
② ㉡
③ ㉢
④ ㉣

03 그림에서 ㉠의 각도는?

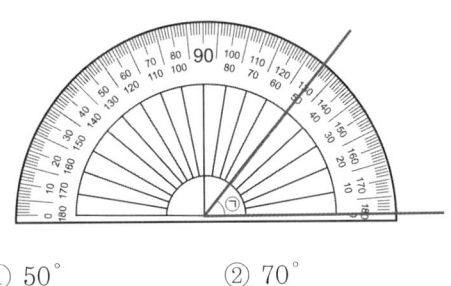

① 50°
② 70°
③ 90°
④ 110°

04 다음은 우리 반 학생 30명이 좋아하는 운동 종목을 조사하여 막대그래프로 나타낸 것이다. 가장 많은 학생들이 좋아하는 종목은?

〈우리 반이 좋아하는 운동 종목별 학생 수〉

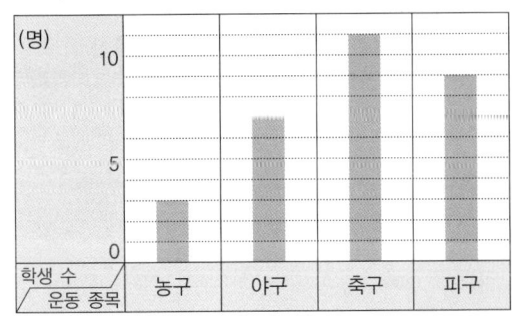

① 농구
② 야구
③ 축구
④ 피구

05 세호는 빨간 구슬 34개와 노란 구슬 16개를 가지고 있었다. 이 중 동생에게 9개를 주었을 때, 세호에게 남은 구슬의 수를 구하는 식으로 옳은 것은?

① $34 + 16 + 9$　　② $34 + 16 - 9$

③ $34 + 16 \times 9$　　④ $34 + 16 \div 9$

07 다음 중 영우와 슬기가 가지고 있는 찰흙 무게의 차는?

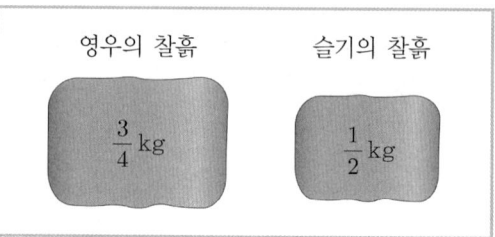

① $\dfrac{1}{4}$ kg　　② $\dfrac{1}{2}$ kg

③ $\dfrac{3}{4}$ kg　　④ $1\dfrac{1}{2}$ kg

06 다음은 18의 약수를 가장 작은 수부터 차례대로 모두 쓴 것이다. □에 알맞은 수는?

1, 2, 3, □, 9, 18

① 5　　　　② 6

③ 7　　　　④ 8

08 다음은 3×0.6을 계산하는 과정이다. ㉠에 알맞은 수는?

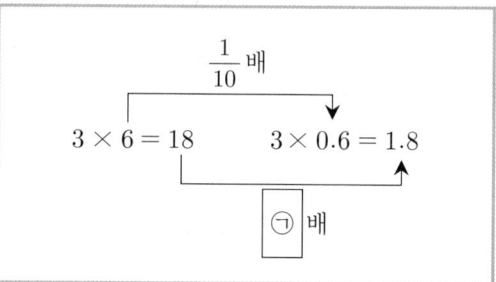

① $\dfrac{1}{2}$　　　② $\dfrac{1}{5}$

③ $\dfrac{1}{10}$　　　④ $\dfrac{1}{20}$

09 표는 탁자의 수와 의자의 수 사이의 대응 관계를 나타낸 것이다. ㉠에 알맞은 수는?

탁자의 수(개)	1	2	3	4	⋯
의자의 수(개)	3	6	㉠	12	⋯

① 7　　　　　② 8

③ 9　　　　　④ 10

10 그림은 합동인 두 도형을 나타낸 것이다. 변 ㄴㄷ과 대응하는 변의 길이는?

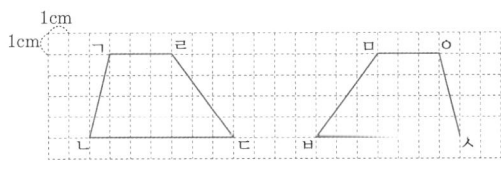

① 5 cm　　　　② 6 cm

③ 7 cm　　　　④ 8 cm

11 다음 평행사변형과 넓이가 같은 것은?

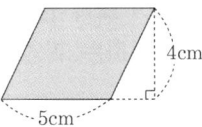

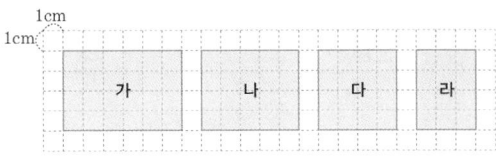

① 가　　　　　② 나

③ 다　　　　　④ 라

12 표는 용수네 모둠 학생 3명이 받은 칭찬 도장 수를 나타낸 것이다. 3명이 받은 칭찬 도장 수의 평균은?

이름	용수	성은	혜경	합계
칭찬 도장	☺☺☺	☺☺☺☺	☺☺☺☺☺	
도장 수(개)	3	4	5	12

① 4　　　　　② 5

③ 6　　　　　④ 7

13 다음은 지영이네 반 학생 20명이 좋아하는 과일을 조사하여 표와 원그래프로 나타낸 것이다. ㉠에 해당하는 과일은?

과일	사과	딸기	포도	수박
학생 수(명)	4	8	6	2
백분율(%)	20	40	30	10

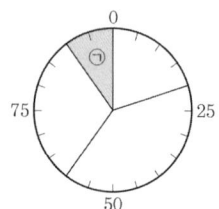

① 사과   ② 딸기

③ 포도   ④ 수박

14 끈 12.8m를 4명이 똑같이 나누어 가지려고 한다. 한 명이 가질 수 있는 끈의 길이를 구하는 식으로 옳은 것은?

① $12.8 + 4$ ② $12.8 - 4$

③ 12.8×4 ④ $12.8 \div 4$

15 다음 분수의 나눗셈 계산 과정에서 □에 알맞은 수는?

$$\frac{6}{13} \div \frac{2}{13} = 6 \div \square = 3$$

① 1   ② 2

③ 3   ④ 4

16 다음 전개도를 접었을 때, 만들어지는 입체도형은?

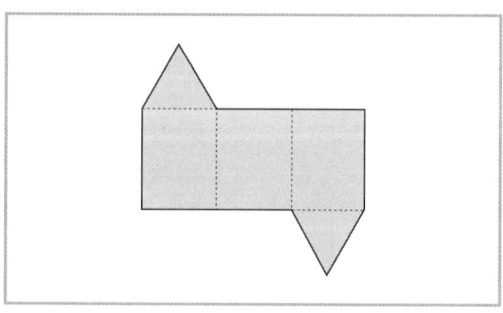

① 삼각기둥   ② 사각기둥

③ 오각기둥   ④ 육각기둥

17 다음 중 쌓기나무의 개수가 나머지 셋과 <u>다른</u> 것은?

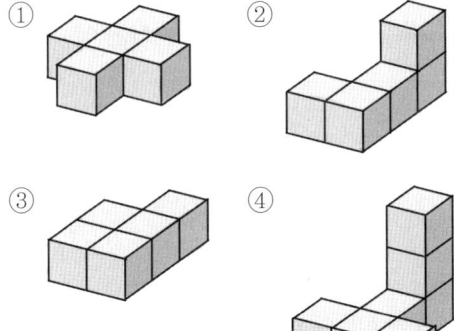

19 다음 정육면체의 부피는?

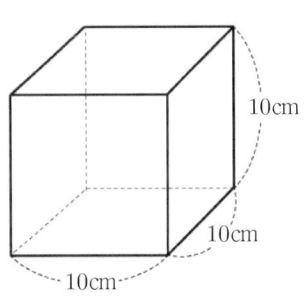

① $10\,cm^3$ ② $100\,cm^3$

③ $1000\,cm^3$ ④ $10000\,cm^3$

18 다음은 원의 넓이를 구하는 과정을 나타낸 것이다. ㉠에 공통으로 들어갈 알맞은 수는?
(원주율 : 3)

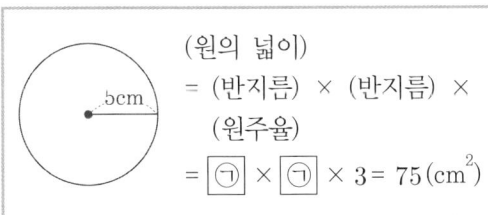

① 3   ② 4

③ 5   ④ 6

20 그림에서 색칠한 부분과 전체의 비를 백분율로 나타낸 것은?

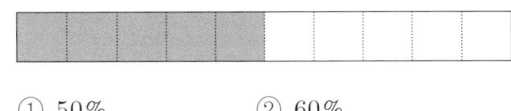

① 50%   ② 60%

③ 70%   ④ 80%

01 그림과 같이 용수철저울을 이용한 실험에서 측정할 수 있는 것은?

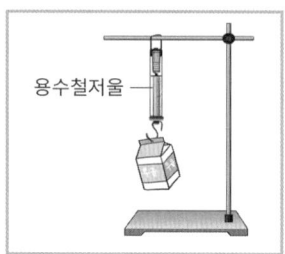

용수철저울

① 무게
② 부피
③ 습도
④ 온도

02 다음은 자유형 50m 대회의 경기 기록을 나타낸 것이다. 가장 빠른 선수는?

이름	가람	나래	다솜	마루
걸린 시간	29초	28초	27초	30초

① 가람
② 나래
③ 다솜
④ 마루

03 그림과 같이 열 변색 붙임딱지를 붙인 구리판을 가열할 때 가장 먼저 색깔 변화가 일어나는 위치는?

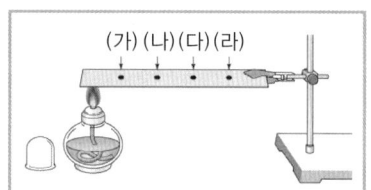

(가) (나) (다) (라)

① (가)
② (나)
③ (다)
④ (라)

04 다음 설명에 해당하는 현상은?

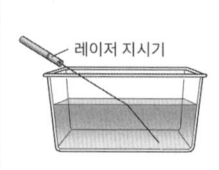

레이저 지시기

레이저 지시기의 빛을 비스듬히 비추면 공기와 물의 경계에서 빛이 꺾여 나아간다.

① 물의 순환
② 빛의 굴절
③ 열의 이동
④ 증산 작용

05 다음 대화 내용에 해당하는 우리 몸속 기관은?

가슴부분에 있어.

기관지와 연결되어 있어.

공기가 드나드는 호흡 기관이야.

① 위
② 폐
③ 방광
④ 이자

06 다음 중 물질이 탈 때 공통으로 나타나는 현상은?

① 열매가 맺힌다.
② 지진이 일어난다.
③ 빛과 열이 발생한다.
④ 밀물과 썰물이 생긴다.

07 다음 설명에 해당하는 것은?

- 물에 떠서 사는 식물이다.
- 수염처럼 생긴 뿌리가 물 속으로 뻗어 있다.

① 소나무　　② 선인장
③ 토끼풀　　④ 부레옥잠

08 다음 중 식물의 광합성에 대한 설명으로 옳은 것은?

① 꽃가루가 이동하는 과정이다.
② 뿌리에서만 일어나는 과정이다.
③ 바람에 날려 씨가 퍼지는 과정이다.
④ 식물이 스스로 양분을 만드는 과정이다.

09 다음 대화에서 설명하고 있는 화석은?

옛날에도 물고기가 살았다는 것을 어떻게 알 수 있을까?

화석에 남아 있는 물고기 모양을 통해서 알 수 있어.

①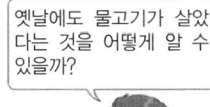
고시리 화석

②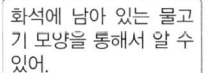
공룡알 화석

③
나뭇잎 화석

④
물고기 화석

10 다음 설명에서 ㉠에 공통으로 들어갈 말로 알맞은 것은?

- (㉠)은/는 전류가 흐를 때만 자석의 성질이 나타난다.
- 자기 부상 열차는 (㉠)을/를 이용한 예이다.

① 온도계　　② 전자석
③ 집기병　　④ 스포이트

11 다음 설명에 해당하는 것은?

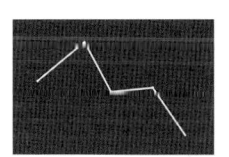　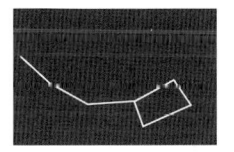
〈카시오페이아자리〉　〈작은곰자리〉

　밤하늘에 무리 지어 있는 별을 연결해 이름을 붙인 것이다.

① 달　　② 별자리
③ 지구의 자전　　④ 지구의 공전

12 표는 건습구 습도계의 습도표 일부이다. 건구 온도가 15℃이고, 건구 온도와 습구 온도의 차가 2℃일 때 습도는?

건구 온도 (℃)	건구 온도와 습구 온도의 차			
	0	1	2	3
14	100	90	79	70
15	100	90	80	71
16	100	90	81	71

① 100% 　　　② 90%
③ 80% 　　　④ 71%

13 그림과 같이 지구의 자전축이 기울어진 채 지구가 태양 주위를 공전하기 때문에 우리나라에서 나타나는 현상은?

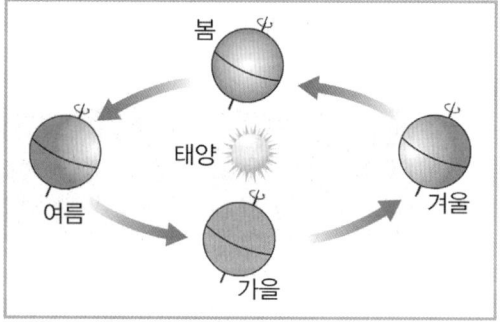

① 비가 내린다.
② 안개가 생긴다.
③ 이슬이 맺힌다.
④ 계절이 달라진다.

14 다음은 방울토마토를 띄워 설탕물의 진하기를 비교한 실험이다. (가)~(라) 중 가장 진한 것은? (단, 물의 양과 온도는 같다.)

설탕물	(가)	(나)	(다)	(라)
용해된 각설탕의 개수	15개	10개	5개	1개
실험 결과				

① (가) 　　　② (나)
③ (다) 　　　④ (라)

15 다음 중 지진 발생 시 대처 방법으로 적절한 것은?

① 교실 안에 있을 경우 책상 위로 올라간다.
② 건물 밖에 있을 경우 벽 주변으로 이동한다.
③ 건물의 승강기 대신 계단을 이용해 대피한다.
④ 운동장에 있을 경우 재빨리 교실로 대피한다.

16 다음 중 날씨가 우리 생활에 미치는 영향의 예로 적절하지 <u>않은</u> 것은?

① 비가 내리면 우산을 쓴다.
② 추운 날에는 난방을 한다.
③ 자동차를 탈 때는 안전띠를 착용한다.
④ 무더운 날에는 시원한 음료를 마신다.

17 다음 중 ㉠에서 사용한 감각 기관은?

2021년 ○월 ○○일 맑음

방에서 책을 읽고 있었다. 어머니께서 부르시는 소리를 듣고 나가니 ㉠ 구수한 냄새가 났다. 식탁 위에는 방금 끓인 된장찌개가 있었다.

① 귀　　　　② 코
③ 혀　　　　④ 피부

18 그림의 먹이 사슬에서 (가)에 해당하는 생물은?

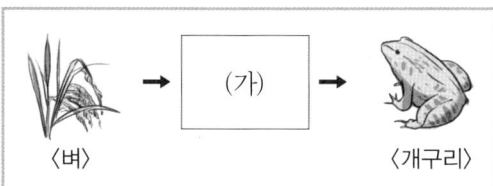

〈벼〉　　　　(가)　　　　〈개구리〉

① 배추　　　　② 독수리
③ 메뚜기　　　④ 호랑이

19 다음 설명에 해당하는 용액은?

- 시큼한 냄새가 난다.
- 푸른색 리트머스 종이를 붉은색으로 변하게 한다.

① 식초
② 석회수
③ 빨랫비누 물
④ 묽은 수산화 나트륨 용액

20 다음 중 ㉠에 들어갈 말은?

종이, 유리, 비닐에는 전류가 잘 흐르지 않아.

그런 물질을 ㉠ (이)라고 해.

① 철　　　　② 구리
③ 도체　　　④ 부도체

2021
제2회

도덕

01 〈보기〉에서 정직한 사람의 모습으로 옳은 것은?

┌─[보기]─────────────────┐
ㄱ. 먹고 싶은 과자를 몰래 훔친다.
ㄴ. 길에서 주운 돈을 주인에게 돌려준다.
ㄷ. 남들이 보지 않을 때도 규칙을 지킨다.
ㄹ. 실수를 인정하지 않고 친구에게 떠넘
   긴다.
└──────────────────────────┘

① ㄱ, ㄴ   ② ㄱ, ㄹ
③ ㄴ, ㄷ   ④ ㄷ, ㄹ

02 다음 중 도덕적 삶의 아름다움을 드러내고 있
는 것은?

① 친구를 괴롭힌다.
② 친구에게 욕설을 한다.
③ 쓰레기를 함부로 버린다.
④ 친구를 존중하고 배려한다.

03 다음 중 자신을 존중하지 <u>않는</u> 것은?

① "나는 잘하는 게 하나도 없어."
② "나는 하나뿐인 소중한 사람이야."
③ "나는 꿈을 이루기 위해 열심히 공부하고
   있어."
④ "나는 어려움을 이겨낼 수 있을 거야."

04 그림에 해당하는 도덕적 성찰 방법으로 가장
적절한 것은?

① 일기 쓰기
② 편지 쓰기
③ 독서록 쓰기
④ 속담 또는 격언
   활용하기

05 다음 중 지구촌을 행복하게 만들기 위해 필요
한 마음가짐은?

① 낭비   ② 무시
③ 배려   ④ 불화

06 그림에 있는 말과 가장 관련 있는 것은?

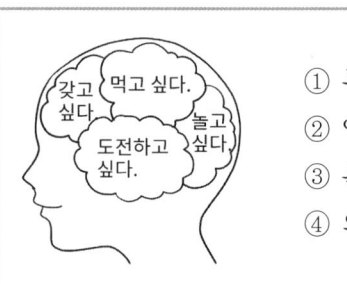

① 부정
② 양심
③ 욕구
④ 의무

07 다음 내용과 가장 관련 있는 깃은?

> **대한민국 헌법 제11조 제1항**
>
> 모든 국민은 법 앞에 평등하다. 누구든지 성별·종교 또는 사회적 신분에 의하여 정치적·경제적·사회적·문화적 생활의 모든 영역에 있어서 차별을 받지 아니한다.

① 공정   ② 성실

③ 정직   ④ 효도

08 다음 설명과 가상 관련 있는 것은?

> 두레란 농촌에서 농사일을 함께 하려고 만든 마을 단위의 조직입니다.

① 검소   ② 빈곤

③ 욕심   ④ 협동

09 다음 중 ㉠에 들어갈 알맞은 말은?

나의 (㉠) 실천표

실천 계획	매우 잘함	잘함	보통
학급 친구 도와주기			
복도에 떨어진 쓰레기 줍기			
후배에게 학교생활 안내하기			

① 갈등   ② 봉사

③ 질투   ④ 차별

10 다음과 기장 관련 있는 지구촌 문제는?

• 지구가 더워지고 있어요.
• 빙하가 녹고 있어요.
• 북극곰이 살기 힘들어요.

① 언어 장벽   ② 인종 차별

③ 종교 갈등   ④ 환경 파괴

11 다음 상황에서 '나'의 태도로 가장 적절한 것은?

> 이모는 외국인과 결혼했다. 이모부가 나에게 "봉주르!"라고 웃으면서 인사했다.

① 못 들은 척하고 지나간다.

② 당황하지 않고 웃으면서 인사한다.

③ 외국어로 이야기하지 말라고 화낸다.

④ 겁먹은 표정으로 고개를 돌리고 모른 척한다.

12 다음 두 그림에 나타난 인사 예절을 지켜야 할 장소는?

① 가정   ② 공원

③ 학교   ④ 도서관

13 다음 중 자신을 긍정적으로 바라보는 모습이 <u>아닌</u> 것은?

① 건강한 삶을 위해 운동을 생활화한다.

② 남이 하는 일은 무조건 옳다고 생각한다.

③ 꿈을 이루기 위한 계획을 세워 꾸준히 실천한다.

④ 다양한 경험을 쌓기 위해 끊임없이 도전을 한다.

14 다음 ㉠~㉣ 중 사이버 공간에서 보호해야 할 개인 정보에 속하는 것은?

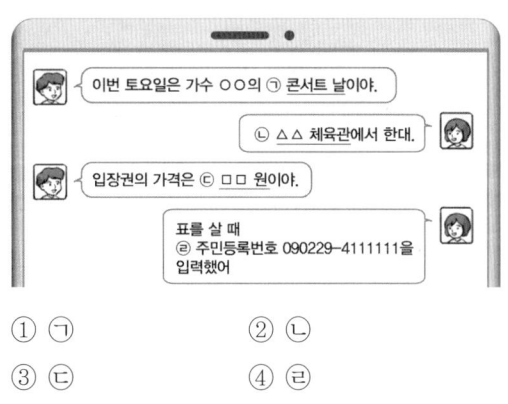

① ㉠   ② ㉡

③ ㉢   ④ ㉣

15 다음과 같은 상황을 해결하기 위한 가장 바람직한 방법은?

> 수업이 끝나고 친구와 같이 농구를 하기로 약속했다. 그런데 그 친구가 갑자기 축구를 하자고 우겼다. 이럴 때는 어떻게 해야 할까?

① 큰 소리를 친다.

② 대화로 해결한다.

③ 화를 내고 싸운다.

④ 폭력으로 해결한다.

16 다음 중 ㉠에 공통으로 들어갈 말로 가장 적절한 것은?

> • (㉠)을 하면 이산가족이 만날 수 있다.
> • (㉠)을 이루는 방법은 평화적이어야 한다.

① 단절   ② 분단

③ 전쟁   ④ 통일

17 다음 중 ㉠에 들어갈 알맞은 말은?

6학년 사랑반 인권 선언문
• 나와 다른 친구들을 (㉠)한다.
• 몸이 불편하거나 능력이 부족한 친구를 도와준다.
• 친구의 별명을 함부로 부르지 않고 놀리지 않는다.

① 불신 ② 비난
③ 존중 ④ 폭행

18 〈보기〉에서 공정한 생활 모습을 고른 것은?

┤ 보기 ├
ㄱ. 심판이 경기 중에 부당하게 한쪽 편만 든다.
ㄴ. 급식 당번이 친한 친구에게만 반찬을 많이 준다.
ㄷ. 학급 회장이 친구들에게 고루 발표 기회를 준다.
ㄹ. 학급 친구들이 모두 참여하여 학급 규칙을 정한다.

① ㄱ, ㄴ ② ㄱ, ㄹ
③ ㄴ, ㄷ ④ ㄷ, ㄹ

19 다음 중 네티켓을 지키며 댓글을 다는 방법으로 옳은 것은?

① 올바른 언어를 사용한다.
② 상대방의 글을 무조건 비난한다.
③ 글을 쓴 사람을 무시하고 놀린다.
④ 사실이 아닌 것을 사실인 것처럼 쓴다.

20 다음 대화에서 ㉠에 들어갈 말로 가장 적절한 것은?

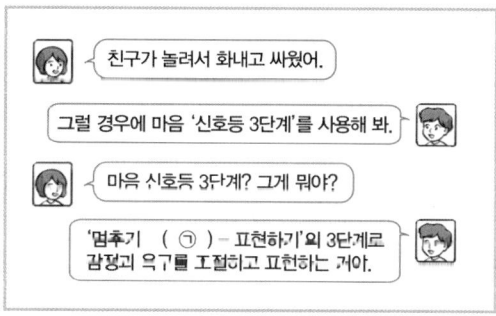

① 울기 ② 싸우기
③ 생각하기 ④ 소리 지르기

01 다음 설명에 해당하는 가족 형태는?

〈아버지〉 〈어머니〉 〈지수〉 지수는 한국인 아버지와 미국인 어머니 사이에서 태어났습니다.

① 조손 가족
② 확대 가족
③ 다문화 가족
④ 한 부모 가족

02 다음 중 건강한 가정생활로 적절하지 <u>않은</u> 것은?

① 가정일을 서로에게 미룬다.
② 가족끼리 인격과 개성을 존중한다.
③ 서로에 대한 감사와 사랑을 표현한다.
④ 가족이 지치거나 피곤할 때 쉴 수 있도록 돌보아 준다.

03 다음 중 식품과 그에 포함된 주된 영양소가 바르게 연결된 것은?

① 고구마 – 비타민
② 들기름 – 지방
③ 멸치 – 탄수화물
④ 사과 – 단백질

04 다음 중 상황에 알맞은 옷차림으로 가장 적절한 것은?

① 비 올 때 잘 젖는 옷을 입는다.
② 장례식장에 갈 때 화려한 옷을 입는다.
③ 학교에 갈 때 활동하기 불편한 옷을 입는다.
④ 더울 때 땀을 잘 흡수하는 소재의 옷을 입는다.

05 그림에서 설명하는 것은?

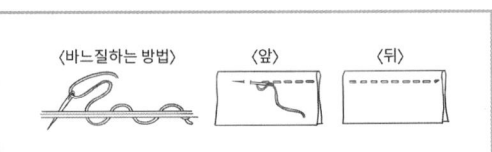

〈바느질하는 방법〉 〈앞〉 〈뒤〉

① 홈질
② 박음질
③ 끝매듭 짓기
④ 시작매듭 짓기

06 다음 중 생활 안전사고 예방법으로 적절하지 <u>않은</u> 것은?

① 운전 중에 휴대 전화를 사용한다.
② 가스레인지는 사용 후 밸브를 잠근다.
③ 욕실 바닥에 미끄럼 방지 처리를 한다.
④ 물놀이 전에는 준비 운동을 충분히 한다.

07 그림의 (가)에 해당하는 것은?

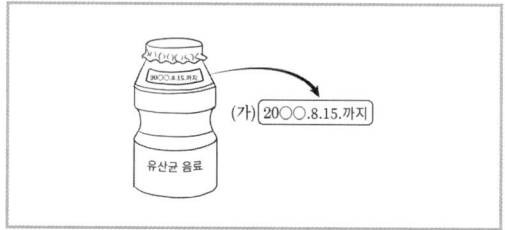

① 보관 방법　　② 식품 인증
③ 유통 기한　　④ 제품 번호

08 다음 중 조리 기구 사용 방법으로 가장 적절한 것은?

① 칼을 사용할 때는 칼날을 잡는다.
② 가열된 프라이팬의 뜨거운 곳을 맨손으로 잡는다.
③ 생선을 자른 도마를 씻지 않고 그 도마에 채소를 썬다.
④ 전자레인지에 금속으로 된 용기를 넣어 사용하지 않는다.

09 다음 중 옷 보관 방법으로 가장 적절한 것은?

① 모자는 모양이 변하지 않도록 보관한다.
② 더러워진 옷은 그대로 옷장에 걸어 둔다.
③ 구김이 잘 가는 옷은 개어서 보관한다.
④ 자주 입는 옷은 손이 닿기 어려운 곳에 보관한다.

10 그림에 해당하는 시간 관리 단계는?

올해는 학교 공부뿐만 아니라 건강을 위해 운동도 열심히 할 거야!
올해의 계획

① 반성하기
② 평가하기
③ 목표 세우기
④ 피드백 주고받기

11 다음 중 합리적인 소비 습관으로 가장 적절한 것은?

① 소비는 나쁜 것이므로 무조건 참는다.
② 물건을 살 때 반드시 열 개씩 구매한다.
③ 필요하지 않아도 친구가 갖고 있으면 산다.
④ 용돈은 지출 계획을 구체적으로 세워 사용한다.

12 다음 중 생활공간을 쾌적하게 관리하기 위한 방법으로 적절하지 않은 것은?

① 화장실을 청결하게 유지하기
② 쓰레기를 냄새날 때까지 모아 두기
③ 창문을 열어 실내 공기를 환기하기
④ 집 안의 물건을 가지런히 정리 정돈하기

13 다음 설명에 해당하지 않는 것은?

• 사람의 주식으로 활용하기 위해 재배한다.
• 곡식 위주의 작물이다.

① 밀　　② 목화
③ 보리　　④ 옥수수

14 다음과 같은 돌보기 환경을 만들어 주어야 하는 동물은?

> • 사육 상자에 발효 톱밥과 나뭇잎을 넣은 후 물을 뿌려 준다.
> • 톱밥이 살짝 뭉쳐질 정도로 물을 뿌려 적정한 습도를 유지해준다.

① 개   ② 열대어
③ 고양이   ④ 장수풍뎅이

15 (가)에 해당하는 것은?

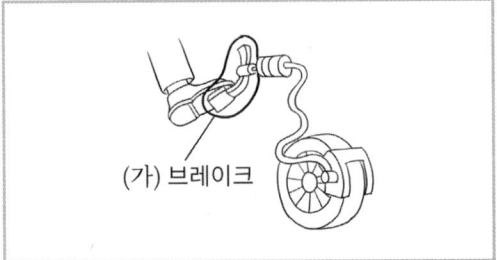

(가) 브레이크

① 조향 장치 – 방향을 바꾸게 하는 장치
② 구동 장치 – 원하는 장소로 나아가게 하는 장치
③ 제동 장치 – 속도를 줄이거나 멈추게 하는 장치
④ 프레임 – 구성 요소의 골격으로 모양을 유지하는 장치

16 다음은 달걀 조리 방법 중 하나이다. 순서대로 바르게 배열한 것은?

> ㄱ. 냄비에 달걀과 물 넣기
> ㄴ. 젓가락으로 굴리며 달걀 삶기
> ㄷ. 삶아진 달걀을 체로 건져 찬물에 식히기

① ㄱ – ㄴ – ㄷ   ② ㄱ – ㄷ – ㄴ
③ ㄴ – ㄷ – ㄱ   ④ ㄷ – ㄱ – ㄴ

17 그림과 같은 장비들을 사용하는 직업은?

〈방화복〉   〈소방차〉

① 변호사   ② 소방관
③ 은행원   ④ 사회복지사

18 그림에 적용된 발명 기법으로 가장 적절한 것은?

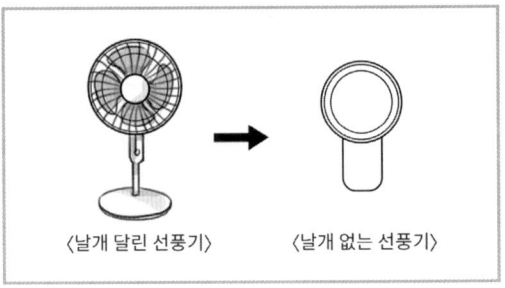

〈날개 달린 선풍기〉   〈날개 없는 선풍기〉

① 빼기   ② 곱하기
③ 나누기   ④ 더하기

19 다음 중 지식 재산을 보호하는 방법으로 가장 적절한 것은?

① 참고 자료는 출처를 밝힐 필요가 없다.
② 불법 복제한 음악을 친구와 함께 듣는다.
③ 글짓기 대회에서 다른 사람의 글을 베껴서 제출한다.
④ 인터넷에서 영화, 음악 등을 무단으로 내려받지 않는다.

20 다음 중 친환경 농업의 실천 방법으로 적절하지 <u>않은</u> 것은?

① 오리를 이용하여 해충을 제거한다.
② 우렁이를 이용하여 잡초를 제거한다.
③ 화학 농약을 많이 뿌려 잡초를 제거한다.
④ 지렁이 분변토를 거름으로 활용하여 식물을 키운다.

2021년 제2회 정답 및 해설

국어 2021년 제2회

기출문제

01 ④	02 ②	03 ②	04 ①	05 ①
06 ②	07 ④	08 ①	09 ③	10 ①
11 ④	12 ④	13 ③	14 ④	15 ③
16 ②	17 ③	18 ③	19 ④	20 ②

01 정답 ④

상대방의 행동에 대해 긍정적으로 평가하는 것이 칭찬하는 말하기이다. ①은 대화의 내용과 무관한 내용이고, ②는 사과하는 말하기이다. ③은 대화의 내용과 무관한 내용이다.

02 정답 ②

이 글은 방호복을 입고 환자를 치료해주고 있는 의료진들에게 감사의 인사를 전하는 내용이므로 고마운 마음을 전하려는 것이 목적이다.

03 정답 ②

㉠은 배가 아플 때의 상황이다. 아픈 모습을 나타내는 행동과 표정이 아닌 것은 ②이다.

04 정답 ①

'물 쓰듯 쓰다'라는 말은 돈이나 물건을 헤프게 쓰는 모양을 나타내는 표현이다.
그러나 물이 부족한 현재 상황에서는 물은 헤프게 쓸 수 있는 자원이 아니므로 물을 아껴 써야 한다는 것이 광고에서 전달하고자 하는 말이다.

05 정답 ①

① '사과'는 하나의 단어로 이루어진 단일어이다.
② '햇밤'은 '햇–' + '밤'으로 이루어진 파생어이다.
③ '개살구'는 '개–' + '살구'로 이루어진 파생어이다.
④ '풋고추'는 '풋–' + '고추'로 이루어진 파생어이다.

06 정답 ②

어린이가 보행 중 교통사고로 사망하는 비율을 줄이기 위한 제안은 보행 안전 시설을 늘리고, 교통사고 예방 캠페인을 벌이고, 보행 중 스마트폰을 사용하지 않는 것이다. 음식물 쓰레기를 줄이는 것은 교통사고 비율을 줄이는 것과 관계가 없다.

07 정답 ④

내가 할머니 허리를 밟으면 할머니께서 더 아프시게 될까봐 겁이 났다.

08 정답 ①

이 시는 손자가 할머니의 허리를 시원하게 밟아드리면서도 할머니가 아프실까봐 걱정하는 내용이다. ②, ③은 시의 내용과 비슷한 경험을 대화의 주제로 삼고 있고 ④는 시 속의 할머니께서 하셨을 생각에 대해 이야기하고 있다. ①은 시와 관련이 없는 내용이다.

09 정답 ③

의사, 간호사, 법관, 군인에 따라서 입는 옷 색깔이 다르다는 것을 알려주고 있는 글이다. 따라서 정답은 직업이다.

10 정답 ①

옷 색깔을 달리하여 <u>입는다</u>. – 옷을 몸에 꿰거나 두르다.
① 바지를 <u>입다</u>. – 옷을 몸에 꿰거나 두르다.
② 상처를 <u>입다</u>. – 도움이나 손해를 받거나 당하다.
③ 은혜를 <u>입다</u>. – 도움이나 손해를 받거나 당하다.
④ 피해를 <u>입다</u>. – 도움이나 손해를 받거나 당하다.

11 정답 ④

이 글의 주장은 "우리 전통 음식을 사랑하자."이다. 따라서 전통 음식을 사랑했을 때 나타나는 긍정적인 내용을 근거로 제시해야 한다.

12 정답 ④

글쓴이의 의견은 어떤 상황에 대한 설명이나 사실이 아닌, 글쓴이의 생각을 말한다.

㉠은 독도의 날이 언제인지 알려주는 문장이고 ㉡은 독도의 날이 어떤 상황을 기념하는 날인지 알려주고 있다. ㉢은 학교에서 실시하는 독도의 날 행사에 대해 제시하고 있다. ㉣은 독도의 날 행사가 학생들에게 독도의 중요성을 일깨워 주는 데 도움이 된다는 글쓴이의 개인적인 의견, 생각에 해당한다.

13 정답 ③

기행문은 자신이 여행한 곳, 여행하면서 보고 듣고 느낀 것들을 적은 글이다.

14 정답 ④

가는 말이 고와야 오는 말이 곱다. 남에게 고운 말이나 행동을 해야 남도 나에게 좋은 말을 한다.

① 티끌 모아 태산 – 작은 물건도 조금씩 쌓이면 큰 것이 된다.

② 천 리 길도 한 걸음부터 – 무슨 일이라도 그 일의 시작이 중요하다.

③ 원숭이도 나무에서 떨어진다. – 그 일을 잘하는 사람이라도 실수할 때가 있다.

15 정답 ③

여러 사람 앞에서 발표할 때는 높임 표현을 사용하여, 바른 자세로 또박또박 말하고, 듣는 사람이 이해하기 쉽게 여러 가지 자료들을 사용하면 말하는 내용을 잘 전달할 수 있다.

16 정답 ②

"어제"는 과거에 해당하는 표현이므로 "어제 우리 가족은 미술관에 갔다."가 올바른 호응 관계이다.

17 정답 ③

㉠은 등장 인물이 할 행동이나, 표정 등을 지시하는 지문이다.

18 정답 ③

토의할 때는 토의 주제와 관련된 의견을 발표하고 자신의 의견을 발표하기 위해 주제와 관련 있는 다양한 정보들을 활용하는 것이 좋다. 또한 상대방이 발표할 때 그 내용을 귀기울여 들어야 한다.

19 정답 ④

① 김만덕은 가난한 선비집에서 태어났다.

② 김만덕은 절약하고 검소한 생활을 하였다.

③ 김만덕이 제주도를 떠나고 싶어했다는 내용은 본문에 제시되어 있지 않다.

20 정답 ②

김만덕은 자신만 풍요롭게 살기보다는 자신이 가진 것을 사람들과 나누며 함께 살기를 원했다.

사회 2021년 제2회

기출문제

01 ②	02 ③	03 ④	04 ④	05 ④
06 ③	07 ③	08 ④	09 ②	10 ②
11 ①	12 ①	13 ③	14 ①	15 ①
16 ④	17 ②	18 ②	19 ④	20 ①

01 정답 ②

보건소는 감염병과 질병을 예방하고 치료하려고 노력하는 공공 의료 기관이다.

오답피하기

④ 우체국은 우편, 예금, 보험 업무를 맡아보는 정부 기관이다.

02 정답 ③

산에서 나무를 기르고 나물이나 버섯, 약초를 캐면서 산지에 생활을 하는 마을을 산지촌이라 한다.

오답피하기

① 도심이란 도시의 중심을 말한다.

② 어촌은 바다에서 물고기, 해산물을 잡으며 생활하는 마을이다.

03 정답 ④

짧은 시간에 좁은 지역에 많은 양의 비가 내리는 현상으로 시간과 공간적으로 집중성이 매우 강하여 집중호우라고 한다.

오답피하기

① 가뭄은 비가 보통 때에 비해 오랫동안 오지 않거나 적게 오는 기간이 지속되는 현상이다.

② 땅이 흔들리고 갈라지는 현상을 지진이라 한다.

③ 폭설(대설)이란 많은 눈이 시간적, 공간적으로 집중되어 내리는 현상을 말한다.

04 정답 ④

한 나라의 영역은 영토, 영해, 영공으로 이루어지며, 한 나라의 영역은 국가 의사를 최종적으로 결정하는 주권이 미치는 범위이다.

오답피하기

② 인간이 살아가는 데 필요한 재화와 서비스를 생산하는 모든 활동을 산업이라 한다.

③ 인간으로서 당연히 가지는 기본적 권리를 인권이라 한다.

05 정답 ④

인간의 욕구는 무한하지만 돈이나 자원이 한정되어 부족한 경우를 희소성이라 한다.

오답피하기

① 고령화란 전체 인구에서 65세 이상 인구가 차지하는 비율이 높아지는 현상이다.

② 눈에 보이지 않지만 가치가 있는 것을 서비스라 한다. 의사 선생님의 진료, 선생님의 수업이 대표적인 예이다.

③ 정보가 중심이 되어 가치를 만들어내는 사회를 말한다.

06 정답 ③

아이를 적게 낳아 사회 전반적으로 출산율이 감소하는 사회현상을 저출산이라 한다.

오답피하기

① 돈이나 물건을 지나치게 많이 써서 없애는 일을 과소비라 한다.

② 민주화는 백성이 주인이 되어가는 것을 말한다.

④ 시끄러워서 불쾌함을 느끼게 만드는 소리를 소음 공해라 한다.

07 정답 ③

충청남도 동북부에 위치한 세종시는 특별자치시이다. 국토의 균형있는 발전을 위해 2012년 7월에 출범한 행정중심복합도시이다.

오답피하기

①, ②, ④ 우리나라의 광역시이다.

08 정답 ④

어린이 보호 구역에서 어린이를 보호하기 위해 속도를 초과하여 운전하면 처벌을 받게 하는 법은 어린이 교통안전 확보를 위한 방안이다.

오답피하기

① 자신이 창작한 창작물에 대해 권리를 보호하기 위해 저작권을 법으로 보호하고 있다.

09 정답 ②

방정환 선생님은 1921년 어린이라는 단어를 공식화하며 1923년 5월 1일 어린이날을 만들었다.

오답피하기

① 허균은 조선 시대의 정치인이자, 소설가이다.

③ 유관순은 3 · 1 만세 운동을 주도한 독립 운동가이다.

④ 이순신 장군은 조선 시대에 임진왜란을 승리로 이끈 장군이다.

10 정답 ②

1905년 일본이 대한제국과 강제로 체결한 조약이다. 을사늑약으로 일본은 외교권을 빼앗고 통감부를 설치하였다.

오답피하기

① 청나라가 조선으로 침입해 일어난 난리를 병자호란이라 한다.

③ 임진왜란은 1592~1598년 왜군의 침략으로 일어난 전쟁이다.

④ 1919년 3월 1일에 일어난 일본에 저항하는 항일 독립운동이다.

11 성답 ①

제시된 내용은 국민의 의무 중 교육의 의무에 해당한다. 교육의 의무는 의무이자 교육을 받을 수 있는 권리이다.

오답피하기

② 국방의 의무는 헌법상 모든 국민이 지는 나라를 지켜야 하는 의무이다.

③ 우리나라 국민이면 누구나 부지런히 일을 해야 할 의무가 근로의 의무이다.

④ 국가나 공공단체를 유지하기 위해 필요한 경비를 세금으로 납부하는 의무를 납세의 의무라 한다.

12 정답 ①

석굴암은 통일 신라 시대 김대성이 축조한 것으로 화강암을 이용해 만들었으며, 1995년 유네스코에서 세계문화유산으로 등록되었다.

오답피하기

② 자격루는 조선 세종의 명령으로 장영실이 제작한 물시계이다.

③ 고려 시대에 구워진 청자이다.

④ 금속을 녹여 부어 만든 활자이다.

13 정답 ③

팔만대장경은 몽골의 침략을 부처의 힘으로 물리치기 위해 만든 대장경이다. 대장경이란 불교 경전을 종합적으로 모은 것을 말한다.

오답피하기

① 임진왜란 당시 활약한 거북 모양의 배이다.

③ 허균이 지은 우리나라 최초의 한글 소설이다.

④ 장수왕이 세운 비석으로 광개토 대왕의 업적을 기록한 비석이다.

14 정답 ①

한인애국단은 대한민국 임시 정부에서 조직한 항일 독립 운동 단체이다. 윤봉길 의사는 한인 애국단원으로 홍커우공원에 폭탄을 던져 체포되었고 사형 선고를 받았다.

오답피하기

② 정약용은 조선 후기 목민심서, 경세유포 등을 저술한 실학자이다.

③ 조선 중기이 화가이자 율곡 이이의 어머니이다.

④ 흥선대원군은 조선의 왕족이자 고종의 아버지이다.

15 정답 ①

나라와 나라 사이에 물선과 서비스를 사고파는 것을 무역이라 한다. 무역은 나리미다 지원과 기술력이 다르기 때문에 나타나는 경제 활동이다.

16 정답 ④

많은 사람들의 의견에 따라 설정하는 것을 다수결의 원칙이라 한다. 학급 회의를 할 때 의견을 결정할 때 많이 사용한다.

17 정답 ②

대통령은 국민이 직접 뽑는 선거를 통해 선출된다. 외국에 대하여 국가를 대표하며 나라 살림을 맡은 행정부의 우두머리가 되는 최고 통치권자이다.

오답피하기

③ 변호사는 개인이나 단체를 대신해 재판에서 그들을 변호해 주는 활동을 한다.

18 정답 ②

환경 문제를 해결하기 위한 노력으로 쓰레기를 줄이고, 에너지를 절약하며, 친환경 제품을 사용한다. 플라스틱 일회용품 사용은 환경 문제의 해결책이 아닌 원인이 된다.

19 정답 ④

사우디아라비아는 세계적인 원유 수출국이다. 아라비아 반도에 위치하며 국토는 대부분 사막이다.

오답피하기

① 미국은 아메리카 대륙에 위치한다.

② 러시아는 유럽과 아시아에 걸쳐 위치하며 영토가 세계에서 가장 넓다.

③ 베트남은 인도차이나 반도 동부에 위치하며 열대기후가 나타난다.

20 정답 ①

독도는 우리나라의 동쪽 끝에 있는 화산섬이며, 동도와 서도라는 두 개의 섬과 크고 작은 바위들로 이루어져 있다. 역사적·지리적으로 우리나라의 영토이며, 수산자원과 지하자원이 풍부하다.

오답피하기

② 거제도는 경상남도 남해안에 위치한 섬이다.

④ 백령도는 서해안에 위치한다.

③ 제주도는 특별자치도이며 한국에서 가장 큰 화산섬이다.

수학 2021년 제2회

기출문제

01 ④	02 ②	03 ①	04 ③	05 ②
06 ②	07 ①	08 ③	09 ③	10 ③
11 ②	12 ①	13 ④	14 ④	15 ②
16 ①	17 ④	18 ③	19 ③	20 ①

01 정답 ④

가의 인구는 146377, 나의 인구는 247523, 다의 인구는 150222, 라의 인구는 294854명으로 모두 6자리의 수이므로 높은 자리의 숫자가 클수록 큰 수이다.

나와 라는 10만의 자리의 숫자가 2로 같으므로 그 다음 자리의 수인 만의 자리의 숫자를 비교하면 라가 9로 더 크므로 라는 나보다 인구가 더 많다.

또한 가와 다의 10만의 자리의 숫자가 1로 같으므로 그 다음 자리의 수인 만의 자리의 숫자를 비교하면 다가 5로 더 크므로 다는 가보다 인구가 더 많다.

따라서 인구의 수가 가장 많은 지역부터 나열하면, 라, 나, 다, 가이므로 답은 라가 된다.

따라서 답은 ④번이다.

02 답 ②

평행선 사이의 거리는 그림처럼 서로 수직인 거리이므로 정답은 ㉡이다.

따라서 답은 ②번이다.

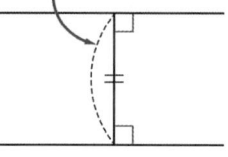

평행선 사이의 거리

03 정답 ①

각도란 두 변이 벌어진 정도로, 그림의 각도를 읽는 방법은 시작점이 0도로 시작하는 눈금을 따라 읽으면 된다. 따라서 안쪽 눈금을 따라 읽어주면 각도는 50°임을 알 수 있다.

정답은 ①번이다.

04 정답 ③

막대그래프에서 세로 눈금의 개수를 읽어주면 해당 운동종목을 좋아하는 학생 수를 구할 수 있다. 농구는 세로 눈금이 3칸이므로 농구를 좋아하는 학생은 3명, 야구는 세로 눈금이 7칸이므로 야구를 좋아하는 학생은 7명, 축구는 세로 눈금이 11칸이므로 축구를 좋아하는 학생은 11명, 피구는 세로 눈금이 9칸이므로 피구를 좋아하는 학생은 9명이다. 따라서 가장 많은 학생들이 좋아하는 종목은 축구이다.

정답은 ③번이다.

05 정답 ②

세호가 가지고 있는 구슬의 개수는 $34+16$개이고, 동생에게 9개를 주었으므로, 가지고 있던 구슬에서 9개를 빼면 $34+16-9$가 된다.

따라서 정답은 ②번이다.

06 정답 ②

18의 약수는 18을 나누어 떨어지게 하는 수이므로 곱하여 18이 되는 두 수를 차례로 찾아 구할 수 있다. 1×18, 2×9, 3×6이 곱하여 18이 되는 두 수이므로, 18의 약수는 1, 2, 3, 6, 9, 18이다.

따라서 빈 칸에 알맞은 수는 6이다.

| 참고 |

18의 약수는 18을 나누어 떨어지게 하는 수이므로 18보다 작거나 같은 자연수로 차례로 나누어보아도 구할 수 있다.

07 정답 ①

영우의 찰흙에서 슬기의 찰흙의 무게를 빼주면, $\frac{3}{4}-\frac{1}{2}$가 되고, 분모가 다른 두 수의 차는 분모를 통분하여 계산하면 된다.

$$\frac{3}{4}-\frac{1\times2}{2\times2}=\frac{3}{4}-\frac{2}{4}=\frac{3-2}{4}=\frac{1}{4}$$

따라서, 영우와 슬기의 찰흙 무게의 차는 $\frac{1}{4}$kg이다.

따라서 답은 ①번이다.

| 참고 |

두 수의 차는 큰 수에서 작은 수를 빼어 구한다.

08 정답 ③

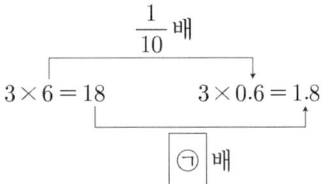

소수의 곱셈은 자연수의 곱셈을 이용하여 계산할 수 있다. 곱하는 수를 $\frac{1}{10}$배 하면, 결과도 $\frac{1}{10}$배 되므로, ㉠에 알맞은 수는 $\frac{1}{10}$이다.

따라서 답은 ③번이다.

09 정답 ③

$1\times3=3$
$2\times3=6$
$4\times3=12$이므로

탁자의 수$\times3=$ 의자의 수이다.

그러므로 $3\times3=$㉠이므로, ㉠$=9$가 됨을 알 수 있다.

10 정답 ③

합동인 두 도형은 겹치어 포개어지는 도형을 뜻하며, 대응하는 변의 길이가 각각 같다.

변 ㄴㄷ에 대응하는 변은 변 ㅂㅅ이고, 두 변의 길이가 같다.

두 변은 각각 눈금 7칸의 길이이고, 눈금 한 칸의 길이는 1cm이므로 변 ㅂㅅ은 7cm이다.

11 정답 ②

평행사변형의 넓이는 가로×높이이고, 그림의 직사각형은 모두 평행사변형과 높이가 같은 4cm이다.

따라서, 가로의 길이가 같으면 두 도형이 넓이는 같으므로, 그림에서 가로가 5cm인 직사각형을 찾으면 나이므로 나와 넓이가 같다. 그러므로 답은 ②번이다.

12 정답 ①

3명의 칭찬 도장의 수의 평균은 $\dfrac{\text{도장의 개수의 총합}}{3}$ 으로 계산할 수 있다.

평균$= \dfrac{(3+4+5)}{3} = \dfrac{12}{3} = 4$이므로 평균은 4이다.

답은 ①번이다.

13 정답 ④

원그래프의 칸의 개수를 모두 세면, 20칸이므로

$100 \div 20 = 5$

즉, 한 칸은 5%를 뜻한다.

그러므로 ㉠은 $5 \times 2 = 10\%$에 해당하며, 표에서 백분율이 10%인 과일은 수박이다.

따라서 답은 ④번이다.

14 정답 ④

나눗셈은 어떠한 양을 똑같이 나누는 셈이므로 12.8을 4명이 똑같이 나누어 가지려면, $12.8 \div 4$를 하면 된다.

따라서, 한 명이 가질 수 있는 끈의 길이는 $12.8 \div 4$로 계산하면 된다.

따라서 답은 ④번이다.

15 정답 ②

분모가 같은 분수의 나눗셈은 자연수의 나눗셈을 이용하여 계산할 수 있다.

분모가 같으므로 몫을 구하려면 분자끼리만 계산을 해도 된다.

따라서, $\dfrac{6}{13} \div \dfrac{2}{13} = 6 \div 2$와 같다. 빈칸에 알맞은 수는 2이므로 정답은 ②번이다.

16 정답 ①

그림의 전개도를 접으면 밑면이 삼각형이고, 옆면이 직사각형이며, 두 밑면이 합동이고, 평행한 입체도형이 된다.

두 밑면이 합동이고, 평행한 입체도형은 기둥이며, 밑면의 모양이 삼각형이므로, 삼각기둥이 된다. 따라서 답은 ①번이다.

17 정답 ④

①번의 도형은 쌓기나무의 개수가 5개이고,

②번의 도형은 쌓기나무의 개수가 1층에 4개, 2층에 1개로, 모두 5개다.

③번의 도형은 쌓기나무의 개수가 5개이고,

④번의 도형은 쌓기나무의 개수가 1층에 5개, 2층에 1개, 3층에 1개로 모두 7개다.

따라서 나머지 셋과 다른 것은 ④번이다.

| 다른풀이 |

각 층의 쌓기나무를 세는 것이 힘들다면, 그림처럼 세로로 세면 조금 더 쉽게 셀 수 있다.

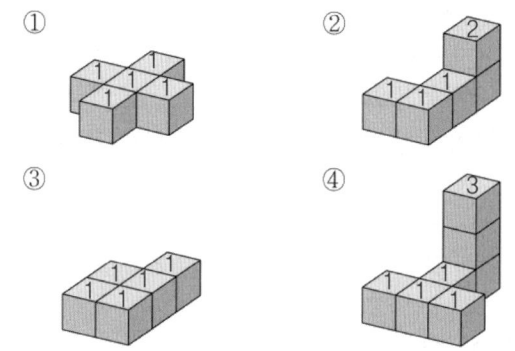

그림처럼 세로의 쌓기나무의 개수를 꼭대기에 적고, 모두 더해주면 된다.

18 정답 ③

문제에 쓰여있는 것처럼 원의 넓이=반지름×반지름×3이므로, ㉠에 알맞은 수는 반지름이 된다.

반지름이란 원의 중심과 원의 한 점을 연결하였을 때, 두 점의 거리를 뜻하므로 반지름은 5이다.

따라서 답은 ③번이다.

19 정답 ③

정육면체의 부피는 가로×세로×높이로 구한다.

따라서, 부피$= 10 \times 10 \times 10 = 1000\,(\text{cm}^3)$가 된다.

정답은 ③번이다.

20 정답 ①

전체는 10칸이고, 색칠한 부분은 5칸이므로,

색칠한 부분과 전체의 비를 백분율로 나타내면,

$\dfrac{\text{색칠한 부분}}{\text{전체}} \times 100 = \dfrac{5}{10} \times 100(\%)$가 된다.

따라서, 답은 50%이므로 ①번이다.

과학 **2021년 제2회**

기출문제

01 ①	02 ③	03 ①	04 ②	05 ②
06 ③	07 ④	08 ④	09 ④	10 ②
11 ②	12 ③	13 ④	14 ①	15 ③
16 ③	17 ②	18 ③	19 ①	20 ④

01 정답 ①

용수철저울은 무게를 재는 도구이다. 용수철저울은 매다는 물체의 무게가 커질수록 용수철이 늘어난 길이가 길어지는 성질을 이용한다.

02 정답 ③

주어진 표에서 가장 빠른 선수는 같은 거리인 50m 자유형 경기 기록에 걸린 시간이 가장 적은 다솜이다.

| 참고 |

속력(= 빠르기)은 단위 시간 동안 물체가 이동한 거리이다. 따라서 같은 거리일 때는 걸린 시간이 적을수록 속력이 빠르다.

03 정답 ①

구리판을 가열할 때 일어나는 열의 이동 방법은 전도이다. 알코올 램프로 가열할 때 가까운 (가)가 먼저 뜨거워지므로 열 변색 붙임딱지의 색깔 변화가 가장 먼저 일어난다.

| 참고 |

전도 : 주로 고체에서 열이 물질을 따라 온도가 높은 곳에서 낮은 곳까지 차례차례 전달되는 현상이다.

04 정답 ②

수조 위에서 레이저 빛의 각도를 달리하여 비출 때 빛이 물 표면에서 아래 방향으로 꺾여 나아가는 것은 빛의 굴절이다.

오답피하기

④ 증산 작용 : 잎에 있는 기공을 통해 물이 수증기가 되어 빠져나가는 작용이다.

05 정답 ②

호흡 기관은 숨을 들이마시고 내쉬는 일에 관여하는 기관이다. 호흡 기관에는 코, 기관, 기관지, 폐 등이 있다. 이 중에서 폐는 산소를 흡수하고 이산화 탄소를 내보내는 역할을 한다.

오답피하기

① 위 : 자루처럼 생긴 작은 주머니 모양으로, 식도와 작은 창자를 연결한다.

③ 방광 : 오줌이 몸 밖으로 나가기 전에 모이는 곳이다.

④ 이자 : 소화 효소가 나와 소화를 도와주는 기관이다.

06 정답 ③

물질이 탈 때 물질이 공기 속의 산소와 반응하여 빛과 열을 내며 탄다.

| 참고 |

물질이 탈 때 필요한 조건 : 산소, 탈 물질, 발화점 이상의 온도이다. 발화점이란 어떤 물질이 연소 가능한 가장 낮은 온도를 의미한다.

07 정답 ④

부레옥잠은 물에 떠서 사는 식물이다. 부레옥잠은 잎자루가 마치 물고기의 부레처럼 불룩한데, 이곳에 공기를 모아 두기 때문에 가라앉지 않고 물 위를 둥둥 떠다닐 수 있다.

오답피하기

② 선인장 : 잎이 작거나 뾰족하며 굵은 줄기가 특징인 식물로, 주로 기후가 건조한 사막에서 살아간다.

08 정답 ④

광합성은 녹색 식물이 빛을 이용하여 이산화 탄소와 물로 필요한 영양분을 만드는 과정이다.

오답피하기

③ 다 자란 열매의 씨는 다양한 방법으로 퍼진다. 그 중에서 민들레 씨는 바람에 날려 씨가 퍼진다.

09 정답 ④

화석으로 오래전에 살았던 생물들의 모습과 그 당시의 자연환경 등을 알아낼 수 있다. 만약 땅에서 물고기 화석이 나왔다면, 그곳이 옛날에는 바다였다는 것을 알 수 있다.

| 참고 |

화석 : 과거에 살았던 생물의 몸체나 흔적이 암석이나 지층 속에 남아 있는 것이다.

10 정답 ②

전자석은 원통 모양으로 감은 에나멜선에 전류를 흐르게 하여 만든 자석이다. 전자석은 전류가 흐르면 자석의 성질을 나타내고, 전류가 흐르지 않으면 자석의 성질을 나타내지 않는다.

11 정답 ②

별자리는 하늘의 별을 무리 지어 신화에 나오는 동물이나 인물 등의 이름을 붙여 놓은 것이다.

오답피하기

① 달 : 지구의 하나밖에 없는 위성이다. 스스로 빛을 내지 못하지만 태양 빛을 받아 반사된 빛 때문에 밝게 보인다.

③ 지구의 자전 : 지구는 자전축을 중심으로 하루에 한 바퀴씩 회전한다.

④ 지구의 공전 : 지구는 태양을 중심으로 하여 1년에 한 바퀴씩 회전한다.

12 정답 ③

건습구 습도계의 습도표를 읽을 때, 주어진 습도표에서 세로줄의 건구 온도 15℃와 가로줄의 건구 온도와 습구 온도의 차 2℃가 만나는 곳을 찾으면 현재 습도는 80%이다.

13 정답 ④

지구의 자전축이 공전 궤도면에 대하여 기울어진 채 태양 주위를 공전하기 때문에 계절이 달라진다.

| 참고 |

계절 변화의 원인 : 지구의 자전축이 공전 궤도면에 대하여 기울어진 채 태양 주위를 공전한다. → 지구의 위치에 따라 태양의 남중 고도가 달라진다. → 태양의 남

중 고도가 달라지면 낮의 길이도 달라진다. → 계절의 변화가 생긴다.

14 정답 ①
용액의 진하기를 비교하는 경우, 색깔이나 맛으로 진하기를 비교하기 어려울 때에는 용액에 방울토마토와 같은 물체를 넣어 물체가 뜨거나 가라앉는 것을 보고 용액의 진하기를 비교할 수 있다.
문제에서 용해된 각설탕의 개수가 가장 많고 방울토마토도 떠 있는 것으로 보아 가장 진한 용액은 (가)이다.

15 정답 ③
지진이 발생하면 건물의 승강기 대신 계단을 이용해야 한다. 지진이 발생하면 승강기가 멈춰서 승강기 안에 갇힐 수 있기 때문에 계단으로 대피하는 것이 좋다.
오답피하기
① 책상 아래로 들어가 웅크리고 몸을 보호한다.
② 건물의 벽은 무너질 수 있으므로 건물 밖으로 대피한다.
④ 교실보다는 운동장으로 대피한다.

16 정답 ③
날씨에 따라 우리 생활은 달라진다. 비가 내리고 바람이 세게 부는 날은 장화를 신거나 우산을 쓰고, 야외 활동을 자제한다. 춥고 눈이 내리는 날은 실내 난방을 하고 지내며 야외 활동 시에는 옷을 따뜻하게 입는다. 더운 날에는 시원한 음료를 마신다.
오답피하기
자동차의 안전띠는 과속을 하다 급정지를 할 때 몸이 앞으로 쏠리는 현상을 막아준다.

17 정답 ②
감각 기관은 주변으로부터 전달된 자극을 느끼고 받아들이는 역할을 한다. 감각 기관에는 눈, 코, 혀, 귀, 피부가 있다. 냄새를 통해 음식을 판단하는 것은 코이다.
오답피하기
① 귀 : 소리를 통해 청각을 인지한다.

③ 혀 : 맛을 통해 미각을 느낀다.
④ 피부 : 촉각을 느낀다.

18 정답 ③
먹이 사슬에서 벼는 생산자이다. 생산자는 살아가는 데 필요한 양분을 스스로 만드는 식물이다. (가)는 생산자를 먹는 1차 소비자이므로 보기 중 메뚜기이다.
오답피하기
① 배추는 생산자이다.
② 독수리는 다른 동물을 먹는 소비자이다.
④ 호랑이는 다른 동물을 먹는 소비자이다.

19 정답 ①
산성 용액은 푸른색 리트머스 종이를 붉은색으로 변하게 한다. 식초, 레몬즙, 묽은 염산 등은 산성 용액이다.
오답피하기
염기성 용액은 붉은색 리트머스 종이를 푸른색으로 변하게 한다. ② 석회수, ③ 빨랫비누 물, ④ 묽은 수산화나트륨 용액은 염기성 용액이다.

20 정답 ④
부도체는 전기가 통하지 않는 물질이며 종이, 유리, 비닐, 나무, 플라스틱 등이 부도체에 속한다.
오답피하기
도체는 전기가 잘 통하는 물질이다. 철, 구리, 알루미늄, 금, 은 등과 같이 주로 금속으로 되어 있다.

도덕 2021년 제2회

기출문제

01 ③	02 ④	03 ①	04 ④	05 ③
06 ③	07 ①	08 ④	09 ②	10 ④
11 ②	12 ①	13 ②	14 ④	15 ②
16 ④	17 ③	18 ④	19 ①	20 ③

01 정답 ③

정직한 사람은 다른 사람의 물건을 훔치거나 자신의 실수를 다른 사람에게 떠넘기지 않는다.

02 정답 ④

친구를 존중하고 배려하는 행동은 도덕적 삶을 살아가는 데 필요한 모습이다.

03 정답 ①

자신을 스스로 존중하는 사람은 다른 사람도 존중해야 한다는 것을 알게 되고 자신을 이해하는 과정에서 삶의 소중함을 깨닫고 자신의 삶에 대한 책임감을 느낄 수 있다.

04 정답 ④

그림에 제시된 '시간은 금이다.', '구르는 돌은 이끼가 안 낀다.'는 속담에 대한 설명이다. 우리는 옛 속담을 통해 도덕적 성찰을 할 수 있고 도덕적 행동을 실천할 수 있다.

05 정답 ③

다른 사람의 마음에 공감하고 배려하면서 다른 사람들과 조화롭게 살아갈 수 있다.

06 정답 ③

그림의 '갖고 싶다.', '먹고 싶다.', '도전하고 싶다.', '놀고 싶다.'는 것은 ~하고 싶은 욕구에 대한 설명이다.

07 정답 ①

모든 사람을 평등하게 대우하여 법과 규칙을 공평하게 적용하거나 잘한 사람에게는 그만큼의 혜택을 주고, 못한 사람에게는 혜택을 덜 준다면 일반적으로 공정하다고 여겨진다.

08 정답 ④

두레란 마을 단위의 공동 노동 조직으로 옛 조상들의 상부상조의 전통, 즉 협동의 모습을 나타낸다.

09 정답 ②

표에서 실천하는 계획들은 어려움을 겪고 있는 이웃들이 도움이 필요할 때, 우리가 그들을 돕고자 하는 배려 행위인 봉사를 의미한다.

10 정답 ④

환경 문제는 한 지역의 환경오염이 지구 전체에 영향을 주기 때문에 인류의 생존을 위협하는 문제이다.

11 정답 ②

제시된 상황에서 나의 바른 태도는 외국인인 이모부의 인사를 반갑게 받아들이는 자세가 필요하다.

12 정답 ①

제시된 그림은 가정에서 부모님과 인사를 나누는 예절에 대한 그림이다.

13 정답 ②

남이 하는 일은 무조건 옳다고 생각하는 태도는 바람직하지 않다. 자신 스스로 그 행동이 옳은 것인지 판단하여 바른 행동을 할 수 있도록 노력해야 한다.

14 정답 ④

사이버 공간과 현실 공간 모두 개인 정보는 보호되어야 한다. 따라서 ㉣의 주민등록번호를 다른 사람에게 알려 주는 행위는 개인 정보가 악용될 수 있기 때문에 바르지 못한 행동이다.

15 정답 ②

친구와 갈등이 발생했을 때는 진솔한 대화를 통해 문제를 해결하여 서로 이해할 수 있는 방법을 찾아야 한다.

16 정답 ④

이산가족은 남북 분단과 관련된 단어로 통일을 이루게 되면 이산가족이 겪고 있는 아픔이 해결될 수 있다.

17 정답 ③

인간이 그 자체로 소중하며 항상 귀중하게 대우받아야 한다는 인간 존엄성과 인간으로서 누려야 할 기본적 권리인 인권을 보장해야 한다.

18 정답 ④

ㄱ. 부당하게 한쪽 편만 드는 것, ㄴ. 친한 친구에게만 혜택을 주는 것은 공정하지 못한 행동이다.

19 정답 ①

인터넷 상의 가상공간도 현실 공간과 차이가 없다는 것을 이해하고 바른 예절을 지키고 다른 사람에게 피해가 가지 않도록 조심해야 한다.

20 정답 ③

마음 신호등 3단계는 '멈추기–생각하기–표현하기'의 3단계로 감정과 욕구를 조절하고 표현하는 것이다.

기출문제

01 ③	02 ①	03 ②	04 ④	05 ①
06 ①	07 ③	08 ④	09 ①	10 ③
11 ④	12 ②	13 ②	14 ④	15 ③
16 ①	17 ②	18 ①	19 ④	20 ③

01 정답 ③

국제결혼 가족이나 이주 외국인 가족 등 서로 다른 문화적 배경을 가진 사람들로 구성된 가족을 다문화 가족이라 한다.

오답피하기

① 조손 가족이란 조부모(할머니 또는 할아버지)와 손자(손녀)만으로 이루어진 가족을 말한다.
② 확대 가족이란 부부가 그들의 자녀 및 부모 등과 함께 사는 가족이다.
④ 한 부모 가족이란 이혼, 별거, 사망 등 여러 가지 사유로 부모님 중 한쪽과 그 자녀로 이루어진 가족이다.

02 정답 ①

건강한 가정생활로 적절하지 않은 것은 가정일을 서로 미루는 것이다. 건강한 가정생활을 위해 가족끼리 인격과 개성을 존중하고, 서로에 대한 감사와 사랑을 표현하며 서로 돌보아 주어야 한다.

03 정답 ②

지방은 활동에 필요한 힘을 내고, 몸의 조직을 구성한다. 들기름, 참기름, 육류의 기름, 버터, 식용유, 땅콩, 잣, 깨 등은 지방이 많이 들어 있다.

오답피하기

① 고구마는 탄수화물이 많이 들어 있다.
③ 멸치는 무기질이 많이 들어 있다.
④ 사과는 비타민이 많이 들어 있다

04 정답 ④

더울 때는 바람이 잘 통하고 땀을 잘 흡수하는 소재의 옷을 입는 것이 좋다.

② 장례식장에 갈 때 화려하지 않은 무채색 계통으로 단정하게 입는 것이 좋다.

05 정답 ①

홈질은 손바느질의 기본이 되는 바느질법으로 겉과 안을 같은 땀으로 꿰매어 솔기를 붙이거나 주름을 잡을 때, 장식할 때 이용한다. 바늘땀은 오른쪽에서 왼쪽으로 한 땀씩 꿰맨다. 바늘땀의 크기는 옷감과 용도에 따라서 조절하나 약 2~4mm로 한다.

② 박음질은 홈질보다 튼튼한 바느질 방법으로, 천의 끝에서 한 땀을 남기고 바늘을 꽂아 한 땀씩 뒤로 되돌아가며 꿰맨다. 겉은 재봉틀로 박은 것과 같은 모양의 바늘땀이 된다.

06 정답 ①

운전 중에 휴대 전화를 사용하는 것은 위험한 행동으로 사고를 유발할 수 있다.

④ 물놀이 전에는 준비 운동을 충분히 하며, 천천히 물속으로 들어가야 한다.

07 정답 ③

(가)는 유통 기한으로 상품이 시중에 유통될 수 있는 기한이다.

08 정답 ④

전자레인지는 마이크로파(전자기파)를 이용하여 음식물을 뜨겁게 한다. 마이크로파는 유리나 도자기, 플라스틱만을 통과할 수 있고 금속을 통과할 수 없어 금속으로 된 용기는 사용하지 않는다.

09 정답 ①

모자는 모양이 변하지 않도록 보관해야 한다.

② 더러워진 옷은 세탁 후 보관해야 한다.
③ 구김이 잘 가는 옷은 옷걸이를 이용하여 보관한다.

④ 자주 입는 옷은 손이 닿기 편한 곳에 보관한다.

10 정답 ③

학교 공부와 건강을 위한 운동을 열심히 하겠다는 것은 목표 세우기에 해당한다. 시간 관리 단계는 목표 세우기 → 계획하기 → 실천 → 평가하기 → 반성하기 과정을 거친다.

11 정답 ④

용돈은 지출 계획을 세워 사용하는 것이 합리적 소비 습관으로 가장 적절하다.

① 적절한 소비는 경제에 긍정적 영향을 준다.
② 물건을 살 때 필요한 만큼만 구매한다.

12 정답 ②

쓰레기는 냄새날 때까지 모아 두지 말고 미리미리 버려야 한다. 쓰레기 냄새가 나는 생활공간은 쾌적할 수 없다.

13 정답 ②

밀, 보리, 옥수수는 곡식 위주의 작물이며 사람의 주식으로 활용된다. 목화는 주로 솜을 사용하기 위해 재배한다.

14 정답 ④

장수풍뎅이를 사육하기 위해서는 사육 상자에 발효 톱밥과 나뭇잎을 넣은 후 물을 뿌려 주어야 한다.

15 정답 ③

(가)는 브레이크이며 브레이크는 속도를 줄이거나 멈추게 하는 제동 장치이다.

16 정답 ①

달걀 조리 방법 순서는 다음과 같다.
냄비에 달걀과 물을 넣는다. → 젓가락으로 굴리며 달걀을 삶는다. → 삶아진 달걀을 체로 건져 껍데기를 잘 벗겨내기 위해 찬물에 식힌다.

17 정답 ②

방화복과 소방차는 소방관들이 사용하는 장비들이다.

18 정답 ①

날개 없는 선풍기는 빼기 기법에 해당한다. 빼기 기법은 물건의 구성이나 기능 중 일부를 없앰으로써 사용하기 편리한 물건을 만드는 발명 기법이다.

19 정답 ④

지식 재산을 보호하는 방법으로 참고 자료는 출처를 밝혀야 하며 불법 복제 및 다른 사람의 창작물 사용은 안 된다.

20 정답 ③

친환경 농법은 화학 비료와 농약을 사용하지 않고 농사를 짓는 방법으로, 우렁이 농법, 오리 농법, 지렁이 농법 등이 있다. 우렁이 농법은 우렁이가 논에 자라는 잡초를 먹어 치워 화학 농약을 사용하지 않고 농사를 짓는 친환경 농법이다.

합격예감

초졸 검정고시

2021
제1회

기출을 보면 합격이 보인다!

기출문제

 국어

사회

수학

과학

도덕

실과

합격예감

초졸 검정고시

기출문제집

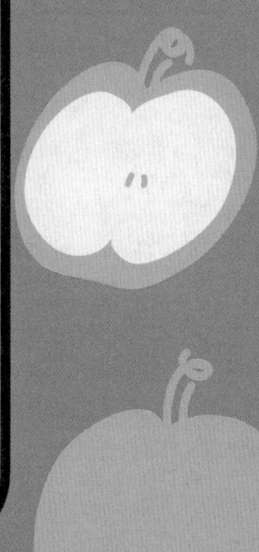

2021 국어
제1회

01 ㉠에 들어갈 위로하는 말로 가장 적절한 것은?

줄넘기 연습을 해도 자꾸 줄에 걸려서 속상해.

㉠

① 늦게 일어났어. 미안해.

② 오늘 아침은 정말 맛있었어.

③ 지난번에 필통을 빌려 줘서 고마워.

④ 속상하겠다. 우리 같이 연습해 보자.

[2~3] 다음 글을 읽고 물음에 답하시오.

> 일회용 나무젓가락은 간편하여 사람들이 많이 사용합니다. 그러나 나무젓가락을 만들기 위해서는 소중한 자원인 나무를 많이 베어야 합니다. 또한 약품 처리를 하기 때문에 그냥 두면 없어지는 데 20년 이상 걸립니다. 따라서 우리는 일회용 나무젓가락 사용을 줄여야 합니다.

02 위와 같은 글을 쓰는 방법으로 알맞은 것은?

① 하루 동안 한 일을 정리하여 쓴다.

② 자신의 미래 모습을 상상하여 쓴다.

③ 주장을 뒷받침하는 근거를 제시한다.

④ 자신이 본받고 싶은 위인을 소개한다.

---

03 윗글에서 글쓴이가 말하고자 하는 것은?

① 음식을 남기지 말아야 합니다.

② 친구와 사이좋게 지내야 합니다.

③ 흐르는 물에 손을 자주 씻어야 합니다.

④ 일회용 나무젓가락 사용을 줄여야 합니다.

---

04 ㉠에 들어갈 속담으로 알맞은 것은?

힘을 모아 함께 공원을 청소했더니 힘들지 않고 쉽게 끝났어.

맞아.
_____ ㉠ _____
라더니 함께 하니까 쉽게 끝난 것 같아.

① 백지장도 맞들면 낫다.

② 발 없는 말이 천 리 간다.

③ 지렁이도 밟으면 꿈틀한다.

④ 돌다리도 두드려 보고 건너라.

---

05 ㉠에 들어갈 내용으로 가장 적절한 것은?

> 중심 문장 : 쓰레기를 아무 곳에나 버리지 말자.
>
> 뒷받침 문장 : • _____ ㉠ _____
>
> • 쓰레기 처리에 많은 노력이 필요하다.

① 밥을 골고루 먹는다.

② 고운 말을 사용하게 된다.

③ 다양한 지식을 얻을 수 있다.

④ 주변이 지저분해져 보기에 좋지 않다.

06 ㉠에 들어갈 말로 알맞은 것은?

> 동물들이 소리를 내는 방식은 다양합니다. 개나 닭은 사람과 같이 성대를 울려 소리를 냅니다. 매미는 발음근으로 소리를 냅니다. 물고기는 몸속에 있는 부레로 여러 가지 소리를 냅니다. 동물들은 저마다 다양한 방법으로 〔 ㉠ 〕

① 소리를 냅니다.
② 집을 짓습니다.
③ 먹이를 구합니다.
④ 새끼를 기릅니다.

07 다음 중 시키는 문장으로 알맞은 것은?

① 된장은 발효 식품이다.
② 농구공을 이쪽으로 던져라.
③ 이번 대회에서 우승하니까 정말 기뻐!
④ 제가 다녀온 박물관에 대해 말씀 드릴까요?

[8~9] 다음 글을 읽고 물음에 답하시오.

> 경복궁은 조선 시대 최초의 궁궐로, 태조 이성계가 지금의 서울인 한양에 세웠다. 경복궁은 '㉠큰 복을 누리며 번성하라.'는 뜻을 지녔으며 이후 조선을 대표하는 궁궐이 되었다. 경복궁의 건물은 7,600여 칸으로 규모가 어마어마하다.

08 윗글에 나타난 경복궁에 대한 내용으로 알맞지 않은 것은?

① 고려 시대 최초의 궁궐이다.
② 지금의 서울인 한양에 세웠다.
③ 큰 복을 누리며 번성하라는 뜻이다.
④ 건물이 7,600여 칸으로 규모가 어마어마하다.

09 ㉠의 뜻을 알아보기 위해 국어사전에서 찾아야 할 낱말은?

① 크고   ② 크다
③ 크면   ④ 크지

10 다음 광고에서 전하려는 내용은?

아름다운 음악이라도 이웃에게는
큰 고통이 될 수 있습니다.

① 책을 많이 읽자.
② 이웃을 배려하자.
③ 마스크를 잘 쓰자.
④ 음식을 남기지 말자.

11 ㉠~㉣ 중 글쓴이의 의견이 나타난 문장은?

> ㉠다보탑과 석가탑은 모두 통일 신라 시대에 만들어졌습니다. ㉡두 탑은 불국사 대웅전 앞뜰에 있습니다. 다보탑은 십자 모양의 받침 주변에 돌계단을 만들고 그 위에 사각·팔각·원 모양의 돌을 쌓아 올렸습니다. ㉢석가탑은 사각 평면 받침 위에 돌을 삼 층으로 쌓아 올렸습니다.
>
> ㉣다보탑과 석가탑은 서로 다른 모습이지만 모두 매우 아름답습니다. 그래서 많은 사람에게 관심과 사랑을 받습니다.

① ㉠
② ㉡
③ ㉢
④ ㉣

12 다음 글에서 태웅이가 할머니께 전하려고 하는 마음은?

> 할머니, 안녕하세요?
> 저 태웅이예요. 지난 주에 할머니 댁에 갔을 때 반갑게 맞아 주시고, 재미있는 이야기도 들려주셔서 고맙습니다. 또 놀러 갈게요.

① 슬픈 마음
② 화난 마음
③ 고마운 마음
④ 실망한 마음

[13~14] 다음 글을 읽고 물음에 답하시오.

> ㉠우리 가족은 주말에 여행을 다녀왔다. 여행지는 전라북도 고창으로 예전에 텔레비전 여행 방송에서 본 기억이 있어 ㉡가기 전부터 많이 설레었다.
>
> 토요일 아침 일찍 출발해서 맨 처음 도착한 고창 관광지는 고인돌 박물관이었다. 고인돌 박물관에서는 영화와 유물들을 보면서 고인돌의 역사를 알 수 있었다.
>
> 박물관 1층에서는 고인돌 영화를 봤고 ㉢2층에서는 고인돌과 관련된 여러 유물을 봤다. 박물관을 다 둘러보고 나니 ㉣고인돌 박사가 된 것 같은 기분이었다.

13 윗글에 대한 설명으로 알맞은 것은?

① 운율을 살려 쓴 글
② 안부를 전하기 위해 쓴 글
③ 여행한 경험에 대해 쓴 글
④ 상대방을 설득하기 위해 쓴 글

14 ㉠~㉣ 중 박물관에서 본 것이 나타난 부분은?

① ㉠
② ㉡
③ ㉢
④ ㉣

15 다음 글에서 ㉠이 비유한 대상으로 가장 적절한 것은?

> 봄의 길목에서
> 우남희
>
> 겨울 끝자락   그러는 사이
> 봄의 길목   풀밭에 떨어진 ㉠노
> 가거라! 가거라!   란 단추
> 안 된다! 안 된다!
>   민
>   들
> 봄바람이   레
> 겨울바람과   꽃.
> 밀고 당기기를 합니다.

① 겨울   ② 길목
③ 끝자락   ④ 민들레꽃

16 낱말의 짜임이 <u>다른</u> 하나는?

① 구름   ② 밤낮
③ 바다   ④ 하늘

17 다음 중 공식적인 말하기 상황으로 알맞은 것은?

① 뉴스에서 일기 예보하기
② 할아버지께 안부 전화 드리기
③ 집에서 동생에게 놀이 방법 알려 주기
④ 놀이터에서 친구와 취미 생활에 대해 이
야기하기

18 문장의 호응 관계가 바르지 <u>않은</u> 것은?

① 날씨가 그다지 덥지 않다.
② 나는 결코 거짓말을 한 적이 없다.
③ 나는 달리기를 별로 좋아하지 않는다.
④ 선생님 말씀은 전혀 들어 본 내용이었다.

[19~20] 다음 글을 읽고 물음에 답하시오.

> 은혜 갚은 개구리
> • 때 : 심한 흉년이 든 어느 여름
> • (㉠) : 농촌 어느 마을
> • 나오는 인물 : 농부, 농부의 아내, 마을 사람, 개
>   구리들
>
>   농부, 쌀 한 되를 메고 길을 가고 있다.
> 농부 : (한숨을 쉬며) ㉡이제 집에 팔 수 있는 것
>   이라고는 죄다 팔고 솥 하나 남았구나.

19 ㉠에 들어갈 말로 알맞은 것은?

① 곳   ② 분장
③ 해설   ④ 효과음

20 ㉡에 대한 설명으로 알맞은 것은?

① 인물이 하는 말을 나타낸다.
② 막이 오르는 시간을 나타낸다.
③ 작품의 배경 음악을 나타낸다.
④ 인물의 동작이나 표정을 나타낸다.

01 다음에서 ㉠에 들어갈 말로 알맞은 것은?

> 지도에서는 미리 약속된 [㉠] 을/를 사용하여 산, 강, 건물 등을 간단하게 나타낼 수 있다.

① 기호 　　　② 방위

③ 축척 　　　④ 등고선

02 다음에서 설명하는 공공 기관은?

지역의 안전을 책임지고 질서를 유지해요.

① 교육청 　　　② 경찰서

③ 도서관 　　　④ 우체국

03 다음 설명으로 가장 알맞은 것은?

> 사람이 쓸 수 있는 돈이나 자원은 한정되어 있으므로 원하는 것을 모두 가질 수는 없다.

① 고장 　　　② 인권

③ 다양성 　　　④ 희소성

04 그림에 나타난 차별의 종류로 가장 적절한 것은?

△△회사 면접

몸이 불편한데 일을 잘할 수 있을까?

다른 지원자는 없을까?

① 문화 　　　② 언어

③ 장애 　　　④ 종교

05 다음에서 ㉠에 공통으로 들어갈 말로 알맞은 것은?

해경은 우리나라 ㉠ 에서 물고기를 잡던 다른 나라 어선을 붙잡았습니다.

허가 없이 우리나라 ㉠ 에서 물고기를 잡았기 때문에 처벌을 받을 것으로 예상됩니다.

① 영공 　　　② 영토

③ 영해 　　　④ 중심지

06 그래프의 내용으로 옳지 <u>않은</u> 것은?

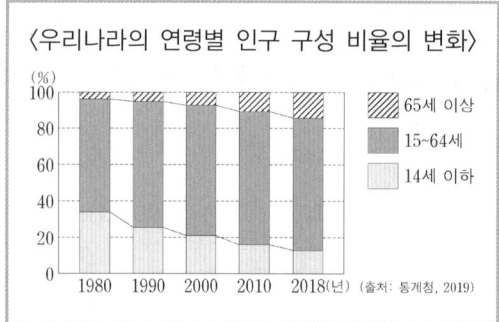

〈우리나라의 연령별 인구 구성 비율의 변화〉

① 14세 이하 인구 구성의 비율이 늘어나고 있다.

② 65세 이상 인구 구성의 비율이 늘어나고 있다.

③ 1980년에 인구 구성의 비율이 가장 낮은 집단은 65세 이상이다.

④ 2018년에 인구 구성의 비율이 가장 높은 집단은 15~64세이다.

07 다음에서 설명하는 단체는?

> • 세계 무역을 보다 더 자유롭게 할 수 있도록 1995년 1월에 설립되었다.
> • 나라와 나라 사이에 무역과 관련된 문제가 일어났을 때 공정하게 심판하려고 만들어졌다.

① 그린피스

② 세계 무역 기구

③ 세계 보건 기구

④ 국경 없는 의사회

08 다음에서 ㉠에 공통으로 들어갈 말로 알맞은 것은?

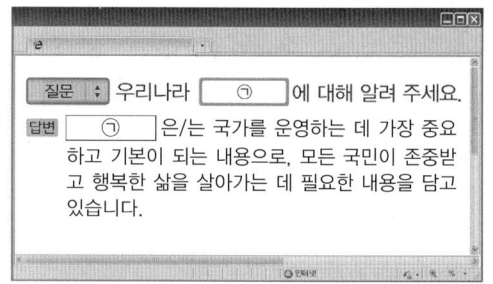

질문 : 우리나라 ㉠ 에 대해 알려 주세요.

답변 : ㉠ 은/는 국가를 운영하는 데 가장 중요하고 기본이 되는 내용으로, 모든 국민이 존중받고 행복한 삶을 살아가는 데 필요한 내용을 담고 있습니다.

① 예절

② 의무

③ 책임

④ 헌법

09 다음에서 설명하는 나라는?

> • 단군왕검이 세웠다고 전해지고 있다.
> • 대표적인 문화유산으로 비파형 동검, 탁자식 고인돌 등이 있다.

① 백제

② 신라

③ 고조선

④ 고구려

10 다음에서 설명하는 사람은?

> • 위화도에서 군대를 되돌려 반대 세력을 몰아냈다.
> • 조선을 건국하였다.

① 온조

② 왕건

③ 주몽

④ 이성계

11 다음에서 설명하는 조선 후기 서민 문화는?

> • 탈을 쓰고 하는 연극이나 춤이다.
> • 백성의 생각이나 감정을 솔직하게 표현하였다.

① 탈놀이   ② 판소리
③ 풍속화   ④ 한글 소설

12 다음에서 설명하는 사람은?

> • 대한민국 임시 정부에서 활동하였다.
> • 한인 애국단을 조직하여 일제에 저항하였다.

① 김구   ② 세종
③ 김유신   ④ 이순신

13 생활 속 민주주의를 실천하는 태도로 옳지 않은 것은?

① 상대방을 배려한다.
② 나와 다른 의견은 무시한다.
③ 함께 결정한 일은 따르려고 노력한다.
④ 사실이나 의견의 옳고 그름을 따져 살펴본다.

14 다음에서 ㉠에 들어갈 말로 알맞은 것은?

> ○ ○ 신 문   2020년 4월 △△일
>
> **코로나19를 이겨낸 투표 열기**
> 코로나19 감염의 두려움 속에서 실시된 제21대 국회의원 선거에서 국민들은 자신의 소중한 한 표를 행사하기 위해 투표소에서 길게 줄을 서고 있습니다.

> 신문을 읽은 길동이는 코로나19 상황에서도 국민들이 투표에 참여한 까닭은 투표를 통해 국가의 주인으로서 ㉠ 을/를 행사하고 싶었기 때문이라고 생각했다.

① 봉사   ② 양보
③ 존중   ④ 주권

15 다음에서 설명하는 기후는?

> • 강수량이 매우 적어 사막 지형이 나타난다.
> • 사우디아라비아, 이집트 등에서 주로 나타난다.

① 한대 기후   ② 냉대 기후
③ 건조 기후   ④ 고산 기후

16 다음에서 설명하는 제도는?

> • 조선 시대의 제도이다.
> • 억울한 일을 당한 백성이 대궐 밖에 설치된 북을 쳐서 임금에게 알릴 수 있었다.

① 과거 제도   ② 봉수 제도

③ 신분 제도   ④ 신문고 제도

17 다음에서 ㉠에 공통으로 들어갈 말로 알맞은 것은?

> •   ㉠   은/는 물건뿐만 아니라 노동력, 주식, 부동산 등도 사고파는 곳이다.
> • 가계와 기업은 다양한 형태의   ㉠   에서 만나고 있다.

① 시장   ② 학교

③ 놀이터   ④ 박물관

18 다음에서 설명하는 나라는?

> • 북아메리카 대륙에 위치하고 있다.
> • 50개의 주로 이루어져 있다.
> • 영토 면적이 한반도의 약 45배이다.
> • 6·25 전쟁 때 국제 연합군으로 참여하였다.

① 미국   ② 중국

③ 러시아   ④ 베트남

19 독도에 대한 설명으로 알맞지 <u>않은</u> 것은?

① 울릉도 동남쪽에 있는 섬이다.

② 우리나라의 서쪽 끝에 있는 섬이다.

③ 독특한 지형과 경관을 지닌 화산섬이다.

④ 동도와 서도, 작은 바위섬들로 이루어져 있다.

20 다음 중 지구촌 환경 문제를 해결하는 방법으로 알맞지 <u>않은</u> 것은?

① 에너지 절약하기

② 친환경 물품 개발하기

③ 환경 캠페인 참여하기

④ 플라스틱 빨대 사용하기

2021

제1회

수학

01 3̲4257에서 밑줄 친 3이 나타내는 값은?

① 30

② 300

③ 3000

④ 30000

02 다음 분수의 덧셈에서 ㉠에 들어갈 수는?

$$\frac{1}{5} + \frac{3}{5} = \frac{㉠}{5}$$

① 3

② 4

③ 5

④ 6

03 표는 어느 입체 도형의 구성 요소를 나타낸 것이다. 이 입체 도형에 해당하는 것은?

면의 수(개)	모서리의 수(개)	꼭짓점의 수(개)
5	9	6

①

②

③

④

04 그림에서 둔각에 해당하는 것은?

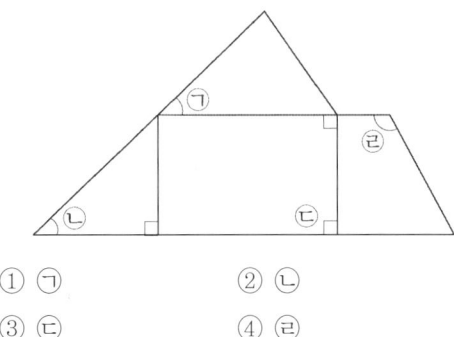

① ㉠

② ㉡

③ ㉢

④ ㉣

05 다음 전개도를 접었을 때, 만들어지는 입체 도형의 겉넓이는?

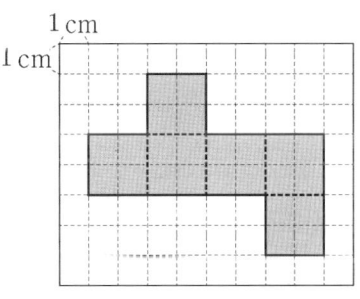

① 20 cm²

② 22 cm²

③ 24 cm²

④ 26 cm²

06 두 분수의 곱이 $\frac{1}{6}$ 인 것은?

① $\frac{1}{2} \times \frac{1}{3}$ ② $\frac{1}{3} \times \frac{1}{4}$

③ $\frac{1}{4} \times \frac{1}{5}$ ④ $\frac{1}{5} \times \frac{1}{6}$

07 다음 두 도형이 합동일 때, 변 ㄱㄴ의 길이는?

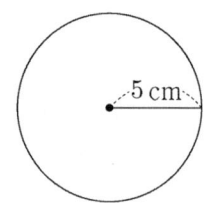

① 6 cm   ② 9 cm

③ 12 cm   ④ 15 cm

08 다음 원에 대한 설명으로 옳은 것은?

① 지름은 5 cm이다.

② 반지름은 10 cm이다.

③ 원주는 5 cm × (원주율)이다.

④ 반지름을 무수히 많이 그을 수 있다.

09 그림과 같이 쌓기나무 5개를 쌓았을 때, 앞에서 본 모양은?

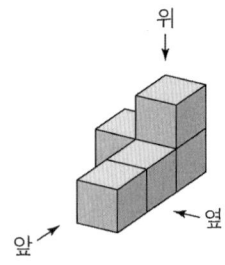

① 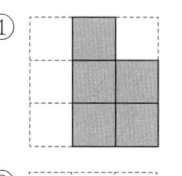   ②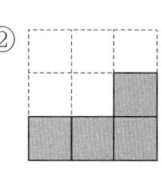

③ 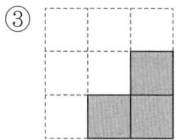   ④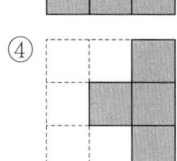

10 다음 식에 대한 설명으로 옳은 것은?

$$6 = 2 \times 3$$
$$9 = 3 \times 3$$

① 6은 2의 약수이다.

② 3은 9의 배수이다.

③ 3은 6과 9의 공약수이다.

④ 54는 6과 9의 최소 공배수이다.

11 표는 드론의 수(△)와 날개의 수(□) 사이의 대응 관계를 나타낸 것이다. 두 수 사이의 대응 관계는?

드론의 수(△)	1	2	3	4	…
날개의 수(□)	5	10	15	20	…

① □ = 5 × △

② □ = △ − 5

③ □ = △ + 5

④ □ = 5 ÷ △

12 〈보기〉의 수를 올림하여 백의 자리까지 나타낼 때, 2500이 되는 수의 개수는?

──[보기]──
2310, 2410, 2450, 2610

① 1개 ② 2개

③ 3개 ④ 4개

13 다음은 5 ÷ 1.25를 계산하는 방법이다. ㉠에 들어갈 수는?

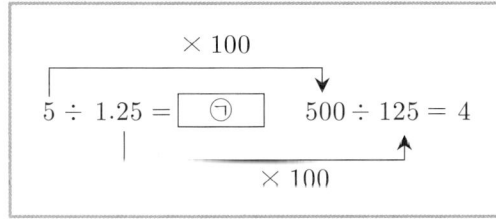

① 4 ② 5

③ 125 ④ 500

14 다음과 같이 정육면체 (가)의 부피가 $1\,cm^3$일 때, 직육면체 (나)의 부피는?

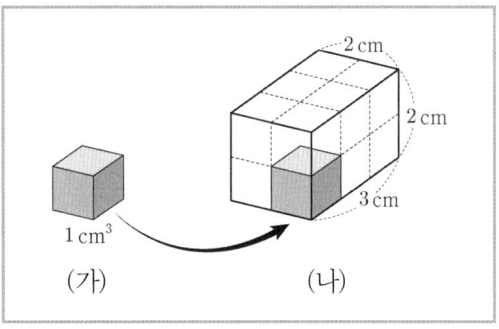

① $6\,cm^3$ ② $8\,cm^3$

③ $10\,cm^3$ ④ $12\,cm^3$

15 각기둥에 대한 설명으로 옳은 것은?

① 밑면은 한 개이다.

② 높이는 두 밑면 사이의 거리이다.

③ 마주 보는 두 밑면은 합동이 아니다.

④ 마주 보는 두 밑면은 서로 평행하지 않다.

16 다음은 직육면체의 겨냥도를 보고 전개도를 그린 것이다. ㉠에 들어갈 수는?

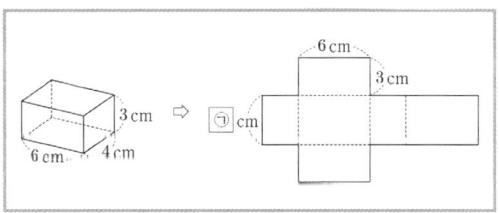

① 3 ② 4

③ 5 ④ 6

17 표는 어느 학생이 5일 동안 독서한 시간을 나타낸 것이다. 이 학생의 하루 독서 시간 평균이 50분일 때, ㉠에 들어갈 수는?

요일	월	화	수	목	금
시간(분)	30	40	㉠	70	60

① 50

② 55

③ 60

④ 65

18 다음 정다각형 중 전체에 대한 색칠된 부분의 비율이 가장 큰 것은?

①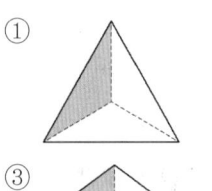

②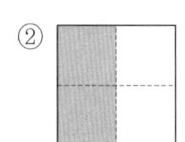

③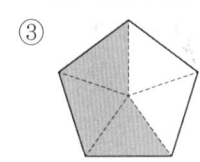

④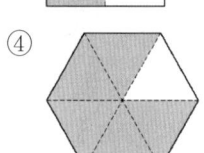

19 다음 비례식에서 ㉠에 들어갈 수는?

$$3 : 2 = 9 : \boxed{㉠}$$

① 2

② 4

③ 6

④ 8

20 다음은 학생 100명의 통학 방법을 나타낸 원그래프이다. 이 그래프에 대한 해석으로 옳지 <u>않은</u> 것은?

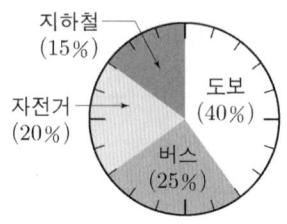

① 도보로 통학하는 학생이 가장 많다.

② 자전거로 통학하는 학생은 20명이다.

③ 지하철로 통학하는 학생은 전체의 15% 이다.

④ 버스 또는 자전거로 통학하는 학생은 전체의 55%이다.

2021
제1회
과학

01 그림의 도구로 측정할 수 있는 것은?

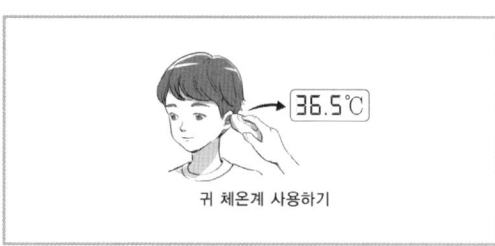

36.5℃

귀 체온계 사용하기

① 길이　　　　② 무게
③ 온도　　　　④ 크기

02 다음 설명에서 ㉠에 공통으로 들어갈 말은?

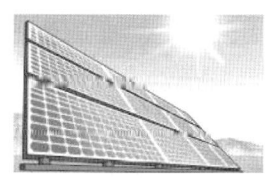

• (㉠)이 내는 빛을 이용해 전기를 만들어 생활에 이용한다.
• (㉠)은 지구를 따뜻하게 하여 생물이 살 아가기에 알맞은 환경을 만들어 준다

① 달　　　　　② 금성
③ 태양　　　　④ 해왕성

03 다음 설명에 해당하는 생물은?

• 몸이 균사로 되어 있고 포 자로 번식한다.
• 주로 죽은 생물이나 다른 생물에서 양분을 얻는다.

① 버섯　　　　② 해캄
③ 부레옥잠　　④ 짚신벌레

04 다음 설명에 해당하는 기체는?

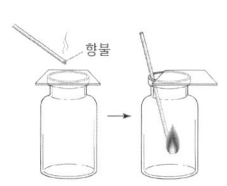

향불

• 색깔과 냄새가 없다.
• 생물이 숨쉬는 데 이용한다.
• 다른 물질이 타는 것을 돕는다.

① 산소　　　　② 질소
③ 헬륨　　　　④ 이산화 탄소

05 다음 대화 내용에 해당하는 암석은?

제주도의 이 암석은 어둡고 구멍이 많이 뚫려 있네요?

이것은 마그마가 지표 부근에서 빠르게 식어서 만들어진 거야.

① 이암　　　　② 사암
③ 역암　　　　④ 현무암

06 다음 중 전구에 불이 켜지도록 바르게 연결한 것은?

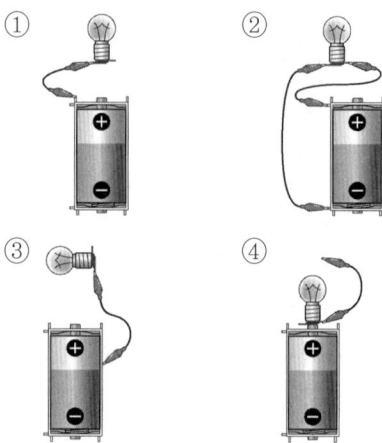

①   ②

③   ④

07 그림은 강낭콩의 한살이 과정 중 일부이다. ㉠에 해당하는 것은?

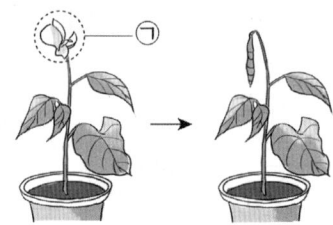

① 꽃   ② 뿌리
③ 열매   ④ 줄기

08 그림은 수영 선수들이 출발선에서 동시에 출발하여 같은 시간 동안 헤엄친 거리를 나타낸 것이다. (가)~(라) 중 가장 빠른 선수는?

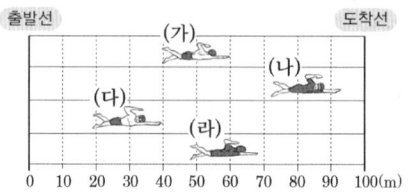

① (가)   ② (나)
③ (다)   ④ (라)

09 다음에서 설명하는 것은?

> 식물이 빛과 이산화 탄소, 뿌리에서 흡수한 물을 이용하여 스스로 양분을 만드는 과정이다.

① 세포   ② 광합성
③ 증산 작용   ④ 지지 작용

10 다음 설명에서 ㉠에 해당하는 것은?

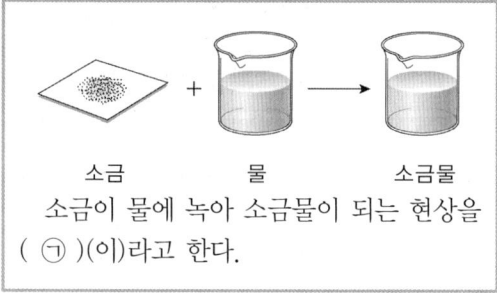

소금   물   소금물

소금이 물에 녹아 소금물이 되는 현상을 (㉠)(이)라고 한다.

① 반사   ② 액체
③ 용해   ④ 증발

11 다음 설명에서 ㉠에 해당하는 것은?

> 콩, 팥, 좁쌀의 혼합물을 체를 이용하여 분리할 때는 알갱이의 (㉠) 차이를 이용한다.

① 맛   ② 냄새
③ 색깔   ④ 크기

12 다음 설명에 해당하는 우리 몸의 기관은?

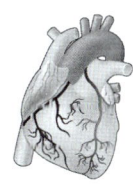

> 우리 몸에서 펌프 작용으로 혈액을 온몸에 순환시킨다.

① 위   ② 폐
③ 심장   ④ 콩팥

13 그림은 동일한 장소에서 하루 동안 찍은 태양의 모습을 나타낸 것이다. 시간에 따라 태양의 위치가 달라지는 것처럼 보이는 까닭은?

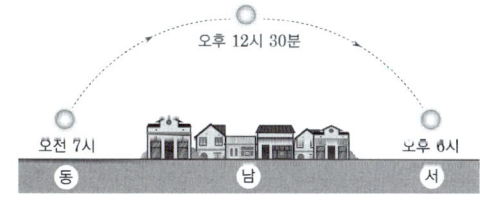

① 바람   ② 습도
③ 화산 활동   ④ 지구의 자전

14 다음은 페놀프탈레인 지시약을 여러 가지 용액에 떨어뜨렸을 때 변화된 색깔을 나타낸 것이다. 염기성 용액에 해당하는 것은?

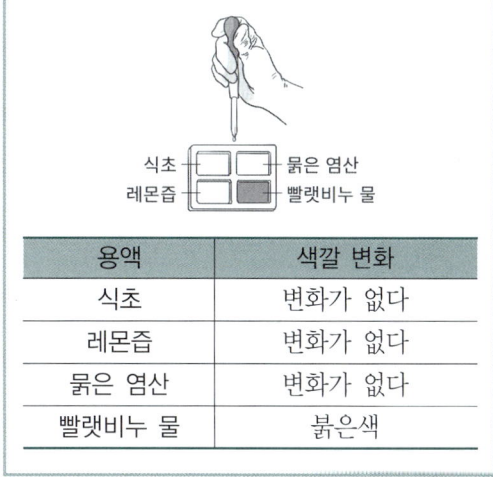

용액	색깔 변화
식초	변화가 없다
레몬즙	변화가 없다
묽은 염산	변화가 없다
빨랫비누 물	붉은색

① 식초   ② 레몬즙
③ 묽은 염산   ④ 빨랫비누 물

15 다음 설명에서 ㉠에 공통으로 들어갈 말은?

> • 전류가 잘 흐르는 물질을 (㉠)라고 한다.
> • (㉠)에는 철, 구리, 알루미늄 등이 있다.

① 고무   ② 나무
③ 도체   ④ 부도체

16 그림은 판의 종류에 따라 열이 이동하는 빠르기를 비교하는 실험이다. 다음 중 버터가 가장 먼저 녹는 판은?

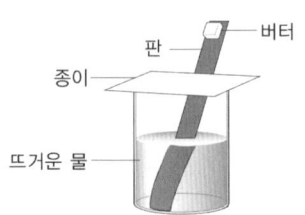

① 구리판   ② 나무판
③ 유리판   ④ 플라스틱판

17 다음은 수평을 맞춘 양팔저울의 왼쪽 저울접시에 물체를 올려놓고, 저울대가 수평이 될 때까지 오른쪽 저울접시에 올려놓은 클립의 총 개수를 나타낸 것이다. 가장 무거운 것은? (단, 클립의 무게는 일정하다.)

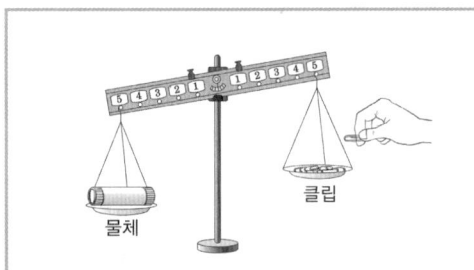

물체	클립 총 개수
연필	20
지우개	30
가위	40
풀	60

① 연필   ② 지우개
③ 가위   ④ 풀

18 그림의 먹이 사슬에서 생산자에 해당하는 것은?

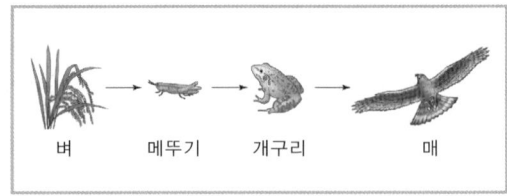

① 벼   ② 메뚜기
③ 개구리   ④ 매

19 그림의 대화 내용에 해당하는 것은?

① 건조   ② 소화
③ 용질   ④ 응결

20 표는 우리나라의 계절별 태양의 남중 고도를 나타낸 것이다. 태양의 남중 고도가 가장 낮은 계절은?

계절(날짜)	태양의 남중 고도(°)
봄(3월 21일)	52
여름(6월 22일)	76
가을(9월 23일)	52
겨울(12월 22일)	29

① 봄   ② 여름
③ 가을   ④ 겨울

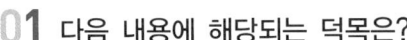

2021
제1회
도덕

01 다음 내용에 해당되는 덕목은?

> • 도서관에서 조용히 하기
> • 때와 장소에 맞게 인사하기

① 교만   ② 예절
③ 차별   ④ 참견

02 협동을 실천하는 마음가짐으로 바람직하지 <u>않은</u> 것은?

① 서로 배려하기
② 서로 존중하기
③ 상대방 무시하기
④ 함께라는 생각 갖기

03 다음에서 한국 학생이 해야 할 행동으로 가장 적절한 것은?

① 아무 말 없이 자리를 떠난다.
② 다른 문화를 존중하며 함께 식사한다.
③ 어색한 표정을 지으며 고개를 돌린다.
④ 손 대신 숟가락을 사용하도록 강요한다.

04 공정한 생활로 가장 적절한 것은?

① 급식 받을 때 순서를 무시하고 끼어든다.
② 힘이 세다는 이유로 화장실을 먼저 사용한다.
③ 내가 하기 싫은 일을 다른 사람에게 시키지 않는다.
④ 학급회의 시간에 친한 친구에게만 발표 기회를 계속 준다.

05 다음 내용을 나타내는 말로 가장 적절한 것은?

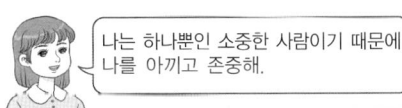

나는 하나뿐인 소중한 사람이기 때문에 나를 아끼고 존중해.

신성한 나의 모습을 찾을 수 있도록 노력할 거야.

① 애국심   ② 이기심
③ 자만심   ④ 자아 존중감

06 진정한 봉사로 가장 적절한 것은?

① 점수가 필요하니 청소해야지.

② 게임기를 받기 위해 공부를 열심히 해야지.

③ 친구 다리가 불편하니 내가 가방을 들어 줘야지.

④ 상을 받기 위해 불우이웃에게 선물을 주어야지.

07 ㉠에 들어갈 알맞은 말은?

《(㉠)적인 생활 선언문》

1. '나는 잘 할 수 있어!'라고 생각하기
2. 실수한 친구에게 "괜찮아."라고 말하기

① 긍정
② 낭비
③ 부정
④ 소비

08 지구촌 이웃을 돕기 위해 필요한 덕목은?

① 불신
② 무관심
③ 선입견
④ 인류애

09 내면적으로 아름다운 사람이 되기 위한 실천 방법으로 바람직한 것은?

① 친구를 따돌리기
② 성실하게 독서하기
③ 마음에 들지 않는 친구 욕하기
④ 남의 물건을 허락 없이 사용하기

10 자주적인 생활 모습으로 가장 적절한 것은?

① 아빠가 옷 입혀 주기
② 스스로 공부 계획하기
③ 할머니가 밥 먹여 주기
④ 엄마가 준비물 챙겨 주기

11 감정을 조절하는 방법으로 바람직한 것을 〈보기〉에서 고른 것은?

[보기]

ㄱ. 무조건 참기
ㄴ. 긍정적으로 생각하기
ㄷ. 상대방에게 폭력 가하기
ㄹ. 입장을 바꾸어 생각하기

① ㄱ, ㄴ
② ㄱ, ㄷ
③ ㄴ, ㄷ
④ ㄴ, ㄹ

12 다음과 같은 봉사 활동과 관련 있는 국제기구는?

• 전쟁, 질병 등으로 고통 받는 사람들을 치료한다.
• 의료 혜택을 받지 못하는 세계 각국의 사람들에게 도움을 준다.

① 공정 거래 위원회
② 국가 인권 위원회
③ 국경 없는 의사회
④ 국제 올림픽 위원회

13 ㉠에 공통으로 들어갈 말은?

> • (㉠)은 어떤 현상이나 일이 일어났을 때 드는 마음이나 기분이다.
> • (㉠)은 '행복하다', '귀찮다', '우울하다', '만족하다' 등 다양하다.

① 감정　　　　② 규칙
③ 실천　　　　④ 행동

14 남북한의 화해와 협력을 위한 노력으로 적절하지 <u>않은</u> 것은?

① 남북 경제 협력
② 남북 문화 교류
③ 남북 이산가족 상봉
④ 남북 회담 전면 금지

15 다음 내용을 나타내는 말로 가장 적절한 것은?

> 모든 사람은 인종, 피부색, 성, 언어, 종교 등 어떤 이유로도 차별받지 않으며, 모든 권리와 자유를 누릴 자격이 있다.

① 갈등 심화　　　② 대화 단절
③ 인권 존중　　　④ 정보 유출

16 정직한 행동으로 가장 적절한 것은?

① 나의 실수를 친구에게 떠넘긴다.
② 나 자신과 한 약속을 항상 어긴다.
③ 보는 사람이 없으면 규칙을 지키지 않는다.
④ 친구에게 거짓말을 하지 않고 솔직하게 말한다.

17 도덕적 성찰의 방법으로 적절하지 <u>않은</u> 것은?

① 위인전 읽기
② 성찰 일기 쓰기
③ 좋은 말 모음집 만들기
④ 친구의 말을 무조건 따르기

18 ㉠에 공통으로 들어갈 알맞은 말은?

> (㉠) 운동
>
> • 사이버 공간에서 사용하는 댓글 마크이다.
> • (㉠) 운동은 댓글 때문에 고통받는 사람들에게 용기와 희망을 주기 위한 것이다.

① 선플　　　　② 심플
③ 악플　　　　④ 와플

19 자신을 사랑하는 방법으로 옳은 것만을 〈보기〉
에서 모두 고른 것은?

┌─[보기]─────────────────────┐
ㄱ. 나의 장점 알기
ㄴ. 모든 일에 대하여 불평하기
ㄷ. 어려움이 있어도 당당하게 이겨내기
└──────────────────────────┘

① ㄱ, ㄴ   ② ㄱ, ㄷ
③ ㄴ, ㄷ   ④ ㄱ, ㄴ, ㄷ

20 다음 광고가 전달하고자 하는 내용은?

① 공감   ② 비난
③ 증오   ④ 폭력

2021
제1회
실과

01 다음 중 간식으로 가장 적절한 것은?

① 간장　　　　② 과일
③ 된장　　　　④ 후추

02 다음 설명에 해당하는 것은?

- 실험이나 요리를 할 때 작용한다.
- 미세 먼지나 황사가 심할 때 착용한다.

① 귀마개　　　　② 마스크
③ 반창고　　　　④ 야광조끼

03 다음 중 건강한 몸을 유지하기 위하여 실천해야 하는 것으로 가장 적절한 것은?

⑴ 꾸준히 운동하기
② 잠은 되도록 적게 자기
③ 컴퓨터 게임 많이 하기
④ 맵고 짠 음식 많이 먹기

04 다음 용돈 기입장의 ㉠에 해당하는 항목은?

날짜	내용	수입	지출	㉠
4월 5일	용돈	5,000원		5,000원
4월 7일	친구 선물 구입		3,500원	1,500원

① 이름　　　　② 취미
③ 학용품　　　　④ 남은 돈

05 다음 행동으로 예방할 수 있는 것은?

- 계단에서 뛰어 내려가지 않는다.
- 젖은 손으로 전기 제품을 만지지 않는다.

① 교통사고　　　　② 안전사고
③ 의견 충돌　　　　④ 학교 폭력

06 다음 중 옷을 관리해야 하는 이유로 적절하지 않은 것은?

① 옷을 오래 입을 수 있다.
② 옷을 깨끗하게 입을 수 있다.
③ 옷을 재활용하여 자원을 아낄 수 있다.
④ 연예인과 똑같은 옷을 따라 입을 수 있다.

07 다음 ㉠에 들어갈 말로 가장 적절한 것은?

> 동식물은 질병을 치료하는 의약품 개발에
> 이용될 수 있는 [㉠] 자원이다.

① 의료　　　　② 인적
③ 주거　　　　④ 지적

08 다음 설명에 해당하는 수송 수단은?

> 물 위를 오가며 사람이나 물건 등을 이동
> 시켜 준다.

① 배　　　　② 기차
③ 자전거　　　④ 오토바이

09 다음과 같은 용품이 필요한 애완동물은?

> • 물　　　　• 수초
> • 어항　　　• 자갈

① 개　　　　② 고양이
③ 금붕어　　　④ 장수풍뎅이

10 다음 설명에 해당하는 직업은?

> • 동물의 전염병을 예방하는
>   일을 한다.
> • 동물이 병이 나면 진찰 및
>   치료를 해 준다.

① 수의사　　　② 요리사
③ 아나운서　　④ 피아니스트

11 다음 중 건강한 가정생활을 위한 노력으로 옳지 <u>않은</u> 것은?

① 서로 칭찬과 격려를 한다.
② 가정일은 가족 구성원이 나누어 한다.
③ 갈등이 생기지 않도록 서로 배려한다.
④ 힘든 일이 생기면 서로에게 화를 낸다.

12 다음 설명에 해당하는 발명 기법으로 가장 적절한 것은?

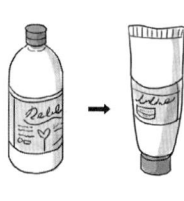

> 거꾸로 세우는 용기
> 는 내용물이 아래쪽으로
> 내려와서 사용하기 편리
> 하다.

① 곱하기　　　② 더하기
③ 반대로 하기　④ 자연물 본뜨기

13 다음은 손바느질로 주머니를 만드는 과정이다. 순서대로 바르게 배열한 것은?

> ㄱ. 잘라 놓은 옷감을 바느질로 연결한다.
> ㄴ. 주머니의 모양, 색, 크기 등을 구상한다.
> ㄷ. 종이 본을 옷감에 옮겨 그린 후 옷감을 자른다.

① ㄱ - ㄴ - ㄷ
② ㄴ - ㄱ - ㄷ
③ ㄴ - ㄷ - ㄱ
④ ㄷ - ㄱ - ㄴ

14 다음 설명에 해당하는 것은?

> • 밥을 이용한 한 그릇 음식이다.
> • 잘게 썬 재료를 밥과 함께 볶아서 만든다.

① 국수
② 톱밥
③ 된장국
④ 볶음밥

15 다음 중 소프트웨어를 적용한 사례가 <u>아닌</u> 것은?

⑴ 손으로 빨래를 한다.
② 스마트폰으로 정보를 검색한다.
③ 컴퓨터로 집에서 수업을 듣는다.
④ 내비게이션으로 빠른 길을 찾는다.

16 다음 설명에 해당하는 것은?

> 음식의 재료를 칼로 썰거나 다질 때 밑에 받치는 도구이다.

① 도마
② 주걱
③ 계량컵
④ 숟가락

17 다음 중 의생활에 해당하는 것은?

① 요리하기
② 청소하기
③ 상 차리기
④ 다림질하기

18 그림의 (가)에 들어길 말로 가장 적절한 것은?

(가)	총 내용량 200mL
	130Kcal
총 내용량 당	1일 영양성분 기준치에 대한 비율
나트륨 100mg	5%
탄수화물 9g	3%
당류 9g	9%
지방 8g	15%
트랜스지방 0.5g 미만	
포화지방 5g	33%
콜레스테롤 25mg	8%
난백실 6g	11%

① 보관 방법
② 영양 정보
③ 유통 기한
④ 제조 일자

19 다음 설명에 해당하는 것은?

> 이름, 전화번호, 주민 등록 번호 등과 같이 특정한 개인을 알아볼 수 있는 정보를 말한다.

① 가격표   ② 개인 정보

③ 제품 설명   ④ 사이버 중독

20 다음 설명에 해당하는 것은?

> 달이나 화성 등에서 환경을 조사하는 데 사용한다.

① 가정용 로봇

② 의료용 로봇

③ 우주 탐사 로봇

④ 화재 진압 로봇

2021년 제1회 정답 및 해설

국어 2021년 제1회

기출문제

01 ④	02 ③	03 ④	04 ①	05 ④
06 ①	07 ②	08 ①	09 ②	10 ②
11 ④	12 ③	13 ③	14 ③	15 ④
16 ②	17 ①	18 ④	19 ①	20 ①

01 정답 ④
줄넘기 연습을 해도 줄에 걸려 속상하다는 친구의 말에는 상대방의 마음에 공감하고 위로하는 말하기를 하는 것이 좋다.

02 정답 ③
이 글은 "일회용 나무젓가락 사용을 줄여야 한다"는 주장을 담은 글로, 주장을 뒷받침할 수 있는 근거를 제시하며 써야 한다.

03 정답 ④
글쓴이가 말하고자 하는 내용은 글의 주제이다. 이 글의 주제는 글의 가장 마지막 문장에 제시되어 있다.

04 정답 ①
함께 힘을 모아 공원을 청소했더니 청소가 쉽게 끝났다는 말에 어울리는 속담은 '백지장도 맞들면 낫다'이다.
① 백지장도 맞들면 낫다 : 아무리 쉬운 일이라도 함께 협력해서 하면 훨씬 더 쉽다.
② 발 없는 말이 천 리 간다 : 말이란 순식간에 멀리까지 퍼져 나가므로 말을 삼가야 한다.
③ 지렁이도 밟으면 꿈틀한다 : 아무리 순하고 보잘 것 없는 사람도 너무 무시하고 업신여기면 가만있지 않는다.
④ 돌다리도 두드려 보고 건너라 : 확실해 보이는 일이라도 다시 한 번 확인하고 조심해라.

05 정답 ④
이 글의 중심 문장은 "쓰레기를 아무 곳에나 버리지 말자"이다. 이것을 뒷받침하기 위해서는 쓰레기를 아무 곳에나 버렸을 때 겪게 될 문제점이나, 쓰레기가 없을 때 우리에게 이로운 점 등을 뒷받침 문장으로 제시해야 한다.

06 정답 ①
이 글의 중심 내용은 "동물들은 다양한 방법으로 소리를 낸다"는 것이다. 개, 닭, 매미, 물고기 등 다양한 동물들이 소리를 내는 방법을 제시했으므로 마지막 문장은 "다양한 방법으로 소리를 낸다"는 내용이 적절하다.

07 정답 ②
시키는 문장은 상대방의 행동이나 생각의 변화를 필요로 하는 문장이다.

08 정답 ①
경복궁은 조선 시대 최초의 궁궐로, 태조 이성계가 지금의 서울인 한양에 세웠다.

09 정답 ②
국어사전을 찾을 때는 단어의 기본 형태를 찾아야 한다. "큰"의 기본 형태는 "크다"이다.

10 정답 ②
내게 아름다운 음악이라도 이웃에게는 고통이 될 수 있으니 이웃을 배려하자는 것이 광고의 중심 내용이다.

11 정답 ④
㉠, ㉡, ㉢은 다보탑과 석가탑에 대한 사실을 전달하고 있는 문장이고, ㉣은 다보탑과 석가탑에 대한 글쓴이의 의견을 제시한 문장이다.

12 정답 ③

이 글은 지난 주 할머니 댁에 갔을 때 반갑게 맞아 주시고, 재미있는 이야기도 들려주셔서 감사하다는 내용을 적은 편지글이다.

13 정답 ③

이 글은 전라북도 고창으로 가족 여행을 다녀온 뒤, 거기에서 보고 듣고 느낀 점을 쓴 글이다.

14 정답 ③

㉠은 주말에 한 일을 적은 문장이고, ㉡은 여행 가기 전의 느낌을 적은 문장이다.
㉢은 고인돌 박물관에서 본 것을 적은 문장이고, ㉣은 박물관을 둘러 본 다음 자신의 느낌을 적은 문장이다.

15 정답 ④

풀밭에 떨어진 노란 단추는 봄바람과 겨울바람이 밀고 당기기를 하다가 땅에 떨어져 핀 노란 민들레꽃을 말한다.

16 정답 ②

② 밤낮은 '밤'과 '낮'이 더해져 만들어진 합성어이다.

오답피하기

①,③,④ 구름, 바다, 하늘은 하나의 낱말로 이루어진 단일어이다.

17 정답 ①

공식적인 말하기는 여러 사람에게 공식적인 자리에서 격식을 갖추어 하는 말하기로, 표준어와 높임말을 사용한다.

18 정답 ④

"전혀"는 부정적인 서술어와 함께 호응하는 표현이다. 따라서 "선생님 말씀은 전혀 들어 본 적 없는 내용이었다."라고 해야 올바른 표현이다.

19 정답 ①

"농촌 어느 마을"은 이 이야기가 어디에서 진행되는지 장소나 배경을 알려주는 내용이다.

20 정답 ①

㉡은 농부가 하는 말로 대사에 해당한다.

사회 2021년 제1회

기출문제				
01 ①	02 ②	03 ④	04 ③	05 ③
06 ①	07 ②	08 ④	09 ③	10 ④
11 ①	12 ①	13 ②	14 ④	15 ③
16 ④	17 ①	18 ①	19 ②	20 ④

01 정답 ①

땅 위에 있는 것들을 실제 모습보다 간단하게 바꾸어 그린 것을 기호라 한다. 기호는 땅 위에 있는 것들을 한눈에 알아보기 위해 사용한다.

오답피하기

② 방위는 동서남북을 이용하여 위치를 나타내는 것이다.

③ 지표상의 실제거리와 지도상에 나타낸 거리와의 비율을 축척이라 한다.

④ 등고선은 지도에서 높이가 같은 곳을 선으로 이어 땅의 높낮이를 나타낸 것이다.

02 정답 ②

경찰서에서는 고장의 질서를 유지하고 고장 사람들의 생명과 재산을 보호하는 일을 한다.

오답피하기

① 교육청은 지방의 교육에 관한 일을 하기 위해 설치된 교육행정기관이다.

③ 도서관은 책과 기타 여러 자료를 수집, 정리, 보관하는 기관이다.

④ 우체국은 우편업무를 맡아보는 정부 기관이다.

03 정답 ④

사람들이 원하는 것들은 많지만, 사람이 쓸 수 있는 돈이나 자원은 한정되어 있으므로 원하는 것을 모두 가질 수는 없다. 이것을 희소성이라 한다.

04 정답 ③

차이를 두어 구별하는 것을 차별이라 한다. 제시된 면접관의 생각을 보면 장애에 대한 차별로 볼 수 있다.

05 정답 ③

우리나라의 영역은 영토[한반도와 부속 도서(섬)], 영해(섬이 많은 서해안과 남해안은 가장 바깥에 위치한 섬들을 연결한 선으로부터 12해리), 영공(영토와 영해의 하늘)이 있다. 우리나라 영해에서 허가 없이 다른 나라 어선이 물고기를 잡는 것은 우리나라의 영역을 침입한 것이므로 처벌을 받을 수 있다.

06 정답 ①

제시된 자료는 1980년부터 2018년까지 연령별 인구 구성 비율의 변화를 나타낸 표이다. 14세 이하 인구 비율은 지속적으로 줄어들고 65세 이상 인구 비율은 지속적으로 증가하고 있는 것을 확인할 수 있다.

07 정답 ②

세계 무역 기구는 나라와 나라 사이에 무역과 관련된 문제가 일어났을 때 문제를 공정하게 심판하려고 만들어진 기구이다.

오답피하기

① 그린피스는 환경과 평화를 위하여 활동하는 비정부 기구이다.

③ 세계 보건 기구는 보건, 위생을 위해 만들어진 국제 기구이다.

④ 국경 없는 의사회는 의료 구호 단체로 비정부 기구이다.

08 정답 ④

헌법은 국민의 기본적 인권과 국가 운영 원리를 규정한 국가의 최고 상위법이다. 인권을 국민의 기본권으로 명시하여 헌법에서 보장하고 있다.

09 정답 ③

고조선은 기원전 2333년 단군왕검에 의해 건국되었다. 청동기 문화를 바탕으로 한 우리나라 최초의 국가이다. 관련 문화유산으로 비파형 농검과 계급사회였다는 것을 알 수 있는 고인돌 유적지가 있다.

10 정답 ④

위화도 회군으로 군사력을 장악하고 조선을 건국한 인물은 태조 이성계이다.

오답피하기

① 온조는 백제를 건국한 인물이다.
② 왕건은 고려를 건국한 태조이다.
③ 주몽은 고구려를 건국한 인물이다.

11 정답 ①

조선 후기 농업과 상업, 공업 등이 발달하면서 서민문화가 발달하였고, 서민문화는 백성들의 생각이나 감정을 솔직하게 표현하였다. 탈을 쓰고 하는 연극은 탈놀이에 해당한다.

12 정답 ①

대한민국 임시 정부에서 주석으로 활동하였으며 윤봉길, 이봉창과 한인 애국단을 조직하여 일제에 저항한 사람은 김구이다.

오답피하기

② 세종은 조선시대 왕으로 집현전에서 훈민정음을 창제하였다.
③ 김유신은 신라의 장군이다.
④ 이순신은 임진왜란을 승리로 이끈 조선의 장군이다.

13 정답 ②

생활 속 민주주의는 상대방을 배려하며, 토론을 통하여 함께 결정한 일을 따르려고 노력하는 것이다. 나와 다른 의견을 무시하는 것은 민주주의를 실현하는 태도로 볼 수 없다.

14 정답 ④

국가의 의사를 최종적으로 결정하는 최고의 권력을 주권이라 한다. 국민 투표는 국민이 국가의 주인으로서 주권을 행사하는 대표적인 방법이다.

15 정답 ③

건조 기후는 연강수량 500mm 미만인 지역으로 강수량이 적어 사막 지형이 나타난다.

오답피하기

① 한대 기후는 일 년 내내 매우 추우며, 짧은 여름에도 눈과 얼음이 완전히 녹지 않아 농사짓기가 어렵다.
② 냉대 기후는 겨울이 길고 몹시 추우며, 여름은 짧지만 상대적으로 기온이 높아져서 풀과 나무가 자란다.
④ 고산 기후는 해발 고도가 높은 지역에서 나타나며, 해발 고도가 높아질수록 점차 기온이 낮아진다.

16 정답 ④

신문고는 조선 태종 시기에 백성들의 억울한 일을 해결하여 줄 목적으로 대궐 밖에 달았던 북을 말한다.

오답피하기

① 과거 제도는 관리를 선발하는 제도이다.
② 봉수 제도는 낮에는 연기, 밤에는 횃불로 지방의 전쟁 상황을 중앙에 알리던 군사 통신 제도이다.
③ 신분 제도는 사회적으로 결정되는 개인의 지위나 자격으로 전통사회의 사회적 불평등을 표현하는 개념이다.

17 정답 ①

시장은 여러 가지 상품을 사고파는 일정한 장소로 눈에 보이는 것뿐만 아니라 눈에 보이지 않는 물건인 주식, 노동력 등도 사고파는 시장이 있다.

18 정답 ①

북아메리카 대륙에 위치하고 있는 나라는 캐나다, 미국, 멕시코이다. 미국은 50개의 주로 이루어져 있고 영토 면적은 세계에서 3번째로 넓은 국가이다. 6 · 25 전쟁 때 국제 연합군으로 참전하였다.

19 정답 ②

독도는 울릉도 동남쪽에 위치한 화산섬이며 우리나라의 동쪽 끝에 위치한다. 독도는 동도, 서도와 작은 바위섬으로 이루어져 있다.

20 정답 ④

플라스틱은 쉽게 썩거나 분해가 되지 않아 환경오염의 원인이 된다. 플라스틱 빨대를 사용하는 것은 환경 문제를 일으키기 때문에 환경보호를 위해 플라스틱 사용을 줄여야 한다.

수학 2021년 제1회

기출문제				
01 ④	02 ②	03 ①	04 ④	05 ③
06 ①	07 ③	08 ④	09 ③	10 ③
11 ①	12 ②	13 ①	14 ④	15 ②
16 ②	17 ①	18 ④	19 ③	20 ④

01 정답 ④

34257은 10000이 3개
    1000이 4개
    100이 2개
    10이 5개
    1이 7개로 이루어진 수로 삼만사천이백오십칠이라 읽는다.

이때, 밑줄 친 3이 나타내는 값은 10000이 3개이므로 30000이 된다.

02 정답 ②

분수의 덧셈은 분모가 같을 때, 분모는 그대로 두고, 분자끼리 더하여 계산한다.

$$\frac{1}{5}+\frac{3}{5}=\frac{1+3}{5}=\frac{4}{5}$$

∴ ㉠에 알맞은 수는 4이다.

참고

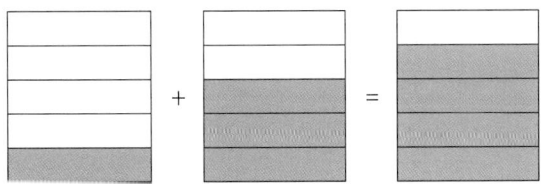

03 정답 ①

이 도형은 삼각기둥으로 면의 수는 5개, 모서리의 수는 9개, 꼭짓점의 수는 6개로 이루어져 있다.
② 원기둥으로 모서리나 꼭짓점은 없다.
③ 사각기둥으로 면의 수는 6개, 모서리의 수는 12개, 꼭짓점의 수는 8개로 이루어져 있다.

④ 원뿔로 모서리나 꼭짓점이 없다.

그러므로 답은 ①번이다.

04 정답 ④

둔각은 90°보다 크고, 180°보다 작은 각이므로 ㉣이 둔각이다.

또한 ㉠과 ㉡은 예각, ㉢은 직각이다.

따라서 답은 ④번이다.

> **참고**

- **예각** : 0°보다 크고 90°보다 작은 각
- **직각** : 90°
- **둔각** : 90°보다 크고, 180°보다 작은 각

05 정답 ③

그림의 전개도는 모든 면이 정사각형으로 이루어진 사각기둥이고, 면의 개수는 모두 6개다. 그러므로 입체도형의 겉넓이는 6개의 면의 넓이의 합이다.

정사각형 하나의 넓이 $= 4\,\text{cm}^2$이므로,

겉넓이 $= 4 \times 6 = 24\,\text{cm}^2$

06 정답 ①

두 분수의 곱은 분모는 분모끼리, 분자는 분자끼리 곱하여 계산한다.

그러므로

① $\dfrac{1}{2} \times \dfrac{1}{3} = \dfrac{1}{6}$

② $\dfrac{1}{3} \times \dfrac{1}{4} = \dfrac{1}{12}$

③ $\dfrac{1}{4} \times \dfrac{1}{5} = \dfrac{1}{20}$

④ $\dfrac{1}{5} \times \dfrac{1}{6} = \dfrac{1}{30}$

이고, 두 분수의 곱이 $\dfrac{1}{6}$인 보기는 ①번이다.

07 정답 ③

모양과 크기가 같아, 포개었을 때, 완전히 겹쳐지는 두 도형을 합동이라 한다.

합동인 두 도형은 모양과 크기가 같기 때문에, 대응변

의 길이가 서로 같다.

ㄱㄴ의 대응변은 ㅇㅅ이므로 변 ㄱㄴ의 길이는 12cm 임을 알 수 있다.

08 정답 ④

한 점으로부터 길이가 같은 점으로 이루어진 도형이 원이다.

① 원의 중심과 원위의 점을 연결하면 원의 반지름이므로, 반지름은 5cm 이다.

② 지름은 2×반지름이므로 10cm 이다.

③ 원주는 지름×원주율이므로 10×원주율이다.

④ 원의 반지름은 무수히 많이 그을 수 있다.

그러므로 답은 ④번이다.

09 정답 ③

그림의 도형을 앞에서 보면 1층에 두 개의 쌓기나무가 있고, 2층에는 1개의 쌓기나무가 있다. 그러므로 답은 ③번이다.

10 정답 ③

$6 = 2 \times 3$이므로 6은 2와 3의 배수이다. 또, 2와 3은 6의 약수이다.

$9 = 3 \times 3$이므로 9는 3의 배수이다. 또, 3은 9의 약수이다.

또한, 두 수는 모두 3의 배수이므로 3은 두 수의 공약수이다.

두 수의 최소 공배수를 구하면, $2 \times 3 \times 3 = 18$이다.

그러므로

① 6은 2의 약수이다. ⇨ 6은 2의 배수이다.

② 3은 9의 배수이다. ⇨ 9는 3의 배수이다.

③ 3은 6과 9의 공약수이다. ⇨ ○

④ 54는 6과 9의 최소 공배수이다. ⇨ 18은 6과 9의 최소 공배수이다.

11 정답 ①

$1 \times 5 = 5$

$2 \times 5 = 10$

$3 \times 5 = 15$

$4 \times 5 = 20$이므로 드론의 수$\times 5 =$날개의 수이다.

그러므로 $\triangle \times 5 = \square$이고, 보기에서 알맞은 답을 찾으면 ①번임을 알 수 있다.

12 정답 ②

올림이란 구하려는 자리 아래에 0이 아닌 수가 있으면 구하려는 자리의 수를 1 '크게' 하고, 그 아래 자리의 수를 모두 0으로 나타내는 것이다.

따라서 올림하여 백의 자리까지 나타내려면,

십의 자리에 0이 아닌 수가 있으면 백의 자리의 수를 1 크게 하고, 그 아래 자리의 수를 모두 0으로 나타내면 된다.

$2310 \Rightarrow 2400$ (십의 자리의 수가 1이므로 백의 자리의 수를 1 크게 하였다.)

$2410 \Rightarrow 2500$ (십의 자리의 수가 1이므로 백의 자리의 수를 1 크게 하였나.)

$2450 \Rightarrow 2500$ (십의 사리의 수가 5이므로 백의 자리의 수를 1 크게 하였다.)

$2610 \Rightarrow 2700$ (십의 자리의 수가 1이므로 백의 자리의 수를 1 크게 하였다.)

따라서, 올림하여 백의 자리까지 나타낼 때, 2500이 되는 수의 개수는 2개이다.

13 정답 ①

$5 \div 1.25$을 분수로 나타내면, $\dfrac{500}{100} \div \dfrac{125}{100}$와 같다.

$5 \div 1.25 = \dfrac{500}{100} \div \dfrac{125}{100} = 500 \div 125$이 되어, ㉠에 알맞은 수는 4이다.

14 정답 ④

(나)의 직육면체의 밑면에 놓인 쌓기나무의 개수는 $3 \times 2 = 6$개이고, 높이가 $2\,cm$이므로,

2층에 놓인 쌓기나무의 개수도 $3 \times 2 = 6$개다.

따라서 $6 \times 2 = 12$개의 쌓기나무가 놓여있으므로 (나)의 부피는 $12\,cm^3$이다.

15 정답 ②

각기둥은 두 밑면이 평행하고, 합동인 입체도형이다.

① 밑면은 한 개다. ⇨ 두 밑면으로 이루어져 있다.

② 높이는 두 밑면 사이의 거리이다. ⇨ ○

③ 마주 보는 두 밑면은 합동이 아니다. ⇨ 합동인 두 밑면으로 이루어져 있다.

④ 마주 보는 두 밑면은 서로 평행하지 않다. ⇨ 각기둥의 두 밑면은 평행하다.

16 정답 ②

오른쪽 그림은 가로가 $6\,cm$, 세로가 $3\,cm$인 직사각형을 밑면으로 하도록 전개도를 그린 것이다. 그러므로 옆면의 높이는 $4\,cm$이다.

17 정답 ①

평균 $= \dfrac{30+40+㉠+70+60}{5} = \dfrac{200+㉠}{5}$이고,

독서시간의 평균이 50분이므로,

$200+㉠ = 50 \times 5$

$200+㉠ = 250$

그러므로 ㉠$= 50$이다.

18 정답 ④

전체에 대한 색칠된 부분의 비율을 구하면,

① 전체 : 3칸, 색칠된 부분 : 1칸 이므로 $\dfrac{1}{3}$

② 전체 : 4칸, 색칠된 부분 : 2칸 이므로 $\dfrac{2}{4}$

③ 전체 : 5칸, 색칠된 부분 : 3칸 이므로 $\dfrac{3}{5}$

④ 전체 : 6칸, 색칠된 부분 : 5칸 이므로 $\dfrac{5}{6}$

그러므로 가장 큰 분수를 구하면, $\dfrac{5}{6}$이다.

19 정답 ③

비례식에서 내항의 곱과 외항의 곱이 같으므로,

내항의 곱 : 2×9

외항의 곱 : $3 \times ㉠$

∴ $2 \times 9 = 3 \times ㉠$

$18 = 3 \times ㉠$

이므로 ㉠에 들어갈 수는 6이다.

[다른 풀이]

비의 전항과 후항에 0이 아닌 같은 수를 곱하여도 비율이 같다.

그러므로 각 항에 ×3을 하면,

$3:2=3\times3:2\times3=9:\underline{6}$이므로, ㉠=6이다.

20 정답 ④

원그래프는 원의 중심을 따라 각을 100등분하여 원 모양에 그린 것이다.

그림의 원그래프를 해석하면,

① 도보로 통학하는 학생이 40%로 가장 많다.

② 자전거로 통학하는 학생은 20%이고, 전체 학생수가 100명이므로, 자전거로 통학하는 학생의 수는

$\dfrac{20}{100}\times100=20$명이다.

③ 지하철로 통학하는 학생은 전체의 15%이다.

④ 버스 또는 자전거로 통학하는 학생은 버스 25%와 자전거 20%를 더하면, 45%이므로, 전체의 45%이다.

그러므로 답은 ④번이다.

과학 2021년 제1회

기출문제

01 ③	02 ③	03 ①	04 ①	05 ④
06 ②	07 ①	08 ②	09 ②	10 ③
11 ④	12 ③	13 ④	14 ④	15 ③
16 ①	17 ④	18 ①	19 ②	20 ④

01 정답 ③

귀 체온계는 귀에 대고 단추를 누르면 온도가 숫자로 나타나는 체온계이다.

참고

무게를 재는 도구에는 용수철저울이 있다. 용수철저울은 매다는 물체의 무게가 커질수록 용수철이 늘어난 길이가 길어지는 성질을 이용한다.

02 정답 ③

태양은 열과 빛 형태의 에너지를 갖고 있다. 태양이 가진 빛을 이용하여 전기를 만든다. 태양열 주택은 태양의 열을 이용하여 난방을 하거나 온수를 공급할 수 있다.

참고

태양 전지는 태양이 가진 빛에너지를 이용하여 전기 에너지를 만드는 장치이다. 식물은 태양의 빛을 이용해 광합성을 하면서 필요한 영양소를 만든다.

03 정답 ①

버섯의 우산처럼 생긴 갓 안쪽에는 수많은 주름이 있고 그 속에는 포자가 있다. 포자가 자라서 버섯이 된다. 버섯은 죽은 식물을 분해해서 얻은 영양분으로 살아간다.

오답피하기

② **해캄** : 미끈미끈하고 초록색을 띠며, 한 줄의 가늘고 긴 머리카락 모양이다. 광합성을 하여 스스로 양분을 만든다.

③ **부레옥잠** : 물에 떠서 사는 식물이다.

④ **짚신벌레** : 작고, 끝이 둥근 원통 모양으로 광합성을 하지 못하여 다른 생물을 먹고 살아간다. 스스로 헤엄치며 움직일 수 있다.

04 정답 ①

산소는 공기를 이루는 물질 중의 하나로, 생물이 숨을 쉬는 데 꼭 필요한 기체이다. 산소는 색깔과 냄새가 없고, 다른 물질이 잘 탈 수 있도록 도와준다.

오답피하기

② 질소 : 내용물의 손상을 막기 위해 과자 봉지 등의 충전 기체로 사용된다.

③ 헬륨 : 가벼운 기체로 풍선에 이용된다.

④ 이산화 탄소 : 다른 물질이 타는 것을 막는 성질이 있고 석회수를 뿌옇게 흐리게 한다.

05 정답 ④

현무암은 지표 가까이에서 용암이 빠르게 굳어진 암석이다.

오답피하기

① 이암 : 알갱이의 크기가 진흙과 같이 삭은 것이 굳어져서 된 암석이다.

② 사암 : 알갱이의 크기가 진흙보다 더 큰 모래로 이루어진 암석이다.

③ 역암 : 모래보다 알갱이가 더 굵은 자갈로 이루어진 암석이다.

06 정답 ②

전지의 (+)극을 전구의 꼭지(꼭지쇠)와 연결하고, 전지의 (−)극을 전구의 꼭지쇠(꼭지)와 연결한 선기 회로는 전구에 불이 켜진다.

07 정답 ①

본잎과 줄기가 무럭무럭 자라면 떡잎이 떨어지며 꽃이 핀다. 꽃이 지면 꼬투리가 생긴다.

참고 강낭콩의 한살이

강낭콩은 심은 지 3~4일쯤 지나면 싹이 트고 떡잎이 올라온다. 떡잎이 커지고 벌어지면 두 장의 본잎이 나온나. 떡잎이 떨어지고 줄기가 길어지며 꽃이 핀다. 꽃이 지고 나면 꼬투리들이 생기는데 한 개의 꼬투리 속에는 4~5개의 강낭콩이 들어 있다.

08 정답 ②

속력(= 빠르기)은 단위 시간 동안 물체가 이동한 거리이다. 주어진 그림에서 동시에 출발하였으므로 같은 시간동안 가장 먼 거리를 이동한 선수가 가장 빠르다. 따라서 같은 시간동안 헤엄친 거리가 가장 긴 (나) 선수가 가장 빠르다.

09 정답 ②

광합성은 녹색 식물이 빛을 이용하여 이산화 탄소와 물로 필요한 영양분을 만드는 과정이다.

오답피하기

③ 증산 작용 : 잎에 있는 기공을 통해 물이 수증기가 되어 빠져나가는 작용이다.

④ 지지 작용 : 식물의 뿌리가 줄기와 함께 식물이 쓰러지지 않도록 지탱해 주는 작용이다.

10 징답 ③

소금(용질) + 물(용매) = 소금물(용액)이 되며 이러한 현상을 용해라고 한다.

참고

용질은 용액에서 녹아 들어가는 물질이며 용매는 어떠한 용액이 존재할 때 용질을 녹여 용액을 만드는 물질이다.

11 정답 ④

콩, 팥, 좁쌀은 알갱이의 크기에 차이가 있으므로 체를 이용하여 분리할 수 있다.

참고

알갱이의 크기가 다른 물질이 섞여 있는 혼합물을 분리할 때는 체를 이용하여 분리할 수 있다. 체의 눈보다 큰 물질은 체 위에 남고, 체의 눈보다 작은 물질은 체의 눈을 통과하여 아래로 떨어진다.

12 정답 ③

심장은 펌프 작용을 통하여 혈액을 온몸으로 순환시킨다.

오답피하기

① 위 : 자루처럼 생긴 작은 주머니 모양의 소화 기관으로, 식도와 작은창자를 연결한다.

② 폐 : 산소를 흡수하고 이산화 탄소를 내보내는 역할
을 한다.
④ 콩팥 : 혈액 속 노폐물을 걸러 내어 오줌을 만드는 일
을 하는 기관이다.

13 정답 ④

지구는 자전축을 중심으로 하루에 한 바퀴씩 회전한다.
지구가 서쪽에서 동쪽으로 자전하기 때문에 태양은 동
쪽에서 서쪽으로 움직이는 것처럼 보인다.

14 정답 ④

염기성 용액은 페놀프탈레인 용액을 넣었을 때 색깔이
붉게 변한다. 빨랫비누 물은 염기성 용액이다.

오답피하기

산성 용액은 페놀프탈레인 용액을 넣었을 때는 색깔 변
화가 없다. ① 식초, ② 레몬즙, ③ 묽은 염산은 산성
용액이다.

15 정답 ③

도체는 전기가 잘 통하는 물질이다. 철, 구리, 알루미
늄, 금, 은 등과 같이 주로 금속으로 되어 있다.

오답피하기

부도체는 전기가 통하지 않는 물질이며 종이, 유리, 비
닐, 나무, 플라스틱 등이 부도체에 속한다.

16 정답 ①

전도는 주로 고체에서 열이 이동하는 방법으로 물질의
종류에 따라 열이 이동하는 빠르기가 다르다. 은과 구
리, 철과 같은 금속은 열이 잘 전달된다.

오답피하기

나무, 유리, 플라스틱 등 금속이 아닌 비금속은 열이 잘
전달되지 않는다.

17 정답 ④

양팔저울에서 무게를 재는 원리는 수평잡기의 원리를
이용한다. 가운데 받침점을 중심으로 한쪽 접시에는 물
체를 놓고, 다른 쪽 접시에는 추나 분동을 올려놓아 수
평을 잡은 후 물체의 무게를 잰다. 주어진 표에서 올려

놓은 클립의 총 개수가 가장 많은 풀이 가장 무거운 것
이다.

18 정답 ①

생산자는 살아가는 데 필요한 양분을 스스로 만드는 식
물이다.

오답피하기

② 메뚜기는 1차 소비자이다.
③ 개구리는 2차 소비자이다.
④ 매는 3차 소비자이다.

19 정답 ②

소화는 연소의 조건 중에서 한 가지 이상의 조건을 없
애 주어 불을 끄는 것이다. 소화의 조건은 탈 물질 없애
기, 공기(산소)의 공급 막기, 발화점 아래로 온도 낮추
기이다.

20 정답 ④

하루 중 태양의 고도가 가장 높을 때를 남중이라 하고,
이때의 고도를 태양의 남중 고도라고 한다. 표를 읽어
보면 태양의 남중고도는 겨울의 동지에 가장 낮다.

오답피하기

태양의 남중고도는 여름의 하지에 가장 높다. 봄과 가
을에 태양의 남중 고도는 하지와 동지의 중간 정도이다.

도덕 2021년 제1회

기출문제

01 ②	02 ③	03 ②	04 ③	05 ④
06 ③	07 ①	08 ④	09 ②	10 ②
11 ④	12 ③	13 ①	14 ④	15 ③
16 ④	17 ④	18 ①	19 ②	20 ①

01 정답 ②

때와 장소에 맞게 인사하기, 도서관에서 조용히 하기는 모두 예절과 관련된 행동이다.

02 정답 ③

협동은 서로 마음과 힘을 하나로 합하는 것으로 상대방을 무시하는 태도는 바람직하지 않다.

03 정답 ②

외국 학생이 음식을 손으로 먹는 모습을 한국 학생이 자신의 문화에 기준에 따라 평가하는 모습으로 바르지 못한 문화 이해 태도이다. 다른 문화를 이해하고 존중하는 태도가 필요하다.

04 정답 ③

급식을 받을 때 순서를 지키지 않고 자신의 힘을 이용해서 잘못된 행동을 하거나 친한 친구에게만 혜택을 주는 행동은 공정하지 못한 행동이다.

05 정답 ④

자아 존중감을 통해 자신의 소중함을 알고 스스로 아끼고 존중하는 경험을 통해 진정한 자신의 모습을 찾을 수 있다.

06 정답 ③

진정한 봉사는 행동에 대한 대가를 바라지 않고 스스로 판단하여 실천에 옮기는 것으로 일정 기간 동안 계속해야 한다.

07 정답 ①

자신의 삶에 만족하는 긍정적인 삶의 태도를 갖추고 자신의 행복뿐만 아니라 다른 사람이나 사회 전체의 행복에 관해서도 관심을 가져야 한다.

08 정답 ④

세계 시민은 지구촌 이웃을 사랑하는 마음인 인류애를 가져야 한다.

09 정답 ②

내면적으로 아름다운 도덕적인 사람이 되기 위해서는 항상 바른 행동과 마음가짐을 가지려고 노력해야 한다.

10 정답 ②

자주적이란 말은 남의 보호나 간섭을 받지 아니하고 자기 일을 스스로 처리하는 것이다.

11 정답 ④

긍정적인 생각과 다른 사람과 입장을 바꿔 생각해보는 역지사지의 자세를 통해 타인을 존중하고 배려할 수 있다.

12 정답 ③

전쟁, 기아, 질병, 자연재해 등으로 고통 받는 세계 각지 주민들을 구호하기 위해 설립한 국제 민간 의료 구호 단체로 국경 없는 의사회가 있다.

13 정답 ①

감정은 어떤 현상이나 일에 대하여 일어나는 마음이나 느끼는 기분을 말한다.

14 정답 ④

남북은 통일의 당사자로서 공동 번영과 평화 통일의 기반 조성을 위해 함께 노력해야 한다.

15 정답 ③

인권은 인간이 지니는 기본적인 권리이자 인간 존엄성을 보장하기 위한 권리로 자신의 인권이 소중하듯 타인의 인권도 소중함을 알고 존중해야 한다.

16 정답 ④

정직이란 마음에 거짓이나 꾸밈이 없이 바르고 곧음을 의미한다.

17 정답 ④

도덕적 성찰이란 도덕적 관점에서 자신의 삶을 바라보고 바람직한 삶을 살기 위한 구체적인 방법을 찾는 것이다.

18 정답 ①

선플이란 인터넷의 게시판 따위에 올려진 내용에 대해 긍정적인 평가를 하여 쓴 댓글을 의미한다.

19 정답 ②

자신의 장점을 잘 이해하고 자신을 사랑하면 어떠한 어려움을 만났을 때, 극복할 수 있는 힘이 된다.

20 정답 ①

남의 감정, 의견, 주장 따위에 대하여 자기도 그렇다고 느끼는 공감 능력을 통해 다른 사람과 조화롭게 살아갈 수 있는 능력을 키울 수 있다.

실과 2021년 제1회

기출문제

01 ②	02 ②	03 ①	04 ④	05 ②
06 ④	07 ①	08 ①	09 ③	10 ①
11 ④	12 ③	13 ③	14 ④	15 ①
16 ①	17 ④	18 ②	19 ②	20 ③

01 정답 ②

간식은 부족하기 쉬운 영양소를 보충해주고, 건강하고 활기찬 생활을 하도록 돕는다. 간식으로 가장 적절한 것은 과일에 해당한다.

02 정답 ②

미세 먼지나 황사가 심할 때 또는 실험이나 요리를 할 때 착용하는 것은 마스크이다.

오답피하기

① 귀마개는 시끄러운 소리가 들리지 않도록 하거나 귀가 시리지 않도록 귀를 막는 물건이다.
③ 반창고는 상처를 보호하거나 붕대를 고정시키는 데 쓰이는 의약외품이다.

03 정답 ①

건강한 몸을 유지하기 위해서는 꾸준한 운동과, 충분한 잠이 필요하며, 자극적인 음식은 피하고 컴퓨터 게임은 적절하게 조절하는 것이 중요하다.

04 정답 ④

용돈 기입장 작성 사항은 용돈이 들어온 날짜, 수입이나 지출의 내용, 수입에서 지출을 뺀 남은 돈, 즉 잔액이 작성돼 있어야 한다.

05 정답 ②

계단에서 뛰어 내려가지 않는 것, 젖은 손으로 전기 제품을 만지지 않는 것은 안전사고를 예방하는 방법이다. 열을 이용하는 전기·전자 제품은 간편하게 사용할 수 있지만, 전기의 소모가 많고 안전사고가 발생할 수 있으므로 사용할 때에 조심하여야 한다.

06 정답 ④

옷 관리를 해야 하는 이유는 위생적이고 청결한 옷차림을 할 수 있고, 필요할 때 쉽게 찾을 수 있다. 옷의 수명을 늘려 자원을 절약할 수 있으며 단정한 옷차림을 할 수 있다. 섬유의 생산, 옷 생산, 판매, 사용, 폐기에 사용되는 자원을 절약하여 환경오염을 줄일 수 있다. 연예인과 똑같은 옷을 따라 입을 수 있는 것은 옷을 관리해야 하는 이유로 적절하지 않다.

07 정답 ①

의료 활동은 병을 대상으로 인위적인 조작을 가해 치유시키는 것을 목적으로 하는 행위이다. 동식물을 질병 치료에 이용하는 것은 의료 자원에 해당한다.

08 정답 ①

배는 사람이나 짐을 싣고 물 위로 떠다니도록 만든 이동 수단이다.

> **오답피하기**
> ② 기차는 여객차나 화차를 끌고 다니는 철도 차량이다.

09 정답 ③

금붕어는 기르기 쉬워서 애완동물로 많이 기르는 물속 생물이다. 금붕어를 기르기 위해서는 어항은 항상 청결하게 유지하며 모래와 자갈 사이에 수초를 심는다.

10 정답 ①

수의사는 개나 고양이, 소나 돼지, 물고기나 어패류같은 수생동물까지 질병과 상해를 예방, 진단, 치료하고 이를 위해 연구한다.

> **오답피하기**
> ③ 아나운서는 뉴스 보도, 사회, 실황 중계의 방송을 맡아 하는 직업이다.

11 정답 ④

힘든 일이 생기면 가족 간 협력을 통해 해결해야 한다. 힘든 일이 생겼다는 이유로 화를 내는 것은 건강한 가정생활을 위한 노력으로 볼 수 없다.

12 정답 ③

제시된 내용은 이미 발명된 제품의 모양이나 크기, 방향, 성질 등을 반대로 생각하는 발명 기법이다. 대표적인 예로 세울 수 있는 화장품 용기, 발가락 양말, 벙어리 장갑 등이다.

13 정답 ③

손바느질로 생활용품 만드는 순서는 구상하기 → 치수재기 → 재료 준비 → 마름질하기 → 바느질하기 → 정리하기이다.

14 정답 ④

밥을 이용한 우리나라 한 그릇 음식으로 김밥, 볶음밥, 덮밥, 비빔밥 등이 있다. 잘게 썬 재료를 밥과 함께 볶아서 만드는 것은 볶음밥이다.

15 정답 ①

소프트웨어는 컴퓨터 프로그램과 그와 관련된 문서들을 총칭하는 용어로 컴퓨터를 작동시키거나 이용하기 위한 프로그램과 기술을 모두 가리키는 개념이다. 스마트폰으로 정보 검색, 컴퓨터로 집에서 수업, 내비게이션으로 길 찾기는 소프트웨어를 적용한 사례이다.

16 정답 ①

식품을 칼로 썰거나 다질 때 밑에 받치는 도구는 도마이다. 주걱은 식품을 섞거나 담을 때, 계량컵은 계량할 때 사용한다.

17 정답 ④

의생활에 해당하는 것은 다림질하기이다. 다림질, 세탁, 풀 먹이기는 옷을 손질하는 예이다.

> **오답피하기**
> ①, ③ 요리하기, 상 차리기는 식생활에 해당한다.

18 정답 ②

제시된 그림은 영양 정보에 해당한다. 영양 성분 표시는 열량, 영양소 종류, 영양소 함량 등을 나타낸 표이다.

19 정답 ②

개인의 이름, 주민 등록 번호, 전화번호, 주소, 아이디 (ID)와 비밀번호처럼 개인을 알아볼 수 있는 정보를 개 인 정보라고 한다. 이러한 개인 정보는 물건을 사고팔 거나 은행 업무와 같이 중요한 일에 이용되기 때문에 악용될 경우, 개인에게 매우 큰 피해를 입힐 수 있다. 따라서 정보 기기나 인터넷을 사용할 때에는 개인 정보 가 유출되지 않도록 주의해야 한다.

20 정답 ③

로봇의 종류는 사용 목적에 따라 크게 산업용 로봇, 서 비스용 로봇, 특수 목적용 로봇으로 나눌 수 있다. 달이 나 화성 등에서 환경을 조사하는 데 사용되는 우주 탐 사용 로봇은 특수 목적용 로봇에 해당한다.